本丛书为中国海洋大学中国传统文化研究中心、青岛大学国学研究院规划项目；本丛书6部著作分别获得山东省及青岛市社会科学规划办立项支持，丛书的出版得到青岛市崂山风景区管理局崂山旅游集团有限公司的部分资助。

本书为2017年度山东省社会科学规划研究项目文丛·一般项目（批准号：17CWTJ10）结项成果。

崂山文化研究丛书
第二辑

沈鸿烈研究

刘怀荣 傅炜莉 著

中国社会科学出版社

图书在版编目(CIP)数据

沈鸿烈研究 / 刘怀荣，傅炜莉著 .—北京：中国社会科学出版社，2020.10
（崂山文化研究丛书·第二辑）
ISBN 978-7-5203-6587-1

Ⅰ.①沈… Ⅱ.①刘…②傅… Ⅲ.①沈鸿烈（1882-1969）—人物研究 Ⅳ.①K825.2

中国版本图书馆 CIP 数据核字（2020）第 092834 号

出 版 人	赵剑英
责任编辑	宫京蕾
责任校对	秦 婵
责任印制	郝美娜

出　　版	中国社会科学出版社
社　　址	北京鼓楼西大街甲 158 号
邮　　编	100720
网　　址	http://www.csspw.cn
发 行 部	010-84083685
门 市 部	010-84029450
经　　销	新华书店及其他书店

印刷装订	北京君升印刷有限公司
版　　次	2020 年 10 月第 1 版
印　　次	2020 年 10 月第 1 次印刷

开　　本	710×1000　1/16
印　　张	18.75
插　　页	2
字　　数	319 千字
定　　价	118.00 元

凡购买中国社会科学出版社图书，如有质量问题请与本社营销中心联系调换
电话：010-84083683
版权所有　侵权必究

崂山文化研究丛书（第二辑）编委会

主编：刘怀荣　宫泉久

编委会成员
（按姓氏笔画排列）

孙立涛　汪　泽　苑秀丽
赵　伟　潘文竹

总　序

刘怀荣

崂山位于齐地之东部，僻处海滨，砥柱洪流，在很长的历史时期里，都属于人迹罕至之地。然崂山之名，不仅在历史上很早就广为人知，而且在当代国际社会，也堪称东方名城青岛的特殊标志。在国外，如果有人知道崂山而不知道青岛，也许并不是一件不可理解的事。

崂山美誉的广泛传播，固然与其"三围大海、背负平川、巨石巍峨、群峰峭拔"①，深幽而罕见的自然风光不无关系，而就实际的情形来看，道教及与之相关的一系列神秘文化，也许是引起古今中外人士关注崂山更重要的因素。崂山道教的真正起源虽然要晚得多，但是早在道教正式诞生之前，齐地即已因方仙道、黄老之学以及黄老道而闻名遐迩。这不仅构成了崂山道教特有的显赫"家世"，也成为其后来植根深厚、叶茂枝繁的地域文化沃壤。因此，从唐末五代的李哲玄，到北宋的华盖真人刘若拙，再到金元之际的全真诸位高道，都不约而同地选择崂山作为修道之所，可谓英雄所见略同。崂山道教后来能发展为"道教全真天下第二丛林"，出现"九宫八观七十二庵"的盛况，虽离不开全真教历代高道的大力弘扬，但神秘独特的自然环境与悠久深厚的文化传统，更是缺一不可的。

崂山道教的发展，进一步提升了崂山的知名度。从明代万历年间起，佛教中人也开始把目光投向这里，但道教在这里有深厚的根基，晚来的佛教注定无法占据上风。憨山、自华、慈霑，虽然都是僧人中的佼佼者，但憨山所建海印寺在万历佛道之争中被毁，黄氏、周氏两大家族为明朝僧人自华大师所建的洪门寺（又名西莲台），到了清代乾隆末年

---

① 《道藏》第25册，文物出版社、山海书店、天津古籍出版社1988年版，第819页。

就已倾圮，只有慈霑任第一代住持的华严庵，经数次重建，后更名为华严寺，至今仍存，这也是崂山目前唯一的佛寺。虽然崂山佛教远不如道教兴盛，但同样不可忽视。

山海胜境、神仙传统，吸引了道、佛二教，而这三大资源的汇合，进而引发了世人无穷的好奇之心。虽然道路崎岖难行，历代仍不乏名人雅士前来探胜观光。直到德国占领青岛期间（1897—1914），开辟了十六条登山通道。此后，沈鸿烈主政青岛时期（1932—1937），进山道路得到进一步的修缮，游人更是接踵而至。而古今文人墨客来游者，往往将人生之悟、身世之慨与山水之美融为一体，即兴为文。岁月沉积既久，不仅道佛文化自成体系，自有历史，名人也为崂山日益增色，他们留下的那些脍炙人口、传之后世的诗词文赋，更成为崂山人文的重要组成部分，使这座清奇幽深的名山，增添了更加丰富深沉的人文意味。因而，梳理、总结崂山之人文，也就显得更加重要了。在这方面，古人已经做了很多，从明末黄宗昌撰写第一部《崂山志》、近代太清宫道士周宗颐撰写《太清宫志》起，修撰各类《崂山志》及探究崂山道教历史者，实在不乏其人。因而，崂山宗教文化与历史、来游崂山的名人及其诗文著述，已在无形中构成了人文崂山的重要组成部分。尤其在每年前来崂山的游人动辄过千万[①]人次的今日，把崂山文化以通俗易懂的方式，准确地介绍给海内外游客，就显得更为重要。

这样的一种认识，对我们来说并非一时的心血来潮。早在笔者初到青岛工作的1992年，就发现在有关崂山道教史及文化史的相关介绍中，存在着不少似是而非的问题。1993年9月15—18日，中国旅游协会旅游文

---

① 据崂山区统计局《2012年崂山区国民经济和社会发展统计公报》《2013年崂山区国民经济和社会发展统计公报》，2012年崂山区接待海内外游客995万人次，其中，国内游客863.5万人次，入境游客131.5万人次；2013年接待海内外游客1147万人次，其中，国内游客1119万人次，入境游客28万人次。分别见崂山区委区政府门户网站"崂山统计局"，http：//tjj.laoshan.gov.cn/n206250/n500254/index.html，2013年2月5日、2014年2月21日。到了2017年，崂山区全年旅游接待人数达到1680万人次，见《2017年崂山区国民经济和社会发展统计公报》，崂统〔2018〕6号，http：//www.laoshan.gov.cn/n206250/upload/180224090240818770/180224090240795134.pdf，2018年2月24日。又据2018年5月29日公布的《青岛市全域旅游规划纲要（2018—2021年）》统计，2017年，青岛市全年接待游客总人数8808万人次，而2021年的目标则是接待海内外游客1.2亿人次。这说明来青岛的游客在逐年增加，每年至少有上千万人到崂山观光旅游。

学专业委员会（中国旅游文学研究会）第六届年会暨1993青岛国际旅游文化研讨会在青岛市召开，会议由青岛大学文学院具体承办。笔者当时提交的论文是《崂山道教及其在中国道教史上的地位》（后刊于《东方论坛》1995年第3期），这是我探讨崂山道教文化最早的一篇文章。自此之后的20多年来，我本人断断续续写了一些有关崂山道教、崂山志或崂山文化的文章，也尽可能收集了与崂山文化有关的典籍。其间，还在青岛市崂山文化研究会负责过宗教文化专业委员会的工作。研究会出版的《崂山研究》第一辑（中国海洋大学出版社2006年版）、第二辑（中国海洋大学出版社2008年版）所收的部分论文，也是在上述认识的指导下，组织部分师友所做的一点工作。

《崂山道教与〈崂山志〉研究》（中国社会科学出版社2011年版），是我们出版的第一部专著。在完成此书的同时，我们逐渐形成了选择典型的专题和典籍对崂山文化进行系统整理、研究的思路，拟定了《崂山文化研究丛书》（以下简称《丛书》，包括40余部著作）的研究书目，计划分四到五辑陆续出版。《丛书》第一辑由人民出版社于2015年6月出版，包括《崂山道教佛教研究》《崂山文化名人考略》《崂山志校注》《劳山集校注》《周至元诗集校注》《崂山游记精选评注》《崂山诗词精选评注》七部著作近200万字。这七部著作出版后，产生了良好的社会反响。《文汇读书周报》《山东社会科学》《东方论坛》《青岛早报》《青岛财经日报》、"大众网·理论之光"、推荐书网等报刊和媒体都刊发了书评，对《丛书》第一辑给予了很高的评价。《丛书》获得了2016年山东省社科普及一等奖，2016年全国社科普及优秀作品奖。青岛市风景管理局则将《丛书》第一辑定为礼品书和下一步崂山文化旅游规划与发展的重要参考丛书。

本书为《丛书》第二辑，在《丛书》第一辑的基础上，选择了六个专题，对崂山文化做了进一步的深入研究，现将六部著作简要介绍如下。

《沈鸿烈研究》，是第一部沈鸿烈研究的专著。全书以沈鸿烈驻守及主政青岛时期的崂山开发和市政建设为重点，在尽可能参考沈鸿烈及他当年同事们的回忆，并在参阅《青岛市实施都市计划方案（初稿）》《青岛市政府行政纪要》等第一手档案材料的基础上，系统探讨了沈鸿烈在青岛十年多的崂山规划与开发、主政期间的施政纲领及在市政规划建设、乡村建设、民生、教育、抗战等方面的贡献，意在还原一座城市与一个人的关系史。同时，对沈鸿烈一生其他阶段的生平事迹，也做了初步系统的梳理，力求比较全面地反映其生平行事和仕宦交游。

《游崂名士研究》，是第一部研究游崂山名士的专著。名士的游赏活动是山水文化的重要组成部分，对于提升自然山水的知名度具有无可替代的作用，游历崂山的名士也不例外。本书选取郑玄、法显、李白、丘处机、高弘图、憨山、黄宗昌、顾炎武、王士禛、高凤翰、蒲松龄、胡峄阳、匡源、康有为、周志元从汉代至20世纪60年代的15位游崂名士，对他们的活动踪迹及与崂山的关系做了深入的考察，通过历史事实的生动还原，揭示了作为海上名山的崂山，如何在名士的游赏活动和生花妙笔中，展现出更令人神往的人文魅力，获得了"山因人而重，文因山而传"，名士、名文与名山相得益彰的传播效应，对崂山文化的升华起到了非常重要的作用。

《即墨黄氏家族文化研究》，是第一部系统研究黄氏家族文化的专著。在即墨"周黄蓝郭杨"五大家族中，黄氏家族持续时间较长、代表性人物较多、影响力也最为深远。因地域关系，黄家几代人的命运和生活都与崂山发生了密切的联系。本书在对黄氏家族的家族历史、家族名人、家风家教、家族文学等进行系统梳理的基础上，重点对黄氏族人，尤其是黄宗昌父子和黄肇颚与崂山的关系作了深入探讨。不仅有助于更好地了解明清时期山东文化家族的发展文化，对传承崂山文化及发掘崂山旅游文化资源，也有重要的现实意义。

《即墨蓝氏家族文化研究》，是第一部系统研究蓝氏家族文化的专著。即墨蓝氏家族自蒙元时期以军功起家，至明清时期，人才辈出，逐渐成为山东知名的文化世家。本书从家族概说、仕宦佳绩、艺文著述、孝行义举、家族教育、崂山情结等方面，探讨蓝氏家族重农兴商的治家原则、"为官一任，造福一方"的从政理念、"诗书继世，孝义传家"的家风；并对蓝氏建于崂山的祖坟和华阳书院、蓝氏族人的崂山之游和崂山之咏做了详细的考证和分析，揭示了蓝章、蓝田、蓝润、蓝启肃等蓝氏名人与崂山的诸多因缘及其对崂山人文美锦上添花的历史事实。

《崂山道教题刻研究》，是第一部系统研究崂山道教题刻的专著，以崂山道教人物事迹题刻、诗词题刻、碑记与庙记题刻为研究对象，从历史、文学、文献、训诂等多学科入手，对崂山道教题刻的产生背景、题刻作者及生平、题刻内容及相关的道教术语、诗词典故、疑难字句、史事、掌故及题刻的艺术特征和文化意义等，做了详细考证和解说，对其中的疑难文字及前人成果中的错谬，加以辨识与正误。有助于读者深入了解崂山历史文化的底蕴，对崂山题刻的挖掘、保存和传承具有重要的价值。

《崂山民间故事研究》，是第一部系统研究崂山民间故事的专著。崂山民间流传的人物故事和风物故事集中体现了当地民众对神话、历史、自然地理乃至社会生活诸多方面的原生态理解，其集体性、口头性、变异性、传承性等特点鲜明。"异类婚恋""兄弟分家""问神仙"等世界民间故事主题在崂山地区的流传，反映出中外文化的交流及异同。某些众所周知的朴野乡谈，实际上植根于中国古代相关典籍之中，既昭示了传统典籍的魅力，也是崂山地区文化底蕴深厚的明证。本书在立足民间故事、反映崂山特色的同时，力图以故事文本为枢纽，建立起沟通古今、中西、雅俗的桥梁。

上述六部著作，《沈鸿烈研究》《游崂名士研究》立足政治文化名人，《即墨黄氏家族文化研究》《即墨蓝氏家族文化研究》以家族文化为中心，《崂山道教题刻研究》和《崂山民间故事研究》分别从道教和民间故事入手，在《丛书》第一辑研究的基础上，对崂山文化进行了系统、深入的专题研究，所使用的地方志、档案及家族文献资料，多为以往论著重视不够或未曾系统关注，因而也是各自论题系统性专门研究的首部专著，都具有鲜明的开拓性和创新性。是为《崂山文化研究丛书》第二辑。

我们的研究工作，获得了山东省和青岛市社科规划办的立项支持。中国海洋大学中国传统文化研究中心、青岛大学国学研究院将本辑六部著作列为规划项目，第二辑的部分出版费来自我个人的校拨科研启动费。青岛市崂山风景名胜区管理局崂山旅游集团有限公司，也为本辑的出版提供了部分资助。我谨代表课题组全体成员，在此对上述单位和机构的扶持表示衷心的感谢！

中国社会科学出版社的宫京蕾老师，是一位优秀的编辑。我们曾有过多次合作，我个人的多部著作，都是宫老师任责任编辑。本辑的出版，再次得到宫老师的支持。她严谨高效的工作，为本辑的质量提供了重要的保证。我们在此表达崇高的敬意，愿学术的友谊长存！

丛书的研究工作将在中国海洋大学传统文化研究中心和青岛古典文学

研究会的共同努力下继续推进,争取在以后几年里陆续完成预定计划中的其他工作。这些工作也许不在各高校的考评范围之内,但能够发掘崂山的人文魅力,为青岛这个年轻城市的文化建设尽一点绵薄之力,我们仍会深感欣慰。

刘怀荣

2019年2月22日

于中国海洋大学

前　言

清政府在胶澳设防的 1891 年，常被作为青岛城市发展的开端。但从 1892 年登州镇总兵章高元驻防胶澳，并在前海设总兵衙门，到 1898 年德国强租胶州湾，青岛除增加了专门的驻军外，从城市发展的角度来看，并没有太明显的变化。1898 年 3 月 6 日，中德签订《胶澳租借条约》，租期为 99 年。为掠夺青岛及山东财富，德国人计划将青岛建设成为他们在远东的军事基地和港口贸易城市。于是，制定了《青岛湾畔的新城市规划》，将青岛分为欧人区、华人区、别墅区、商业区、仓储工业区、港埠区等，还开始了港口、码头、医院、饭店、学校等建设工程，这是青岛早期城市的雏形。德占 17 年，也正是青岛城市屈辱的发端史。日德青岛之战后，从 1914 年到 1922 年，青岛又经历了长达 8 年的第一次日占期，其间所经受的苦难更为深重。

从 1922 年北洋政府收回青岛，直到 1937 年抗战全面爆发，青岛城市发展的形势仍不容乐观。一方面，中国虽从 1922 年 12 月 10 日开始在青岛行使主权，但日本人在青岛仍有很大的势力。如在青岛回归后，日本驻青岛总领事馆仍然擅自设立了警察署，长期干涉地方治安和城市管理。1923 年，日本还在青岛成立了青岛日本居留民团，用以维护在青的日侨利益和日本工商业。1927 年和 1928 年，日本还两次出兵山东，占领青岛。这种现状使得青岛的现实环境极为恶劣，城市建设举步维艰。另一方面，面对这种棘手而复杂的局面，政府无暇顾及，地方官员推诿逃避，或受命而不就职，更多的则是就职之后，缺乏足够的应对之策，或者主观上即不愿陷入是非风险之中。故市长一职，很少有人在职超过一年，十年间竟难觅得力用心之人。沈鸿烈晚年的回忆中，曾对此做过简要的概括："国家统一前后，地方变故甚多。直系主政时期，人选两易，张宗昌入鲁，人选四易。国民政府接收后，又更易四次。十任市长中，有到职仅半月者，如陈中孚。至多者一年有余，如马福祥等是。"（台湾《中研院近代史研究所访问沈成章先生记录》）① 上述两个方面，对于青岛市的发展而言，都是致命的障碍和缺陷。沈鸿烈晚年回忆自己上任之际所面临的现状时，也曾讲过一段话：

> 青岛由一蕞尔渔村成为东方大埠，自以德人经营之力居多。德人租借青岛以发展经济为主，在本市新建码头、仓库，转运我国原料及其制成品，使青岛为其远东贸易中心。日管时期，则于加强经济侵略外兼及文化政治侵略，如普设日本小学，强迫我国儿童入校，清查户口地籍，监察人民行动等，用心至为险狠。自我国交涉收回，自以增进国家利益为主，只以接收九年，十易其长，政局动摇，成效罕见。……工厂商务，悉由日人经营，进口船舶亦以日轮为多。海陆事业悉被垄断，彼时市内欧美侨民，志在经商，尚属易与。日人则于囊括经济外，兼有政治欲望，其海军常驻青岛，陆军浪人复遇事生风，处理之难，概可想见。（《沈成章先生生平经历概要》）

因此，说沈鸿烈是临危受命，也许并不夸张。如果他也像前面几任市长一样，在任职几月或一年半载时，临阵退缩，或者因无力处理好棘手的事件而被免职，我们似乎也不能对他过于深责。但他却坚持了下来。抗战胜利后青岛第一任市长李先良曾说过：

> 若由历史观点而论，我国收回青岛之日期虽为1922年12月10日，但实际接收青岛土地与主权，应自沈氏于1931年12月16日就职时开始。②

---

① 沈鸿烈就任之前，国民政府实有五位市长，陈中孚（1929.4—1929.7在任）、吴思豫（1929.7—1929.11在任）、马福祥（1929.11—1930.3在任）、葛敬恩（1930.3—1930.9在任）、胡若愚（1930.9—1931.12在任）。其中胡若愚是以北平市市长兼任青岛市市长，在任时间最长，为一年三个月。若愚公园（后改海滨公园，即今鲁迅公园）、水族馆、回澜阁等，都是他在任期间开始筹建，湛山寺也是在他在任时已有动议。沈鸿烈上任后，这些标志性建筑陆续建成。

② 李先良：《沈鸿烈长青岛庶政述略》，青岛市政协文史资料委员会编：《沈鸿烈生平轶事》，新华出版社1999年版，第2页。

这一评价是相当高的，但沈鸿烈所做的，又不仅仅是"实际接收青岛土地与主权"，在短短的六年里，他不仅圆满完成了胡若愚已经开始的部分工作，而且在市政建设与崂山开发等方面殚精竭虑，苦心经营，使这座城市发生了焕然一新的变化。到1937年奉命撤离之前，青岛市成为著名旅游胜地，全国八大城市之一，堪称城市发展史上的奇迹。对此不仅青岛百姓至今念念不忘，学术界也不乏将沈鸿烈主政的青岛城市发展作为范例进行深入研究的成果。

沈鸿烈生于清光绪八年（1882），他的一生大致可分为是六个阶段，一是1920年之前，为早年求学及在军中任职阶段。其中，在日本留学的五年多，即光绪三十二年（1906）夏至宣统三年（1911）秋，对他一生影响非常大。无论是筹建东北海军，还是主政青岛期间与日本人周旋，留学的学养和经历都为他提供了重要的专业知识和政治、外交智慧。二是宣统三年（1911）回国至1920年参加辛亥革命，辗转任职上海海军总司令部、南京海军部及北京海军参谋本部阶段。三是1920年赴东北至1931年12月"薛家岛事件"发生之前，为筹建、统领东北海军阶段。四是1931年12月至1937年12月，为主政青岛阶段。五是1937年12月至1949年，为后期从政阶段。这12年间，沈鸿烈先后任山东省主席、国民政府农林部部长兼任国家总动员会议秘书长、国民党中央党政工作考核委员会秘书长、浙江省政府主席、考试院铨叙部部长等职，但任期都比较短，加之国民党内派系纷争，已很难有所作为。六是1949年至1969年，为晚年台湾闲居阶段。

国内有关沈鸿烈研究的专门著作，就笔者所见，仅有《沈鸿烈生平轶事》（新华出版社1999年版）一部。该书由青岛市政协文史资料委员会编纂，所辑录的文章多出自当年与沈鸿烈在东北海军、青岛市和山东省政府及农林部、铨叙部等处共事的同人之手，也有少数是沈鸿烈亲友所作，他们以追忆的方式，对自己所亲历和了解的沈鸿烈生平事迹，从各方面做了较为细致的叙述。此外，我们经过多方搜寻，偶然获得了台湾地区《中研院近代史研究所访问沈成章先生记录》和《沈成章先生生平经历概要》，这两份材料均成稿于1962年4月间。前者为沈鸿烈口述，访问人员八次访问的记录稿；后者系沈鸿烈接受访问时，为节省时间，亲笔撰写的个人生平事迹回忆稿，题目当为近代史研究所访问人员所加。另有沈鸿烈民国二十一年（1932）至二十三年（1934）《演讲汇存（二）》，共10

篇。三份材料均为打印稿，与《沈鸿烈生平轶事》同为沈鸿烈研究珍贵的第一手材料。

其他成果，以探讨沈鸿烈主政时期青岛发展的论文相对较多。这些成果又以学位论文居多，重点研究的是20世纪30年代前后青岛的城市规划和建设，但沈鸿烈主政时期多在其中占有很大比重，有些甚至居于主体地位。现依时间先后列举主要几个方面及代表性成果如下：

一是青岛城市市政发展研究。如董良保《二三十年代青岛城市发展研究（1922—1937）》（博士学位论文，南京大学，2005年），刘春玲《青岛近代市政建设研究（1898—1949）》（博士学位论文，吉林大学，2010年），高玉玲、王萍《1922—1937年青岛城市建设与旅游现代化》（《旅游学刊》2014年第9期）等。

二是青岛市城市规划研究。如李东泉、徐飞鹏《青岛城市发展史上的三次飞跃——兼论城市规划与城市发展的关系》（《城市规划汇刊》2003年第1期），李百浩、李彩《青岛近代城市规划历史研究（1891—1949）》（《城市规划学刊》2005年第6期），李东泉、周一星《中国现代城市规划的一次实验——1935年〈青岛市施行都市计划案〉的背景、内容与评析》（《城市史研究》2006年第3期），李茜《沈鸿烈与近代青岛城市规划（1931—1937）》（硕士学位论文，武汉理工大学，2012年）等。

三是青岛乡村建设研究。如魏本权《青岛模式与邹平模式——二十世纪二三十年代中国乡村建设的路径与模式刍论》（《东方论坛》2008年第1期），吕小兵《沈鸿烈主政青岛时期的乡村建设（1932—1936）》（中国海洋大学2009年硕士学位论文），鹿金伟《二十世纪三十年代青岛乡村建设运动研究——以教育建设及其政府主导性为中心》（硕士学位论文，青岛大学，2009年）等。

四是沈鸿烈主政时期的教育体育研究。刘文华、葛兆富《沈鸿烈与民国时期的青岛教育》（《枣庄学院学报》2011年第1期），翟广顺《1930年代雷法章在青岛的教育行政工作研究》（《青岛职业技术学院学报》2017年第6期），傅炜莉《沈鸿烈对青岛教育事业的贡献述略》（《青岛文化研究》第二辑，中国海洋大学出版社2017年版）；刘培《1898年到1937年青岛体育发展情况研究》（硕士学位论文，中国海洋大学，2011年），刘超、周兴波《20世纪30年代沈鸿烈与青岛体育发展考略》(《兰台世界》2014年7月上旬刊)等。

五是沈鸿烈主政青岛时日侨暴动研究。如盛雷《沈鸿烈与1932年青岛日侨"一一二"暴动》(《兰台世界》2011年4月上旬刊),盛雷《"一·二八"事变爆发前夕的青岛日侨暴动探析》(《东岳论丛》2012年第3期),陆安《日本侨民火烧国民党青岛市党部》(《档案春秋》2011年第7期)等。这类成果对沈鸿烈与日本人周旋,维护百姓利益的举措多有钩沉。

六是沈鸿烈生平与交游研究。较多地集中于东北海军及主青主鲁时期。前者如陆军、杜连庆《东北军海军始末》(《吉林大学学报》1987年第3期),刘作忠《东北海军的创始人沈鸿烈》(《文史春秋》2006年第8期)等。后者如王卫红《沈鸿烈主鲁的是是非非》(《档案故事》1998年第2期),万永光《任山东省政府主席时的沈鸿烈》(《春秋》1998年第2期),吕春晖、李化武、张艳秀《沈鸿烈在沂源》(《春秋》2012年第5期),赵科《沈鸿烈主鲁期间的政治生涯》(《青岛文化研究》第二辑,中国海洋大学出版社2017年版),梁云清《沈鸿烈主青期间与蔡元培、张伯苓的交游》(《青岛文化研究》第二辑,中国海洋大学出版社2017年10月版)等。

此外,陆安《青岛近现代史》(青岛出版社2001年版),王守中、郭大松《近代山东城市变迁史》(山东教育出版社2001年版),任银睦《青岛早期城市现代化研究》(三联书店2007年版)等著作,在相关章节中也部分涉及沈鸿烈主政时期的青岛发展情况。

从总体来看,以上成果较多地集中于沈鸿烈主政青岛时期的城市及乡村建设,从中也可以看出,研究20世纪30年代的青岛,根本无法绕开沈鸿烈。本书即在以上材料的基础上,并参阅沈氏主政时期主持制定的《青岛市实施都市计划方案(初稿)》《青岛市政府行政纪要》等档案材料,以及青岛百科全书编纂委员会《青岛百科全书》(中国大百科全书出版社1999年版)、周至元《崂山志》(齐鲁书社1993年版)等地方文献,力求比较全面地反映沈鸿烈一生的生平行事、仕宦交游,并以主政青岛的第四阶段为重点,既探讨他在市政建设方面的贡献,也对他在崂山开发规划及其实施方面的业绩做出细致的梳理。有关他在台湾闲居阶段的情况,虽多方搜罗,但所得甚微。据传沈鸿烈晚年完成的十余部著作,均未能见到。故限于材料,只好先付诸阙如,以待来兹。

本书作为《崂山文化研究丛书》第二辑的一种，在总体设计上是以沈鸿烈与青岛市政建设和崂山开发之关系作为重点，同时兼及他其他阶段的生平事迹，实际写作时也是这样做的。沈鸿烈是国民党民国政府的官员，在国共对立时期，特别是任山东省主席时，与共产党亦有不少的摩擦与斗争。我们在指出沈鸿烈与日寇周旋的爱国气节及主政青岛时一心为民的实干精神时，也应看到他与我党之政策理念相左及矛盾的另一面。对此，考虑到全书重点，同时也受史料的限制，本书中虽有所涉及，但未能做更深入的探究。这也是需要说明的。

沈鸿烈当年在《青岛市实施都市计划方案初稿》（以下简称《都市计划方案初稿》）中确定青岛市发展规划和远景蓝图时，是以"估计人口约有一百万"的假定"为最低之数目"。经过80年的发展，目前青岛市的人口早已超过了这一假定数字的好几倍，① 管辖区域也有了较大的扩展，在市政建设、文化教育、崂山开发等多方面更是取得了令人瞩目的成绩。但如果我们留意一下《都市计划方案初稿》中紧接这个人口假定的另外几句话——"现在中国大市人口超过百万者，已有上海、北平、广州等市，北平与广州之地位，远在青岛之下"，再审视今日之青岛在全国各大城市中的地位，恐怕我们得虚心地承认，"今日青岛之地位，远在北京与广州之下"。《都市计划方案初稿》还将当时的中国分为东北区、燕蒙区、长江区、珠江区、黄河区五大经济区，并在对各经济区的"港口与铁道"进行分析后，得出了这样的结论："其在黄河区，海港为青岛。铁道为胶济铁路之延长。经彰德延长宁夏凉州、安西迪化、伊犁而达中亚西亚。再西经里海、黑海，而通欧洲之柏林、汉堡。如是此线乃成为太平洋、大西洋间内陆最优越之交通线。亦即环球最优越交通线之一段。与其他四区之交通情形较，俨然有惟我独尊之概。"如果我们认可这一结论的合理性，则可以肯定，青岛之发展潜力还未能充分发掘展现出来，尤其是在国家提出"一带一路"倡议的大背景下，我们这座城市仍将有令人鼓舞的愿景。这或许也可以看作我们从历史的回顾中获得的一点研究心得吧。

立足这样的思路，也可以说，梳理沈鸿烈主政青岛六年及他在其他阶

---

① 据《青岛日报》2017年1月26日报道，截至2016年末，青岛常住总人口达到920.4万人。

段留下的历史印迹，固然有贴近历史，还原事实的意图，但站立于历史的峰头，遥望未来，思考那一段历史对青岛乃至中国城市建设之未来的启示，也许才是更重要的。

由于资料不足，研究时间及研究者水平所限，书中肯定存在不足乃至失误，敬请读者同人不吝指教，我们将不胜感激。

目　录

第一章　沈鸿烈的家世与早年生活 ……………………………… (1)
　第一节　家世及子女 …………………………………………… (1)
　第二节　读书与留学 …………………………………………… (3)
　　一　十年寒窗，有志科举 …………………………………… (3)
　　二　感于时事，投笔从戎 …………………………………… (6)
　第三节　早年仕宦经历 ………………………………………… (9)
　　一　参加辛亥革命 …………………………………………… (10)
　　二　任职上海海军总司令部及南京海军部 ………………… (11)
　　三　任职北京参谋本部 ……………………………………… (12)

第二章　沈鸿烈与东北海军 …………………………………… (16)
　第一节　沈鸿烈与东北海军的筹建 …………………………… (16)
　　一　东北海军的筹建过程 …………………………………… (16)
　　二　沈鸿烈崭露头角 ………………………………………… (20)
　第二节　沈鸿烈与东北海军的兴盛 …………………………… (23)
　　一　专业人才的培养 ………………………………………… (23)
　　二　舰队品质的提升 ………………………………………… (25)
　　三　指挥三江口战役 ………………………………………… (29)
　第三节　两次兵变与东北海军的衰落 ………………………… (33)
　　一　"崂山事件" ……………………………………………… (33)
　　二　"薛家岛事件" …………………………………………… (34)

第三章　沈鸿烈主政青岛的业绩 ……………………………… (37)
　第一节　从"十大纲领"到"都市实施计划" ………………… (37)
　　一　十大"施政要纲" ………………………………………… (37)
　　二　《青岛市政府行政纪要》 ………………………………… (41)

三　《青岛市施行都市计划方案初稿》……………………(48)
第二节　发展区务，规划市政……………………………………(58)
　　一　分区规划……………………………………………………(59)
　　二　交通规划……………………………………………………(66)
　　三　休闲规划……………………………………………………(75)
　　四　卫生规划……………………………………………………(77)
　　五　建筑规划……………………………………………………(79)
　　六　市政规划和建设特点………………………………………(82)
第三节　勤于民政，优化民生……………………………………(84)
　　一　提高效率，方便民众………………………………………(84)
　　二　多方谋划，改善民生………………………………………(85)
　　三　多种举措，优待劳工………………………………………(89)
第四节　注重乡区建设，加强地方自治…………………………(92)
　　一　加强管理，推动自治………………………………………(92)
　　二　振兴乡区，发展经济………………………………………(94)
　　三　增建路桥，改良乡俗………………………………………(96)
第五节　发展教育，输入文明……………………………………(100)
　　一　规划蓝图，优先发展………………………………………(100)
　　二　普及教育，大力兴学………………………………………(102)
　　三　行政保障，政策倾斜………………………………………(107)
　　四　强健体魄，提振精神………………………………………(108)
第六节　十万市民的挽留…………………………………………(113)
　　一　辞职缘起……………………………………………………(113)
　　二　挽留经过……………………………………………………(114)
　　三　事件分析……………………………………………………(120)
第七节　焦土抗战与撤离青岛……………………………………(122)

第四章　离开青岛后的政治生涯……………………………………(129)

第一节　任山东省主席……………………………………………(129)
　　一　曹县时期……………………………………………………(130)
　　二　鲁西、鲁北流动时期………………………………………(132)
　　三　东里店时期…………………………………………………(135)
　　四　唐家沙沟时期………………………………………………(138)

五　吕匣店子时期 …………………………………………（140）
　第二节　任职重庆和主政浙江 …………………………………（145）
　　　一　任农林部部长、国家总动员会议秘书长 ………………（146）
　　　二　任党政考核委员会秘书长 ………………………………（148）
　　　三　任浙江省政府主席 ………………………………………（152）
　第三节　后期政治生涯 …………………………………………（154）
第五章　沈鸿烈的交游 ………………………………………………（159）
　第一节　沈鸿烈与黎元洪 ………………………………………（160）
　第二节　沈鸿烈与张作霖父子 …………………………………（161）
　第三节　沈鸿烈与蔡元培 ………………………………………（170）
　第四节　沈鸿烈与熊希龄 ………………………………………（173）
　第五节　沈鸿烈与张伯苓 ………………………………………（175）
　第六节　沈鸿烈与其他名人 ……………………………………（180）
第六章　沈鸿烈对崂山开发的规划 …………………………………（188）
　第一节　《青岛市施行都市计划方案》与崂山开发的指导思想 …（188）
　第二节　《崂山环游记》与崂山规划及开发 ……………………（191）
第七章　沈鸿烈与崂山开发的实施 …………………………………（201）
　第一节　驻青前期的崂山开发 …………………………………（201）
　　　一　统领海军与驻泊崂山 ……………………………………（202）
　　　二　"兼理民政"与开发崂山 …………………………………（205）
　第二节　崂山行政区划的调整 …………………………………（213）
　第三节　主政青岛时期的崂山开发 ……………………………（219）
　　　一　道路的修治 ………………………………………………（220）
　　　二　其他开发 …………………………………………………（227）
第八章　沈鸿烈与崂山景点 …………………………………………（237）
　第一节　斐然亭的由来 …………………………………………（238）
　第二节　梯子石故道 ……………………………………………（241）
　第三节　沈鸿烈小道 ……………………………………………（243）
　第四节　沈鸿烈与崂山其他景点 ………………………………（246）
结语 ……………………………………………………………………（251）
附录　沈鸿烈《崂山环游记》校注 …………………………………（253）
　崂山环游记 ………………………………………………………（253）

一　环游宗旨 ………………………………………（254）
　　二　环游之路程 ……………………………………（254）
　　三　整理之计划 ……………………………………（275）
后记 ……………………………………………………（277）

第一章

沈鸿烈的家世与早年生活

沈鸿烈早年的家世与生活，因资料有限，可参照者不多。所幸寻得沈鸿烈晚年自撰《沈成章先生生平经历概要》（以下简称《沈成章概要》）① 及其女儿沈思明、侄子沈肇熙的回忆文章，相互参照，方得其大致的轮廓。

第一节　家世及子女

沈鸿烈，字成章，湖北天门人。生于清光绪八年十月二十七日（1882年12月8日），1969年3月12日逝世于台湾省台中市。沈家世居湖北天门东乡白湖之滨。天门古名景陵。清初时景陵县属湖北省安陆府（府治设今钟祥市），后于雍正四年（1726）为避康熙陵寝名（景陵）讳，据县境西北天门山而改为天门县。沈氏一族居天门白湖口一带。此地沿湖有沈姓千余户，是本地大族。族亲大多务农，但沈鸿烈却是在书馨墨香下熏陶长大。其父沈德攀，字际昌。经学文章修养颇深，自25岁从名师完成学业后，便在本县或邻邑设馆授徒，办"养正"学堂，门下成材者众。他在学问功名上，对沈鸿烈也是寄予厚望。这在沈鸿烈的名字中也有所体现。《汉书·扬雄传》曰："《典》《谟》之篇，《雅》《颂》之声，不温纯深润，则不足以扬鸿烈而章缉熙。"《尚书》的《典》《谟》，《诗经》中的《雅》《颂》，正因为温纯深润，所以能弘扬彰显大功业。

---

① 《沈成章先生生平经历概要》，为1962年4月间沈鸿烈接受台湾地区中研院近代史研究所的访问时自撰，题目为访问者所拟。另有访问人员王聿均、张朋园据沈鸿烈口述完成的《中研院近代研究所访问沈成章先生记录》。这两种材料均为打印稿，现藏青岛城市建设集团博物馆。本书所引用的这两份第一手材料，均来源于该博物馆，以下不再一一标注。

沈鸿烈的一生，确实也人如其名，少年敏而好学，18岁中秀才，才名远播，后投笔从戎，转而投身政坛，在风雨飘摇的大时代中书写了自己的华章。他毕生笔耕不辍的文士之风，也应是受其父影响最深。沈鸿烈在《沈成章概要》中对其家世有简要的描述：

> 余家世居湖北天门东乡白湖之滨，以耕读为本。先严际昌公于经学文章修养湛深，自廿五岁从名师完成学业，即在本县或邻邑设馆授徒，桃李满门，成材者众。先慈胡夫人主持家政，督率胞姊胞兄各一人，从事农业。先姊鸿义适谢于，二十四岁守节，抚孤孙儿，二人均甚孝顺。以七十岁终于上海。先兄鸿钧子一女四，男婚女嫁，有孙儿及外孙十余人。外孙较长者两人，现在政界供职。先兄于民国三十一年抗战中期，在四川夔州病逝，时年六十有六。余有子女各六人，女儿长者四人已嫁，余两女及较长两男，现在航业、金融机关及大学服务。余男儿四人，尚在求学中，有外孙十余人。（《沈成章概要》）

从沈鸿烈自述及其长女沈思明的回忆可知，沈德攀娶妻胡氏，有子女三人，沈鸿烈排行第三，上面还有一个姐姐和一个哥哥。胡氏主持家政，率其兄姊从事农业。大姐沈鸿义嫁入谢家，24岁丧偶，又遭少子夭折，领养谢云祥为孙。后逝世于上海，终年70岁。哥哥沈鸿钧，字昆山。娶妻邓氏，有一子四女，男婚女嫁，育有孙儿及外孙十余人。后有两位较长的外孙供职政界。沈鸿钧于民国三十一年（1942）病逝于四川夔州，终年66岁。

据沈思明回忆，沈鸿烈原配胡英芝，生有一子，不幸早夭，后胡氏多年未生育。因沈鸿烈父亲对无孙之事深以为憾，便做主为他续娶胡瑞兰，仍然无子。移居沈阳后，趁沈鸿烈出差之时，他父亲做主，又为他纳金丽菊为妾。沈思明说："我们姊妹13人，我是长女，我出生时，父亲已40岁，我的大弟守忠出世时，我父亲已50岁了。"[①] 沈鸿烈自称有子女各六人，沈思明则说有13人。考虑到沈思明1948年就职于青岛市，与母亲胡英芝、妹妹沈致平一起留在大陆，此后父女之间再无音讯。有关沈鸿烈子

---

① 沈思明：《回忆父亲沈鸿烈》，青岛市政协文史资料委员会：《沈鸿烈生平轶事》，新华出版社1999年版，第36页。

女，当以沈鸿烈自述为准。① 胡英芝由沈思明奉养，病逝于1952年。

第二节 读书与留学

沈鸿烈从7岁入学堂，经历十年寒窗苦读，其后于科举着力，后感于时事投笔从戎，又因缘际会出国留学学习海军。其间经历，也是颇为跌宕。

一 十年寒窗，有志科举

沈鸿烈从7岁开始便在父亲沈德攀所办的"养正"学堂启蒙。两年后，又被父亲带往外乡读书。年纪虽小，却能勤学苦读。父亲对他严加管教。沈鸿烈自称："余幼承庭训，攻读经史，兼习帖括，有二、七讲书，三、八作文之规定（每月逢二逢七逢三逢八），终年寒窗，靡有暇晷。年十五读毕四书五经，兼擅诗文词。"② 其侄子沈肇熙（曾任《人民邮电出版社》编审）也回忆说："早刻背书，午晚诵读，就寝后亦要查课于枕上，至十五岁读毕十三经兼八股诗赋。二七讲书，三八作文，年终有除夕怀感，年首有元旦发笔。穷年累月，无片刻暇晷。休息既少，营养亦缺，故十五岁初应八股考试时，躯干矮小，俨如儿童，仅应县考，未及府考，是为家叔读书初期。"③ 沈鸿烈自己又说：

> 光绪二十三年（1897）丁酉，余年十六。时当道提倡数学，设科取士。本邑周杰，字子皋，先生以翰林毕业武备学堂，在城内设馆招收成人，传习数学策论。余奉父命前往受业，翌年习毕高等代数、三角几何各科，以成绩优异，蒙周师奖许。年十八，改从经史、小学专家廪生廖荫南先生，读攻经史古文，博览群书，学业大

---

① 也可能沈鸿烈未将早夭的长子计算在内。
② 沈鸿烈：《沈成章先生生平经历概要》之《本人所受教育及师友》。
③ 沈肇熙：《沈鸿烈往事片断》，青岛市政协文史资料委员会：《沈鸿烈生平轶事》，新华出版社1999年版，第12页。县考即县试，是童试考试中的第一场。童试为预备考试，通过者才能取得秀才资格。笔者按：有关沈鸿烈的年龄，沈鸿烈自述16岁为虚岁，沈肇熙所述15岁则为周岁，故有一岁之差。本书亦按传统算法，依照沈鸿烈之说加以叙述。

进。曾辑有《读史劄记》、王船山《通鉴论续篇》各二卷。(《沈成章概要》)

其时科举受到西学和洋务运动等影响而逐步改革，1888年加入算学和自然科学。1898年"戊戌变法"后，进一步加设经济特科，同时应康有为等建议，废八股而改试经义、策论。当时正好有本邑翰林周杰，其人以翰林毕业于武备学堂，精于数学。周翰林在天门设馆授徒，传习数学策论。16岁的沈鸿烈于是奉父命到周翰林的学馆学习数学。由于沈鸿烈天资聪颖，作风俭朴，又勤苦肯学，深为周翰林所喜爱。两年学习期满之时，学完了高等代数、三角几何各科，均成绩优异，受到老师嘉奖。其后，18岁的沈鸿烈又被父亲送往本邑名儒廖荫南处研读经史。沈鸿烈"得其指点，朝夕苦读，昼则独处静室，夜则纳灯蚊帐，通诵达旦，随侍三载，学乃大进"①。曾辑有《读史劄记》、王船山《通鉴论续篇》各二卷。《沈成章概要》说：

> 清光绪二十七年（1901）辛丑，废八股，改试经义策论。余于是年应科考，在府考经古中选报数学、历史二科，均得阖府第一，遂列胶庠。时邻邑京山易德驯先生以经史名家，兼博时务，创办义学于京邑城东易家湾。易先生为余父兰友，促余往任数学教职，该校藏书极富，于经史子集外，搜罗时事杂志如《新民丛报》《浙江潮》《苏报》等甚多。余悉心研读，思想为之一变。

光绪二十七年（1901）沈鸿烈参加府试，② 选报数学、历史二科，皆名列第一，遂得以"列胶庠"。③ 有趣的是，当时他因身形矮小，被安排与30余名幼年考生同坐于学台两侧考试，而不是与其他数千余名成年考

---

① 沈肇熙：《沈鸿烈往事片断》，青岛市政协文史资料委员会：《沈鸿烈生平轶事》，新华出版社1999年版，第12页。

② 府考：即府试，是明清科举考试"童试"的其中一关。府试在管辖本县的府进行，由知府主持。通过县试的考生有资格参加府试，府试通过后可参加院试。

③ 列胶庠：又称入庠。明清时，儒生经考试取入府、州、县学为生员，谓之"入庠"。这里指府试通过后别列为府生员。

生一样在大考棚内考试。①

府考的第二年，即光绪二十八年（1902），沈鸿烈参加了新学台②主持的考试。学台"以观风题颁发各县，仍以经古数学为主"，沈鸿烈"又列阖府第一"。③ 这次考试为院考，通过后正式成为秀才。

通过院试后，沈鸿烈在光绪二十九年（1903）又参加了乡试。《沈成章概要》说：

> 清光绪二十九年（1903）癸卯，赴武昌省垣应乡试，以策问忤旨未售。假省垣各图书馆研读政治、军事书籍，兼与高等学堂知识青年及秘密结社人员往还，感于国事蜩螗，责无旁贷。

有关这次考试，沈肇熙也说："癸卯（1903）至省垣应乡试，有策题与史题，叔之史论被主考选入佳作；而策论因推崇共和，致未入选。"沈鸿烈所谓"策问忤旨"，即指"推崇共和"而言。

应乡试之前，沈鸿烈曾短期担任过安陆府京山县义学的数学教师，但因学生多比他年长十岁左右，数学基础又极差，教学工作进行得极为艰难。但他因认真研读该校所藏《新民丛报》《浙江潮》《苏报》等时事杂志，思想产生了很大的变化。乡试落榜后，又至省城各图书馆借阅政治、军事书籍，并与高等学堂进步青年交往，因此深受新思想的影响，报国的热情颇为高涨。正逢武昌新立各学堂招生，遂辞去教职，投笔从戎，④ 走

---

① 沈肇熙以为沈鸿烈是在光绪二十八年（1902）20岁时，第二次参加科举考试为院考。按此说有两点需稍加辨析。其一，按传统算法，光绪二十七年（1901）沈鸿烈20岁，沈肇熙的说法是因以周岁计算年份致误，故此次考试时间当以沈鸿烈本人所述为准。其二，沈肇熙说沈鸿烈在院考经义场中，"历史、数学两科均列阖府四县第一"，沈鸿烈则称这次考试为府考。按清代童试分为"县试""府试"及"院试"三个环节。考生不可能越过府试直接参加院试。故此次考试应依沈鸿烈自述为准。沈肇熙之说，参沈肇熙《沈鸿烈往事片断》，青岛市政协文史资料委员会：《沈鸿烈生平轶事》，新华出版社1999年版，第12页。

② 光绪年间改设学部，各省设提督学政，简称学政，也称督学使者，别称学台。学台为一省教育事业的最高长官。学台主持的考试为院试，府试通过的童生才有资格参加。

③ 沈肇熙：《沈鸿烈往事片断》，青岛市政协文史资料委员会：《沈鸿烈生平轶事》，新华出版社1999年版，第12页。

④ 沈肇熙：《沈鸿烈往事片断》，青岛市政协文史资料委员会：《沈鸿烈生平轶事》，新华出版社1999年版，第12—13页。

上了另一条全新的人生道路。

二 感于时事，投笔从戎

1904 年，沈鸿烈前往武昌参加考试，但当时的省行政机关中专习军事的只有武备学堂和将弁学堂，而两校皆不招考，只有炮兵营有随营军校招生。如果成绩优秀，可考试升入将弁学堂（即武军军官学堂）。沈鸿烈考取了炮兵营第二协第二标第一营第一哨充营学生，成为湖北新军协统黎元洪麾下的一名新兵。对这一段经历，沈鸿烈晚年回忆说：

> 于翌年（按：1904 年）投笔从戎，入湖北新军协统黎元洪所部炮兵第一营、第一哨，充哨书兼习兵操，与士卒共甘苦。哨官（连长）林少愈一日问余以强兵之道，答以"培养士气"。又问如何培养，则谓"明历史，通时务，知国难，始能自动奋发"。林君韪其言，乃禀明营长万廷献氏，在营内设立初级军官军士补习班。延余讲授，余即就历史、时务两方面，制定日课表。于简述我国历代疆宇之广阔、民族文化之伟大外，以近代史及西力东侵史等之讲解为主。时务则历述鸦片战争、甲午战争、义和国事变等之前因后果与割地赔款缔结不平等条约之经过。告以甲午战后，俄、德、英、法等强占我旅顺、胶州、威海、广州湾等，为瓜分之朕兆，非我军人牺牲奋斗，难免国破家亡，并谓"救国须知耻，知耻须自强，自强须革新"。引古今中外史实，以伸其说，隐含革命意旨，半年后被标统（团长）李襄林所查禁。（《沈成章概要》）

沈鸿烈考入炮兵营后被编在山炮营。文人出身的他学识远高于他的战友们，因而在操课之余，或为战友们讲述历史故事，或为他们代写家书，因为与战友们相处得很融洽，战友们亲切地称他"沈先生"。"沈先生"之称让长官得知沈鸿烈笔墨颇佳，所以被哨官调去兼任哨书，在哨务繁忙的哨所办理文牍。又间或被本营的文案时时调去帮办文墨。半年后，赏识沈鸿烈的哨官（连长）林少愈问沈鸿烈以强兵之道，沈鸿烈侃侃而谈"答以练心为上，练艺次之"，认为培养士气才是强兵之道。士兵需要"明历史，通时务，知国难，始能自动奋发"。林氏甚为欣赏沈的这番言辞，于是陈准营长万廷献，在哨内创办了"初级军官军士补习班"（沈肇熙称为"干部讲习所"），让沈鸿烈任哨内干部讲习所讲师，为哨中 20

余名军官讲课。沈鸿烈也对此差事报以极大热情,课堂之上纵谈国际形势,陈说国家忧患,纵横捭阖,十分精彩,乃至同营官兵多来旁听,听讲者遽增至 50 多人。但后来为标统(即团长)① 李襄林所知。认为此讲习所评论朝政国事,有涉革命之嫌,故而停办。但这为沈鸿烈在后来政府招考留日海军学生时被推举应选打下了基础。②

1904 年到 1905 年间,日本与俄罗斯为争夺中国辽东半岛和朝鲜半岛控制权,发动了日俄战争,最终以俄罗斯帝国的失败而告终。其间,日本海军大败俄国舰队的对马海峡之战,使得日本海军一时声势大振。时清政府亦有图强之意,不仅废除科举,筹办新式学校,还决定整顿军备,培养军事人才,因而有了选拔青年赴日本留学学习海军的计划。这使沈鸿烈的人生有了一个重要的转折。《沈成章概要》中说:

> 清光绪三十一年(1905)冬,清政府通令各省考选初级海陆军官,赴日本留学海军。余奉派参加考试,主考官将弁学堂堂长吴元泽以该校满籍学员松寿列第一,余被黜。旋送总督府备案,总督张文襄公督同僚佐审阅落卷。擢余为第一,松寿除名。所取四人送京复考,由练兵处水师科长谭学恒主试,谭先生留英海军毕业,科学、汉学均优。吾鄂取两名,余与将弁学员范君腾霄获选,于谭科长带见练兵处大臣铁良后,回鄂转沪。翌年(1906)夏抵日,入校先习航海、轮机普通科。继习炮术、水雷专科,最后乘军舰赴东亚沿海各地实习。宣统三年(1911)秋毕业,适辛亥革命军起,乃急遽回国。

南方人本就更习水性,自晚清洋务运动在福州创办远东第一大船厂的福州船政局以来,我国的海军军人多出自此处。为了改变海军人才偏于一隅的状况,清政府决定面向全国各省以考试方式选拔留日学生。各省经普遍考试后选拔四名考生,再赴京参加考试从中挑取两名。湖北省接到政府命令,即由总督府发布命令,要求"本省将弁、随营各学校选送考生考试",沈鸿烈也在入选应试人员之列。考试科目分为汉文、日文、数学三

---

① 标统:清末军制,统辖一标军队的长官。清末改革兵制,每镇(师)辖二协(旅),每协辖二标(团),标的长官称统带,亦称标统。

② 沈肇熙:《沈鸿烈往事片断》,青岛市政协文史资料委员会:《沈鸿烈生平轶事》,新华出版社 1999 年版,第 13 页。

科。自幼习文的沈鸿烈轻松完成汉文科目。日文考试时，沈鸿烈没学过日语，便将卷面中汉字拣出以揣测文意，再以汉语答题。而到了数学考试时，当时主考竟然忘记准备考试题目，以至于考试延误很长时间。于是沈鸿烈便起立请示主考可否拟题呈核，主考看到身形瘦小，身着军服，貌似十分年幼的沈鸿烈，本十分讶异，但无奈允之。于是，当时的考场情况便是："（沈鸿烈）即拟大代数、弧三角各一题，当场张贴。考生咸称不解，主考官亦茫然无所知，命叔改拟。叔又撰代数、几何各一题，考生不解如前。第三次奉命改题，乃拟代数一次方程一题，繁分数两题，送呈考官，谓此最浅之题。其下即为加减乘除，实无法再改。将弁学生悉交白卷。"①沈鸿烈作为出题之人，解答自然精准。经此一事，考生们一致认为沈鸿烈于此次选拔定是胜券在握。但等到放榜之时，沈鸿烈却榜上无名。究其原因，乃是因为当时将弁学堂堂长吴元泽推举满籍学生松寿之故。全体考生为沈鸿烈鸣不平，并到当局力争。时黎元洪任协统，乃命沈鸿烈跟随哨官到张之洞总督府听候面试。总督府调阅了录取考生试卷，又令府中擅长数学的幕僚审阅了沈鸿烈的试卷，总督则亲自审阅沈鸿烈汉文试卷。经审阅，均以沈鸿烈卷面为最佳，于是改判第一，而将原来的第一名松寿除名。

其后，总督府将沈鸿烈及另外三人备文送往北京复考，又由练兵处水师科主考。主考官谭学恒为留英海军高才生，他与沈鸿烈在内的四名考生同坐一桌，当面命题，科目仍为汉文、日文、数学。试卷当堂作答，交卷后主考人即席评阅。谭学恒本人科学、汉学均为优等，故能慧眼识英才。沈鸿烈乃以满分成绩名列第一，最终入选。其后，沈鸿烈与因汉文成绩突出而取得第二名的范腾霄②晋谒练兵处大臣。二人离京返回湖北，抵达武

---

① 详见沈肇熙《沈鸿烈往事片断》，青岛市政协文史资料委员会：《沈鸿烈生平轶事》，新华出版社1999年版，第14页。

② 范腾霄（1883—1952），湖北省利川县城关（都亭）人。1902年考入武昌文普通中学堂，1903年任湖北护军马队第一营文案兼国文教师，1904年入将弁学堂，1905年官费留学日本，入东京商船学校学习驾驶，后加入中国同盟会。1911年回国，任湖北军政府副官兼海军参谋长。1912年任将校补充团副团长、讲武堂监督、北京政府参谋本部科长等职，1915年，袁世凯称帝时离职。1918年入日本海军大学学习，1921年毕业回国后，在海军任职。1925年，任东北海军学校教育长。1926年，任襄阳道尹，后任北伐前敌总指挥部高级参谋。1929年后在国民政府海军部任职。1949年后，任湖北省政府参事室参事，当选湖北省第一届人民代表大会代表。1952年6月18日病逝，终年69岁。曾主编《海军季刊》杂志，著有《甲午海战史》《万国海上权历史》《辛亥革命实录》等。

昌时，得到湖广总督张之洞的接见。张之洞详细询问了他们在京考试情况，并何年入庠、学台为何人、府试时经义所问何题及如何作答等等。沈鸿烈一一回答，张之洞甚为满意。并以"国家不能无国防，国防不能无海军，海军不能无人才。日本国情与我类似，可供借镜，汝等年富力强，望努力学习，储为国用，勿负期许"①对二人加以训示。

光绪三十二年（1906）夏，沈鸿烈到达日本。留日期间，"先习航海、轮机普通科。继习炮术、水雷专科"，其后又"赴东亚沿海各地实习"。至宣统三年（1911）秋回国。为期五年的留学经历，不仅使沈鸿烈具备了扎实的海军知识，精通日语，熟悉日本的风俗、文化和制度等，也为他后来执掌东北海军及从政，尤其是主青期间与日寇周旋，维护我主权，确保地方平安繁荣，奠定了不可或缺的基础。

第三节　早年仕宦经历

在《沈成章概要》中，沈鸿烈将自己的生平经历大致分为六期：

第一期　自辛亥革命至民国九年九月离北京参谋本部共约十年（1911年11月至1920年9月）

第二期　自民国九年十月服务东北起至廿年九一八止共约十一年（1920年10月至1931年9月18日）

第三期　自二十年十二月服务青岛起至廿六年十二月离青赴鲁止共约六年（1931年12月至1937年12月）

第四期　自二十七年一月服务山东起至三十年十二月离鲁止共四年（1938年1月至1941年12月）

第五期　自三十一年一月服务农林部起至三十五年三月党政工作考核委员会止共约五年（1942年1月至1946年3月）

第六期　自三十五年四月服务浙江起至三十八年十一月离铨叙部止共约四年（1946年4月至1949年11月）②

---

① 详见沈肇熙《沈鸿烈往事片断》，青岛市政协文史资料委员会：《沈鸿烈生平轶事》，新华出版社1999年版，第14页。

② 详见《沈成章先生生平经历概要》之三《生平重要经历》，具体公元纪年为笔者添加。

对于其从服务东北及海军时期,到主政浙江至铨叙部时期,后面章节有更为详细的叙述,此不再赘述。而对于其自辛亥革命至民国九年九月离开北京参谋本部共约十年的早年仕宦经历,沈鸿烈认为自己主要做了如下三件大事。

一 参加辛亥革命

1911年10月10日（农历辛亥年八月十九）,旨在推翻清朝统治的湖北武昌起义发生,标志着辛亥革命的开端。其时,沈鸿烈等留日学生们刚刚结束远洋航海实习回到神户。原计划返校参加毕业典礼,领取文凭和路费后再回国。但沈鸿烈深觉国事紧迫,遂典当衣物后请假先行。依沈肇熙的说法,沈鸿烈回国后到了武昌,当时天气转寒,沈鸿烈仓促回国,旅费已用完,无栖居之处,遂前往拜谒当时被革命党人推举为湖北军政府都督的黎元洪。黎元洪对留日归国的沈鸿烈很看重,希望他留在湖北协助革命军务。但沈鸿烈认为当时南京仍为清政府重兵控制,长江也有敌舰十余艘,如果不能归附,则难以控制沿江各处重要关隘,革命军便难以渡江北上。因此沈鸿烈请愿前往各舰策反,为革命军争取时间。黎元洪十分赞成沈鸿烈的请愿,便令沈鸿烈以海军宣慰使的名义,携着黎元洪致长江水师提督的公文前往劝令反正,并最终成功完成任务。①

沈鸿烈在《沈成章概要》中也说:

> 本年（笔者按:指1911年）冬,自日本经上海抵武昌。谒都督黎元洪,面陈联合海陆各军渡江击敌方略。见黎氏忠厚谨慎,左右军人气焰嚣张。奉委充湖北水师统领不就,承改派为海军宣慰使,乃沿江东下宣慰海军。时长江舰队总司令萨镇冰离职他去,各舰群龙无首。余同时策动者有林子超、陈复诸位,各舰深明大义,先后赴镇江集合。时徐固乡、林述庆两位驻此指挥军事,余兼任徐军顾问。嗣海陆军联合进取南京,楚豫等三舰负责配合陆军攻击幕府山、狮子山各炮台,余驻楚豫任督战官。幕府山鏖战竟日,为我所有。狮子山系敌方南京防务之一部,经各路大军联合进攻,遂有天保城之捷,南京既

---

① 沈肇熙:《沈鸿烈往事片断》,青岛市政协文史资料委员会:《沈鸿烈生平轶事》,新华出版社1999年版,第15页。

下，大局底定。

是年 12 月初，革命联军攻克南京。这场战役的胜利，离不开各方革命军的齐心协力，而沈鸿烈在此次战役中贡献了自己的一份力量，由此得到了黎元洪的赏识。

二 任职上海海军总司令部及南京海军部

民国元年（1912 年）元月，中华民国临时政府在南京成立，黎元洪被选为副总统兼领鄂督。① 攻克南京后，沈鸿烈仍追随黎元洪。先后供职于上海海军总司令部及南京海军部。沈鸿烈在《沈成章概要》中对这一段经历有详细说明：

> 革命军攻克南京，南北兵争暂息。海军不能长此散漫，黎都督通电海军有关人员，定期聚集上海选举海事总司令，以补萨镇冰②遗缺。各省海军青年以久受福州军人控制，内部腐化，公推宿将广东程璧光担任。时程在英国，迟不得复，以前南京海军学校校长闽籍之黄琮瑛任总司令。黄氏年高衰弱，余被任充上校参谋。翌年，中央临时政府在南京成立海军部，黄总司令转任部长。部内设军机处，内分两班（与科同），由日本留日时的同学谢刚哲任处长，余充第一班班长，主管作战海防事宜。时纲纪未立，人心涣散，罕有作为。

随着南北兵争暂息，黎元洪欲加强对当时海军的控制，便致电相关海军人员，令他们聚到上海，欲选举出海事总司令。早年清政府的海军总司令是萨镇冰。这应该也是黎元洪属意的人选。因为萨镇冰曾重建北洋水军，着力建设南北洋水军，创办烟台海军学校。1910 年 10 月清政府使海

---

① 1911 年 12 月 29 日，各省都督府代表联合会代表在南京召开中华民国临时大总统选举会，选举孙中山为中华民国临时大总统，并于 1912 年 1 月 1 日就任。1912 年 1 月 3 日，各省都督府代表联合会代表又在南京召开中华民国临时副总统选举会，选举黎元洪为中华民国临时副总统。

② 萨镇冰（1859—1952），字鼎铭。祖籍山西代县，出生于福建福州。中国近代著名海军将领，先后担任过清朝海军统制（总司令）、民国海军总长等重要军职。武昌起义爆发后，被袁世凯任命为内阁海军大臣，未就职。还曾代理过国务总理。他在担任清朝北洋海军副统领（副司令）时，创建了烟台海军学校。

军筹办处改海军部,正式脱离陆军系统后,萨镇冰曾为清政府总理南北海军兼广东水师提督。曾着力于南北海军的统一。另外,黎元洪早年毕业于天津水师学堂,又曾在威海北洋舰队当过兵,与萨镇冰有师生之谊。武昌起义时,黎元洪致函萨镇冰希望他放弃清政府,转而参加革命。但萨镇冰虽对清政府心怀失望,却还没下决心公然投靠革命军,所以对黎元洪回信说:"彼此心照,各尽其职。"选择了对革命军进行消极抵抗。其后随着革命发展,萨镇冰两难之下,以有病需要就医为由离开舰队,搭乘英商太古公司轮船赴沪,算是以离舰出走的方式向部下暗示了他对起义的默许。1912年,他从教就任吴淞商船学校校长。

黎元洪希望有人掌控海军大局的决定是好的,但是,当时各省的海军之间并不团结,更不是他所能控制的。清朝时四大水师本为北洋、南洋、福建、广东水师。北洋水师在甲午战争中全军覆没,1909年,清政府将福建水师与广东水师、北洋水师、湖北水师以及南洋水师,合并重编为巡洋舰队和长江舰队,独立的福建水师就此解散。但各水师之间的利益角力并没有因重编而消弭。萨镇冰曾为统一南北海军做出诸多努力,但当时的清政府出于集权的目的,企图利用海军内部不同派别的矛盾来控制海军,便使萨镇冰卸海军大臣职,出任统制(即海军司令),而令广东人谭学衡升任海军副大臣,又派广东人程璧光为第一舰队司令。这便使得闽粤两派权力之争更加激烈,而令萨镇冰为统一所做的努力付诸东流。

到黎元洪这次海军司令推选时,南方水师实力仍然很大,其中以福州水军最为强势。所以,程璧光又被推举了出来,只是他当时远在英国,迟迟没有答复,所以便改由原南京海军学校校长闽籍黄琮瑛任总司令。但黄琮瑛当时年高已高,且身体衰弱,虽担要职却并不能有多少作为。在此情况下,沈鸿烈被任命为上校参谋。1913年,中央临时政府在南京成立海军部,黄琮瑛又转任海军部部长。部内设军机处,内分两班(与科同),由留日时的同学谢刚哲任处长,沈鸿烈充第一班班长,主管海防作战事宜。但当时时局不稳,各方利益角逐,袁世凯等更是野心勃勃篡夺革命果实,沈鸿烈身处其中,一时难有作为。这是辛亥革命后,沈鸿烈任职上海海军总司令部及南京海军部的情况。

三 任职北京参谋本部

1912年2月15日,中华民国临时参议院在南京召开中华民国临时大总统选举会，袁世凯被选举为中华民国临时大总统。孙中山先生则于其后4月辞职。同年2月20日，中华民国临时参议院在南京召开中华民国临时副总统选举会，黎元洪仍为中华民国临时副总统。其后，袁世凯在3月8日通过《中华民国临时约法》，《临时约法》虽旨在改总统制为内阁制从而削减袁世凯的权力，但袁坚持于3月10日在北京就职。3月10日在北京就任临时大总统，3月11日公布实施《中华民国临时约法》，解散了南京中华民国临时政府，成立北京中华民国临时政府，权力归入不同机关。当年7月，孙中山组织了中华革命党，发动二次革命，武力讨伐袁世凯，但最终失败。二次革命后，民国军阀混战愈演愈烈。1912年10月6日，国会选举袁世凯为第一任大总统，袁世凯随即于北京故宫太和殿就职。沈鸿烈《沈成章概要》曰：

> 民国二年（1913），中央政府因袁世凯要挟，移往北京，分别成立海军部及参谋本部。在参谋本部内设第六局，主管海军参谋业务，以南京海军部军机处人员调充，余仍任该局第一科科长，职务同前。

袁世凯就任大总统后，于次年即1913年将中央政府迁往北京。北迁后的北京临时政府成立了海军部和参谋本部，其中参谋本部内又设第六局以主管海军参谋业务，原南京海军部军机处相关人员都被调往参谋本部，沈鸿烈仍担任第六局第一科科长，主管作战海防事宜。《沈成章概要》又说：

> 民国二年（1913）冬，与本局第三科长吴毓卿奉部命调查沿江沿海军港要塞，北起渤海南至榆林，中历长江各要隘，费时四月有余。长江之江阴炮台、广东之虎门炮台成熟海军加农炮，设备较好。余如吴淞、闽厦各炮台，均极废驰。悉参照环境，拟具存废改良计划。又视察海港，后建议当局在北部以青岛为军港，旅顺为支港；中部以象山为军港，三都澳为支港；南部以大鹏湾为军港，榆林港为支港。均蒙上峰嘉纳，时政府重视海陆防务，令参谋本部有关各局拟具国防计划。余代表第六局拟有"军港设备计划""海军造舰计划""海军教育计划""海军作战计划""沿海防务计划"等五种。时参谋本部部长由副总统黎元洪氏兼任，出身天津水师，对以上各计划极

表重视。

1913年冬，沈鸿烈作为参谋部第六局第一科科长，与第三科科长的吴毓卿奉部命调查沿江沿海军港要塞，考察历时四月。由于当时国民政府重视海陆防务，所以让参谋部各局拟具国防计划，沈鸿烈遂代表第六局拟了"军港设备计划"等海军建设计划五种。① 当时黎元洪以副总统兼任参谋本部部长，曾有海军经历的黎元洪自然认识到这份建设计划的价值，对此极为重视。《沈成章概要》又称：

> 民国三年（1914）七月，第一次世界大战爆发。民国五年（1916），我政府决派海陆军官各二人，赴欧观战。余因海防计划之表现，蒙上峰选派，于同年冬与海军部科长郑礼庆、陆军大学教官何遂、郑桓自上海乘轮出发，取道日本、美国，前往欧洲。翌年夏，抵法转英，参加北海英德海战，参观英国后方兵工厂、海军学校等。历时八月，英皇亲颁"优越勤务勋章"。继至法国，视察沿海军港要塞，经地中海赴希腊参观法国大舰队。转意大利至"阿尔卑斯山"前线阵地，参观意德作战。后取道瑞士至法国乘船，仍经美洲、日本回国，为时两年。欧战甫经结束，提呈观战报告万余言。时曹锟任总统，② 对此固漠不关心也。
>
> 民国七年（1918）十一月，兼任陆军大学教官。先后担任五、六两期海战学课。于九年（1920）五月，辞去参谋部及陆大本兼各职。

1914年7月，第一次世界大战爆发，各国局势为之一变。国内局势更加混乱。民国五年（1916）6月，袁世凯死后，黎元洪继任大总统。据

---

① 沈鸿烈执笔的建设海军计划五种的完成时间，沈肇熙文认为是在1916年。参沈肇熙《沈鸿烈往事片断》，青岛市政协文史资料委员会：《沈鸿烈生平轶事》，新华出版社1999年版，第15页。

② 按第一次世界大战结束时间为1918年11月，当时民国政府总统为徐世昌（1918年10月至1922年6月在任），之前为冯国璋（1917年7月至1918年10月在任）。曹锟任总统的时间是1923年10月至1924年11月，而沈鸿烈早在1920年即已辞职赴东北。沈鸿烈自述中之"曹锟"疑当为"徐世昌"之误。

《中华民国海军史事日志》记载，当年12月，"海军部派陈绍宽、郑礼庆赴欧洲各国参观战事"，①《中华民国海军史料》也说，本月"派陈绍宽、郑礼庆二员赴欧西各国参观战事"。② 据沈鸿烈自述，"二员"之说不确，沈鸿烈作为北京参谋本部第六局第一科科长，也在观战团成员之列。此次观战除海军三人外，还有陆军大学教官何遂和郑桓。他们自上海出发，经日本、美国，于1917年夏天经法国转英国，先后在英、法、希腊、意大利等国参观兵工厂、海军学校、沿海军港要塞、法国大舰队，并到"阿尔卑斯山"前线阵地，参观意德作战。这次"为时两年"的观战经历，使沈鸿烈增长了见识，开阔了眼界，对他后来创建东北海军具有非常积极的意义。据沈鸿烈自述，1918年11月，第一次世界大战结束后，欧洲战争一结束，他曾"提呈观战报告万余言"，但是并没有引起当局的重视。这恐怕也是他在兼任陆军大学海军教官一年多以后，辞职的重要原因之一。

沈鸿烈幼承庭训，寒窗苦读，本欲致力于科举，却因时势巨变，转而接受了新知识、新思想的洗礼，又有感于国家危难，遂投笔从戎。其间，因学识出众、勤于思考，先后获得日本留学、欧洲观战的机会。这使他在学识、眼界、阅历等多方面，都有了脱胎换骨的变化。而海军本部的派系斗争和当局者的无所作为，则使他不能不重新思考自己的人生道路。所以得到张作霖的赏识之后，他毅然决然地辞职，开始了另一段人生。

---

① 苏小东：《中华民国海军史事日志》（1912年1月至1949年9月），九洲图书出版社1999年版，第108页。

② 杨本志主编：《中华民国海军史料》，海洋出版社1987年版，第1022页。

第二章

沈鸿烈与东北海军

东北海军由张作霖、沈鸿烈等人筹建，是20世纪20年代在吉黑江防舰队基础上发展起来的一支地方性武装，全盛期曾管辖3个舰队，26艘舰艇，拥有近2万吨的总排水量，3万余人的兵力。这是一支涵盖江防、海防、水上航空、陆战队、军事教育以及各种后勤支援在内，机制较为完善的现代化海军，在民国年间堪称一支劲旅。

在20年代军阀混战的大背景下，沈鸿烈以其特殊的才能，深得张作霖父子的信任与赏识，先后任东北航警处处长、东北江海防总指挥部总指挥、东北海军司令部司令等职，主持创办葫芦岛航警学校、东北商船学校、东北造船所，收编吉黑江防舰队，组建东北海防舰队，为创建东北海军立下了汗马功劳。他一生的功业也与东北海军密切相关，荣辱与共。

第一节 沈鸿烈与东北海军的筹建

在张作霖的赏识下，沈鸿烈作为一名非东北籍海军军官，被提拔速度之快，在奉系中实为罕见。其中固然有张作霖创建海军力量的客观需求，但更重要的是沈鸿烈自身所具备的素质和能力。在处理庙街事件、与黎元洪谈判、处理郭松龄反奉事件等危机中，他展示了过人的军事、外交才能，从而引起了张作霖的重视。

一 东北海军的筹建过程

第一次直奉战争的惨败，促使奉系统帅张作霖认识到了海军的重要性，这加速了奉系组建东北海军的步伐。辛亥革命以后，孙中山等革命党人建立中华民国，其后不久，袁世凯窃取了中华民国的最高权力。在袁世凯称帝不久去世之后，北洋军阀内部分崩离析，皖系、直系两大派系先后控制中央政府。皖系以国务总理段祺瑞为代表，在1916—1920年把持北京政府实权。而张作霖于民国七年（1918）被任命为东三省巡阅使，控制了整个东北地区，也成为最有实力的军阀之一。1920年，直皖战争爆发，直系曹锟、吴佩孚成为北京政府的新主人。奉系与直系共同把持政权。但因双方对胜利果实分配不均，在组阁问题上又互相指责，矛盾愈演愈烈。1922年4月28日，第一次直奉战争爆发。这场战争在5月5日便以奉系的惨败告终。奉军死于炮火之下者约2万人，伤者和逃亡者约1万以上，被围缴械者近4万人，合计共约7万人，伤亡惨重。

战争爆发之后，第一舰队（中华民国成立后组建的舰队）由南向北运动，原本意在助奉攻直，但由于张作霖对舰队提出的条件苛刻，于是第一舰队放弃援助奉军，在直系的争取下，转而支持直系，老将萨镇冰率领舰队北赴秦皇岛。奉军战败后，张作霖携高级将领乘火车仓皇退守关内，途经秦皇岛时，遭到第一舰队的猛烈炮击。而京奉路山海关内外的奉军皆暴露在海军大炮的射程之下，被动挨打，进退维谷，几乎没有还手之力。奉军虽然在军饷、军械、士兵等各方面均占优势，遭此惨败，与第一舰队倒向直系有很大关系。因此，张作霖在战争结束后，下决心筹建海军，以增强自身实力。

1922年5月12日，张作霖宣布东三省"独立"，自称奉军总司令。6月8日，张作霖又被东三省议会联合会推举为东三省保安总司令，并宣布东三省实行"联省自治"。7月16日，张作霖合并了东三省巡阅使署和奉天督军署，成立东三省保安司令部。7月22日，奉系在奉天设立东三省陆军整理处，意在训练、整顿、改革奉军绿林式的武装。8月，成立东三省航警处，直属于东三省保安总司令部，下设总务、海事、军需等科，组成人员有陆海两军，奉系筹建海军的事宜正式提上日程。

近代以来，日俄对我国东北地区觊觎已久。俄国一度控制了东北的三大河流——黑龙江、乌苏里江、松花江，三江几乎无防务可言。1917年"十月革命"爆发，沙俄被推翻，中国政府派遣海军代将林建章率海容舰和陆军宋焕章团，依据条约收回了黑龙江和乌苏里江航海权，东北江防得以重建。1919年初，北洋政府海军部派王崇文等前往黑龙江，勘察黑龙江、松花江两江情况，并与黑龙江省督军鲍贵卿接洽筹办江防事宜。王崇文做了大量工作，向海军部汇报了具体方案，后经国防讨论会讨论通过了东北江防办法。"1919 年 7 月 2 日，北京政府海军部正式成立吉黑江防筹办处，以海军少将王崇文为处长，地址设在哈尔滨。……16 日，北京政府海军吉黑江防筹办处处长王崇文带工作人员及 10 万元开办费离京北上，先期由陆路赴哈尔滨进行江防筹备工作。"①

王崇文到达哈尔滨后，积极展开江防组建工作。在得到北洋内阁会议的批准后，1920 年 4 月，王崇文从戊通轮船公司购买了江宁、同昌、江津三艘商船，并改名为"江平""江安""江通"，并向中东铁路局借调第六号巡船，改名"利济"。经海军部批准，订颁各舰编制表，分配官兵、武器后，正式编入军籍。5 月 29 日，吉黑江防筹办处改为吉黑江防舰队，王崇文任司令，沈鸿烈任上校参谋。及至北上舰队到达哈尔滨后，吉黑江防舰队阵容如表 2-1 所示。

表 2-1　　　　　　　　吉黑江防舰队阵容简表

舰名	江亨	利捷	利绥	利川	利济	江平	江安	江通
舰种	炮舰	炮艇	拖船	炮艇	商船改装炮艇			
排水量（吨）	550	226	170	375	250	250	250	120
航速（里）	13	14	13	13	15	14	14	14
主炮（门）	2	2	2	—	1	2	2	2
副炮（门）	4	3	2	—	2	4	4	4

资料来源：吴杰章、苏小东、程志发主编：《中国近代海军史》，解放军出版社 1989 年版，第 293 页。

从表中我们不难发现，吉黑江防舰队的军舰总吨位尚不及清末购自英国的致远舰（2300 吨），实力之弱可见一斑。另外，据记载，1922 年 8 月，海军"粮饷被欠甚巨，本月份又届发饷期，各舰艇催发粮饷，函电交驰，无米之炊，难以维持"。② 在此情况下，舰队还要维持东北江防，可谓步履维艰。与之相反，奉系军阀在第一次直奉战争后，张作霖"截留东北的盐税、奉榆铁路的客运收入"，③ "1922 年奉省岁入 3400 万元，1923 年只税收一项总额即达 3340 万元之巨"④。吉黑江防舰队欠饷的困

---

① 苏小东：《中华民国海军史事日志》，九洲图书出版社 1999 年版，第 154 页。
② 《海军电催发饷》，《申报》1922 年 8 月 5 日第十三版。
③ 《奉张截税扣车仍未解决》，《申报》1922 年 8 月 10 日第七版。
④ 参见刘彬《东北军海军兴衰研究》，硕士学位论文，东北师范大学，2006 年。

为奉系接管提供了有利契机。

为了摆脱欠饷困境，王崇文多方奔波无果后，主动联系张作霖洽谈吉黑江防舰队的归属问题。张作霖派遣总参议杨宇霆与之进行商谈，经北京政府同意后，奉系于1922年9月正式接管吉黑江防舰队，王崇文继续担任司令。1923年2月，"张作霖将在其辖区内的吉黑江防司令王崇文以侵吞公款为名予以撤职，任命'江亨'舰舰长毛钟才代理司令，并强行接管江防舰队"。[①] 同时，吉黑江防舰队主要职务也进行了人员调整（见表2-2）。

表2-2　　　　　　　　　江防舰队主要领导简况表

职务名称	任职人员姓名及个人情况
司令	毛钟才（闽人，黄埔水师学堂第八界驾驶班学生，1913年毕业）
参谋长	王烈（总部派陆军人员）
副官长	林舜藩（闽人，原"利绥"舰长，马尾船政后学堂轮机班1913年毕业）
轮机长	吴超（鄂人，湖北海军学校轮机班1913年毕业）
参谋	曾广钦（豫人，沈鸿烈留日同学）
副官	郭咏荣（闽人）
"江亨"舰长	林培熙（闽人，原"利捷"舰长）
"利捷"舰长	宋式善（湘人、沈鸿烈留日同学）
"利绥"舰长	尹祖荫（河北人，烟台海校第六界毕业生，宣统三年五月毕业）
"江平"	尹乾（湘人，沈鸿烈留日同学）
"江安"	吴敏仁（闽人）
"利济"舰长	陈拔（闽人，烟台海校驾驶第三界毕业生1908年毕业）
"江通"	王兆麟（南京人，烟台海校驾驶第八界1913年毕业）

资料来源：刘彬：《东北军海军兴衰研究》，硕士学位论文，东北师范大学，2006年。相关数据参陈书麟、陈贞寿《中国民国海军通史》，海潮出版社1992年版，第212页。

从表2-2可以发现，这13位江防舰队的主要领导，多与沈鸿烈有着紧密关联：或为沈留日的同学，或为其学生，仅两人为原吉黑舰队舰长，奉系军阀已掌握舰队的操控权，也初步完成了对江防舰队的改制，这为东北海军的建立奠定了良好基础。1926年，张作霖"将东北江防海防舰队总指挥处，改组为东北海军司令部，统辖江海防两舰队，任沈鸿烈为司

---

① 苏小东：《中华民国海军史事日志》，九洲图书出版社1999年版，第228页。

令"，① 东北军海军正式成立。

二 沈鸿烈崭露头角

由于吉黑江防舰队舰艇不足，北京政府海军总司令公署于1919年7月21日"调拨赴防松、黑江的'江亨'（550吨）'利捷'（266吨）'利绥'（170吨）3艘浅水炮舰及'利川'号（375吨）拖船由上海出发北上。另派'靖安'号运输舰沿途拖带护送，并以'靖安'舰长甘联璈为队长指挥航行"②。从上海到哈尔滨，四舰的航行并不顺利，从上海至松花江，须经过东海、黄海、日本海及鞑靼海峡，再由庙街进入黑龙江下游，溯江而上才能进入松花江。8月5日，"北京政府海军吉黑江防军舰驶抵海参崴，中国驻崴海军代将林建章将中国军舰需经俄境黑龙江一事通知白俄鄂木斯克政府远东代表霍尔瓦特，并请转饬其沿海洲、庙街一带地方官查照，以免误会。但鄂木斯克政府在日人挑唆下拒绝中国军舰通过黑龙江，中国……于23日通告俄外交官，中国军舰定于25日开赴松花江驻防"③。

中方一系列的努力并没有得到白俄鄂木斯克政府的合理回应，9月25日，"中国吉黑江防军舰自海参崴驶抵噶噶岛时，鄂木斯克政府因阻止无效，竟禁该处引水人员带领中国军舰驶入庙街，并将该岛附近浮标潜移至沙礁处，致各舰在此坐困达10天。后由庙街华人以重金聘请领水员前来引导，各舰才脱离险境，于是日安抵庙街。'靖安'舰因已完成拖带任务，在此返航上海，舰队改由江亨舰长陈世英任队长"④。

中国四舰滞留庙街期间，与苏俄红军游击队合作，开展了对付日军的行动。⑤ 1920年3月11日，"苏联红军游击队于是日进攻由日军和白俄军队控制的庙街，后将负隅顽抗的日军全歼，而在此过冬的4艘中国军舰竟因此受到牵累"⑥。6月7日，"日本海军20余艘舰艇进入马街和庙街，随

---

① 东北文化社年鉴编印处编：《东北年鉴》，1931年，第289页。
② 苏小东：《中华民国海军史事日志》，九洲图书出版社1999年版，第154页。
③ 同上书，第155页。
④ 同上书，第158页。
⑤ 陈拔、方沅撰：《庙街事件忆》，见林志本主编《中华民国海军史料》，海洋出版社1987年版，第893—897页。
⑥ 苏小东：《中华民国海军史事日志》，九洲图书出版社1999年版，第168页。

即以驻泊于此的中国军舰有助苏俄红军进攻日军之嫌,将'江亨'等4舰扣留,并向吉黑江防司令王崇文提出交涉。……7月27日,日本驻华公使又向北京政府外交部提出抗议,要求双方派员调查,庙街交涉案由是而起"①。

在处理庙街事件中②,沈鸿烈作为海军部所派出的四位谈判委员之一,在与日本人的交涉中,表现了高超的外交才能,加之他具备扎实的海军专业知识,因而受到了张作霖的关注。据陈拔、方沅回忆:

> 沈等谈及此次幸得各国联军向日本申明,中国四舰在庙街协助红军打击日本皆系传闻,不足为信,双方应派员审查明白。惟对四舰日本暂时须当保护,不可轻动云云。四舰闻此讯稍得安心。……1920年夏某日,开始审查。日方有六个委员,中方有沈、陈等四个委员,共同审问。四舰长并副长等各自到堂等候查问。经逐一审问,多由陈舰长一人辩护。③

在沈鸿烈等人的据理力争下,两星期后,因日方未检出四舰协助红军真实证据,审查终结。10月份,作为东三省巡阅使的张作霖,收到北京政府海军部电联查照返图中的4舰,10月7日,滞留庙街1年有余的中国4舰抵达松花江防地后,与由商船、巡船改造的"江平""江安""江通"和"利济"号4艘小型炮舰合为一队,编有舰船8艘,总排水量约2200吨,吉黑江舰队实力大为增强。

据曾任东北海军第一舰队司令部英文秘书的张万里回忆,1919年,海军部派出的四艘军舰在庙街被日军扣留时:

> 沈鸿烈自请赴东北交涉。途经沈阳,因张厚琬、翼翘的介绍,张

---

① 苏小东:《中华民国海军史事日志》,九洲图书出版社1999年版,第173页。
② 庙街事件概指在"江亨"等四舰从上海驶抵哈尔滨通过俄属黑龙江下游至三江口时,遭到白俄及日本的阻拦、破坏,虽然庙街华侨极力相助,但时近封冻,四舰被迫困于庙街多日,直至苏俄红军进入庙街后,经其新政府允许才上驶,四舰历时1年有余,于1920年10月抵至三江口。
③ 陈拔、方沅:《庙街事件忆》,林志本主编:《中华民国海军史料》,海洋出版社1987年版,第896页。

作霖在上将军公署接见了沈鸿烈。张作霖对于派往东北的四艘军舰早有觊觎之心，只是因福建派反对，一时不好下手。张作霖把接管四艘军舰的意图暗示给了沈鸿烈，沈鸿烈自然答应下来。庙街事件处理后，海军部批准成立吉黑江防舰队，沈鸿烈由参谋逐步升任舰队参谋长。①

可见，在处理庙街事件中，担任谈判委员之一的沈鸿烈，以其突出的表现，引起了张作霖的重视，这是他之后获得张作霖赏识非常重要的一步。

1922年6月，第一次直奉大战后，战败的张作霖，在危急中派沈鸿烈为代表赴北京向大总统黎元洪表达向北洋政府靠拢的意向。沈鸿烈去日本留学前曾担任黎元洪新军的司书、初级补习班教习，为黎元洪所赏识。辛亥武昌起义，黎元洪委任沈鸿烈为水师统领和海军宣慰使。正是得益于这层关系，加上善于辞令，沈鸿烈赴京代表张作霖向黎元洪等表达其拥护中央，消弭战祸的主张，得到黎元洪的支持，直军攻势变缓，奉系转危为安，张作霖从此对沈鸿烈信任有加。

1925年，郭松龄倒戈，奉天吃紧，张作霖的左右纷纷逃遁。此时，沈鸿烈为张作霖多方奔走，并号召海军官兵为张作霖而战。② 他说："就是老将下野，也能维持我们十年。"③ 同时，沈鸿烈还建议张作霖借助日本关东军力量对付紧张局势，并作为张作霖的代表，与日军谈判。日本军方同意出兵暗助张作霖阻截郭松龄，结果郭军大败。沈鸿烈再一次成功化解了奉系面临的危险，进一步获得了张作霖的赏识与信任，这为他在东北海军中的升职奠定了坚实的基础。

此外，沈鸿烈与张作霖的亲信，尤其是与张作霖的总参议杨宇霆关系密切，"沈鸿烈还把家眷接到法库居住，试图把自己变成一位东北籍人士，此举更使张作霖对他深信不疑"④。沈鸿烈对张作霖的赏识与信任，也一直心存感激，他晚年自述生平时曾说："余壮年投笔从戎，颇有乘风

---

① 张万里：《沈鸿烈及东北海军纪略》，青岛市文史资料编委会编：《沈鸿烈生平轶事》，新华出版社1999年版，第49页。

② 同上书，第38页。

③ 沈阳市人民政府地方志办公室编：《张氏帅府志》，沈阳出版社2013年版，第276页。

④ 同上。

破浪之志，奈何所遇不获，遁迹关外。承张长官雨亭拔擢于众人之中，以江海建设事业相期许，嗣因江防渤海两舰队划归统辖，责任益重。"（《沈成章概要》）对张作霖的知遇之恩仍心怀感激。

第二节　沈鸿烈与东北海军的兴盛

沈鸿烈在日本留学所学专业就是海军，他深知海军的强盛离不开优秀的专业人才，他先后主持创办的航警学校、东北商船学校等专门的培训机构，成为东北海军专业人才培训基地。他还购买、改造军舰，并积极促成了渤海舰队的收编，有效地提升了东北海军舰队的实力，使让东北海军迅速发展壮大，成为当时一支不可小觑的军事力量。

一　专业人才的培养

从海军长远发展的角度着眼，沈鸿烈向张作霖建议，"在葫芦岛建立海军学校，培养东北的海军人才"，[①] 而张作霖也深知，"盖谋东北海军之强盛，要创办海军，必须先培训各项人才为主，而教育机关，实其命脉之所寄"[②]。于是，1923年1月，奉系"在葫芦岛创设航警学校，培植海军专门人才"[③]，命名为东三省航警学校，培养目标主要是训练初级海军军官和士兵。其校长乃沈鸿烈昔年留日同学凌霄，教育长是海军中校方念祖，佐理官是海军中校陈华森，学监为戴修鉴。择校址于辽宁锦西葫芦岛炮台山右侧的八号洋楼。

东三省航警学校定于4月1日开学，设初级军官班和学兵班，"额设初级军官学生四十名"，要求报名学员"中学校毕业或与中学校毕业有同等学历，数学、英文素有修养，体格健、眼不近视、身家清白，不入外国籍者"[④]，或"招高中生入校肄业，三年半毕业后，到舰队练习半年补海

[①] 中国人民政治协商会议辽宁省委员会文史资料研究委员会编：《辽宁文史资料》（第二辑），辽宁人民出版社1982年版，第30页。

[②] ［日］田岛富穂：《王永江》，满洲公论社1944年版，第303页。

[③] 包遵彭：《中国海军史》（下），中国业书编审会1962年版，第876页。

[④] 《航警学校招考学生》，《盛京时报》1923年4月5日。

军见习生，乘舰服务"①，本期报名者约500人，录取40人，实际报道38人，后从学兵班补录2人，凑足40人，除四名外省学员，其余皆为东北人，后浙江督军卢永祥于1924年派7名学员来学习②，故本期共47人；学兵班额设220名，分帆缆、轮机两班，其标准较初级军官班为低，要求为"初小以上相当程度，年富力强者，同时入校，经半年之陆上新兵教育后，送入舰船训练，由二等练兵递进为一等练兵，期满后进为三等兵"③。航警学校并非每年都招生，而是上一期毕业再招下一期，以航警学校名义毕业的共两期，第一期为驾驶班，47人，1926年9月毕业；第二期入学的学生为轮机班，38人，1929年底毕业。④

航警学校虽然初建，但专业设置相当齐全，包括国文、英文、数学、化学、测量、航海、轮机、机炮、鱼类、航艺、通信、陆战等，因航警学校的管理人员和教员多为沈鸿烈留日海军同学，因此其教学内容、教学方式及管理方面，完全仿照日本海军学校体制。要求学员必须打下坚实的专业基础，而且培养学生的尚武精神和效忠意识。在当时的战乱时期，学员的待遇远较陆军好得多，除了学校配备的服装、学习用品等，每月尚有30元大洋的薪金。

航警学校的创办为东北海军的创建培养了大批骨干人才，学校骨干几乎都是沈鸿烈的留日海军同学，这些人日渐成为一股势力，进而发展成海军中的东北系（或称青岛系）。东三省航警学校后改名为东北航警学校、东北海军学校，东北沦陷以后迁至青岛，改名为青岛海军学校，抗战期间先迁到宜昌，再迁万县，一共办了5期，1943年停止招生，改为特种兵器研究所。

与东三省航警学校的培养目标不同，1927年建立的东北商船学校，以培养海军将校和航运人才为目的。东北舰队司令兼东北舰务局董事长沈鸿烈等任校务理事，舰长司令部中校参谋王时泽任校长。教师除个别普通课教师外，均为海军现役军官。学生一律享受优厚的待遇，并编入海军军籍。"1927年第一期在北京、沈阳和哈尔滨三地招生。驾驶科正取50人，

---

① 东北文化社年鉴编印处：《东北年鉴·军事·海军》，1931年，第303页。
② 据江浍三手稿《东北海军学校史》为8人。
③ 东北文化社年鉴编印处：《东北年鉴·军事·海军》，1931年，第303页。
④ 吴杰章、苏小东、程志发主编：《中国近代海军史》，解放军出版社1989年版，第297页。

轮机科正取 50 人，两科备取 22 人。……第一期驾驶（甲班）学生，除七人留哈尔滨从事航运外，均调到沈鸿烈的第三舰队任军职。"① 东北商船学校培育的海军将校人数，由此可见一斑。

在沈鸿烈创办东三省航警学校、东北商船学校的带动下，东北海军极力发展海军教育机构，大力培养各级各类海军人才。据 1923—1930 年前后 8 年的数据统计，东北军创办海军学校、海军军官讲习所、海军士兵教练所等各种教育机构十余所，如表 2-3 所示。

表 2-3　　　　　　　　　东北海军教育机构简表

类别	级别	机关名称	所在地	成立时间
军官	初级	葫芦岛海军学校	葫芦岛	1923 年
	专门	海军高等军事讲习所 海军初等军官讲习地 海军航空队军官讲习所 陆战队初级军官讲习所	海圻舰 海圻舰 青岛 青岛	1930 年 1928 年 1930 年 1927 年
士兵	初级	葫芦岛海军学校学兵班	葫芦岛	1923 年
	专门	海军枪炮教练所 海军帆缆教练所 海军鱼雷教练所 海军电信教练所 海军轮机教练所 海军军医教练所 海军陆战队军事教练所 海军电机教练所 海军航空机兵教练所	肇和舰 海琛舰 威海舰 镇海舰 青岛 青岛 青岛 青岛 青岛	1928 年 1929 年 1928 年 1929 年 1929 年 1930 年 1927 年 — 1930 年

资料来源：刘彬：《东北军海军兴衰研究》，硕士学位论文，东北师范大学，2006 年。相关数据参见东北文化社年鉴编印处《东北年鉴》，1931 年，第 303 页。

这些海军教育机构的成立，为东北海军的发展培养了大批高素质专门人才，提高了东北海军的整体战斗力。

二　舰队品质的提升

改造、购买军舰，是沈鸿烈发展东北海军的另一项重要举措。航警处考虑到渤海湾还没有实质性的海上武装力量，便开始购买军舰。1923 年 7 月，沈鸿烈向政纪轮船公司购买了 1 艘 2500 吨级的商船"祥利"号（一说"广利"），改造成军舰（飞机母舰），更名为"镇海"，这便是东北

---

① 转引自李金城《东北商船学校》，《航海》1986 年第 5 期。

海防舰队最初的军舰。1924年春天，奉系再次购买一艘2000余吨的商船并将之改装成"威海"舰。① 同年11月，奉系在第二次直奉战争中获胜，"奉军乘胜直赴天津，张作霖海军至大沽，接收大造船所，该处有一千一百余吨之破冰船一艘，系新自海参崴所购……乃带回武装成军，命名'定海'"。② 1925年，沈鸿烈又从日本购得一艘200余吨的鱼雷艇编入舰队，命名为"飞鹏"。与此同时，航警处从葫芦岛航警学校和江防舰队抽调部分兵员，成立了东北军海防舰队，负责在东北各海口巡防，基地位于辽宁营口。航警处处长沈鸿烈任总指挥，葫芦岛航警学校校长凌霄为舰队长。

1926年夏，渤海舰队的"海圻"舰因年久失修在旅顺口维修（因为北方除了旅顺口外，其他地方都没有能够容下类似"海圻"巡洋舰的大型船坞）。沈鸿烈接到消息后，立即赶往旅顺日本船坞。"沈鸿烈看海圻一进船坞，马上集合镇海、威海、定海三舰于旅顺港，对海圻加以监视，又买通日人，不要开闸放走海圻；另一方面与海圻官兵进行疏通，如此势挟利诱，终使海圻归顺了沈鸿烈。"③ 然后，袁方乔为代舰队长，将"海圻"军舰驻泊在"里长山列岛，东北海军根据地"。④ 里长山列岛位于辽东半岛东南部海域，是长山群岛的组成部分。"海圻"号建造于1897年，中国政府由英国购入，是当时我国最大的巡洋舰。⑤ 收编"海圻"号后，沈鸿烈又开始寻找吞并渤海舰队的机会。

早在收编"海圻"号之前，东北海军就有收编渤海舰队的想法。渤海舰队拥有"海圻""澄和""海琛""永翔""楚豫"军舰，"效安"鱼雷舰，"华甲"运舰，"澄清""澄安"炮舰，"此外尚有陆战队两团及卫对二营"，⑥ 实力比较雄厚。第二次直奉战争后，渤海舰队蛰居在青岛关注时局变化，这为东北军海军吞并渤海舰队提供了有利机会。此时，想收

---

① 苏小东：《中华民国海军史事日志》，九州图书出版社1999年版，第249页。
② 包遵彭：《中国海军史》（下），中国业书编审会1962年版，第877页。
③ 张万里：《沈鸿烈及东北海军纪略》，青岛市政协文史资料委员会编：《沈鸿烈生平轶事》，新华出版社1999年版，第51页。
④ 中国人民政治协商会议辽宁省委员会文史资料研究委员会编：《辽宁文史资料选辑》（第三辑），辽宁人民出版社1982年版，第78页。
⑤ 戚其章：《晚清海军兴衰史》，人民出版社1998年版，第510页。
⑥ 《渤海舰队实力》，《盛京时报》1927年3月13日第二版。

编渤海舰队的,并非只有东北海军一家。南方的杨树庄也对渤海舰队虎视眈眈,但由于渤海舰队司令温树德是山东人,舰队官兵以山东文登、荣成等地人居多(又称文荣帮),加之东北奉系主动加以笼络,温树德便回绝了杨树庄的拉拢。①

  沈鸿烈在征得张作霖的同意后,派尹祖荫、冯韬(二人同渤海舰队的参谋长赵梯昆、楚豫舰长胡文溶等,都是海军学校同学)到青岛活动。沈鸿烈原以为这样处理成功的把握更大,但事与愿违,尹、冯二人到达青岛与赵梯昆、胡文溶接谈后,收编的想法遭到拒绝。② 于是,张学良亲自到天津"息游别墅"会见温树德。温提出拨给军饷、解决欠款等条件。张学良则提出要亲眼见到舰队,双方达成共识。"1925 年 8 月 19 日,张学良由奉抵秦皇岛检阅温树德所部来归之渤海舰队。计巡洋舰 3 艘、炮舰 4 艘、驱逐舰 3 艘、运输舰 1 艘。23 日,张偕温抵天津,检阅津浦路奉军。"③ 沈鸿烈在张学良检阅舰队时提出,"军饷由东北拨给,人事行政也应该归东北,不应该再归舰队"④。温树德没有答应,回到天津不久,又将舰队调回到青岛基地。1926 年,渤海舰队司令一职由吴志馨接任。沈鸿烈再次发起收编渤海舰队的攻势准备。渤海舰队为解决军饷问题,曾派人到上海同北伐军联系,沈鸿烈获悉后,借此关押了吴志馨、赵梯昆、胡文溶等人。

  沈鸿烈"特乘海圻旗舰,率领东北舰队镇海、威海二舰来青,带有新式飞机两架,停泊前海暗行监视"⑤。而后,他先给渤海舰队补发一个月的饷金,同时通电渤海舰队各舰长,"限五日后答复,若不听调动,最后用武力解决,亦所不惜云。沈氏所带来之飞机,每日飞翔空中一周,仍作示威之举动"⑥。在武力威逼和军饷利诱的双重攻势下,渤海舰队终于

---

 ① 中国人民政治协商会议辽宁省委员会文史资料研究委员会:《辽宁文史资料》(第二辑),辽宁人民出版社 1982 年版,第 31 页。
 ② 参见张衍学等《沈鸿烈是怎样起家的》,青岛市文史资料编委会:《沈鸿烈生平轶事》,新华出版社 1999 年版,第 40 页。
 ③ 杨益茂、宋桂芝主编:《中华民国实录》(第一卷下),吉林人民出版社 1998 年版,第 926 页。
 ④ 中国人民政治协商会议辽宁省委员会文史资料研究委员会:《辽宁文史资料》(第二辑),辽宁人民出版社 1982 年版,第 32 页。
 ⑤ 《沈鸿烈接收渤海舰队》,《盛京时报》1927 年 7 月 20 日第二版。
 ⑥ 同上。

答应被东北海军收编。1927年6月,"张作霖为统一海军,将东北舰队改为第一舰队,渤海舰队改为第二舰队,任命张宗昌为海军总司令",①沈鸿烈为副总司令,在青岛设海军总司令公署,沈鸿烈成为东北海军的实际掌权者。

不久,奉系成立东北海军总司令部,张作霖兼任东北海军总司令,沈鸿烈为副总司令代总司令,将江防、海防、渤海三个舰队正式合并为东北联合舰队。兼并渤海舰队之后,东北海军实力大增,拥有舰艇20余艘,1.88余万吨。同时,与舰队配套的部队和机构也在日益发展:海军陆战队下辖2个大队,约1200人;水上飞机队到1933年增加至8架;"镇海"舰可载运飞机执行任务;1928年底设立海军工厂于青岛,可自行修理大小军舰船故障。东北海军具体系统如下:

一、东北江防舰队及附属机关(置代将舰队长一人驻哈尔滨)
江亨军舰、利绥军舰、利捷军舰、江平军舰、利济军舰、江泰军舰、江通军舰、飞鹰滑艇、飞鹄汽艇、飞燕汽艇、海军船坞煤柴栈。
二、东北海防第一舰队(置少将舰队长一人驻青岛)
海圻军舰、海琛军舰、肇和军舰、镇海军舰、同安军舰、华甲运舰。
三、东北海防第二舰队(置代将舰队长一人驻烟台或长山岛)
定海军舰、永翔军舰、楚豫军舰、江利军舰、海鹤炮艇、海鸥炮艇、澄海炮艇、海蓬炮艇、海燕炮艇、海骏炮艇。②

张作霖去世后,东北海军总司令由张学良兼任,沈鸿烈仍任副总司令。总司令部由青岛移往沈阳,下设参谋处、秘书处、军需处、军械处、军法处等,将各舰队改称东北海防第1舰队、东北海防第2舰队和东北江防舰队。至此,东北海军实力达到全盛时期,下辖有3个舰队,舰艇26艘,巡洋舰3艘、驱逐舰1艘、练习舰兼飞机母舰1艘、炮舰12艘、炮艇6艘、运输舰3艘,总排水量近2万吨;1个水上飞机队;2个陆战大队。总兵力3万余人,东北海军之繁盛由此可见。

---

① 《北方舰队统一》,《盛京时报》1927年7月29日第一版。
② 刘彬:《东北军海军兴衰研究》,硕士学位论文,东北师范大学,2006年。参东北文化社年鉴编印处《东北年鉴》,1931年,第290页。

三 指挥三江口战役

中东铁路是沙皇俄国强迫清政府在东北修建的丁字形的铁路（又称东清铁路），建于1897—1901年，西起满洲里，东到绥芬河，南向则从哈尔滨连接到大连和旅顺。1905年日俄战争以俄国战败告终，长春以南为日本占领，成为南满铁路，以北依旧称为东清铁路。中华民国成立后，改为中东铁路。1924年，中苏签订《中俄解决悬案大纲协定》，废除了沙俄利用中东铁路的许多特权，同年又签订了《奉俄协定》，协定规定中东铁路为中苏共管，但苏联并未认真执行协定之规定。张作霖死后，张学良主政东北，曾派代表赴苏谈判，要求收回中国方面的相关权利，但遭到拒绝。张学良根据当时的局势判断，决定武力收回中东铁路，蒋介石予其"相机进行"的回复。1929年7月10日，东北军占领并宣布收回了中东铁路，由此，中苏两国矛盾激化，这就是"中东路事件"。

"苏联政府于13日向中国发出最后通牒，又于17日宣布与中国绝交，并调集8万人的远东军陈兵边界，其阿穆尔河舰队的6艘军舰亦至三江口外示威。"① 沈鸿烈设置三道防线，积极进行布防。20日，苏军向中国绥芬河边境进行炮击。10月12日，驻守在同江地区的东北海军江防舰队遭到苏军舰队和陆、空军优势兵力的攻击。史称"同江口之战"，这也是中苏历史上仅有的一次舰队交战。

本次战斗，苏军意在冲破中国东北江防舰队防线后，直进吉、黑腹地，占领哈尔滨，逼迫东北当局屈服。对此，东北海军副总司令沈鸿烈率领江防舰队积极布防，在沿江要隘处布设水雷、铁索，驻派陆战队300余人驻扎江岸守卫，阻止苏军进攻。中国参战兵力包括东北江防舰队炮舰"江亨""江泰""江平""江安""江通""利捷""利绥"和"利济"号、武装驳船"东乙"号，总排水量约2000吨，陆战队1个大队；苏联方面参战兵力为阿穆尔河区舰队炮舰"雪尔诺夫"（旗舰）、"列宁""杜洛斯基""克拉士诺芝纳锦"和"别得诺达"号及武装轮船1艘、小型巡江艇3艘，总排水量近5000吨，飞机25架，步兵3000余人。中苏力量悬殊，我们以简表的形式呈现如下（见表2-4）。

---

① 苏小东：《中华民国海军史事日志》，九州图书出版社1999年版，第395页。

表 2-4　三江口战役中苏海军实力对比简表

国别	大型炮舰	中型炮舰	小型炮舰	运送船	武装快艇	海军陆战队	军舰数	计数				
								炮数				
								高射炮	磅炮	3寸炮	4寸7炮	6寸炮
苏联	无	利捷266吨，利绥170吨，2舰各有3寸炮2尊	无	江平、江安、江泰3艘，各约200余吨，系商船改造，各有小炮2尊	无	共有300余人，有3寸炮两尊，迫击炮6尊及机关枪步枪等	3艘（江亨因水浅停泊富锦未参战）	1	2	6	2	0
中国	旗舰1艘，约1200吨，有6寸炮8尊，高射炮1尊	炮舰4艘，950吨者2艘，各有4寸炮8尊，高射炮1尊，余两艘约500吨，各有4寸炮2尊，7单炮2尊，共高射炮16尊	小炮舰4艘，各约百余吨，各有3寸炮2尊，共8尊	无	快艇4艘，各装3磅炮1门	无	9艘	3	2	8	16	8

资料来源：刘彬：《东北军海军兴衰研究》，硕士学位论文，东北师范大学，2006年。相关数据参见东北文化社年鉴编印处《东北年鉴》，1931年，第302页。

可见，与苏联相比，中方的实力逊色不少。但是，在沈鸿烈等人的指挥下，东北海军在三江口进行了激烈的战斗。在敌强我弱的情况下，东北军海军打伤俄军四艘小型炮舰，同时还使苏军损失中型舰二艘、大型舰一艘。鉴于东北军海军根本没有大型舰、小型舰，不利于激战，但其发扬优势，诱敌深入，东北军海军"藏于葫芦岛深处，不易察觉。并将捷绥两舰，改装三寸炮，又发给陆战队三寸炮两尊。此新增之武力，敌均不知"。① 在空军的配合下，东北军海军给予苏联海军以沉重的打击。

1929 年 8 月 26 日，"东北江海防副司令沈鸿烈偕江防舰队长尹祖荫赴松花江下游布置防御苏军，29 日抵同江，即派'江亨''江泰''江安''利捷''利绥''利川'6 舰队驻防三江口为第一道防线，'江元''江通'两舰驻防同江为第二道防线，'利济''江平'两舰驻防富锦为第三道防线。至 9 月 20 日完成布防"②。沈鸿烈在了解苏军舰队的实力后，将同江南岸和绥东北岸用铁锁连接起来，每隔五丈便挂上钢砣，每隔十丈便坠以铁锚，将铁链隐藏至水下。又在铁链内外加设水雷，还在同江、绥东两岸修筑要塞，配置上海军陆战队，拨给两门 3 英寸炮，又派"江亨""利捷""利绥"三艘军舰驻扎同江，这组成了第一道防线；"江平""江泰""江安"三舰轮流巡防同江——富锦的松花江段，在江面关键处均埋伏了水雷，这组成了第二道防线；"利济""江通"二舰巡防于富锦——桦川江面，也在要道埋伏了水雷，这组成了第三道防线。此外，还有"满天星""麻嘴"等暗礁，也成了苏联舰队进攻的障碍。

此外，沈鸿烈还在陆防、空防等方面也进行了相应的布置。陆防方面，四个海军陆战团，每个团除了三个步兵大队外，还有机关枪连、迫击炮连。在同江、绥东、滨江各配一个团，三江口之外的三角洲、富锦各配一个营，桦川、依兰各两个连。东北军的陆军第二旅、第九旅也分布于抚远、同江、绥东、富锦、桦川、依兰一带。空防方面，有十门高射炮配置在同江、绥东，另有二架战斗机、两架侦察机驻防同江。

10 月 10 日早晨，苏联准备发起进攻，派"军舰 4 艘自黑龙江下游游

---

① 东北文化社年鉴编印处编：《东北年鉴》，1931 年版，第 302 页。
② 苏小东：《中华民国海军史事日志》，九州图书出版社 1999 年版，第 400 页。

驶至三江口（乌苏里江、黑龙江、松花江合流处），与原驻该处军舰会合后，即升火架炮，准备溯江进攻。东北江防副司令沈鸿烈在哈尔滨闻警，先令江防舰队长尹祖荫于次早驰赴三江口指挥所部军舰迎战"①。

10月12日晨，"东北江海防副司令沈鸿烈自哈尔滨乘'利济'号炮舰急赴三江口，但沈及前一天自哈尔滨启程的江防舰队长尹祖荫尚未抵达前线，苏联阿穆尔河舰队的7艘军舰已于凌晨5时发动进攻。当时东北江防舰队在三江口的兵力共有'利捷''利绥''江平''江泰''江安''乐乙'6艘军舰及陆战队300余人，由代理江防舰队长尹祚乾指挥。上午8时，苏舰掩护其陆战队2000余名自口外登陆，向上游10里外的同江县城进攻；同时派飞机14架空袭绥滨、富锦、同江各地，另以3架飞机配合海军攻击中国军舰"②。

两军对峙达两月有余，至10月12日下午4时，江防舰队的"利捷""江平""江泰""江安"4舰被击沉，"利绥"舰退至富锦，"东乙"重伤被弃，江防舰队只有1艘军舰撤离，但已受重伤；苏联陆海空军进占同江，东北军退守富锦，江防舰队幸存官兵报称：此战击沉苏舰3艘（包括苏军司令勃斯托杰霍夫所乘的"雪尔洛夫"号），击落其飞机1架。后又报称，苏方舰队司令斯脱屈陶夫在本次战役中重伤而亡。10月30日，苏军再犯同江，遭到沈鸿烈指挥的东北官兵的猛烈抗击，击沉军舰2艘，击落飞机2架，但中国军队也付出了惨重的代价，"江亨""利绥""利川"3艘军舰遭受重创后沉底，以阻止苏军进攻。11月17日，苏军发动西线进攻，沈鸿烈在无海军支援的情况下，仍旧指挥陆军进行殊死抵抗，但因寡不敌众，致使满洲里陷于敌手。中国政府被迫请和，战争遂告结束。

总体来看，"同江之战"使得东北海军之江防舰队几近全军覆没。究其原因，一方面是苏联实力的强大，张学良东北军队处于下风；另一方面，张学良对苏军实力及进攻的可能性估计不足，缺少足够的准备。但在实力悬殊的情况下，东北官兵依然英勇奋战，尤其是沈鸿烈指挥的江防舰队，表现出了较高的军事谋略，给予苏军重创，有效地阻止了苏军的进攻。

---

① 苏小东：《中华民国海军史事日志》，九州图书出版社1999年版，第407页。
② 同上书，第407—408页。

第三节　两次兵变与东北海军的衰落

"崂山事件"与"薛家岛事件"是东北海军内部矛盾的集中爆发，"海圻""海琛""肇和"三艘军舰的叛逃，致使沈鸿烈不得不引咎去职，东北海军不可逆转地走向衰落。

"同江之战"后，沉于江底的"利绥""江通""江平""江清""利济"等舰被打捞出水，经修复后再次编入舰队，由谢刚哲担任江防舰队长。1931年"九一八"事变后，张学良执行蒋介石"不抵抗"政策撤出东北，东三省很快陷落。9月20日，沈鸿烈与东北边防公署参谋长荣臻化妆逃出沈阳城，赶赴北京请示张学良，建立东北海军领导机关。是年10月，沈鸿烈在青岛组建东北海军司令部，任海军司令，谢刚哲担任参谋长。当年12月，沈鸿烈被南京国民政府任命为青岛市市长。培养海军人才的航警学校在日军进犯葫芦岛前及时撤至威海刘公岛，不久迁至青岛，改名为"青岛海军学校"。

此时的东北海军主力主要是原第一舰队和第二舰队，原江防舰队代理队长尹祚乾投降日军，江防舰队落于敌手，少数不愿投降的官兵冒着生命危险奔赴青岛。由于东北海军在收编渤海舰队时所引发的矛盾一直未能得到较好的解决，在沈鸿烈主政青岛前后，发生了两次兵变，即"崂山事件"（或称为"崂山湾事件"）和"薛家岛事件"。而沈鸿烈在处理两次兵变，尤其是处理后一次兵变时，有失稳妥，直接导致了东北海军的分裂。

一　"崂山事件"

由于东北沦陷，东北海防舰队经费大为减少。1931年12月上旬，"海圻"舰舰长方念祖、"海琛"舰舰长刘田甫、"肇和"舰舰长冯涛、"镇海"舰舰长吴兆莲等人"计议获取青岛、烟台、威海、龙口、登州等沿海城市的行政权，以扩展势力和饷源，但此议遭到海军司令沈鸿烈的反对"[1]。恰在此时，青岛市长胡若愚将要离任，凌霄便极力想谋取此职，

---

[1] 苏小东：《中华民国海军史事日志》，九州图书出版社1999年版，第472页。

但不久，传出南京政府将任命沈鸿烈继任的消息。

"当时海防舰队正在崂山湾的下清宫海面上训练，每两周开回青岛一次，分班放假两天再驶回崂山……沈鸿烈经常亲自指挥海军训练，每来必下榻于下清宫。因此凌霄、方念祖等人趁机将沈鸿烈软禁，迫使沈称病辞职，以凌霄为代理司令。"① 凌霄、方念祖等将沈鸿烈软禁于下清宫之后，随即向张学良发去沈鸿烈因病辞职推荐凌霄代理司令的电报。张学良察觉其中可能有诈，随即令市长胡若愚查明实情，凌霄等人的密谋开始败露。曾受过沈鸿烈提拔的某士兵，偷偷驾驶小艇至"海圻"号报告了此事，各舰中下级官氏闻讯后，对凌霄等人的行为极为不满，"少校队长李信候（湖北人，沈鸿烈的学生）② 当即率领了约 50 名水兵，乘快艇赶到督练处，救出了沈鸿烈，监视了凌、刘、吴、方、黄五人"③。

由于凌霄等为沈鸿烈多年的同学和部下，同时也为安定局势，沈鸿烈对这一次兵变采取了较为缓和的处置方式，只是将凌霄等人免职遣去，并未给予严厉的惩罚。对救驾有功者则予以擢赏，另委任姜鸿滋、戴希彭、王兆麟、陈达三分别接任"海圻""海琛""肇和""威海"四舰舰长。但东北海军长期累积的矛盾并未因此而得到解决。

二 "薛家岛事件"

"崂山事件"后，东北海军内部的矛盾未能引起沈鸿烈的高度重视。"东北海军中以航警学校一期毕业生为主的青年军官们自恃'救驾有功'，在沈鸿烈兼任青岛市长后，向他提出出任港政局长、公安局长等职位的要求，但遭到了沈鸿烈的拒绝，他们大失所望。此外，东北海军中已形成旧渤海舰队军官和航警学校毕业生两大势力，而沈鸿然为拉住原渤海舰队的军官，便让他们担任较高的职务，这也引起了航警学校毕业生的强烈不满。"④ 1933 年夏，渤海舰队系的董沐曾欲以明升暗降的方式将东北派军

---

① 中国人民政治协商会议辽宁省委员会文史资料研究委员会编：《文史资料选辑》（第四辑），辽宁出版社 1987 年版，第 43 页。

② 一说海圻舰上尉周队长关继周率领 20 余名水兵登岸至下清宫将沈鸿烈救出。参见苏小东《中华民国海军史事日志》，九州图书出版社 1999 年版，第 472 页。

③ 张万里：《沈鸿烈及东北海军纪略》，青岛市政协文史资料委员会编：《沈鸿烈生平轶事》，新华出版社 1999 年版，第 53 页。

④ 苏小东：《中华民国海军史事日志》，九州图书出版社 1999 年版，第 519 页。

官从"海圻""海琛""肇和"三大舰调离,以实现对三舰的全面控制,而计划被在司令部任参谋的东北派军官赵宗汉等获悉,两派的矛盾日益激烈。航警学校毕业生虽多为中下层军官,但已掌操了各舰的实权,遂以关继周为主谋,策划了第二次兵变,这就是"薛家岛事件"。

1933年6月,以关继周为代表的东北系青年军官,密谋趁沈鸿烈检阅训练部队时将其杀害,行刺的任务由葫芦岛海警学校第一届毕业生、"镇海"舰二副冯志冲执行。6月24日,冯志冲乘炮舰到码头迎接沈鸿烈到"镇海"舰训话,于中途拔枪向沈鸿烈射击未中,"被沈鸿烈的随行副官史复生打落海中"[1],擒获后押回司令部。据《申报》报道:"当时沈镇定如常,神色自若,仍由史送至镇海舰后,对官兵训话,史即乘轮返回……晚间由海军司令部提讯后,即于翌日晨执行枪决。"[2] 冯志冲刺杀沈鸿烈未果,因此事牵涉人较多,沈鸿烈唯恐事态扩大,在枪决了冯志冲后,不打算再追究其他人。

但是,姜西园和关继周都甚感不安,加上对沈鸿烈的处置甚感不公("崂山事件"中肇事者只打回原籍),遂乘机煽动舰上官兵叛逃。25日,三舰驶泊崂山湾,通电要求沈鸿烈去职,并拒绝三舰舰长回舰。沈鸿烈等人拒绝了三舰官兵的要求。当晚,"酝酿成熟,姜西园带领海圻、海琛、肇和三艘军舰逃离了青岛",[3] 投奔闽系海军(后三舰"到南京后,隶属军政部"[4])。三舰均为当时全国最大、实力最强的军舰,它们的叛变,使得东北海军元气大伤,沈鸿烈也因此引咎辞去东北海军司令的职务。

本次内乱后,原来东北海军剩余军力包括军舰13艘,飞机8架,陆战队200余人,教导团300余人,被国民政府改编为国家海军第三舰队,由谢刚哲担任司令,司令部设在威海卫,归北平军分会节制。沈鸿烈不再兼任舰队司令,"东北海军"的番号也被取消。至此,东北军海军虽仍保存了一定的实力,但已是有实无名,形同消亡了。1938年1月10日,日军第三次登陆青岛,东北海军的三支舰队几乎全部覆灭(江防舰队较早),改名为国民海军第三舰队的东北海军彻底败落。

---

[1] 苏小东:《中华民国海军史事日志》,九州图书出版社1999年版,第519页。
[2] 《三舰投诚》,《申报》1933年6月27日。
[3] 袁方乔:《沈鸿烈被刺与三舰叛逃》,青岛市政协文史资料委员会编:《沈鸿烈生平轶事》,新华出版社1999年版,第81页。
[4] 杨志本主编:《中国民国海军史料》(下),海洋出版社1986年版,第970页。

有的学者以为,"沈鸿烈在创办和发展东北海军的过程中,其军舰来源是以抢夺、收编为主,因此来得容易,去得也快……"① 但实际上这一看法并未抓住问题的本质。在沈鸿烈生活的那个乱世,既无统一而强大的国家作后盾,又无雄厚的工业基础为依托,加之各地海军力量因军饷或时局变化,朝夕易帜,反复重组,原本司空见惯。而东北海军不仅未能获得良好的外部发展条件,反而受到来自多方面的压制,因而虽名盛一时,实质却举步维艰。加之东北舰队与渤海舰队长期积累的矛盾冲突,始终未能得到圆满的解决。遂终于导致"三舰叛逃",同根相煎,使得局面难以收拾。但无论如何,东北海军的创建与兴盛,都与沈鸿烈精湛的专业知识与高超的组织才能分不开。我们甚至可以说,没有沈鸿烈,也就没有东北海军的辉煌。同时,东北海军也是沈鸿烈一生功业的基石,正是凭借着这一支苦心经营多年的武装力量,沈鸿烈才赢得了以寡敌众,扬威三江口的一份殊荣,也才有此后浮沉政坛,在国民党地方及中央,尤其是在青岛主政的业绩。

---

① 吴杰章、苏小东、程志发主编:《中国近代海军史》,解放军出版社1989年版,第324页。

第三章

沈鸿烈主政青岛的业绩

1931年12月16日，沈鸿烈被南京政府任命为青岛市代理市长。直至1937年12月撤离青岛的六年间，沈鸿烈立足长远，雷厉风行，做了很多有意义的工作。主政之初，即提出了十大"施政纲领"，1935年1月又完成了《青岛市政府施行都市计划方案初稿》（以下简称《都市计划方案初稿》），为青岛的进一步发展做出了长远的规划。还逐渐形成了编制年度《行政纪要》的工作规范。在民政、社会、乡区建设、工务、港务、农林、气象等方面，都有所建树。本章拟以存世的档案资料为主，并结合已有的研究成果，对沈鸿烈在市政规划、民生改善、乡村建设、教育发展等方面的业绩做一初步的梳理。

第一节 从"十大纲领"到"都市实施计划"

沈鸿烈在上任之初，不仅提出了"十大施政纲领"，还推出了"行政纪要"制度，对每年工作以书面文字加以详细记录，这对于落实市政计划，总结已完成工作，调整下一步计划，都不失为一种有效的办法。由他主持，由工务局制定的《青岛市施行都市计划方案初稿》，则首次对青岛市未来的发展做出了宏观的规划。这些举措详尽地为我们展示了沈鸿烈在近一个世纪前对青岛发展的规划和构想。

一 十大"施政要纲"

任市长之前，沈鸿烈已在青岛生活了近五年，对青岛在德日占领时期的积弊及风俗民情已有了较深入的了解。所以任职之初，即宣布了十大施政纲领，为主政青岛奠定了大方向。他在《沈成章概要》中说：

> 余就职之初，即针对前项弱点，宣布施政要纲十条：（一）整饬官方，修明内政；（二）励行自治，充实民力；（三）禁绝恶习，改良风俗；（四）建设乡村，施惠平民；（五）普及教育，学求实用；（六）提倡国货，优遇劳工；（七）发展港务，繁荣市面；（八）整顿军警，巩固治安；（九）慎重邦交，保护外侨；（十）力图建设，输入文明。
>
> 凡此十端，均所以矫正以往之失。政治为国家之政治，教育为国民之教育，经济亦为国民之经济，庶几我国接收本市，不至空有其名。幸彼时共事得人，深资赞助。依据上项原则，制为详细方案，分期进行，市政建设之根基，实奠立于此。①

这一段自述，简要交代了他上任之初确定十大"施政要纲"的现实背景和良苦用心。这十大"施政要纲"对青岛的规划和建设产生了重要的影响，现结合当时青岛社会实际，就上述十大"施政要纲"简述如下：

一、整饬官方，修明内政。1922年，民国政府从日本人手中收回青岛，使这座城市结束了德日占领的耻辱历史。民国政府在青岛设立了胶澳商埠督办公署，由军阀及政客督办政务。1929年，青岛改为特别市，但接连换了几任市长，皆如走马观花，无甚政绩。到1931年12月沈鸿烈就任，短短12年内已竟然有九任市长。如此频繁的交替，即使在任者有强政之心，也因时间仓促无所施展。青岛之建设自然难有建树。更何况当时的国民政府贪污成风，官员在跌宕的时势中大多消极怠政，不鱼肉乡民的已是难得。而沈鸿烈主政之时，虽然也面临国际情势波诡云谲，国内政治军事前途未卜的局面，但他却并不是随波逐流或只顾揽权捞取政绩，而是真正怀着忧国忧民的情怀来做这一任市长。从他将"整饬官方，修明内政"作为"施政要纲"的第一条，可以看出，他对于当时蒋介石政府官员们的作风是有比较清醒的认识的。而他深知，当时国力衰弱、民力凋敝，并不能靠人民各自的努力就可以扭转，执政者的合理引导至关重要。所谓"整饬官方"，即是整顿吏治，这其实就是要从官员自身抓起，以此达到政治清明的目的。其思路无疑是符合当时青岛实际，也显然受到了中国历代地方治理成功经验的启发。

---

① 详见沈鸿烈自撰《沈成章先生生平经历概要》，城市建设博物馆馆藏资料。

二、厉行自治，充实民力。青岛当时的情况，是从德日占领区回归到国人自治，但长期的殖民统治严重打击了国民作为中国人的自我认同感和自信心。这一点，沈鸿烈当然是知道的。而他更清醒地知道，这种民族认同感和自信心不是简单的爱国教育和喊喊口号就能够成功扭转的。真正起决定作用的，是首先做到自立、自强。所以，如何正确领导市民振兴青岛经济，搞好民生，充实民力，是首要的、基础的工作。

三、禁绝恶习，改良风俗。战火频仍、国运凋敝的时势，加之青岛长期被德日占领，使得青岛百姓精神萎靡颓废，嫖娼、吸食鸦片等不健康的宣泄方式十分盛行。因此，沈鸿烈在建设精神文明和市民卫生工作方面，都提出了改良风俗的相关建议，不仅提倡禁烟、废缠足，经济上支持农村妇女从事纺织业来推动女子独立，还为群众设报亭和读报栏，搞宣讲会，用多种方式改良乡俗。

四、建设乡村，施惠贫民。以往青岛建设重市区而轻乡村，使得乡村建设严重滞后于市区。沿海极小范围的开化和发达与广大乡村、山村的落后贫穷形成了鲜明的对比。鉴于此，沈鸿烈强调青岛的整体发展，把乡村建设作为施政的重点之一，并特别将"施惠贫民"列入"施政要纲"。这在当时是非常了不起的。

五、普及教育，以求实用。沈鸿烈自幼接受传统教育，而后又留学日本深造，他深知教育之于开启民智的重要性，更知道当时传统教育实用性较差的特点，因此他在此处提出普及教育的同时，还强调教育的实用性。而其后他主政后陆续建立的师范学院、职业学院、各类专业技术学院，以及在工厂开设的各类培训班，乃至为娼妓开设职业培训班等举措，都体现了他对普及教育的重视。

六、提倡国货，优遇劳工。当时的青岛，外国人多，外国企业亦多。青岛的经济命脉被日本企业垄断，主要大工厂均由日本人经营，港口进出贸易船只也多是日本船。各类民族企业则因为技术落后等原因而毫无竞争力。沈鸿烈认识到振兴民族经济的重要性，因此非常重视保护国货。与此同时，对于青岛本地劳动力在外籍企业中地位低下，在民族企业中又因企业经济效益不好而度日艰难的境况，沈鸿烈也是有清醒认识的。所以，在提倡国货的同时，他提出"优待劳工"一条。而从其之后施行的市政措施看，他也确实为改善劳工生活做了不少的工作。

七、发展港务，繁荣市面。地理上濒临黄渤海，拥有已经十分成熟的海上航线。具有天然的港口，且德占时期建成了当时处于世界先进水平的青岛港，这些都是青岛最突出的优势。在沈鸿烈的施政思想中，贸易、旅游在青岛的发展占有着非常重要的地位。青岛的城市定位则是融贸易、旅游为一体的国际化都市。因此，通过发展港务，带动经济的多元化发展，促进市场的繁荣，也成为城市建设极为关键的一个环节。

八、整顿军警，巩固治安。沈鸿烈接任市长时，青岛收回主权虽已近十年，但当时的情景并不乐观，日本海军仍然常驻青岛，陆军浪人、特务又时时故意滋事，日人还以保护侨民利益为借口，在青岛设有警察局。沈鸿烈身兼东北海军司令，原本就负有维护地方乃至国家安全的职责。当时崂山兵变刚刚平息，军政并不稳定，加之匪患滋生，危及地方及百姓安全。所以，整顿军警，巩固治安，为政治经济建设提供一个安定的局面，也是十分必要的。

九、慎重邦交，保护外侨。由于特殊的地理位置和德日占据的历史，即使已经收回十年之久，青岛在当时仍是华洋杂处，当时外侨约占总人口的15%，其中欧美俄侨约2万人，而日侨约5万人。① 日本对中国虎视眈眈，不但海军盘踞青岛港，陆上日本浪人特务更是受日军指使，经常在市内寻衅滋事。所以，沈鸿烈特别将"慎重邦交，保护外侨"纳入"施政要纲"中。而其后的几年中，他也确实花费许多精力，巧妙处理了不少此类矛盾，从而避免了许多外交冲突。

十、力图建设，输入文明。在沈鸿烈的城市规划中，青岛不仅仅是一个港口城市，或者说一个历史不长的小行政市。在1935年完成的《青岛市施行都市计划方案初稿》"青岛全盛时代之推测"一节中，他将青岛定位为一个拥有中国头等港、重要经济区、枢纽铁路等地理优势，又有腹地面积广，人口众多，矿产丰富，农牧业兴盛，工商业发展条件充分，同时还依山傍海的优美风景城市。所以，他对青岛的未来抱有足够的信心，也将青岛定位为将来能与巴黎、柏林比肩的国际化都市。所以"力图建设，输入文明"是在前几条"施政要纲"基础上，对于青岛未来的美好憧憬。

沈鸿烈能在上任之初就提出十大"施政要纲"，说明他对青岛当时的行政弊端、民风民情及国际国内形势都有深刻的了解，对青岛城市发展和

---

① 谢云祥：《在沈鸿烈身边十一年》，青岛市政协文史资料委员会：《沈鸿烈生平轶事》，新华出版社1999年版，第21页。谢云祥：1938年任山东省政府电务室主任，后任沈鸿烈私人秘书。

民生建设，也早有自己的见解。

曾任国民党政府青岛市市长的李先良认为，沈鸿烈"对于青岛德占日据及我国收回前后之行政措施及中外关系、社会风尚无不深知原委"①。因而才能提出以上十大纲领，而"凡此设施鹄的，均所以矫正以往之失；重奠今后国家政治、经济建设之基"。换言之，均在于清除德日占领时期的种种弊端，为未来青岛政治、经济的发展奠基。因此"若由历史观点而论，我国收回青岛之日虽为1922年12月10日，但实际接收青岛土地与主权，应自沈氏于1931年12月16日就职为始"②。从沈鸿烈任职期间的诸多政绩来看，李先良所言不差，尽管时间紧迫，局势又不容乐观，但十大"施政要纲"的相当一部分还是得到了逐步的落实。

二 《青岛市政府行政纪要》

现藏于青岛市档案馆的1933年（民国二十二年）《青岛市政府行政纪要》（以下简称《行政纪要》），分总政、社会、公安、工务、教育、港务、观象、农林、乡村建设等几个方面，对1932年、1933年间政府的诸行政事项进行了全面的汇总，既是对沈鸿烈主政两年来对于青岛市市政建设的总结，也是其1935年初出台的《青岛市施行都市计划方案初稿》的重要基础。翻开这份行政纪要，我们会看到一个青涩而朝气蓬勃的青岛，有着青葱的历史，同时又有着形形色色的问题，体系已然构建，却又百业待兴。而详看其中的一些文字，我们也能十分真切地感受到沈鸿烈当年为建设青岛所作的努力。

对照《行政纪要》和十大"施政要纲"，我们可以看到，沈鸿烈就职之初所确立的十大要纲，基本都得到了切实的执行：无论是总务、教育，还是乡村建设、农林建设，政府在其中都起着积极良好的带头和推动作用。同时，将乡村建设、文化建设、经济建设各方面结合起来，并通过整顿军警、巩固治安，慎重邦交，保护外侨等举措，为各方面发展创建了良好稳定的环境。形成了多方面相互推动、相互促进的良性循环局面。例如从乡村建设方面来讲，将禁绝恶习、改良风俗作为乡村精神文明建设的一个具体手段；将乡村教育当作普及教育工作中的重点来抓，不论开设乡村

---

① 李先良：《沈鸿烈长青岛庶政述略》，青岛市政协文史资料委员会编：《沈鸿烈生平轶事》，新华出版社1999年版，第9—10页。

② 同上。

学校,还是开展果树培育、防虫防灾等培训班,都是从实用教育方面真正施惠贫民。而其提倡国货、优遇劳工、发展港务、繁荣市场等相关措施,终究是要使整个城市的经济能够独立、健康发展,最终从各方面推动青岛的建设。从实际的工作来看,又以以下几个方面最为突出。

首先,整饬官方,修明内政。市政府及各级组织作为行政和建设的核心,在各项工作中都起到带头作用。如总务方面,政务上颁行各类施政计划,奉行中央法令,对各项单行法规予以公布和笃行实施。设施事项中,政府组建十七届华北运动会筹备委员会,对其后华北运动会的顺利召开发挥了重要作用。以政府之力筹办农工银行、农村合作社、社区联合会等,对青岛市经济发展产生了重大影响。组织市区联合办事处,更是强化和科学化政府领导职能的有效手段。这一手段又与筹办地方自治相结合,可以说是统筹管理与因地制宜的良好结合。

财政方面,虽然1933年度收支状况不是十分乐观,但财政支出上,却仍充分体现了市政建设方面的惠民的宗旨。如减征诸安长途汽车捐费以利交通、取缔毁路窑厂营业以保水管、免征赛马税补助公益、接征本市烟酒营业牌照税。地政方面,清算历届竞租放领市区建筑地,清理德管时代放租无期租地,清理贫民占用土地建筑平民住所,开放工厂地和填海地;清理乡区民有土地、垦熟荒地;建筑小港鱼菜市场;清理小港临时租地;迁移菏泽路破烂摊贩;整理第一海水浴场,开放第二、第三海水浴场;制定公共马厩地点,清理丈量全市地形户地;等等。这些工作都为青岛的区域规划和进一步发展奠定了良好的基础。

在提高民力,优待劳工方面,开展了促进职工补习学校、制定职工合作社通则、实施工人待遇规则、举行劳工演讲、筹设劳动休息亭、筹设劳动浴池、举行劳工卫生运动等多种事务。

除了上述诸项,还有至今仍为青岛人民所津津乐道的,是沈鸿烈曾增建平民住所,整理全市杂院,增加救济院设备,扩充感化所,救济鳏寡孤独,增设平康里女子补习学校,褒奖善行人士,筹办民众简易食堂及公共车厂。还由政府牵头,进行了诸多公私营缮事项,如建筑青岛市体育场工程,建设李村水源地材料库锻工室及李村白沙河雨水源地工人子弟学校校舍,实施自来水治理计划,增设西岭污水清理池及污水道工程。建筑丹山亭及少山亭、建筑靛缸湾风景亭、建设太平角公园;整理市区中第一公园、第二公园等公园,并在观象山公园、第五公园、丹山、少山等地方增建公共厕所。优化市区环境，改进中山公园，增辟了西式庭园，建设了花廊花架和水池，增设了商店，增辟栈桥公园，筹设森林公园，扩充行道树苗圃，添设更新市区行道树。这些公益事业都直接为老百姓带来了实惠。

卫生、治安及社会管理等方面，改革市立医院，办理看护训练班；整顿各地公共处所，实施清洁检查，添置清洁队丁及人力大车；整理台东、台西清洁卫生；抽查杂院清洁，还扩充了免费区新公墓、整饬乡区墓葬。公共治安方面，针对当时青岛华洋杂处的特殊情势，在警务方面特别训练长警，续办外国语学组，且十分注意提高警务水平，添设指纹学习班，恢复警士补习班。如拟定标志路名、村名规则；修正编订门牌规则、审查沧口四方等处路名；改正沿用德日旧称之地名物名。添设各地派出所，筹办各地防务，破获盗匪案件，扩充警犬设备及训练（增大犬舍，训练检察犬，协助巡逻）。搜捕野犬并举行预防注射；严禁违禁毒品。完成乡区警报电话并训练通讯办法，成立大麦岛、燕儿岛鸽训分所。针对青岛渔业的重要性，加大警力以保护渔业。通过扩充消防设备，鼓励商铺投保火险；举行消防游行宣传等加强消防安全管理。

公共交通方面，开辟了青威汽车公路、胶州湾环海道路等新交通路线；拟定航空警察服务简则来适应青岛的航空运输管理；优化城市道路交通，鉴于新式交通工具的增加，整顿公共汽车，改进交通设备，劝导装设门灯，装置交通信号灯，制定汽车司机管理规则规范机动车管理，通过整理车政，训练车夫，检验营业马车加强对传统人力车、马车的管理等措施，全面改善了公共交通。

工务方面，《行政纪要》中有一系列的工务行政事项，如在"工务行政事项"中列出的：拟定市区联合办事处工务应办事项表，并附事项表全文；修正乡区建设办事处工务应办事项表；规定拨用感化所壮丁择优给奖办法；规定修理路面安设水道时维持交通办法；禁止瓦陇式车轮大车通行市内并取缔旧式大车车料；变通建筑案件手续案办法；在人烟稠密区域限制建筑仓库办法；等等，对不同工务事项的实施都有详细的说明，另外，还绘制有各种图表，如青岛市区域图、青岛市街详图、乡区道路详图、上水道配置图、下水道分区图、青岛市建筑分区图。

另外，在港务、气象等方面，政府也都做了不少实事，这在《行政纪要》中，都有非常详细的记载，充分体现了沈鸿烈及当时青岛市政府的实干精神。

其次，繁荣市场，促进经济。经济发展是其他各项事业发展的基础和推动力量。因此，沈鸿烈十分重视经济发展和民力充实。他提倡国货，优遇劳工，依据城乡具体情况制定了相应的发展政策，以多样化手段促进市场繁荣。如整理全市大小市场（华北市场、东方市场、商业市场、青岛市场、菏泽路旧货市场），合理规划布局；核办组设人民团体，调查本市工厂、商店、粮食业、果产业、花生业、渔业、牛业、盐业等各业的状况，核办请领矿业权，减征部分长途汽车捐费以利交通，免征赛马税补助公益，接征本市烟酒营业牌照税等具体措施。政府因提倡国货，故而每年照章举行国货展览会。

在繁荣经济的工作中，农村经济的推动也是政府工作重点之一。如在第三编《社会编》中，针对农工商发展的情况指出：

> 我国生产落后，农村经济事业，日趋颓废，而都市商业经济，又操之外人手中，以致一切生产品之运销、存储、加工等等，遍受剥削，农村基础，益形动摇，是宜积极指导农民，从事各种合作事业，启发其自助互助之精神，以期安定经济基础。①

鉴于此，提出了设立农村合作事业指导委员会，训练农村人才，组建农村合作社联合会等办法，通过社会局选取深明合作的人员，与各乡区办事处合作，并培养深谙经营之法和有实际经营经验的农村人才，从而使各区中的几百个乡村协作发展，并与各区合作社、区联合会及全市联合会相互呼应，加强联络，以达到稳定农村经济的目的。而针对乡村经济的发展，市政府能做到因地制宜地发展特色经济，如关于农务事项：防除各乡区梨树赤星病；办理推广试验区；设置特约农田；举办农产品展览会；举办冬期农事讲习会；分发小麦种子、果苗和蔬菜种苗；繁殖果苗；扩充畜牧设备，分发种鸡种畜；设置推广中心区；进行各项农事试验；等等。《行政纪要》第三编在《社会编》"救济乡区金融"一节中，明确提出：

> 本市乡区金融，素来混乱，现金既感缺乏，辅币又不充足，邻近县镇各商店，以地域毗连往往发行铜元钱票，漫无限制，乡邻只图使

---

① 青岛市政府：《青岛市政府行政纪要》第三编《社会》，1933年，第1页。

用便利，不顾利害，致因商店倒闭，受害者有之，伪票受欺赔累者有之。本市农村，既属贫困，乃复遭受此等无妄之损失，自非从速设法救济不可。①

针对此种情况，经社会局遵照三个步骤进行办理，包括让乡区建设办事处联合公安分驻所，对商店滥发的非法钱票随时进行严厉取缔，由各乡区办事处调查各乡镇原有钱票流通数额，进而将中央银行、中国银行及交通银行等各银行辅币券，尽量推行到乡区，以营救济；又与农工银行协商，办理农村生产放款，设法流通金融，从而调剂完善农村经济。② 这些措施，皆能对症下药，故收效也很显著。

再次，重视乡区建设，力促乡区发展。青岛虽以国际化都市为发展目标，但是乡区发展也是其重要的组成部分。因此，市政府在乡村文明建设方面也着实下了一番功夫。这与沈鸿烈"十大纲领"中所谓的"建设乡村，施惠贫民""禁绝恶习，改良风俗"等条的精神是一致的，这在《行政纪要》中也多有体现。例如在《行政纪要》的十一编中，农村建设相关事宜就占了很大的篇幅；又如第三编"关于农工商事项"中，有设立农村合作指导委员会；训练农村合作人才，组设农村合作联合会；施行组设农村合作；提倡农村家庭工业；救济乡区金融等事项。乡区安全治安方面，则购置警备汽车，装置乡区警报电话，增设乡村沿海巡艇，增设乡区派出所；为便利乡区交通扩充公共汽车路线，为改良乡俗、丰富乡民精神生活而建立阅报栏、搞宣讲会、提倡戒赌会等措施，这些措施涉及了乡村发展的诸多方面。

《行政纪要》第十编更是具体到每个乡区，对这些乡区建设情况进行了细致的梳理，并因地制宜地制定不同应对措施。如"关于工务设施事项"中，因为青岛"乡区山林幽邃，果树繁多，或以风景绝佳，游人群集，或以物产丰富，商旅频繁，必需多筑公路，以便运输，而利交通"，所以在充分研究青岛实际地形基础上，分干路、支路、村路、人行道四种公路进行大力建设，开拓新的道路；③ 又因青岛乡区山多地少，是以所修道路，对于泄水方法，极为重视，所以对于桥梁涵洞的建筑方法和可行

---

① 青岛市政府：《青岛市政府行政纪要》第三编《社会》，1933 年，第 5 页。
② 同上。
③ 青岛市政府：《青岛市政府行政纪要》第十编《乡区建设》，1933 年，第 1 页。

性、优缺点等进行了详细研究和实际建设。①《行政纪要》因青岛"山多河干，灌溉行道树和洒路甚为困难"，需供给"饮料及灌溉田地之需"而大量开凿水井；因青岛多山多水，每值夏秋两期多有山洪暴发，而修建了防卫田地庐舍和公路交通的挡水坝；因阴岛区（1967年1月，阴岛更名为红岛）"浮土二三华尺以下，均系水或岩石，山林极少，水源甚微，故饮料极为困难，迭经试验凿井，工程既难，水质复咸，屡凿屡辍，嗣经计划，择山沟适宜处，建蓄水坝"；因水灵山岛（即灵山岛）②居民以捕鱼为业，却泊船困难而建立泊船湾；等等③这些因地制宜开展的乡区工务设施建设，极大地便利了乡区发展。

此外，其他社会设施事项，也根据各村具体情况而分别实施。如在李村区筹建模范新村，成立消费合作社，设立农工银行办事处，推广新制的度量衡，调查农村经济概况，调查台东渔业状况，调查工厂及手工业，设立各村息讼会，调查农产品收获及销售概况，调查村民糊制火柴盒情形；在沧口区取缔丧事纸扎人物，筹设毒品戒毒所，取缔寺庙扶乩抽签治病，组织劝禁妇女缠足委员会，收集贞孝节烈清册，组织各村调解委员会，协助农业银行筹办沧口办事处，查报四沧区工业情形，调查滥发钱票，请设沧口仙家寨分医院，整理四方小菜场，提倡种植薄荷。在九水区禁止庆贺废历年节，限制社会筹酢，提倡乡村正常娱乐，查禁寺庙设置药签，设立九水诊疗所，筹办卫生常识训练班，提倡家庭妇女织布；在阴岛区成立卫生常识训练班，调查塔埠头红石崖社会状况，勘查毛岛地质等；在薛家岛开办公务员消费合作社并指导合作社采办国货，筹设邮寄代办所，规定舢板渡客方法，筹建北安子码头，调查本区农村社会经济状况，调查农民购买肥料数量及价值，调查本区工厂情况；在水灵山岛由社会局购买地瓜干赈济贫民、办理售卖石子，酌给修筑港湾民夫工资，调查本岛产鱼数量，

---

① 青岛市政府：《青岛市政府行政纪要》第十编《乡区建设》，1933年，第2页。
② 水灵山岛又名灵山岛，位于青岛市西南的黄海海域中，总面积7.66平方公里，海拔513.6米，是我国第三高岛，北方最高的海岛，也是青岛市最大亦最重要的海岛，其自然环境和人文环境皆为全市诸岛之首。据清乾隆十七年宋文锦（时任胶州知州）修，刘恬纂《胶州志·灵山卫志》云："山岛在卫城正南海中，方广四十余里。嵌露刻秀，俨如画屏……未雨而云，先日而曙，若有灵焉，故名灵山。"
③ 青岛市政府：《青岛市政府行政纪要》第十编《乡区建设》，1933年，第5页。

调查喂养牲畜及杂粮供给状况，劝戒不良嗜好，提倡与岛外结婚等。① 这些具体措施，都是在深入调查的基础上，根据该乡具体实际情况，提出的具体实施办法。

复次，普及教育，重视实用，也是《行政纪要》的重点之一。城市发展要充实民力，使人民有自治能力，有自强精神，要发展乡村，繁荣市场，建设文明，无论哪一样，都离不开教育的支持。所以，无论十大"施政要纲"中的哪一条，可以说都须以教育为基础。当然，比较突出的，是在劳工职业素质的提高，乡区人民文化教育的普及等方面。这些在《行政纪要》中得到了更加详细的呈现。如第六编《教育》中提到的，政府组织教育研究委员会，拟定督学处视察标准。规定中等学校奖学金，规定短期义务教学实施计划，拟定民众教育实施标准，拟定民众教育实验区计划纲要，编订民国二十二年（1933）全市校况一览表。② 所有这些工作，都有具体详细的落实措施：

关于市区学校教育，具体包括增设学校，加添班次，建筑校舍，增加教育经费；改进校务，如统一组织系统和表册规章，举行校长会议，筹办分区教育研究会；改进课程，如切实遵照部颁课程标准；强调注重职业科目。改进训育，如规定各类训育方案，将培养良好德行、习惯作为训育目标，并通过优良读物、进行童子军、军事训练等方式推行；提倡团体活动，如举办军事会操，举办演说竞进会、学术演讲会及辩论会，举办团体旅行、造林运动等团体活动发展个人才能及培养团体精神，举办毕业会考来考察教育效果。

在社会教育方面，尤其重视推广民众教育，增设民众学校，建设简易民众教育馆，设立短期小学，增设女子补习学校；增设职工补习学校、半日学校、简易民众教育馆，审查民众读物，扩充民教设备。另外，组建巡回演讲团，通过举办乡区巡回演讲及化妆讲演（即表演名为《农人的示范》《今日之农民》的剧目），设立广播无线广告，整理民众阅报牌，添设流动书库，举办各种演讲会等措施启迪民智。

除了通常的教育措施的实施，另外通过审查剧词，成立书词人员训练班等，把强化文娱宣传形式管理，作为推进社会文化教育的辅助手段；通

---

① 详见青岛市政府《青岛市政府行政纪要》第十编《乡区建设》，1933年，第35—55页。
② 详见青岛市政府《青岛市政府行政纪要》第六编《教育》，1933年，第1—29页。

过推进游艺,如举办小学游艺会,设立国乐研究班,筹设民众教育电影院,举办戏剧公演等丰富人民的精神生活。通过提倡体育,如举办第十七届华北运动会,举办第三次游泳比赛,举办春运会以及军事检阅,举办冬季体育竞赛等办法来提高人民身体素质。另外,《行政纪要》中对当时的青岛教育状况进行了详细统计,如《青岛市学校式民众教育一览表》《青岛市会社式民众教育概况一览表》等,这些具体调研也为教育工作方案的制定及教育活动开展提供了重要的参考依据。

乡村教育也是《行政纪要》中特别重视的工作。如在扩充班次、建设校舍、增加乡村小学教育经费、调查乡村教育概况、改进乡村小学等方面,均有许多具体措施。根据《行政纪要》统计,仅民国二十二年(1933),全市增添的乡区学校校舍就有 35 所,如李村中学添建校舍,河西小学增添校舍 18 间,大麦岛小学增建教室七大间及办公室、宿舍、杂室共 14 间,同时还建了围栏。又如沧口小学新建校舍 98 间等,这就从硬件设施方面有力地保证了乡村教育的发展。①

总之,从 1933 年《行政纪要》可以看出,沈鸿烈确实是实干型的执政者,在十大"施政要纲"的框架内,他能在两年之内领导市政府为青岛的发展做出如此多的实事,其效率之高,值得高度肯定。当然,其间肯定还有许多不足之处,比如 1933 年财政总收入较之前两年度"减少至七八十万元之巨",但这也与当时市面萧条、商业停滞,税收因之锐减的经济大环境有关。况且他对教育经费的逐年增加、在乡村建设方面的一系列重大举措及其所产生的后续影响,绝不是仅仅能用数字来衡量的。而就《行政纪要》的意义来说,它既保证了十大"施政要纲"的具体实施,也为 1935 年《青岛市施行都市计划方案初稿》的制定做出了实践探索,并提供了重要的依据。

三 《青岛市施行都市计划方案初稿》

中华民国二十四年(1935)1 月,《青岛市施行都市计划方案初稿》(以下简称《都市计划方案初稿》)公布。方案包括引言、本计划实施范围、本市全盛时代之推测、本计划之原则、市中心区域计划、全市分区计划、全市街路计划、全市园林空地计划、全市一般交通计划、全市卫生问

---

① 详见青岛市政府《青岛市政府行政纪要》第六编《教育》,1933 年,第 38—41 页。

题之解决、公共建筑物之配置和私有建筑物之管理、土地之整理及都市计划之实施，共计 13 部分，另有青岛市实行分区制条例草案和日本都市计划法两个附录。这份计划方案的提出，是沈鸿烈在对青岛发展历史与现状进行深入调查、研究的基础上，对青岛未来的发展所绘制的一幅宏伟蓝图。可以说，十大"施政要纲"是沈鸿烈主政青岛的总纲领，《1933 年青岛市政府行政纪要》是他初期实施阶段对城市治理进行实践探索的分年度计划和总结，而 1935 年的《都市计划方案初稿》则是在此基础上对青岛市城市建设的远景规划和展望。即使到了今天，面对这份《都市计划方案初稿》，其视野之开阔，理念之超前，计划之科学，仍令我们不能不发出由衷的赞叹。

视野开阔，理念先进。在沈鸿烈为青岛量身打造这份《都市计划方案初稿》时，放眼当时的中国，几乎无先例可循。而沈鸿烈越过近旁的南京、上海等大城市。直接参照柏林、巴黎、东京这样的先进国际化大都市，学习它们的市政规划和建设。不但在《都市计划方案初稿》中多次提及，仅从下文所截取的部分参考书目，我们也可见一斑：

甲、日文书目
1. 近代都市计划（森庆三郎著）
2. 都市计划讲习录（日本都市计划研究会）
3. 东京市之复兴与土地整理（东京复兴局）

乙、英文书目
1. *City Planning*（Nolen Volen, Olmsted, Backers 等十八人著）
2. *The Planning of the Modern City*（Lewis）
3. *Principles of City Planning*（Karl, B., Lohmann）
4. *Town Planning in Practice*（Raymond Unwin）
5. *Modern City Planning: Its Meaning and Method*（Thomas Adams）

丁、译文（傅按：俄文、德文等未输入）
1. 郑肇经译编都市计划书概论（傅按：译自书目略）
2. 苏俄之城市设计
3. 汉堡市全部市政问题之解决
4. 德国都市之土地整理（日本东京市政调查会编）
5. 德国 Hermann Johnson 氏对城市设计之贡献（Werner Hege-

mann）

6. 巴黎市之交通（Jurgen Brandt）
7. 土地之分区收用（日本东京市政调查会）
8. 将来城市之组织
9. 美国之市政工程①

  《都市计划方案初稿》有先进的城市规划理念，一方面是其特殊的德日占领历史为其带来了开阔的国际视野，而另一方面，不得不说沈鸿烈早年的留学经历使其有足够的见识，能够虚心向国际先进大都市学习。

  目光长远，计划超前。《都市计划方案初稿》十分具有前瞻性。沈鸿烈的这份计划书，做的不是当时青岛的未来五年、十年规划，而是一百年。沈鸿烈当时关于青岛发展的整体思路，便是在德占日据时所遗留的现代化城市硬件基础上，对青岛硬件设施和软件配套发展都做出合理布局，使青岛经过百年发展，成为人口百万，比肩德国柏林、日本东京、法国巴黎的国际化大都市。

  如《都市计划方案初稿》在第三章《本市全盛时代之推测》一章所说："计划一都市之先，必详细考察其性质与希望，使该计划，逐步实行，适与其繁荣程度相吻合。"所谓"性质"，是对青岛的定位，即"该市之主要活动为何种"？是工业、商业还是旅游业？而"希望"，则是"指该市主要活动有发展至何种程度之可能"②。《都市计划方案初稿》分析青岛具有"得头等海港之优越"，又地处黄金经济区，又有"环球最优越交通线之一段"，人口众多，物产丰富等诸多优点，认为"青岛之前途即如有上之希望，则将来城市之繁荣，实未可限量。为便于计划起见，姑以增加至现有者之五倍为目标，估计人口约有 100 万。此种假定实为最低之数目。……本计划之范围，即以 100 万人为目标"③。

  虽然从百年以后的今天来看，青岛的发展远远超过了沈鸿烈当年的预期，科技文化发展更是当时的沈鸿烈所不能想象的，但是他在百年以前，在青岛一切还刚刚起步时，便对青岛所做出的集商业、工业、游览、文化中心于一身的国际化大都市的分析定位，以 100 万人口为"最

---

① 青岛市工务局：《青岛市实施都市计划方案初稿》，1935 年，附录"参考书目"。
② 同上书，第 5 页。
③ 同上书，第 8 页。

低之数目"做出的规划方案，仍让我们不得不佩服他的视野之开阔，眼光之长远。

　　附：《都市计划方案初稿》第三章 本市全盛时代之推测
　　计划一都市之先，必详细考察其性质与希望，使该计划，逐步施行。适与其繁荣程度相吻合。所谓性质，指该市之主要活动为何种：工业欤？商业欤？居住欤？文化中心欤？抑为游览胜地欤？
　　所谓希望，乃指该市主要活动有发展至何种程度之可能。性质与希望即研究得一结果。然后方能推定该市将来全盛时代人口之多寡。所需土地之大小。以及交通发达之程度等。有此根据，以从事于计划。庶可切于实用而免过于不及之弊。然则青岛之性质如何？希望如何？曰：青岛港之优越，无一不居于中国头等海港之地位。孙中山先生计划中国头等港有三：北方大港、东方大港与广州港是也。诚然，此三大港之地位。确有居头等港之资格。惟吾人默察中国现在经济事业上之形势。（包括铁路网发展之趋势，海港在地理上之优劣及腹地经济上之活动等。）除此三大港外，尚有二海港，确有不甘居于二等港或三等港之地位者。即青岛与大连是也，青岛与大连，处于同一历史（大连之开辟后于青岛不过三星期。）同一环境（大连由俄而日，青岛由德而日）而生育长成。其腹地之广且富。其交通网之完密与集中，均不在三大港下，且自将来交通网完成后之情势观之。北方大港腹地经济活动之能力。不独不能吸收大连与青岛之所有。且有反被吸收以去之可能。是可知大连与青岛具有自成系统之势力。以孙中山先生之伟大，与才智。安有不虑及此者，只以当时青岛大连，均未收回。不在本国海港范围内耳。
　　再以中国经济地理上之立场观之，以地质、物产、风俗、人民等原素为标准。大致可分中国为五大经济区。即东北区、燕蒙区、黄河区、长江区、珠江区是（附图一，笔者按：即下图3-1）依其自然之需要，每区必有一主要铁道，以流通各该区内之经济活动。此铁道一端达于海口，即海港是也。一端达于邻国，以司内陆交通之枢纽，即铁道干线是也。今试观中国五大经济区之港口与铁道如何：其在东北区，海港为大连，铁道为南满路及中东路。在内陆与俄境相通。在燕蒙区，海港为天津或北方大港。铁道为天津北平库伦线。内陆亦与俄境相通。长江区，海港为上海或东方大港。铁道为沪京汉渝康藏线，内陆与印度相通，而达于印度洋海港之加尔各答。珠江区，海港为广州。铁道为广州桂林昆明腾跃线。内陆与缅甸相通，其在黄河区，海港为青岛。铁道为胶济铁路之延长。经彰德延长宁夏凉州安西迪化伊犁而达中亚西亚。再西经里海黑海，而通欧洲之柏林汉堡。如是此线乃成为太平洋大西洋间内陆最优越之交通线。亦即环球最优越交通线之一段。与其他四区之交通情形较。俨然有唯我独尊之概。此计划骤视之，似不免夸大。其实将来事实所必至，不足异也。欲明此事实，其先当解决问题有二：一、胶济线是否有延长之必要，是否有延长至宁夏甘肃而与陇海新疆线相接之必要。二、海州港是否有超越青岛港之能力。以上二问题解决，即可判明青岛将来之地位。是否有如上之期望。欲解决第一问题。必先明了黄河区经济地理上之特性。此特性乃大部分以矿产物为主要经济活动者也。胶济路之主要货运为煤。现计划延长至彰德。亦无非为求运输号称世界大煤田之山西煤以出口。此计划为事实之所需要。势在必行者。然则号称中国唯一大油矿，陕西之延长、肤施等地之石油，将由何路而东运耶？胶济路将来既伸入山西之腹部。离陕西油田不过数百里。彼时再延长计划之进行，亦犹今之延长至山西煤田为不易之论者等。胶济路既延长至陕西，离西北富源之宁夏畜牧区，亦不过数百里。其需要铁路以作开发富源之工具，自不待言。其路线自以与胶济延长线相接为近。如此按照自然趋势渐渐深入，由宁夏至凉州而与陇海新疆线相接，于此则青岛腹地之交通干路乃告完成。然后根据此干路建筑若干纵横培养线。以吸收青岛腹地范围内之客与货。均使集中于青岛。此其一。试再就第二点论之，海州港现在之基础，固远不及青岛，即将来用尽人力财力，亦决不能忘青岛之项背。何则？盖海州有其天然之缺点。非人力所能克制者也。其港水不深，世界巨舶不敢进口。一也。其港后可资以作市场之平坦地过小。用转不灵。二也。此关于其自身之缺点，影响于前途之繁荣已不小。尚有关于与他港立于竞争地位之缺点。影响于其前途之繁荣则更大。海州居于青岛上海之间，距离甚近。青岛为中国最完善之港口。上海为东亚第一大埠。均有其根深蒂固之历史。中外商民决不肯舍其可靠之根据地而投资于一渺茫之新海口者，且将来孙中山先生所计划之浦口西安线告成。则陇海线西段之客运货运咸趋于浦口而直往上海。如是则海州港之活动范围益形狭小。据此种种理由，以目前言，海州似不失为极有希望之新港。以远大推测，则其发展范围甚属有限。

以上既说明青岛之希望，次论其性质如何。以言工商，以青岛腹地面积之广，人口之众，矿产畜牧农业之盛，资以发展工商，自极易易。以言居住，其重要条件，地方安宁。交通便利。风景优美。气候适宜等等。青岛无不具备。以言游览，则青岛素为举世所称为乐园者。劳山风景及海水浴场，其尤著者耳。

青岛之前途既有如上之希望，则将来城市之繁荣，实未可限量。为便于计划起见，姑以增加至现有者之五倍为目标。估计人口约有一百万。此种假定实为最低之数目。现在中国大市人口超过百万者，已有上海北平广州等市，北平与广州之地位，远在青岛之下。不过历史较长，文化基础较深，已有此成绩。青岛既具有种种优点，人口增加至一百万，实为最低之推测。本计划之范围，即以一百万人口为目标。其所需之面积，北至沧口李村，东至辛家庄麦岛一带。①

定位准确，规划合理。《都市计划方案初稿》的制定目的、性质以及研究对象明确，规划范围和内容科学合理。

首先，《都市计划方案初稿》对于"都市"的性质以及为都市做"计划"所要考虑的问题，都有明确的阐述。如《都市计划方案初稿》所言：

> 都市计划者，乃应时势之要求，就都市之自然发展而加以人力经营。使一切建设均合乎理想之境地也。
>
> 都市既为人民团居之所，其个人之行动，在在足以影响于他人。人生四大需要之衣与食，所关于他人者尚少。住与行在都市中乃为人民共同生活之对象。……都市计划者，所以解决市民之住行与卫生三大需要之宝钥也。
>
> 次为经济问题。在未经实施都市计划之地，其种种建设，均无通盘计划。任令支节发展。往往贻将来莫大之损失。即以道路一端言，苟无适当之系统与宽度，直接障碍交通。间接阻滞运输，致物价昂

---

① 青岛市工务局：《青岛市实施都市计划方案初稿》，1935年，第5—8页。

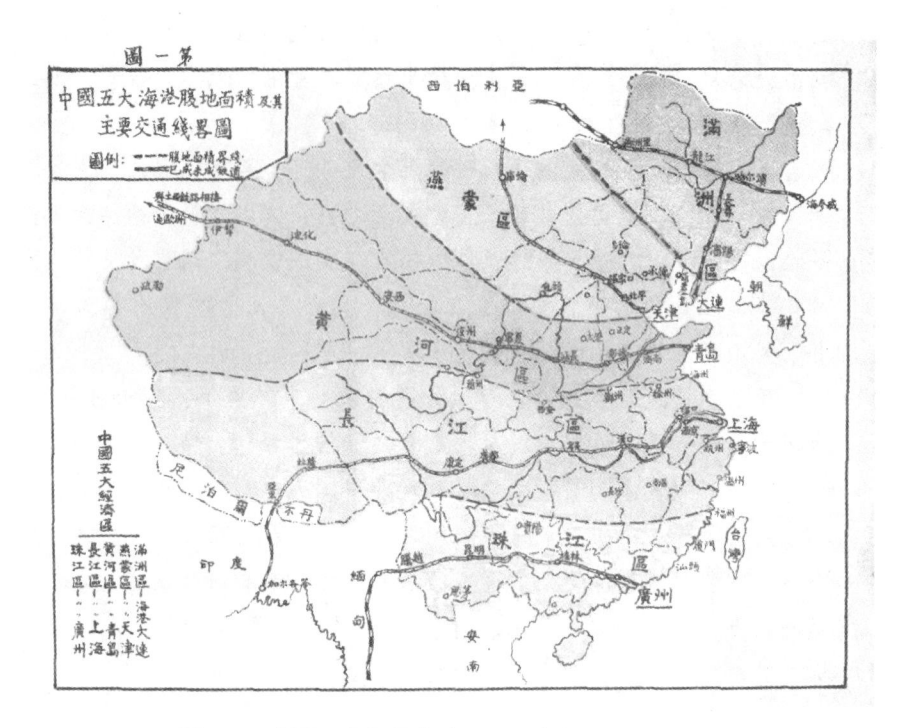

图 3-1　中国五大海港腹地面积及其主要交通线略图

资料来源：青岛市工务局：《青岛市实施都市计划方案初稿》，1935年，第三章。

贵，事业低落。或将来不得已竟须拆屋改路。另行分割土地，其所受之损失乃更钜。是道路一端已如此。况市政建设，种类繁多，各个之经济条件既不一，相互之关系犹密切。故必须有整个都市计划为之准绳。方能纲举目张，有条不紊，而种种损失亦可避免矣。①

《都市计划方案初稿》非常明确地指出了为"都市"这一对象做计划所要考虑的因素：一是对人口布局的合理规划，要合理估算该都市人口发展的情况，从而在都市建设中留出发展空间；二是人之衣食住行，尤其是住与行，即居民建筑与交通设施规划；三是卫生问题。所以，《都市计划方案初稿》指出"都市计划者，所以解决市民之住行与卫生三大需要之宝钥"，② 这非常明确地指出了《都市计划方案初稿》的性质和制定目的。

---

① 青岛市工务局：《青岛市实施都市计划方案初稿》，1935年，第1—2页。
② 同上书，第2页。

而立足于解决这三方面问题，如何规划指导其科学合理的发展，以最经济、最有效、最合理的形式发展，便是都市计划制定的中心准则了。

其次，对都市计划事业的性质有准确的定位。《都市计划方案初稿》提出划定方案计划范围时要明确四点：

第一，要有恒久性而非暂时性质。这对于我们今天的城市规划者们仍然是需要警醒的一点。第二，都市计划物质建设，而非精神建设。精神建设是高于都市建设的存在，例如提倡音乐，为精神建设，这是在市政建设以外所要另行谋划和发展的，而建筑音乐院则为物质建设，即属于都市计划之范围。第三，带有公共性质或与公共有关者。"带有公共性质"是指与公共有关者。如公会堂图书馆等建筑物属公有，而人民住宅的具体规划则是属于私事。但关于所有市民均应遵守的住宅规则，和整体的居民设施的规划，则又属于都市计划的范围了。第四是认为重要者，即具体情况具体分析。如学校这样具有恒久性和公共性的建筑物，其自然设立学校的地点与设置数量，因关涉范围甚大，整体市政布局关系较大，便应属于都市计划范围。但是对于学校房屋的具体设计，则应归具体建设学校的建筑师负责，不属于都市计划。①

根据以上原则，《都市计划方案初稿》制定出都市计划之范围如下：

1. 关于本市土地之整理事项；
2. 关于全市分区事项；
3. 关于全市道路系统事项；
4. 关于全市交通事项；
5. 关于港埠之发展事项；
6. 关于全市之公园、运动场、森林、公墓等场地之分布事项；
7. 关于全市上下水道及卫生事项；
8. 关于全市公共建筑之配置事项；
9. 关于全市私有建筑之取缔与监督事项；
10. 关于另行设计事项：包括劳山（即崂山）风景区、塔埠头、红石崖等附属港、郊外新村、公用事业等具体设计事项。②

---

① 青岛市工务局：《青岛市实施都市计划方案初稿》，1935年，第3页。
② 青岛市工务局：《青岛市实施都市计划方案初稿》目录，1935年。

可见,《都市计划方案初稿》将青岛市确定为工业、商业城市及居住、文化中心或游览胜地,思路十分明确的,并对未来发展至何种程度也有详细的分析。这些工作都建立在细致调研的基础上,因而,规划在定位、范围和发展预期等方面,都比较切近当时青岛的实际,具有合理性。

再次,《都市计划方案初稿》虽然学习国际先进大都市来规划青岛百年大计,却丝毫没有盲目冒进,而是十分重视都市发展自身的规律和可持续发展。因此,《都市计划方案初稿》提出发展四原则:追求经济原则,强调实用与美观并重;强调新旧区域连成一气并尽量避免更动旧区;计划应适合于将来扩充计划之连缀;注意保护名胜古迹。

在强调实用与美观并重方面,《都市计划方案初稿》指出:

> 近世经济问题,几成为一切建设最重要之关键。都市建设亦不能逃出例外。然都市计划除经济之要素外,美观亦不能置之不顾。但美观之于经济,往往不能兼顾。世界大都市中,伦敦市以经济为主,巴黎市则以美观为主。青岛市之特性,工商与居住游览并重。提及青岛,莫不有美丽之印象存在于脑际。是青岛与美景,殆为不可分离之因素。为保持此优点,并发扬而光大之。则都市计划之目标,决不能重实用而轻美观也。但二者既不可得兼,故本计划视市内各地环境情形而定原则之趋向。例如在工港二区大部采实用主义。在商业区则以实用为主。以美观为附。至住宅区则以美观为主。以实用为附。所以适应环境,不得不然也。但为整个都市之连络上计,仍不失并重之目标焉。①

这是真正从青岛的实际出发,又结合青岛多样化的地区发展来因地制宜,而不一刀切。既能吸收其他大都市的优点,又能注意到自身的特色。

在强调"新旧区域连成一气并尽量避免更动旧区"一条时,鉴于青岛现有的旧市区计划于30余年前,中间经过支节漫衍与发展,又缺少规划引导,无论形式与实际,局部与整体均欠连贯。所以在进一步发展中,改造旧市区是不可避免的。但本着经济原则,《都市计划方案初稿》指出:"惟为力求公私各方面减少无谓之损失及种种手续上之困难起见。务

---

① 青岛市工务局:《青岛市实施都市计划方案初稿》,1935年,第9页。

在可能范围内,尽量设法避免之。"① 同时,《都市计划方案初稿》指出:"本计划不过适用至某一阶段,至本市前途之发展,实无涯涘,苟不于本计划预筹与之连缀之余地,则至本计划之末期,新计划之开始,又非加一番改造不可。"所以都市计划要注意发展的可持续性,即"适合于将来扩充计划之连缀"。②

除了以上几点,还有一点难能可贵,即《都市计划方案初稿》将"保护古迹及名胜"列为规划的重要原则之一,指出:

> 建设新市,往往将旧有一切建筑物及树木碑碣等物,毁弃无余。其意以为不尽量弃去旧物,焉能澈底创造新市。不知彼旧物中如古庙古树台榭楼阁及景色奇特之处。已失不可复得。都市计划之价值,即在善能鉴别古物名胜而利用之。以点缀市街。古迹名胜之保存,虽不过为求都市之美观,然其真实价值,乃在给予市民以精神上之安慰。吾人所住之都市,若毫无美观,则市民之生活,必干燥而无味。世人恐怖之危险思想,将胚胎于其间。古迹名胜对于缓和人心之功效,比之高深之学理与亲切之劝诱所收之功效尤大。青岛本一穷僻渔乡,文化既浅,历史又短。有价值之古迹名胜,本不甚多,亟宜广事搜罗,藉资点缀。查本计划书范围内旧物有保存价值者,如炮台遗址,湛山村前射击场,浮山所前高台古庙古树,燕儿岛形声地等,均分别利用之,以点缀风景或辟为公园。③

这一点,对于城市建设而言,也不乏借鉴意义。

总之,1935年《都市计划方案初稿》为我们充分展现了沈鸿烈在建设青岛方面的规划和抱负。虽然因为当时国内战乱环境,他领导下制定的这一规划没能够得以充分贯彻实施,但是,他作为青岛市市长对于青岛未来发展所期许的美好愿景,以及已然为青岛发展所敷设下的一些基调,为以后青岛的发展奠定了一定的基础,在青岛发展历史的考察中,是不可忽视的。

---

① 青岛市工务局:《青岛市实施都市计划方案初稿》,1935年,第9页。
② 同上。
③ 同上书,第11页。

"十大纲领"有条有理，纲举目张；1933年《行政纪要》更是硕果满载又面面俱到；而1935年《行政规划》则立足实际又合理畅想。三者环环相扣，充分显示了沈鸿烈对于青岛市建设的理念和雄心。

第二节　发展区务，规划市政

沈鸿烈主政时期的青岛是一个年轻却又历经磨难的新兴城市。沈鸿烈认定青岛有发展为未来国际大都市的潜质，却也明白青岛当前发展的弊端，因此，他对于科学的城市建设规划非常重视。《都市计划方案初稿》对此曾做过论述：

> 考本市现在之市街组成，尚缔造于三十余年前，当时地方不过以荒僻渔村，内地之生产状况，完全在农业时代，故设计时毫无可靠材料以作标准，一任计划者推测臆断，故其规模未免失之过小。嗣因逐渐发展，未经根本改造，致成今日之畸形现象。苟不及时矫正，循至繁荣已盛，高屋大厦，触目皆是，交通发达，随处拥挤而紊乱，所谓大势已成，再图挽救，已不可能。纵局部改良，亦非有巨额之代价不办。自应早为谋划，相机实行。则亡羊补牢，尚未晚也。①

与这一总体思想相一致，沈鸿烈在上任之初，便有整理杂院、规划会馆义地、整理现有市街建筑地土地、清丈全市土地、对拟行竞租之土地由社会局会同公安、社会、工务等部门举行审查会议等措施。而在1933年的《行政纪要》中，也已把分区计划、拓展市区计划、交通网之计划、道路、上水道、下水道、公园名胜之整理与添设、图书馆等公共建筑、市民建筑之取缔乡村建设之整理扩充等，均列为工务局应行之计划事项。但《行政纪要》所记，乃是1931年年底至1933年年底两年间沈鸿烈在这些方面所做的工作，且只是对这些方面的已行措施或计划条目做了简单叙述和记录。真正体现沈鸿烈对市区规划的详细分析、规划和展望的，是1935年完成的《都市计划方案初稿》。该方案对市中心区域、全市分区、

---

① 青岛市工务局：《青岛市实施都市计划方案初稿》，1935年，第13页。

街路、园林空地、一般交通、全市卫生、土地管理应用等方面，都做了详细的规划，有些更制定了详细的实施细则。通过对比《行政纪要》《都市计划方案初稿》和相关资料，我们可以更清楚地看到沈鸿烈市政规划的基本思路和主要特点。

一 分区规划

旧时的城市，多缺乏合理分区，以致店铺、工厂、学校、住宅混杂罗列，毫无条理。随着人口增加，城市发展，种种不便便会一一出现，且日益严重。而此时事实已成，欲求改良，早已困难重重。近代以来，随着城市及工商业发展迅速，这一问题更加突出。故《都市计划方案初稿》提出："分区计划者，即将全市面积，按其使用之性质，划为若干区。而对于市内一切建筑，加以地区之限制是也。"① 这种将城市分区放在城市建设首位的观念，与沈鸿烈以国际大都市作为青岛未来发展目标的城市定位密切相关，在当时是非常先进的。

1933年《行政纪要》所列工务局应计划事项之分区计划，将青岛分甲乙丙丁戊己六区，甲为行政区（市中心区），乙为住宅区（包含甲种住宅区、乙种住宅区、丙种住宅区三类），丙为商业区，丁为港埠区，戊为工业区，己为农林渔盐区。② 1935年，沈鸿烈主持的《青岛市施行都市计划方案初稿》，在"实用与美观并重""新旧区域连成一气并尽量避免更动旧区"及"适合于将来扩充计划之连缀"三大基本原则下，对青岛市的全市分区布局做出了更全面的规划。这主要包括确定卫星都市发展模式和市内功能分区两个方面。

（一）卫星都市发展模式

《都市计划方案初稿》以巴黎、柏林等国际都市之发展为例，认为近代都市计划的趋势，首要考虑人口增长后的合理分散：

> 考近世都市计划之趋势，公认人口必须分散，欲达到此目的，惟有原有中心部分周围，建设若干附属之小都市。犹太阳之有卫星然。此种附属小都市，必与中心都市，有适当之交通联络。如是则人口增

---

① 青岛市工务局：《青岛市实施都市计划方案初稿》，1935年，第17页。
② 青岛市政府：《青岛市政府行政纪要》第一编《总务》，1933年，第3页。

加虽至无限,而中央都市之过分繁荣可以避免。始终保持合理状态,边区则逐步繁荣。与中央保持均衡势力,于居民之生活上有莫大之利益焉。①

依照这一基本原则,《都市计划方案初稿》首先划定了中心区域以及小都市的五条主要干道。中心区域计划范围北至沧口李村,东至麦岛。如《都市计划方案初稿》所言,此范围面积不为不大。但"若以全盛时代为目标,则此青岛青年时期之范围,实不过将来大青岛市之中心都市。再有发展,必须采卫星都市方式向四郊个别繁荣"②。

附属都市与中心区域之间,须建有适当的交通大道,故《都市计划方案初稿》为未来之青岛设计了交通大道的位置。对于《都市计划方案初稿》所计划范围(即未来之中心区域范围)以外的区域,鉴于其地势山多而平原少,而平原则均为河道之冲积层的实际情况,预设了五条主要干道,划分五个附属区:

  第一区南海沿——自麦岛至沙子口,风景优美,大概可资以发展居住之用。沙子口为渔业根据地,将来可在此设一渔业小都市。此区与中心都市之连络为湛沙路。
  第二区张村河——此区沿张村河发展,以张村为中心,用度亦以居住为主,与中心都市之连络为保张路(保尔至张村)。
  第三区李村河——此区沿张村河发展,以李村为中心,亦以居住为主要目的。其与中心都市之交通线为台柳路(台东镇至柳树台)。
  第四区源头河——此区沿源头河发展,以丹山村为中心。亦以居住为目的。其与中心都市之交通线为李塔路(李村至狗塔埠)。
  第五区白沙河——此区沿四流路(四方至流亭)发展。以仙山寨为中心,其目的以工业为主。以居住为辅。③

这一整体规划所确立的基本格局,对青岛之后的发展具有非常重要的意义。

---

① 青岛市工务局:《青岛市实施都市计划方案初稿》,1935年,第9页。
② 同上书,第10页。
③ 同上书,第10—11页。

（二）市内功能分区

《都市计划方案初稿》根据青岛实际情况，综合考虑了以下原则，将青岛市内分为行政区、港埠区、居住区、商业区、工业区等五大区：

> 如运输便利，地势平坦，放出煤烟，不扰及市内居民区者，宜设为工业区。贸易繁盛，交通便利，位置适中者，宜设为商业区。僻静之地，风景优美，空气新鲜，合于卫生者，宜设为住宅区。其余近于港埠铁路等地，合于运输堆置货物者，宜设为港埠区。一市行政总机关，与市民接触最形密切，宜择适中地点，辟为行政区。商业区与行政区为一市精华所在，又为各大道之集中点，故统称为市中心区焉。①

有关这五大区域的具体情况，可简述如下：

行政区。行政区域包括市政府及各直属机关、国民政府驻青各级机关、各国驻青领事馆、各公共团体之会所及图书馆、博物馆等。《都市计划方案初稿》对行政区是这样描述的："一市之中心区域，犹人身之有心脏。心脏为全身血脉之总汇，而一市之中心区域，则为全市之核心。应为政治机关所在地，商业集中点，并应与港埠铁道相近，乃全市活动力最大之处。位置必须适中，交通必须集中者也。"② 当时的市政府在中山路、沂水路一带，按照上述理念，徒具形式，并不合实用，甚至会随着将来进一步发展产生诸多问题。因为青岛的繁荣尚在年幼时代，人口与交通都尚未至于极繁密拥挤的地步。但是若进一步繁荣，中山路一带就势必不再适宜于作市中心。一是当时的市政府一带无集中干路，交通条件跟不上；二是当时市政府一带均为居住区，本就缺乏规划，且与商业、港埠各区的交通在当时就已出现问题。三是市府直属各机关本应相对集中才利于办公，但当时却是分散于远近各处，行政上十分不便。若要扩建，又囿于当时的市政府一带无有适当空地可资建筑集中的官署。以当时情形与将来全盛时代之情形相比较，经综合考虑，《都市计划方案初稿》认为"东镇西工厂地一带，现在已为全市交通最集中之地，将来大港码头全数告成，大港后

---

① 青岛市工务局：《青岛市实施都市计划方案初稿》，1935年，第17页。
② 同上书，第13页。

海湾填筑完成后，交通之集中更形显著。即以之作全市中心区域，实为最合理想之地点"①。而市政府建筑则计划迁移至五号炮台山腰上，市各机关集合一处，形成行政区域。五号炮台近蒙古路与华阳支路之间，当时为一空旷地带，后变为青岛铸造厂厂址。《都市计划方案初稿》列出四条理由：

一、新拟定市政府建筑地位在现称为五号炮（笔者按：此处疑缺"台"字）之山腰上，使机关集合一处。形成一行政区域。此处地位适中且形式壮丽。其前有全市主轴干路通至中山公园、体育场、会泉广场（即汇泉广场）②、海滨公园等名胜之地。其后亦有全市主轴干路通至四方、沧口大工业区。及将来拟建之大公园、大体育场等名胜之地。右为大港及总车站。左为全市最优美之浮山所大住宅区。位置之适中，交通之便利，全市各处实无其二。

二、该处现为工厂地，包围于全市大商业区之中央，实非所宜，急应迁出。以工厂地改为商业地。其势甚顺。将来房屋位置移动，在旧屋已去新屋未建之时，即从事于校正地段。改良街道系统（即所谓土地整理），甚为经济。

三、改良街道系统并不须全盘变动，不过在中央部分新添最主要干路一条，其他概可保留。故土地整理手续，并不烦重。

四、该处现虽为工厂地，但实际大部分土地尚未建有高大房屋。行政区所在地则完全荒地。若于现时即加保留，可免将来收买之损失。

有此四点，可知该处极其适宜于建设市中心。他处实无其选。现时公私财力，尚不足以语建新市中心。且尚非目前急需之务，惟为一劳永逸计。为免将来改造困难计，则不可不从早决定。并作预备功夫。如整理土地，改良街道系统，停止出放工厂地。保留五号炮台一带未放土地等。一俟有此需要时，即可从容建设，无患得患失之苦矣。③

---

① 青岛市工务局：《青岛市实施都市计划方案初稿》，1935年，第14页。
② 据青岛市政府《关于会泉路改为汇泉路的训令》，应是"会泉"改为"汇泉"后，相应而增加了括号内说明。见青岛市档案馆图片资料。1935年3月28日。
③ 青岛市工务局：《青岛市实施都市计划方案初稿》，1935年，第14—15页。

如今再看当时的这份方案，虽然由于种种原因最终没有实现，但是，我们不得不佩服当时执政者把握大局的能力与对市政发展规划思想的大胆突破。

港埠区。当时的青岛有大小二港，为德国人所建。大港是主体港，小港则是辅助港。由于青岛港的迅速发展，小港吞吐量渐渐达到极限。势非另辟一小港，不足以满足将来增加船只的需要。所以按《都市计划方案初稿》规划，在四方与大港间海湾的外部，另建筑作为工业用途的小港一处。而原有的小港则改为专供商业之用。该工业小港后方的陆地，因便于客货运卸，便被确定为港埠区。在该区内，容许建造仓库、堆栈等运输相关建筑物。此外，大港原有的四座码头，也因港口之繁荣而不敷应用，所以计划再增建新码头约五座。该码头告成后，也会需要大宗土地来堆积及运输货物。所以大港周围约五百公尺的地方均被划作港埠区。

工业区。《都市计划方案初稿》将工业分为大工业与小工业两种。小工业之不卫生程度较弱，污染程度相对于大工业而言较低，所以有时在特许下，不妨杂入商业与住宅区内。而大工业不卫生程度和污染程度较高，不能容许杂入于其他区域。理想的工业区，需要具备以下条件：一是水陆运输便利，且以铁路能通至工厂之旁者为最佳；二是地势平坦而广阔，将来足资发展；三是在当时以煤炭为主要热能的条件下，还要远隔住宅区，且必在最频数风向的下方，才能避免煤烟污染住宅区。四是地价低廉，不致成本昂贵。当时的工业区中，台东镇西一片工厂地正位于全市中心，一来地处交通枢纽之所在，违背经济原则；一则处于大商业区之中心，划作工业区实不妥善。所以《都市计划方案初稿》计划将此处工业迁出而改为商业区。当然，政府改革并不一味强制改革而不考虑民意和民生，《都市计划方案初稿》提出这一迁移计划，还特别说明，这种不产生利益的工业区改为有巨大商机的商业区，市民及土地所有者必然是欢迎的。原有的少数大工厂，考虑到不能快速迁让，便为之设定一定期限，逐步淘汰。《都市计划方案初稿》将四方东面一带土地及沿铁路直至沧口一带土地划作了大工业区。因为此处地势甚为平坦，铁路均可直达工厂之旁，运输非常便利。而四方和沧口之间间隔有孤山一座，正好可用于调济将来工厂过分繁密的情况。此外，《都市计划方案初稿》还计划在此山的四周布置大公园、大森林、大运动场各一处，以供附近工厂人员闲暇时锻炼身体和休养精神。工业区内的工人宿舍列为工业区附近的丙种住宅区，可以在工业区迁出后进一步向东开展。

商业区。商业区本应以交通便利、地势平坦、位置适中为前提，但青岛市地势多山，起伏无定，不易寻求完全平坦之地。所以，《都市计划方案初稿》拟择取适当的地段进行改造。依据当时情况，拟以大港之南，南至中山路、天津路一带，北至辽宁路东镇商业较集中的地带为商业区。而当时已呈现商业区雏形的中山路南段至海沿一带，则因交通不集中而不被看好。《都市计划方案初稿》认为该地区虽发展历史较长，市街系统亦较北部更整齐而人们乐于经营。但若大港后海湾填筑成陆，码头建筑完全后，街道系统亦整理就绪，则局面不改而自改。蒙古路、昌乐路一带被认为发展潜力巨大，甚至可能成为上海之南京路。中山路一带因有小港及铁路之维持，仍不失为商业地带。此商业地带沿铁路而北，经辽宁路与东镇及东镇西工厂地相衔接，成为全市之大商业区。大港后海湾填筑成陆后，除靠码头一面拟定为港埠区，邻近四方机厂一带规定为工业区外，尚余海泊河南岸一带土地。位置介于新旧市街港、工、商三区之间，宜辟为批发商业区。以便于大批发货物的转运。

因商业区范围广，种类也最为复杂。为增进管理效率及便利市民，《都市计划方案初稿》学习香港、上海、广州等地，拟就市中心商业区，采取各业集中主义。按商店性质划分为：金融业、运输业、服装业、酒馆舞场业、珍宝业、五金业、文化业、食品业、建筑材料业及药材业等共10类，而拍卖业及旧料业则另行指定地点。同时就集中主义容易产生的土地易受垄断等弊端，也提出了相应的解决办法。

除以上中心部分之商业区外，为便于各较远住宅区及工业区内人民购买用品起见，《都市计划方案初稿》还提出在诸如浮山所、亢家庄一带大住宅区，四方大工业区东侧，沧口、李村一带，小甏窑头东一带平原等人口众多、商品需求大的地方，容许开设日用市场（为担贩设幕出售物品或露天集合之所）及商场（一处房屋内有各种货物店铺）等数目众多的小商业区。

住宅区。《都市计划方案初稿》指出："市民生活于住宅之时间为最多，其一生之幸福与健康系焉，故计划此区，最宜审慎。举凡光线、空气、日光、风景、风向等要素，均须经充分之考虑。"[①] 所以规定凡风景

---

① 青岛市工务局：《青岛市实施都市计划方案初稿》，1935年，第22页。

优美、无工厂煤烟污染的地区,以及邻近商业区的地区,均一律作为住宅区。并按照环境的优劣,将住宅区分为特种及甲、乙、丙等几种。其中湛山、浮山一带风景优美之处为特种住宅区;荣成路以东一带为甲种住宅区;齐东路莱芜路等处为乙种住宅区;西岭一带,四方一带,小村庄一带,沙岭庄一带,文昌阁一带,莹子村以东一带及不属于以上特种及甲、乙二种住宅区的地方,均为丙种住宅区。而这些住宅具体的分区办法,将来依照具体的地域情形及发展趋势再进行切实划分。其后,为了实施《都市计划方案初稿》,沈鸿烈在西岭四川路一带平民聚居处又陆续修建了八个供平民居住的平民院。而荣成路东开辟"八大关"路,建造了花园式房屋供达官富商居住。

当然,《都市计划方案初稿》虽然按建筑物的用途做出了行政、工、商等大致分区,能够使城市发展避免杂乱无章的现象,但对于具体区域发展和管理中可能会出现的诸如人口居住过密,交通拥堵,光线空气不良,火灾容易蔓延邻舍等弊漏,仍不能加以取缔。所以《都市计划方案初稿》在用度分区之外,尚有高度分区及面积分区。高度分区即规定在某一地带建筑房屋之高度为若干公尺;面积分区,即规定在某种地带,其房屋面积与空地面积,不得超过若干成。分区之详细规定,《都市计划方案初稿》中又附有《青岛市实行分区制条例草案》。而总计本计划所规定各区面积之分配成数如下:

  行政区——占全市区面积百分之 0.30（50 公顷）
  商业区——占全市区面积百分之 5.40（740 公顷）
  工业区——占全市区面积百分之 10.90（1500 公顷）
  住宅区——占全市区面积百分之 43.00（5920 公顷）
  港埠区——占全市区面积百分之 4.00（560 公顷）
  园林区——占全市区面积百分之 36.40（5000 公顷）
  共计全市区面积百分之 100.00（13770 公顷）[①]

《都市计划方案初稿》的这一总体规划,在日后青岛城市的发展中,由于各方面的原因,有一些并未完全落实。但它借鉴世界先进国家城市建

---

① 青岛市工务局:《青岛市实施都市计划方案初稿》,1935 年,第 23 页。

设经验，为青岛市所绘制的这幅发展远景蓝图，当时在国内无疑处于领先地位，即使今天回过头来看，其前瞻性和科学性也仍然不乏积极的启示。

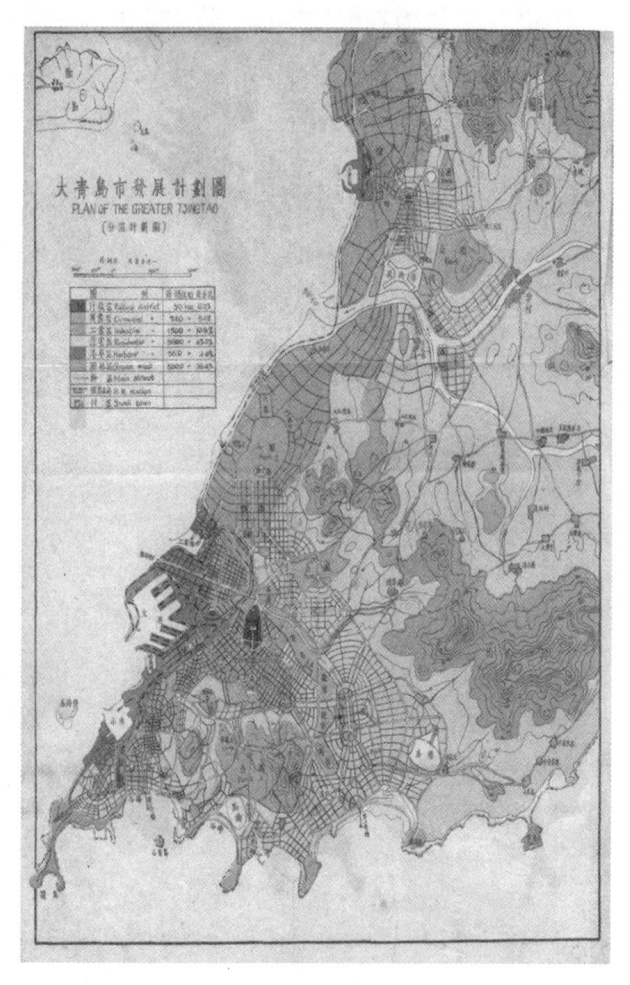

图 3-2　大青岛市发展计划图

资料来源：青岛市工务局：《青岛市实施都市计划方案初稿》，1935年，第六章。

二　交通规划

《都市计划方案初稿》认为，"都市计划之两大主干，一为区域之划分，一为交通设施之配置，而交通设施之配置，又依据各种区域之性质而定。……交通设置中之最重要者，莫若街路。都市之有街路，譬犹人之有筋骨；都市之建筑物，譬犹附着于筋骨之肌肉。苟街路配置不得其当，则一切场园、公私建筑、电车线路、上下水道等计划，随之而蒙其不良影响。是以街路之计划，宜经详细之研究，与通盘之筹划"①。《都市计划方案初稿》的交通规划，以市内交通和向外的水陆空交通为重点，做了实际的布局，并拟定了长期可持续发展的规划。

（一）市内交通规划

沈鸿烈在晚年回忆中说，1931年"本市道路建设在德日管理时代专重市区，我国接收九年，因缘未改。自二十一年（1932）起，市区人口激增，乡区固陋犹昔，经责令工务局采市乡并重政策同时进行"②。1933年《行政纪要》中，已制订了"拓展市街计划"，第一步计划至四方、浮山所，第二步计划至沧口、大麦岛。而在当时，对于这两步所扩展地段的土地，还属于民有，至于如何收用，还没有定论，暂计划由财、工二局会同研究。③ 此外，还对全市交通网进行了整理扩充，对电车及公共汽车的设计与整顿，对青岛市道路进行各方面的修缮改善。包括对市内街区道路的路面、路基建筑及车轨石添设。甚至连附属于道路的桥梁、涵洞也进行整修，树立路碑及里程石、方向石、分界石等。根据《行政纪要》，仅1933年，新开路基就计有齐东路等30余处，新修湛台路等砂石路9条，新修四流路由大水清沟至沧口一段等柏油路4条。此外，还新修小方石路、青砖路面等多项。还修补因风雨摧残或车辆倾轧而需修补的各种路面，修补沙石路面达50多万平方米，柏油路3万多平方米；还有开辟青威汽车路、胶州湾环海道路的计划，并针对这些计划做了合理性及勘查范围等论证。④

其后，在1935年的《都市计划方案初稿》中，更详细的全市街区计划得以完成。《都市计划方案初稿》指出当时的青岛街路，除德国人计划设计的市政府中山路一带尚较合理之外，其余均过于随意。而青岛市之历史不过三十余年，今后的发展不可限量，所以做计划时要力求完善，做长远打算。《都市计划方案初稿》对于当时青岛市街路系统所应采取的组织

---

① 青岛市工务局：《青岛市实施都市计划方案初稿》，1935年，第25页。
② 沈鸿烈自撰：《沈成章先生生平经历概要》之三《生平重要经历》："第三期自二十年十二月服务青岛起至廿六年十二月离青赴鲁止共六年。"城市建设博物馆馆藏资料。
③ 青岛市政府：《青岛市政府行政纪要》第一编《总务》，1933年，第3页。
④ 青岛市政府：《青岛市政府行政纪要》第五编《工务》，1933年，第12—30页。

方式、各区之间不同街路系统以何种方式组织联络，支路应如何设计，以及街路应该以何种方式命名等，均有详细的说明。

首先，在街路组织方式的规划上，《都市计划方案初稿》借鉴当时世界各国都市旧式街路系统，如不规则式、英美等国棋盘式（如图3-3.1）法国放射式、德国圆环式（图3-3.2）等几类街路组织方式，并考虑交通工具日新月异的发展，在尽力满足往来线路务求缩短、沿途阻滞务求减少，路面务求平坦三个理想路线标准的基础上，提出因地制宜运用多种道路组织方式的方案。①

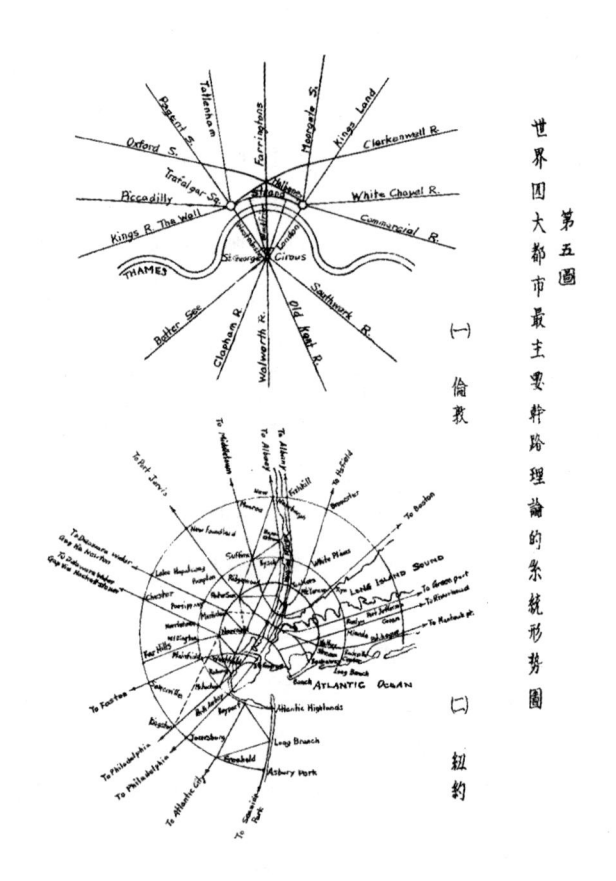

图 3-3.1　世界四大都市最主要干路理论的系统形势图
（资料来源：《都市计划方案初稿》第五图）

---

① 青岛市工务局：《青岛市实施都市计划方案初稿》，1935年，第25页。

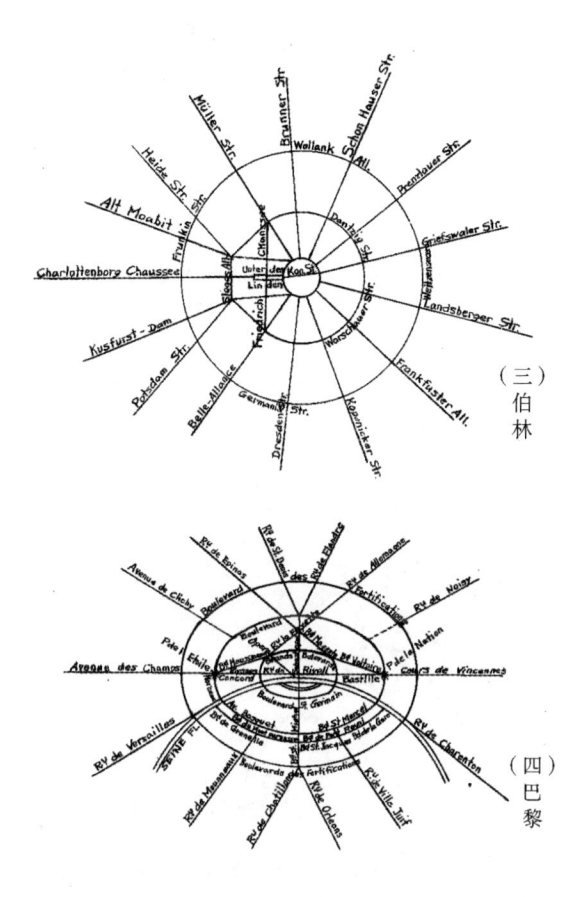

图 3-3.2　世界四大都市最主要干路理论的系统形势图
(资料来源:《都市计划方案初稿》第五图)

中心区域部分因土地之宝贵,且完全以旧路组织为主体,而仍用旧式的棋盘式街路系统;较远部分如仲家洼、小村庄、吴家村一带,则采用较新式之蛛网式;而在其更远处,如浮山所、沧口等处,则大部采用一种新式道路组织形式——细胞式组织。①

---

① 细胞式组织,即"交通支线之通入干线者,仅限于少数处所。如是则干线与干线相交成宽大之格网。此种格网可随干线之扩充而逐渐增加至无限。在于此项格网中,加入局部交通性质之支路网。因各干线格网所括之地,其内部交通自成系统,与外部无关,而含独立性质。此种街路组织,称之为细胞式组织"。认为"此种新式街路系统之原则,自难完全应用于现在局势已成不易改革之旧市。然对于新市之发展,则殊有采用之必要"。详见青岛市工务局《青岛市实施都市计划方案初稿》,1935年,第26页。

其次，将各部街路分为干路组织和支路组织。干路组织所以联络各重要区域，使交通便利，易于呼应。在各区之间，以及车站、码头各重要处所，建议贯以干道，从而使车辆往来毫无阻碍。

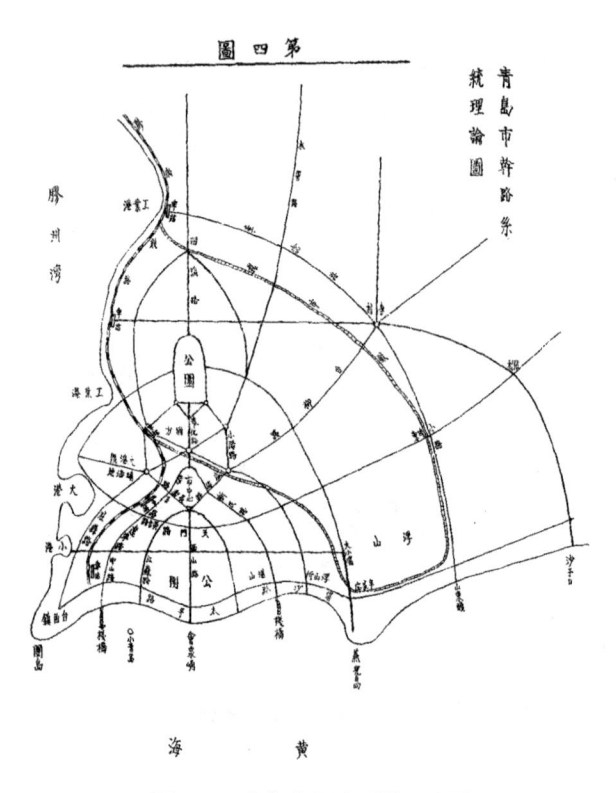

图 3-4　青岛市干路系统理论图

（资料来源：《都市计划方案初稿》第四图）

而按交通集散的性质，又分市民由住宅至工作地所往返的工作交通，为商店贩运货品与居民采购日用品的买卖交通，以及娱乐交通与旅游交通。二者多以市中心区为目的，而来往时间，以清晨与近晚为多。按照以上原则，《都市计划方案初稿》规划了十六条干路组成的干路网。如其中的一路是这样规划的：

> 自市中心向南，经商业中心，至登州路交接处。分叉为三，中为西山路，左为中庸路，右为登州路，直上山岚。均趋向于本市最优美

之区域。中路取道西山路南去，直达第一公园、体育场、海水浴场、汇泉炮台①及特别规定建筑地市立中学等地，为全市由市中心向南至主轴，路上点缀务求壮丽；左路由中庸路过太平山山腰，直达湛山住宅区。右路由登州路大学路达太平路。②

二路则从市中心的市政府，向北经奉化路及两旁之工商区域，至四方北的大公园、运动场而达沙岭庄的工业区。此路为全市北向的主轴。……干路的路面也进行了划分，使缓行与疾驰分道前进。路面上还留出长狭形空地用以铺草种树或做路行人避开车马或上下电车的车站。干线两旁尽量减少建筑以及支路叉入。支路组织主要为便利各区内局部交通与供给各建筑物以充分光线、空气之用。宽度小于干路，以清静为目的。支路的具体形式不设定式，如在商业区内的地段尽量小而方，以增加店面的长度。路面布置应注意预留停车位置以及适当的人行道宽度。而在住宅区域内，地段则尽量加长，节余的路面与土地，则计划用于布置花园与儿童游戏地等。

《都市计划方案初稿》还特别强调，建筑本段落内居户共有的花园、运动场、网球场、儿童游戏场等或集同段落内二三十户共同修建维持，或由公家收缴居户若干费用后代为管理。住宅街路尽可利用天然形势布置种种的景致。于车道宽度，《都市计划方案初稿》认为应视将来全盛时代实际需要而定，所以规定路宽都依据上限，如林荫大道自三十至五十米；交通干道与临市交通线自三五至四五米，本市交通线自二五至四〇米；次要干道自一六至二二米；支路自一〇至一六米；里巷自三至五米。依沈鸿烈所说，自1931年至1937年抗战为止的六年期间，市内增辟大小各路五十余条，配以旧有路线，全市畅通无阻。③

再次，制定街路命名原则。《都市计划方案初稿》考察了当时中国各城市现有名称，又对吉言类、数目类、居户类等11类街路命名方法的优

---

① 见前文所言"会泉"改"汇泉"训令。
② 青岛市工务局：《青岛市实施都市计划方案初稿》，1935年，第27页。
③ 沈鸿烈自撰：《沈成章先生生平经历概要》之三《生平重要经历》："第三期自二十年十二月服务青岛起至廿六年十二月离青赴鲁止共六年。"

缺点进行了分析，① 指出青岛因为收回不过十余年，所以各路名称均经当初接收时整体编订，大都以山东各地名为路名，这一点在当时中国各城市之中是最先进的。但随着青岛的进一步发展，新路必定日益加多，而地名则有一定数量之限制，不可能以地名一类命名将来全数之街路。所以，《都市计划方案初稿》规定将来合理的命名原则：一是易寻觅，易记忆；二是名称通俗而有系统，使教育程度低浅者，"因时与路名接触，而得通俗之知识"。可以说，既做到了科学安排，又充满了人文关怀。

正如沈鸿烈所言："德管时期，接近港埠之市区多为纵横线。其向内伸展之住宅区则依丘陵起伏成为蜘蛛网式。二十一年（1932）以后，居民剧增，工业发达，乃开辟四方沧口各路为工业区，东镇之东西两面各路为商业区，山侧海岸风景优胜之处则分辟干道支道为住宅区，至廿六年（1937）抗战止，六年期间市内增辟大小各路五十余条配以旧有路线全市畅通无阻。"② 沈鸿烈于青岛当时交通规划建设，可谓尽心尽力。

（二）交通规划

《都市计划方案初稿》认为："道路建设，固足以增进各地之联络。然远道交通，仍不得不仰赖于各种交通利器。故于道路系统以外，更有交通计划之筹议焉。近世交通水陆空分途并进，完备之都市，必于飞机起落之场，轮舶停淀之处，以及铁路入境之途，均有适当之规定。青市将来繁荣之程度，至少有人口一百万。以如此多人口之都市，其需要充分之交通设备，乃属必然之事。"③ 因此，在街区道路系统以外，对青岛市未来之水陆空交通也有细致的规划。

---

① （一）吉言类。以吉利语言命名者。如寿长街、吉祥巷等。（二）居户类。以当地住户命名者。如大学路、周家巷等；（三）物名类。以各种物品名词命名者。如北平之弓箭胡同等。（四）地名类。以各地名命名者。如上海路、南京路。（五）神话。以庙宇神话命名者。如护国寺大街等。（六）格言类。以成语格言命名者。如从善里。（七）方位类。乃以地域方向命名者，如北马路西大街等。（八）数目类。乃以数目命名者。如一马路、二马路等。（九）机关类。乃以所驻机关命名者，如南京之国府大街等。（十）地形类。乃以当地形势命名者。如十字九道弯等。（十一）经纬类。乃以纵横经纬命名者。在济南沈阳甚多。如经一路、纬一路等。（十二）其他类：凡不属于以上十一类者。详见青岛市工务局《青岛市实施都市计划方案初稿》，1935年，第32—33页。

② 沈鸿烈自撰：《沈成章先生生平经历概要》之三《生平重要经历》："第三期自二十年十二月服务青岛起至廿六年十二月离青赴鲁止共月六年。"城市建设博物馆馆藏资料。

③ 青岛市工务局：《青岛市实施都市计划方案初稿》，1935年，第45页。

陆地交通。《都市计划方案初稿》将陆地交通分为远道铁路线及车站、市内高速交通、街车（分电车、汽车）三种类型：

远道铁路线及车站。以青岛当时已有胶济铁路为基础，拟在山东东南部之胶徐铁路（自徐州经临沂诸城等县至胶州）及山东东北部之青烟铁路（烟台至青岛）二线入青岛市境处设一综合车站。车站预设在胶州东部平原。因为此处位于大沽河下游，平坦广阔，可以敷设多处轨道与布置大块进货场地，还可以得大沽河水运之便。《都市计划方案初稿》认为随着青岛的发展，大沽河必然会凿通至渤海（称为胶莱运河），河运之发达可带动河口商埠，塔埠头必进一步繁荣而沿大沽河向北推进，并与此综合车站附近的工业地区相衔接，形成一大塔埠头市。塔埠头市作为附属港，将来既成为青岛与附近城镇供求之中间市场，又能利用塔埠头低廉之土地与人工，来分散青岛工厂过分发展带来的成本增高和降低青岛到市区的运输成本。

对于与塔埠头同等性质的附属港红石崖，《都市计划方案初稿》也拟发挥其胶徐铁路经行地的优势，而将其作为所有诸城、莒县、临沂等地土产出口处。且预备若是将来海州（即连云港）与青岛间，有修筑铁路的需要时，则该路线必采沿海之一道，经日照、灵山卫、薛家岛等处环胶州湾半匝。至塔埠头北的综合车站与胶济路相接。从而形成环海铁路。胶济路在市区内的线路基本保留，只将两处稍作移动。一是将大港车站定为总车站后，计划青岛站改为客车站，移除货房调车场，并添修越路桥梁以便利西岭交通；二是将四方车站改在四方公园、四方机厂之中间，并计划大港、四方间海湾填筑完成后，在大港与第二小港旁边筑造一条轨道，两端均接上正线。把货运总车站建于客运总车站与大港之间，以方便客运总车站与码头的交通。

从《都市计划方案初稿》的叙述来看，我们知道，这是一个相当宏大的布局，是连接青岛水路运输与内陆运输，使之两相呼应，形成一个联动的大运输网络和经济网络。其考虑之周详，目光之长远，均可谓大手笔。

市内高速交通。《都市计划方案初稿》认为市内交通繁密以后，高速交通工具大都为高架或地下轨路之电车及火车，对于百姓出行及全市的发展影响甚大。但设备所需经费又非常惊人，一个城市非发展至一定程度，断不敢轻于尝试。所以，此种大建设工程需及早筹划，积十年数十年之力量，为将来必要时建设之用。《都市计划方案初稿》既断言青岛市将来必然是国际化的大都市，人口将来也会增加到百万不止，因此提出及早谋划此种设备，并申明这是都市计划的紧要工作，不能因现在距实际需求阶段尚远，便置之不问，这是极有远见的。

《都市计划方案初稿》还对高速交通的路线做了预设，打算采用路线自市中心向四处放射，互相环绕而成8字形。做出计划的还有建筑格式，拟在市中心部分采用地下式，其他区域则可用高架式。依当时科技所设想，指出高速交通的原动力应完全采用电力，以保持市内环境的清洁卫生。此外，为弥补高速交通之不足。《都市计划方案初稿》还拟采用无轨电车。并强调此种公共交通事业，应归政府公办。今天，青岛地铁已逐步通车，轻轨也连接起了乡区及邻近各市。我们在惊叹社会飞速发展进步的同时，不禁对这份规划的制定者由衷地生出敬意。

街车。《都市计划方案初稿》认为，街车应包括电车与汽车两种，其作用是"补高速交通之不足"。而电车又分有轨与无轨两种，根据青岛地域特点，应主要采用无轨电车。

水路交通。分为港埠与胶州湾轮渡二种。青岛当时是国内几大商埠之一，陆路已有胶济铁路，水路则有大小二港码头，二者互相联络，才可保证货物之顺利流通。所以水面交通的规划与铁路交通同样重要。当时青岛已有大港、小港。大港内的码头用于远航船只停卸，小港用于近航船只停卸。前海栈桥则主要供检疫船、游船及军舰渡船停靠。《都市计划方案初稿》预测，将来船运的发展，大约远航多于近航。所以以增加大港码头数量作为解决水运问题的主要办法，因而兴建了第五码头。又以大港内面积虽大，但可资筑码头之空间有限，不足以负担将来青岛全盛时代的水路运输，故提出在四方附近添一工业港。使其水运设备与大港相等，可容纳万吨以内轮船十余艘。又计划在沧口工业区拟定沧口车站之后，筑港垫岸，为将来筑港预定地。青岛港埠位于深水道之内岸，港水深度与航运亦有莫大关系。为将来轮船之发达，计划为维持适当之深度以吸收多量货物之出入，规定大港之深度不得小于十一米，工业港不得小于八米，小港不得小于六米。

此外，除南海沿栈桥外，为将来市区向东延长至浮山所后，附近居民乘船游海方便，《都市计划方案初稿》拟在湛山、浮山间突出海中岩石之上，建筑第二栈桥一座。此桥可以避风、乘船，还可以在桥头建筑壮丽楼阁。又因栈桥靠海岸一端，为湛山主脉入海终点，是海岸一带的最高地。登临其上，可以眺览海湾全景，是增加游览景点的最佳选择。

关于胶州湾轮渡，《都市计划方案初稿》也十分重视。规划指出，当时胶州湾沿海一带的小镇虽暂时荒芜，与市中心部分关系尚少，但一旦将来内陆铁路开通，则沿湾土地都将成为繁华市场。这些小镇中尤以塔埠头、红石崖二处得益最大。所以《都市计划方案初稿》预设五条航线：青岛至塔埠头线（或青岛胶莱运河线）、青岛至薛家岛线、青岛至红石崖线、青岛至阴岛线、青岛至沙子口线。五航线中，青岛至塔埠头线或青岛胶莱运河线，不仅是胶莱运河的咽喉，也是黄、渤海货运的总汇，最重要且最繁忙，其次依次为红石崖线、薛家岛线、沙子口线和阴岛线。

空中交通。飞行事业作为最新式的交通事业，进步之速，一日千里，将来必将成为普及化之交通工具。所以除沧口机场一处外，暂拟定塔埠头东南一带海滩，将来可填筑大飞机场。以应将来全盛时代之用。又拟于水面辽阔，沙滩平坦的团岛附近设水上机场。

三 休闲规划

《都市计划方案初稿》对市民休闲生活给予了高度重视，这在当时是非常超前的思想。关于休闲规划，主要包括园林空地与休闲设施两个方面。

园林空地规划。沈鸿烈的市区建设，并不是一切以经济发展为原则。1935年《都市计划方案初稿》的全市园林空地计划明确表示："园林空地水面等无房屋街道建设之地，所以供居民之游息与运动，其在一市之作用，犹人身之有肺部，甚为重要。现欧美都市计划学者，规定该地面积占全市面积至少在半数以上。此说在土地之经纪上着想，未免失之过大。然以都市居住之密，房屋之高，交通之繁，非有半数面积之园林等空地，不足以尽一市充分呼吸之需要。"所以，在充分考虑经济原则和园林空地重要性的基础上，规定"本市形势，三面环水，内部又多小山。山与水均不宜建筑房屋，而便于植林行舟，均为天然之空气流通地带。本计划即利用山地及山谷之不能起造房屋者，一律规定为园林空地"[①]。

实际上，从沈鸿烈上任之初到1933年底，园林已在持续建设中，在

---

① 青岛市工务局：《青岛市实施都市计划方案初稿》，1935年，第37页。

1933年《行政纪要》中，已记载了一系列优化市区环境的举措，如整理市区各公园（包括第一公园、第二公园，第三、五、六、七、八公园和海滨公园）；又计划在观象山公园、第五公园、丹山、少山增建公共厕所；并改进中山公园，增辟了西式庭园，建设了花廊花架和水池，招设了商店；另外还增辟栈桥公园，筹设森林公园，扩充行道树苗圃；添设更新市区行道树等。

《都市计划方案初稿》具体规定：凡山地高度距海平面在六十米以上的森林，一律规定为园林保留地；市区范围内已有的公园绝不再改作建筑地，而将来市区扩充时，每半平方公里内必须有小规模公园一所。大公园除了已有的第一公园，将来在一、二、三、四炮台一带开辟炮台公园，培植森林以调剂空气。其他或风景甚佳，或有实际需要的西吴家村北山岗上、四方以北山地、沧口工业区等地，也辟为公园。除当时已有的汇泉体育场外，拟将来在全市再建三大运动场，即浮山体育场、四方北体育场、李村体育场。小运动场则灵活分布整个市区内，规定每公里有小规模运动场一所，择空气新鲜、车马稀少之处，以与公园混合设置为宜，以便于市民晨夕锻炼身体及儿童安全游戏。迁移跑马场，改原址作第一公园；改良高尔夫球运动，使适于中国一般平民，并在浮山所马场、四方北大公园、沧口大体育场与大公园之间设三处大高尔夫球场，小球场则灵活设置。

休闲场所规划。《都市计划方案初稿》规定，除利用深水航行之外，所有海岸一带滩地均归公有，为市民游乐之处。凡海岸路线靠海一面的余地，不论其大小，一律保留，作为开辟公园及建筑公共房屋、浴场等用。沙滩纯洁平坦的海岸，一律开放为浴场，共计有四川路浴场、太平路浴场、汇泉浴场、山海关路浴场等九处。保留海泊河景区并进一步美化。将大港后填筑部分的河道挖深作运河以航行民船，两旁则培育植被，绿化环境。李村河拟十年后将河岸两旁填筑成陆，作为发展工业之用；青岛山多雨少，无湖泊池沼。但《都市计划方案初稿》认为"该种静水水面，对于吾人性情上之陶冶，甚为有益。故无论如何必尽量设法利用地形。蓄积雨水，使成池沼"①。如湛山寺前一带住宅地等处，湛山、浮山一带，计划利用沟谷地势，多作蓄水池，用以滋长森林、为鸟雀提供更好的环境。

广场也是休闲的重要场所，《都市计划方案初稿》认为，对交通场

---

① 青岛市工务局：《青岛市实施都市计划方案初稿》，1935年，第40页。

(街道之集中点，称街道集中广场）需要充分考虑美观，"拟择重要路口，留出空地，布置花木，空地周围，建筑对称之毗连式房屋，多路交叉之整齐雄伟美观者为圆形广场"①。因为《都市计划方案初稿》认为青岛若施行适当之都市计划，则将来不至于会出现人口过密，交通如现代欧美大都市拥挤的情况，圆形广场也就不会出现交通指挥困难的情况。而且"青岛以中国之最美都市著称，为保持此荣誉起见，亦应偏重美观"②。所以青岛的交通场在交通与美观二者不可得兼的环境下，设法在美观的立场上，以改良交通状况。总之是不必拘泥形式，而因地制宜以尽于美善。停车场、火车站及公共大建筑物之前，均划有广场地面，为车辆停留及回旋留有余地。公共车辆停车场，也尽量选择适宜之地分别布置。

作为市民闲暇休养之所的休养场，《都市计划方案初稿》建议灵活利用各处的零散空地而为之。其面积不必过大，但数目要尽量多，其意义与小公园相同。

此外，该方案认为城市中还应该在某些建筑物之旁，辟空地以布置花草纪念碑、喷水池等，并认为此类名为饰景场的空地，在表现城市建筑物之美感方面有重要的美术价值。

四　卫生规划

沈鸿烈对于卫生问题相当重视。根据1933年《行政纪要》，政府两年内在整理上下水道事项上，曾做过改进救济水荒紧急设备，如增设跑马场升水机、装置李村五号井电动机和接设白沙河集合井送水管等工作。又实施自来水治本治标计划，治本计划包括筑坝、建筑清理池、升水机厂、安设水管、迁移村庄庐墓购置土地等。具体包括添设蒙古路升水机、白沙河西厂电动机；新建太平角升水机室及水塔；更换登州路配水管，洗刷大学路水管；增设阴岛至福山路以及观海路与观象山间的配水管等工作。《都市计划方案初稿》进一步提出，对于都市人口而言，卫生是衣、食、住、行四大问题之外的另一大问题。并特别在文中指出，据卫生家调查，城市人口的死亡率与虚弱症率大于乡村，原因即在于都市之居住过密，一切空气、日光、空地以及饮水、排泄等问题，反而不如居于空旷之地的乡

---

① 青岛市工务局：《青岛市实施都市计划方案初稿》，1935年，第41页。
② 同上。

区之乡民。所以《都市计划方案初稿》将公共卫生作为都市计划的重要部分。因为与卫生相关的公园空地问题和房屋建筑另有相关章节规划，所以《都市计划方案初稿》在全市卫生问题之解决一节，就自来水、污水、雨水及垃圾废物等处理做了详细的规划。

一是自来水扩充。《都市计划方案初稿》认为，当时青岛的郊外河流，可做自来水源的仅有白沙河上游的月子口及胶州境大沽河二处，但月子口水源与当时已有的另外三个水源地合计所出水量，尚不过足供给青岛六十万人口使用。更不足以应对青岛必然的人口增长。因而提出，将大沽河作为永久水源。一则因为大沽河水量充足，终年不枯。二是因为塔埠头港地处大沽河口，为未来青岛进一步繁荣所必然拓展之地，其所需水源亦需仰赖大沽河。月子口可继续做水源，但必须加以改造。先筑坝蓄水，再加以清滤消毒，以管道引入市内。鉴于铺管费用颇高，故计划先挖一井以实验新型取水方法，如试验成功，则可暂时解决青岛市用水问题。

二是污水、雨水排泄。当时青岛现有的下水道采用雨水、污水分流、合流两种系统。雨水较卫生，处置方法简单。而污水出口，考虑到巨量污水不免积污于陆地附近，为害居民，所以必须先经净化处理才能排入大海。1933年之前，政府已完成增设西岭污水清理池及污水道工程，并新增修了不少地下水道。在整理污水排泄工程方面也有改良，完成了第一、第二、第三污水排泄处工程及疏浚下水道的工作。《都市计划方案初稿》再次完善规划，原扩充区域内的下水系统仍拟采用。在此基础上，又按实地地形，将青岛市分为四大集水区域，使污水借坡度的倾斜流汇于此四个较低之处，并在每一集水区域，设一总污水清理厂和若干分清理厂（其多少视各区地形而定），再设一污水排泄处，经过适当处置后，流送入海。

如第一区为当时青岛已有的第一、第二、第三排泄处及西岭污水清理厂之范围。区内又分四区域，以集合附近之污水，每处设一清理分厂。第一、第二两处的污水，均送入第一排泄处。再由第一排泄处，送入总清理厂。西岭污水清理厂的污水则直接送入总清理厂。污水经总清理厂施行清理手续后，再用管道送往团岛而入海。第二区东至麦岛，北至亢家庄以南山岭；第三区为当时四方东镇及大港后填出部分，第四区东至李村，南与第三区衔接。各区之间相互衔接，完成对污水的合理排放。

三是城市废物处理。城市废物包括动、植、矿等物质业经毁弃不堪再用者，数量巨大。此类废物的处理方法随各市环境而有不同。根据青岛市两面环海，内部又多凹地的特殊环境，《都市计划方案初稿》对废物处理方法也有深入的考虑。

当时以煤为主要能源，由工厂汽炉及住宅火炉内所产生灰烬用以填筑洼地；由清除街道住房院地等所得的灰土杂物及一切废弃的破布、字纸、罐头、盒子等杂物垃圾，则先须混合焚烧，使完全变成不再腐化变形、不碍卫生的固体后再用以填筑洼地。

对于厨房内产生的废物，大都为有机体，易腐烂，有碍卫生，且含有多量水分，不易焚烧，则采用炼脂法榨取脂油后再制成商品，或以食料法将厨渣稍加分解处理后用以饲养家畜。或采取弃置法将厨渣完全投掷于深海。总之，都是分类处理，争取能做到合理利用。

更值得一提的是，在城市废物收集的问题上，沈鸿烈以比较先进的观念，提出垃圾分类整理和收集。要求居户做到灰烬垃圾与厨渣两类分别盛放，不得混合于一桶。住宅区或商业区房屋，凡单座式沿街有围墙的，可将废物桶设于沿街围墙的内部，并在墙上开一孔通往墙外，以便清洁工能在任何时间从户外收集，而不必进出私宅。凡毗连式沿街建筑的住宅或商店，则适宜将废物桶设于附近人行道地下，其盖与人行道路面相齐。以不致流入雨水为度。盖上置一活动小门，以便倾倒废物。工厂内废物的处理，则由厂家负责搬运至指定地点。收集废物的次数，灰烬垃圾无论冬夏应每日一次，其时间为早晨。厨渣的收集，夏日每日一次，冬日每二、三日一次，时间在夜间。运送车辆无论汽车、马车，应有覆盖。以保持清洁。载运厨渣车辆应不漏水，无吸收性，易于冲洗。[①]

五　建筑规划

根据1933年《行政纪要》，市政府在1931年底至1933年底，在公共建筑方面已经做过一些工作。其中，最具代表性的是青岛市体育场工程。此外，新建官产工程，包括添建工程局办公室、海泊河水源地办公室、海泊河水源地工人宿舍，改建工务局第二区仓库、李村水源地锻工室及李村白沙河雨水源地工人子弟学校校舍，建筑感化所壮丁宿舍、丹山亭及少山亭、靛缸湾风景亭，建设太平角公园等，涉及学校、公园、劳工宿舍等多

---

① 详见青岛市工务局《青岛市实施都市计划方案初稿》，1935年，第53—58页。

方面。更有增建平民住宅以改善平民居住环境的平民住所公共设备工程、建筑四川路平民住所工程及刘子善捐款建筑平民住所工程等。对原有市内建筑也有整理，包括整理人行道、太平角牛舍、市内马房，补发市民建筑房屋使用执照及添设、拆换和修理路灯等工作。

凡为公共使用的建筑物，不论公有或私有，《都市计划方案初稿》均统称为公共建筑物，并分为九类，不同种类的规划也有差别。

其中，第一类为官署及地方公共团体办公室等；第二类为图书馆、博物院、美术院等；第三类为市礼堂、纪念堂、演讲厅等；第四类为戏院、音乐院等。这四类建筑一般比较宏大，且与全市民众密切相关，所以位置选择要谨慎，最好建筑于市中心区域。但作为卫星城市的青岛，附属区域离市中心较远之地，民众亦有需求，可根据需要稍减规模。

第五类为学校、研究会、学会等。沈鸿烈十分重视教育，主政期间对于青岛的学校教育和社会教育都进行了大力的推广，《都市计划方案初稿》体现了对于教育的一贯重视。对于学校设施建设等教育所必备的重要硬件有非常详细的规划。尤其值得注意的是，《都市计划方案初稿》不仅着眼于当时青岛实际教育情况，也考虑到了未来青岛全盛时期的教育需求。

《都市计划方案初稿》把学校分为大、中、小三等，并提出，小学校数按普通情形约每五千人需小学二所，以将来青岛人口 100 万计，则需有 400 所。学校位置也视居住人数之稀密而定，大半以分布于住宅区为宜。选址也应以安静无嚣声，车辆稀少，空气新鲜，且邻近园林空地者为佳。中等学校视社会经济情形而定，以全市四百所小学计，则共需中学约 40 所，亦以平均分配居住之地为宜。大学及专门学校的建设非一时之功，在青岛已有国立山东大学的情况下，《都市计划方案初稿》计划由市里出资，在燕儿岛附近筹办渔业专门学校一所，在李村办农业专门学校一所。至于私人或团体有意来青岛创设大学或专门学校的，则以浮山一带为规划地段。

对于种类多样的研究所，因限于经费，《都市计划方案初稿》建议设一市政府下属的总研究院，然后选各机关对经济（包括工商）、社会、农林、渔盐、卫生、工程等项有研究兴趣者加入，并敦请专才、名人担任指导。

第六类为医院等建筑。青岛当时的医院以私立医院为多，此类医院多为营利，设备不全且价格昂贵，非一般平民所能承受。为救济平民起见，《都市计划方案初稿》拟设立市总医院于市中心区，同时附设看护学校，其余各区设分院，至疗养、传染病、癫病等专门医院，则各择适宜地点设立。

第七类为大旅馆、集合住宅、单身宿舍、大食堂等。当时青岛的旅馆，除了一、二新式饭店外，均不甚规范。从旅游城市发展的角度，《都市计划方案初稿》提出，取缔小旅馆不良设备，大旅馆由政府经营，或由公共团体投资建设而由官方监督营业。务求价格低廉、设备完备。选址应在港埠区、商业区较为幽静而交通方便处，数量则随市面繁荣程度而有增减。此外，为改善一般中下级平民居住条件，《都市计划方案初稿》还规划了所谓集合住宅、单身宿舍、大食堂等，均利用大规模经营来减轻成本，目标则是供给一般中下级平民住食，以改善其生活。

第八类是仓库、粮仓等。《都市计划方案初稿》针对关系全市民众温饱的粮食问题拟订了仓库建设计划。因为这对于解决市内数十万人口的粮食配给问题至关重要。为避免小商店辗转贩卖影响平民生活，政府提出由官厅主办，通过大规模经营平衡降低粮价。"拟计划大仓库数座于港埠区之最善地点，以求运输之便利。其容量足以容纳全市半年或一年所需之粮食量。再于各区域分设小仓库若干所，用最低廉之运输方法运送大仓库之粮食于各小仓库，然后分售与直接消费者。如此则小商之中饱，零星运输至亏耗，均可省去。粮价乃低落而平衡。"①

第九类是集合工场、大市场、劳工息游所等。《都市计划方案初稿》指出，内应有浴室、食堂、俱乐部，设在工业区内。又考虑到如裁缝、皮匠、木作、鞋作、成衣等城市小工艺者的生活，而又不使扰混市区安宁，《都市计划方案初稿》提出设立集合工场。因为小工艺大都资本微弱，器械简单。若根据分区章程一律迁入工业区而远离住宅商业区，对于商家和顾客都不方便，所以特创办集合工场，在适当处所（不限于工业区）建筑广大房屋，并附以总原动力机械及给水装置、排水设备等，为小工艺者提供统一的原动力，从而减少他们的成本。总之，所有公共建筑物"概以增进大多数平民之福利为主旨"。凡与此主旨相符合者，均在计划之列。

---

① 青岛市工务局：《青岛市实施都市计划方案初稿》，1935年，第61—62页。

《都市计划方案初稿》对于私有建筑物用度也有相关规划。并有分区制条例详细规定，而关于建筑工程的规则，则在现有已颁布施行的建筑规则基础上视实际情况再加以修正。此外，《都市计划方案初稿》对于房屋式样之美也做出了规划。沈鸿烈屡次提及青岛为国内最美城市的定位，所以，对于公私建筑的式样，《都市计划方案初稿》提出应组织一房屋审美委员会，聘请美术家、建筑家为委员，每年开会一次，审查本期内新建房屋之图样，并对优良者予以奖励。如此，则可以促进建筑事业的进步，并使得市容市貌得以改良。

此外，《都市计划方案初稿》还就都市内颇感困难的公墓问题做了规划。葬埋土地占所有土地之很大的比例，实非经济之道。所以《都市计划方案初稿》提出，为永久计仍以提倡火葬为宜。只是当时的青岛还以土葬为主，风气尚难马上变易之时，暂时仍沿旧习准许土葬，但土葬应采用深埋方式，地面仍可耕作。而本着公墓要不碍市街发展，不碍水源清洁，土质深厚等条件，以孤山村西沿海丘陵地一段作为四五年之内公墓规划用地，永久墓地则需继续选觅。

六　市政规划和建设特点

沈鸿烈任职期间，自觉借鉴发达国家的城市规划和建设经验，立足长远，关注民生。因此，在他主持下完成的青岛市政规划及实际建设工作，在当时走在全国各城市前列。从总体上来看，具有如下的一些特点。

一是严谨求实。从十大"施政要纲"，到1933年《行政纪要》，再到1935年《都市计划方案初稿》，沈鸿烈的市政建设目标明确，实施步骤清晰。1935年《都市计划方案初稿》虽然规划至青岛全盛时期，却不是天马行空、无依据的空想。其中每一方面的设想，在《行政纪要》中都已有了雏形，并开始付诸实践。同时，即使是《都市计划方案初稿》本身，也努力做到有理有据，不但广泛参考研究专家和国际大都市实例，也建立在大量实际调查的基础上。如《都市计划方案初稿》在实施土地整理工作中，在正式进行整理之前，先进行等测量精准的户地图、土地权、路面上下公用物（如上下水道电线等）和土地发展趋势等。此基础上，进一步提出五大整理方针："整理之街道务与整个都市计划相适应；拆除房屋及改变街路务求减少至最低数；整理地号之面积以适宜于某种用度之建筑为标准，其过分大小者不妨合并或分割；因增辟街道割去一部分土地，其损失应平均分配于同路之各户；土地之价值须以土地之状况地势及其方位为标准。"①然后根据以上调查材料及整理方针，再制定详细的规划及实施办法。可以说，从整理步骤到整理的具体准则，都十分明确。这为实际的整理工作奠定了良好的基础，也充分显示出沈鸿烈对于建设发展青岛所秉持的严谨务实的作风。

二是思想先进。虽然市政建设和规划是群策群力的结果，但是沈鸿烈作为主要领导者，他的执政理念和发展思路无疑在其中起到了决定性的作用。沈鸿烈从戎之前十年寒窗苦读，秉承儒家兼济天下的治世理想。其后留学日本学习先进科学文化，具备了国际视野和长远发展的眼光。故能兼容并包，多真知灼见。宏观上，他对青岛的定位，是集工商、居住与旅游为一体的国际化大都市，将来人口繁盛，城市发达；同时，他要学习的是巴黎、柏林、东京这样的都市典范；细节上，也非常重视青岛城市的现代文明建设，许多思考在现在看来仍然是难能可贵的。如重视都市建筑美学，要求组织房屋审美委员会来美化公私建筑；提出垃圾分类方法，建筑、生活、厨余垃圾等分类、分时处理及对园林、空地与市民精神休养之关系的高度重视等，这些与他留学的经历不无关系，在多数市民还在为温饱奔波发愁的当时，其前瞻性非常突出。即使在今天，有些思考仍具有很大的参考价值。

三是关注民生。把民众的处境和利益始终放在重要位置，也是沈鸿烈市政规划和建设最突出的特点之一。在着眼未来，发展经济的总体思路下，市政规划和建设都是以民生作为出发点和目的。如园林空地建设、广场建设，是从人民生活的优化出发；公共建筑方面提出的修筑粮仓是为了降低和平衡粮价，使民众不忧衣食；建筑集合工场是为了保护发展小工厂、小手艺人的利益；建设大市场则是为便利民众生活，也便于零散小商业的发展；在工业区内建筑浴室、食堂、俱乐部等，主要着眼于供劳工休息娱乐，也充分考虑到了对于劳工工作、生活的改善；兴建大型公立医院以方便平民看病就医，修建大旅馆、集合住宅、单身宿舍、大食堂等，则一为便于青岛作为旅游城市的发展，一为改善一般中下级平民之条件，目的在于供给一般中下级平民住食，以改善其低劣的生活现状。总之，为民众着想，急民众之所急，是沈鸿烈的市政规划与建设非常突出的一大

---

① 青岛市工务局：《青岛市实施都市计划方案初稿》，1935年，第65—66页。

特点。

考虑到当时青岛内忧外患的形势及市长更换频繁,官员腐败怠政成风等实际情况,沈鸿烈能够在如此艰难的局面下,为民做主,兴利除弊,不仅从宏观的分区和发展,而且对很多具体细节问题,都做了尽可能科学可行的规划,充分体现了对青岛未来发展的信心,而且更重要的是,能够领导和发动市政府官员以及广大民众,脚踏实地,一步一步地把这些规划变成现实。这或许也正是青岛人至今对沈鸿烈充满敬意的主要原因吧。

第三节　勤于民政,优化民生

沈鸿烈不但关心时政规划建设,更关心民政民生。在他的观念中,市政建设与规划,都应当是以广大市民生活水平的提高和生活质量的改善为目的的。因此,在任职期间,他在民生建设方面用力尤勤,其中最为突出的有如下几个方面。

一　提高效率,方便民众

1933年冬,经过一系列准备后,沈鸿烈正式组织成立了市区办事处,办事处所有应行办理的事项,由工务局拟定应办事项表后,分发给各办事处。办事处成立期间,在改进市区平民的劳动生计,普及民众教育,改良风俗习惯,清洁道路及改善市区卫生等方面做了许多有效的工作。

从《行政纪要》中《市区联合办事处工务工程表》所记,工务局将各区所单独办理事项分第一区、第二区、第三区工程急要之项,如各区分别有道路、车轨及车缘石、下水道、自来水、公厕及公园等办理事项。又有第一、第二、第三区共同应办事项,包括整理下水道、维护道路、取缔建筑,取缔厕所、整理自来水等事项。从具体内容看,市区联合办事处各自分别处理的急要之项,主要是各区分别修筑或整修自己辖区内道路,对各区内需要修整的道路进行维护,如第一区太平角由中山路口至莱阳路口北侧安设车轨石,各荒路路基择要加铺缘石等;或对各区自来水分别整治,如一区除了安设掖县路、荣成路东特别建筑第二期及栖霞等路自来水配水管外,较其他区还需有添设水表、实验室及器具一项。所办理共同事项如整理下水道,具体为整理个户口专用水管污水,改正接错污水管,取缔乱用雨水斗作污水斗现象，禁止居民向马路旁雨水斗倾倒污水等。各住户檐落水管及院内雨水，务须接入雨水干管。取缔厕所，具体为取缔露天厕所，取缔未设下水管的厕所，取缔堵塞厕所下水管以取粪便者。①

可以说，市区联合办事处的成立，使市区内各区的工务事项得到了合理及时的处理。具体到各区的事务，可以由各区及时处理，须共同处理的事务则由联合办事处领导联合协作，大大提高了市区相关事务的办事效率，也方便了民众。沈鸿烈治军颇有办法，活用到市政管理上，同样也可以看出他的管理能力。

二 多方谋划，改善民生

青岛当时虽是国内较先进都市，但因长期受列强压迫剥削、战乱及灾荒等因素，导致人民生活困苦。沈鸿烈任职期间所关注的重点之一，便是改善平民生活。除了发展教育，鼓励民众自强自立之外，他也深知，民众长期以来积贫积弱的现实，并不是单单靠个人的努力就能短期内得到改善的，因此，沈鸿烈十分重视以各项公益事业来改善人民生活，尤其在以下几方面，成绩最为显著。

设置平民住所。青岛当时人民生活困苦，有不少平民窟。其中以脏土沟、上下马虎窝、挪庄等处最为集中。这些平民窟建筑简陋，蓬舍低隘，卫生条件也极差。所以沈鸿烈先后在城武路建筑第一平民住所，共计有房屋172间；在四川路建筑第二平民住所，共计有房屋268间。合计收容平民360户。②但是，杯水车薪，未经收容者仍居于多数。所以，1932年5月，沈鸿烈命社会、公安、财政三局进行切实调查，重点对脏土沟、上下马虎窝、挪庄等处的平民住所分几种情况进行了大改造。对平民有力自建住宅者，无偿给予公地，责令自行启建。而原本居住于脏土沟、上下马虎窝、挪庄等处，无力自建的357户极贫户，因此地用于自建住所，由社会局复查核实，并与公安局协作转分各处迁移。迁移后原有房产由公安分住所监视拆除。各极贫困户则暂时以团岛路、贵州路北面空地备迁移地点暂住。虽属暂住，仍由工务局派人用石灰石分化道线，以便于管理，减少纠纷。另外，极贫户迁移时，每户还给予迁移费五元。对于脏土沟、上下马

---

① 青岛市政府：《青岛市政府行政纪要》第五编《工务》，1933年，第2页。
② 青岛市政府：《青岛市政府行政纪要》第三编《社会》，1933年，第30页。

虎窝和挪庄等地不能容纳的自建各户,则由各代表负责与住户商定解决,以抽签决定,在阆中路自建住所。

对于无力建筑住宅者的长久居住之所,由政府通盘计划,另行筹建大量平民住舍,以资收容。依《行政纪要》所载,当时政府在四川路及阆中路等处建筑平民宿舍。市政府拨款,在500间范围内由工务局拟具标单等,照章呈市政府核准,交购办委员会遵办。住舍完成后,所有极贫户即准迁移。各平民住所所需的公共设备则由工务局随时拟定方案呈准办理,经过市政府核准后,即由社会、公安、工务、财政四局,各就主管内切实进行。截至1933年12月,各处平民建筑所,及安贫院等处一律竣工,计脏土沟359宅,挪庄779宅,上下马虎窝369宅,安贫院20宅。所有各平民建筑费及公家办理之公共设备费,合计为223240万元。至由公家建筑之平民住所,也建成200余间。并进一步规划租住办法。①

除了脏土沟、上下马虎窝、挪庄,另还有台西四路的公共设备工程,这些增建平民工程也并不是草草为之,其各处厕所、围墙、大门、盥洗池、灰池、台阶石铺设等俱是设施到位。②除了政府拨款,沈鸿烈还尝试以多种渠道为民众争取改善,如刘子山捐款建筑平民住所工程,即由刘子山捐助50000元,经政府敕令工务局、财政局和社会局三局会同办理,并由商会招标承造完成后,由政府保管,以廉价租给平民居住。③

当然,这项措施并不是短期一次性工程,毕竟沈鸿烈也知道,需救助的平民绝不止脏土沟、上下马虎窝、挪庄几处。所以在1935年《都市计划方案初稿》中,改善一般中下层平民之条件,仍然是作为政府重要规划事项之一。此外,还规划有集合住宅、单身宿舍、大食堂等,利用大规模经营来减轻成本,目标仍然是供给一般中下层平民住宿,以改善其生活水平。

整理全市杂院。当时青岛有许多德日时代建造的杂居院落,时间既久,房屋多朽坏失修,又因为后期缺乏科学规划管理,愈加杂乱。依政府《行政纪要》统计,当时杂院计有490余处,这些杂院搭建不合理,密度大,卫生条件也堪忧,安全设备更不讲究,一旦遇到火灾或其他事故,很难救济,且多次出现过危害人命的事件。如1933年初,肥城路福康里发

---

① 详见青岛市政府《青岛市政府行政纪要》第三编《社会》,1933年,第30—33页。
② 青岛市政府:《青岛市政府行政纪要》第五编《工务》,1933年,第57页。
③ 同上书,第58页。

生火灾,火势蔓延难救,造成了重大伤亡。鉴于此,政府敕令社会局和公安局,对当时全市各杂院分成五个区进行调查并限令整改。又针对众业主无经济能力修正改造的情况,及时调整政策,会同社会局、财政局组设了改善杂院委员会,进一步拟定改造方案。方案细致到对房屋层数、楼梯、走廊、道路及烟筒、灰池等项,都一一商量确定改善措施,并总结出治标办法和治本办法两大方向。治本办法即翻新建造房屋,除了建筑规则制定者外,更增订两项办法:一是新建房屋分中等住户和下等住户,按其需要情形,规定格式,绘制标准图样,使建房者有所依据,以便于整齐划一;二是妓院、劳工住所及市场都按整理计划,分别另设专区或专段,不与普通住户混杂。妓院分等再划定范围开设(并非支持,而是因现实情况酌情逐步取缔)。劳工住所则由公家在市外指定地点建设,区分单身及眷属两种规划,为便利劳工工作,在劳工住所区和市内筹设电车或添加公共汽车,灵活设立市场。治标办法则由公安局、社会局和工务局先进行逐院勘查,然后分清形势之缓急,分别逐步整理。①

杂院的整理充分显示了沈鸿烈在改善平民居住环境方面的良苦用心。而前后政策的逐步调整和治标治本两套政策的提出,则显示出他大刀阔斧进行改革的同时,也能够从民众自身切实情况考虑,不一味追求政绩和改革效率,人性化色彩比较明显,这是十分难得的。

其他公益活动。通过扩充救济院和感化所,抚恤鳏寡孤独废疾,为妓女开办补习学校等措施,帮助社会上的特殊困难人群等,也是沈鸿烈十分重视的。

救济院。青岛市救济院成立于1931年5月,沈鸿烈主政后,更加积极地施行各类救济,包括经营育婴所、济良所、习艺所,开展施衣、施药等工作,均不遗余力。而与沈鸿烈在工作、私交方面都保持良好关系,擅长经营之道的宋雨亭,对沈鸿烈的工作则给予积极配合,他以青岛商会会长的身份,兼任救济院院长,并于1933年6月筹资一万余元,成立了专门针对困难人群的贷款所。此种贷款针对市内生活困难,欲贷小额资金以进行经营却无处可筹款的贫民阶级。他们只需由商铺担保,填写借贷书呈请院长批准,即可借贷。依《行政纪要》所记,自接待所当年6月份成立到当年12月底,短短六个月时间,求贷者就达到497户,贷出资本计

---

① 详见青岛市政府《青岛市政府行政纪要》第三编《社会》,1933年,第32—33页。

4656元。①

感化所。青岛市原本在公安局设有游民习艺所，在社会局则设有游民感化所。沈鸿烈主政后，因游民习艺所与感化所性质相同，出于节省经费考虑，便将公安局游民习艺所归并到了社会局的游民感化所。同时又扩大了感化所业务，使学习项目达到包括毛巾、织袜、鞋工、木工、铁工、印工等共十科，并购买机器，扩充设备，分科授艺。沈鸿烈还在感化所扩充后，进行了许多工作。仅以1933年《行政纪要》所记，就有设立工读讲习班、救济游民疾病、成立残老驻所、筹设疯人住室，还筹划添设织布工科等。设立工读讲习班是将收容的游民分编为40岁以下的青年级和20岁以下的幼年级，按照半工半读的形式进行救济。教导员教授他们千字文、普通话常识及简单算术三种作为初学课程。此外，还有救济游民等措施。救济游民疾病达400余名。感化所与市立医院合作，轻者由市立医院给出治疗办法，重者则送市立医院治疗，由感化所派救济院陪同及照料。

感化所内收容大量游民，人员居住自然成为问题，故1933年10月，由社会局核准后，将游民中的残老及妇女等人另迁别处，派专人照顾他们的衣食住行。还计划于残老组院内，另建筑平房20单间用于照料精神病人。对于残老及妇女，也不是简单收容了事，而是为他们组织一定的有益活动，如在迁移残老，成立残老组后，便利用宽余院所为他们筹划浅易工作，从火柴厂和鞋厂为他们揽到糊火柴盒和各种纸盒，令所收容老人除失明者外均参加，既得到相应运动，所得报酬也用于改善他们自身生活。而妇女组则凡15岁到30岁全部学习缝纫技艺，30岁到50岁进行缝补浆洗游民的衣服被褥，以免懒惰之弊。对于收容的年富力强者，除了分批学习工科技术外，又编为习勤组，使之学习土工，并分批次挑选前往工务局工作。此外，因为感化所内原本的工业成品有了良好的市场反应，加之1933年夏收容所扩充并收容了更多的游民，为培养更多艺徒，感化所又添设织布工科，从民生工厂借来人力织布机，并针对这一变化又进行了进一步的规划和调整。

此外，本着鳏寡孤独皆有所养的优良传统，沈鸿烈特令社会局转敕各乡区办事处进行详细调查、造册并交社会局核准后，于每年的年终由社会局向每一名鳏寡孤独者发一个月的食粮。而对于无所归附的孤儿，则收容

---

① 详见青岛市政府《青岛市政府行政纪要》第三编《社会》，1933年，第33—34页。

到东郊市内救济院的习艺所。

开办女子补习学校。当时青岛仍有妓女行业,主要集中在平康里一带,市政府为了使他们能另行改业,另谋生计,对他们进行职业知识培训,由社会局会同救济局,于朝阳路设立女子补习学校一所,凡在平康里一、二、三里以及升平里一里的妓女都需入校学习。后因此项措施取得了良好效果,又在云南路和黄岛路各增设女子补习学校一所,使平康四、五里的妓女获得同样的学习机会。对于大小港一带夏季社会生活区,各类人力大车当时将近千辆,因为没有固定停车场,车辆随意停放,极为混乱,扰乱交通。露天小商贩也随意设于道路,卫生条件差,管理混乱,因此,政府做出在普集路北面、铁路线东的一片空地及小港莘县路山西路口空地,建造停车场及民众简易食堂的计划。

除了政府力量,沈鸿烈还制定褒奖善行规则,鼓励善行人士参与到社会公益活动中。将各市各区之善行公布于民,分别调查奖赏匾额,进行褒奖。一年内举行数次褒奖活动。

总之,对于公益事业,沈鸿烈以各种形式,从各方面,对这些弱势群体给予帮助。社会的进步,不单单是经济繁荣或者少数群体的获益,而是充满人文关怀,携手共进的。老吾老以及人之老,幼吾幼以及人之幼。老有所终,少有所养,鳏寡孤独都得到照顾,这是我们民族的优秀传统,沈鸿烈在主政青岛时期,则将之落实于市政建设的各项具体措施中,其做法值得我们深思。

三 多种举措,优待劳工

沈鸿烈十分重视劳工生活质量的改善,采取一系列措施抚恤优待劳工。这些改善措施既有政策性的帮助,也有实实在在的优抚行动,既对他们进行经济上的帮助,也从教育等多方面提高他们的谋生能力。

首先,通过举办职工补习学校、举行劳工演讲等措施提高劳工素质。据《行政纪要》,青岛设立职工教育委员会后,督促各工厂设立学校来提高劳工素质,1932年新建七八所,1933年更新建冀鲁、和顺、双蚨、兴业、恒兴等职工补习学校共15所。而对于未办学校的工厂,政府一直加以督促,对普及教育,提高职工素质不遗余力。另外,社会局为了补助职工学校教育之不足,从1932年4月开始,每月向劳工住区举行讲演。讲演内容以教授卫生、教育、常识为主。1933年全年,公共演讲地点达65

处，听讲人数达到 14234 人。①

其次，制定职工合作社通则。改善劳工生活，不仅注意提高劳工经济收入，还通过职工合作社的形式，来帮助劳工管理优化资产。由社会局拟定，于 1933 年 2 月 1 日正式公布的《青岛市职工合作社通则》指出，劳工合作社旨在使市区内职业工人以互助普利、改良生活为目的，集合资金，用最经济的方式组织的社团，通过职工合作社为职工谋利。职工合作社除经济上的活动外，并以增进社员精神上的福利设施为任务。

职工合作社组成基本条件是九人以上无受刑事处分、吸食鸦片、剥夺公权及破产或宣告禁治资产者，收足入社费和第一次股款后方能成立。须呈经社会局登记许可取得法人资格后，才能取得权利与保障。社股有合作社管理存于当地殷实银行，盈余分配以公积金、公益金、股息、社员余利、职工奖金等形式回馈于社员，社员依参股比例享受相应利益。当然，《通则》有适当的规定。如职工合作社的股息不得超过年息五厘（按：利率单位，年利 1 厘即按 1% 计），公积金不得少于每年纯益 20%，但积至社股总额二倍以上时，得由社员大会另行规定。公益金不得少于每年纯益 5%，职工合作社之志愿社章规定，从每年纯益中提成拨作奖金，但至多不得超过 15%。当然，还有其他许多细则对于入社退社等有细致规定。其他许多同一目的或职责的职工合作社，还可以组织成合作联合社。②

再次，施行工人待遇规则。《行政纪要》指出：青岛市民营工厂中，虽有工厂法，但工人待遇并没有明确的规章制度保障，工人待遇极差。不适用于工厂法的工厂，工人更无保障可言。甚至有未满十三四岁的男女儿童做童工，工作时间也有十一二个小时到十四五个小时之多，大大违背工人卫生及童工禁例。所以社会局特为此拟定了《青岛市民营工厂工人待遇暂行规则》共 27 条，于 1933 年 1 月公布。规定凡青岛市区域内不适用于工厂法的民营工厂或工场，其雇主待遇职工必须遵守此规则。雇主雇用职工，必须订立工作契约，并写明工作性质、工作时间、雇用期限、工资定额，呈报社会局备案。《规则》规定：凡未满 14 岁的男女儿童不得做童工或学徒，未满 16 岁的童工只能从事轻便工作。对于无定期工作，雇主辞退职工前，须依照职工工作年限的不同提前相应同时间予以告知，并

---

① 详见青岛市政府《青岛市政府行政纪要》第三编《社会》，1933 年，第 27 页。
② 青岛市政府：《青岛市政府行政纪要》第三编《社会》，1933 年，第 23 页。

给予相应工资。又如职工每日工作时间不得超过十小时,除非因特殊情况,亦不得超过 12 小时。职工每月至少休息两天,公共假日均应休息。女职工分娩应享受四周到六周带薪假期等。① 当然,还有一些其他如职工伤病补助、适当奖金奖励等规定。总之,这二十几条规则可以说很大程度地改善了民营企业劳工们的待遇。

最后,筹设劳动休息亭、劳动浴池,举行劳工卫生运动。考虑到当时有许多人力车,运输工人及一般非工业劳工者,他们终日露天工作而苦无一定的休息场所,政府认为这是办理劳动行政方面的失职。所以,政府于小港沿、大港码头等共 11 个劳工工人聚集之处,筹建了 11 所劳动休息亭。亭中还设有茶水及自来水管等物品,以供劳工们汲引盥洗。这 11 所休息亭,不但为奔波劳累的劳工提供了实际休息喘息之所,更是让他们感受到市政府对于他们的关怀。时至今日,一些青岛老人们谈起沈鸿烈,还十分感念当时修建的这些休息亭。可见,不管什么时候,能想到底层人民,知民疾,解民困的,都会得到民众爱戴。

在 1933 年《行政纪要》中,社会局还拟在普集路、云明路、沧口区武林路等六处另行筹建六处休息亭。只是因资料缺失,不知其后是否依计划进行实施。

一般非工业劳动者,因经济及习惯关系,经年累月不洗澡,很不利于卫生。所以 1933 年《行政纪要》拟由政府筹建劳工公共浴池。经过社会局勘定,在青海路、台东大名路、台西纬二路等处,筹建了三所浴池,劳工沐浴问题得到缓解。这一问题在《都市计划方案初稿》中仍被作为改善劳工生活的事项提出。

1932 夏季曾有时疫盛行,为了提高劳工身体素质,社会局举行了劳工运动。1933 年,劳工生活改进委员会继续举办此运动。包括卫生演讲、取缔小贩售卖不洁果物,会同公安局卫生股检查工人宿舍卫生,还计划对工人进行防疫注射,但当年并未发生疫情,所以未督促施行。

沈鸿烈任职期间,抚恤优待劳工的政策和措施远不止这些,不论市政规划、教育措施等,都将改善劳工境遇作为重点考虑。本文其他部分也有相关的叙述。

纵观沈鸿烈主政的六年,可以说,他对民生是十分重视的。这种重

---

① 青岛市政府:《青岛市政府行政纪要》第三编《社会》,1933 年,第 24—27 页。

视,既体现在通过对民政管理的科学化改革来提高民政执行力,也体现在关注社会中下层民众,通过各种手段,切实地为中下层民众谋福利。上文所提到的针对城市一般平民的住宅进行管理,对社会游民进行公益救济、职业培训,为卖苦力谋生的劳工修建食堂、浴池,甚至为妓女进行职业培训帮助她们从良,对鳏寡孤独进行救济,这些对于弱势群体的关怀,是他实心为民的最直接证明。至今提起沈鸿烈,老青岛人还都记得他改建住房、建休息亭这些措施,这是老百姓所真切感受到的好处。难能可贵的是,沈鸿烈对于改善民生的愿望虽然迫切,却也能有计划、有步骤的稳步进行,例如对于居民杂院的改造,开始时遇到了阻碍,便立即进行进一步的实际调查,适时调整政策。在其他各项政策进行之前,也往往先由专门单位进行调查,避免了一味按照主观意愿行事的武断。需要说明的是,这里提到的民生措施,只是其中具有代表性的几个方面,至于通过教育手段提高不同群体文化素质和知识水平,建立公立医院以降低平民看病成本,改良交通工具,修建图书馆等措施,因在其他章节有所涉及,此处不再单独论述。

第四节　注重乡区建设,加强地方自治

沈鸿烈认为,青岛是中国重要商业港口,且为国际都市,非努力发展物质建设,不足以应国内国外的需要。但"青岛以向日之渔村,多年被外人管理,自无本国文化可言,故文化建设,亦非常重要"。而就区域发展状况而言,"青岛虽名为都市,实则乡区面积十倍于市区,故乡区之物质建设、文化建设,与市区同属紧要"。"此两者,均为下层重要工作,未可忽视。"① 所以,沈鸿烈主政期间,从物质建设、经济和文化建设等多方面入手,对于青岛乡区的建设用力甚多,其中最有代表性的,主要有以下几个方面。

一　加强管理,推动自治

沈鸿烈注重乡区建设,推行地方自治的政策。除了在市区设立市区联

---

① 沈鸿烈:《青岛政治上的动态与静态》,《青岛画报》1935年第20期。

合办事处，还以官治辅佐民治的方法，在李村、九水、崂东、夏庄、沧口、阴岛、薛家岛、水灵山岛（即灵山岛）等地建立了乡区自治建设办事处。办事处的设立，旨在改进乡区平民劳动生计、风俗习惯、卫生清洁及普及民众教育。从办事处的行政结构看，由市政府派定主任1人，由工务、社会、教育、公安、农林各局派职员1人，这些人员常驻各处处理日常事务。各局所就主管范围编订乡区建设方案后，发交各办事处执行。各办事处则一方面调查农村实况，向上报告并提出合理建议；一方面分别执行各局所交办事务。以教育建设为例，便是教育局根据各乡区办事处对该乡区具体教育情况的调查和汇报，拟具乡村教育计划，之后再交由各乡区办事处依上级计划执行。从而实现对各大村的完全小学和各小村分校的有效建立和监管，如此，可以有效地促进乡村教育的落实。

再以乡区建设工务来看，同样可以经由工务局拟具工务纲要后，呈由市政府批准备案，之后再颁行各乡区遵照执行。方案若有不合时宜之处，或有未能充分执行者，也能够及时反馈，灵活应对，适时修改。而需要其他部门合作的地方，也因于各自职能明确，组织结构精简而易于联动。如从1933年《修正乡区建设办事处工务应办事项表》可以看出，对各乡区所应建设问题有明确的整理，如大的方面首先有整理道路、改善建筑、注重卫生、举办公益、建设新村等。各条之下，又分别有明确的应办事项，如建设新村方面，具体列了如下两条。第一条，选择原有交通便利、出产丰富、人口繁多之村庄，改良建筑，增开街市。如学校、民众教育馆、图书馆、公共会堂、公园、体育场、游艺场等，均须增设。第二条，选定新地址，创立模范村，建设内容同上。而体现各方协作方面，如改善公益方面共有七条，其中在街道两头及中间设路灯一条，需会同公安局办理；村内适中之地设通俗图书馆，如村内有学校，即附设于学校内一条，需会同教育局办理；在村内空旷之地设运动场一处，则需会同社会局办理；于村之中心设消费合作社一处，需会同社会局办理；设聚会堂，为村民议事及娱乐场所，则需会同教育局办理；与村外附近之处，设公园及村有林，则需会同农林事务所办理；设置公墓，需会同社会局办理。①

总之，乡区联合办事处大大提高了政府办事效率，也强化了乡区的自治能力。十分有效地缓解了青岛乡区环境多样，面积广大，建设落后而难

---

① 青岛市政府：《青岛市政府行政纪要》第五编《工务》，1933年，第1—7页。

于全面管理的实际问题。

二 振兴乡区，发展经济

乡区建设仍是需要以经济建设为基础的，物质文化建设也需要经济建设支持，所以沈鸿烈通过多种手段来发展农村经济。

指导组建农村合作社。1933年《行政纪要》指出："我国生产落后，农村经济事业日益颓废，而都市商业经济，又操之外人手中，以致一切生产品之运销、存储、加工等，备受剥削，农村基础益形动摇，是宜积极指导农民，从事各种合作事业，启发其自助、互助之精神，以期安定经济基础。"① 为了改善此种状况，沈鸿烈从1932年开始实施指导农村合作的计划，并将此计划分为三步实施。

第一步是组建农村合作社指导委员会。此项工作由社会局负责，制定《青岛市合作事业指导委员会组织规则》，对委员会应尽之职责、合作社行政方针、合作社详细规章，指导乡民进行合作事业等职责做出了具体规定。又确定了委员会组成办法、合作社之目的及进一步的发展规划。然后由社会局遴选深明合作人员，与各乡区办事处主任组织行动，先从宣传入手，使农民切实了解合作事业的利益，然后再进行指导和组织。

第二步是训练农村合作人才。依《行政纪要》所说，合作社作为一种协作自助团体，其经营方法须有充分的学识和相当的经验，且应自行经营而不能假手于他人。但当时的农村却是文盲占到十之八九，根本不具备自行筹设合作事务的能力。所以，要组织合作社，必须先训练相关人才，再由这些人去切实指导农民并代农民组织合作社。鉴于此种目的，从1932年起，沈鸿烈便成立合作人员培训班，人员由各乡区选拔保送的高小毕业生组成。这些人员被分期授以合作原理及业务经营的相关知识，并经过短期实习后，分拨各乡区合作社服务。

第三步是组织农村合作联合会。即在各乡区合作社能够顺利发展情况下，再由各区合作社进一步组成农村合作联合会，进而组成全市联合会，从而指臂联络，达到稳定发展农村经济的目的。

提倡农村家庭工业。因青岛市内耕地有限而民众众多，乡民靠人均耕地不足以维持生计。沈鸿烈为振兴农村经济，增进农民的谋生技能，设法

---

① 青岛市政府：《青岛市政府行政纪要》第三编《社会》，1933年，第2页。

提倡农村家庭工业。具体方法是，由社会局拟订计划，分令各乡区办事处保送各村子弟之曾受小学教育者200人，到市立民生工厂分科学习技术。此计划从1932年12月开始实行，初步分织袜科、毛巾科、地毯科、漂染科、织布科、花边科、地板刷科等七科，后来地毯、花边、地板刷三科先后废止，学员归并到其余四科继续学习。他们除了每天八小时的工作外，还要每天花两小时学习国文、珠算、簿记、工厂组织和管理法、商业常识，甚至相关的应用化学、应用物理学、国术及军事训练等科目。其间所有膳食、住宿、制服、书籍、用具等均由公家供给。

第一班本计划学习时间为六个月，毕业后一部分回乡工作，一部分转为正式职工。但因第一期毕业考试时及格率太低，所以仅准许62名毕业并回乡。而其余的100余人，则继续在工厂补习到成绩合格后毕业迁回，自行工作。但学员们本就出身贫寒，学成回乡后，空有技艺，却无力置办机器和原料。于是政府进一步调整计划，补贴救济600余元，置办了织布机、织袜机、毛巾机等，然后选当时学徒成绩优异而无工作者，分别技能科目将机器贷给他们，又有市农工银行借给资金，使他们分期归还。此项补助，共计贷出织布机28架，织袜机12架，毛巾机11架。为进一步督促施行，还由各乡区建设办事处进行就近监督指导，并选择各乡区适中地点，稽核工作。更组织了产销合作社，以帮助他们增进生产、拓展销路。①

又如提倡家庭妇女织布以改善经济。以九水区为例，这里地瘠民贫，乡民除了传统农渔、樵夫、石匠工作之外，几乎没有其他工业，妇女所能从事者更少，当时仅有糊火柴盒一项，且薪资甚是微薄。九水区为了改善人民生计及提高妇女地位，积极推进乡村妇女织布业。

救济乡区金融。针对乡区经济落后，金融建设混乱的情况，采取取缔非法钱票、设法流通金融、办理生产放款等措施进行改善。

《行政纪要》指出，当时的青岛乡区金融"素来混乱，现金既感缺乏，辅币又不充足，邻近县镇各商店，以地域毗连往往发行铜元钱票，漫无限制，乡邻只图使用便利，不顾利害，至因商店倒闭，受害者有之，伪票受欺赔累者有之。本市农村，既属贫困，乃复遭受次等无妄之损失，自

---

① 详见青岛市政府《青岛市政府行政纪要》第三编《社会》，1933年，第5页。

非从速设法救济不可"①。针对此种情况,交由社会局按照三个步骤进行办理,包括让乡区建设办事处联合公安分住所,对商店滥发之非法钱票随时严厉取缔;由各乡区办事处调查各乡镇原有钱票流通数额,进而将中央中国交通各银行辅币券,尽量推行乡区,以营救济;又与农工银行协商,办理农村生产放款,设法流通金融,从而调剂完善农村经济。② 经过一系列调整,使农村经济得到一定程度的改善。

综上所述,沈鸿烈不仅通过指导组建农村合作社,取缔非法钱票,设法流通金融,办理生产放款等措施,拯救乡区金融,还通过技术输送等手段提倡农村家庭工业,从而达到振兴乡区经济的目的。更值得赞许的是,他将经济建设和物质建设、文化建设多渠道灵活互通,以教育促进经济,以技术输送代替单纯经济补助,这比单纯经济手段发展乡区要有效得多。因此,当年的乡区经济得到了明显的发展。

三 增建路桥,改良乡俗

除了对乡区进行科学化管理及在政策、经济等方面加大支持力度外,沈鸿烈对于乡区基础设施建设和文化建设,也非常重视,并取得了良好的效果。

道路桥梁等基础设施建设。在乡村的基础设施建设方面,针对青岛乡区具体环境,制定乡区工务实施方法,积极加以推进。如考虑到青岛乡区山林幽邃,林果繁多,整体地形复杂等实际情况,将青岛道路铺设分干路、支路、村路、人行道四种分别进行建设。又根据这四种公路的交通状况及沿线建筑材料的实际状况,采取了土路、沙石路、沥青路三种不同的修建方法。《1933年行政纪要》指出:"查发展乡区建设,改良农村生活,便利物产运输,以修筑道路联络交通为唯一要务。本市自各乡区办事处成立以来,对于修筑道路,不遗余力。"③ 1932年,李村区、沧口区、九水区、阴岛区、薛家岛区及水灵山岛区六区共修建新路长度达159862米,面积649643平方米。1933年,除九水区只有继续修筑并改善道路,乡区五区所修建道路共计58128米,面积达228682.7平方米。④ 而青岛在德

---

① 详见青岛市政府《青岛市政府行政纪要》第三编《社会》,1933年,第5页。
② 同上。
③ 青岛市政府:《青岛市政府行政纪要》第十编《乡区建设》,1933年,第7页。
④ 同上。

占、日占时期，除军用性质之道路外，仅修路 158000 米而无其他建设。自青岛回归至 1931 年沈鸿烈主政之前，新筑道路仅 24000 米。① 两相对比，沈鸿烈对于青岛乡区道路的建设，无疑是成绩卓著的。

沈鸿烈还出台了《新旧道路分段维持办法》，使乡区新旧道路得以随时维修，以免损坏。将各端道路的维持任务明确分配到各乡区，如"板坊路，长度 2520 米尺，计板桥坊、小庄、小枣园、坊子街等村，共分四段"，归为"沧口区担任维持地段"，由于责任明确，既充分发挥了各区自治的行政功能，又避免了因自治带来的各自为政、推诿责任的弊端。② 因青岛乡区山多地少，所以修建道路时的泄水设施建设，也受到了特别的关注。市政府管理部门对桥梁、涵洞建筑方法和所用材料，都有明确的规定，对其种类，如河底桥、拱桥、平桥、涵洞各自的优缺点和青岛乡区的适用性，都有了详细的描述。据《行政纪要》所载，1932—1933 年两年间，在各乡区建设的桥梁涵洞共计 537 座。③ 此外，针对青岛山多河干，灌溉困难的特点，鼓励乡民大力修建水井；针对山多而于春秋两季易发山洪的特点，重点建设挡水坝；针对阴岛区浮土层浅而其下多水或岩石的情况，修建蓄水坝；针对李村沧口等乡区濒临海岸而多渔业的情况，修筑泊船湾。总之，在乡区基础设施的建设上，沈鸿烈主政期间，获得了明显的进步。

文化建设。移风易俗，向为历代良吏所重视。沈鸿烈在改良乡俗方面也做了许多工作。虽然各区的习俗不尽相同，重点改善的地方也有一定差别，但还是存在较多的共性。如根据当时乡民因无力摆脱生活之困苦而耽于鸦片的情况，将筹设毒品戒毒所列为重要事务。召集村长会议，科学普及吸食鸦片的害处，宣讲戒除毒品鸦片的好处，同时采取一定的强硬措施，查禁鸦片，强制戒毒。又如对民间的婚丧喜庆活动进行改良。在沧口区提出取缔丧事纸扎人物事项，四方有居民在丧事中用纸扎武装警察及其他含有迷信或帝制意味的物品，也因妨碍风化被严厉取缔。又如成立劝禁妇女缠足委员会。当时沧口区、九水区等相对落后的乡区，仍有不少旧习难改的缠足者，该区办事处便就查禁妇女缠足一事成立查禁妇女缠足委员会。又如取缔寺庙扶乩、抽签治病等封建迷信活动。当时市内寺庙，往往

---

① 青岛市政府：《青岛市政府行政纪要》第十编《乡区建设》，1933 年，第 1 页。
② 《青岛市政府行政纪要》第十编《乡区建设》，1933 年，第 13 页。
③ 1932 年修建 172 座，1933 年计划修建 410 座，实际修建 365 座。详见《青岛市政府行政纪要》第十编《乡区建设》，1933 年，第 24 页。

有百姓扶乩、抽签、助长迷信，又有假香火因缘，设置签筒，以抽签形式卖予百姓药物，而罔顾病人实际病情，害人匪浅，对于这类妨碍卫生、戕害生命的行为，政府予以严厉取缔。对于设置签筒药单的各个寺庙，一律查禁。同时，由各派出所随时禁止。对社会酬酢也做了一定的限制，要求婚丧庆吊宴会等，均应节俭，不得铺张，食品及馈赠礼物，则均需限用国货，并下发内政部限制社会酬酢以宽裕国民经济的提案及办法一份，令相关乡区遵照执行。各区则召集各村村长，使分级遵照执行。除了一系列禁止措施，还有禁止庆贺废历年节、收集贞孝节烈清册等活动，虽在现在看来已不合宜，但也是当时改良乡俗的内容之一。

当然，除了禁止的内容，还有不少是从正面加以提倡的，如提倡乡村正常娱乐，通过在村内设立书报、旧剧、国术表演等事项，使乡民于空闲时间能够得到正常的休养，以正当娱乐修养身心。

另外，还通过开展各式教育，提高乡民素质。如成立勤俭进修会，由公务员与知识分子领导，以纠正改良民间风俗。会规中重要的一条便是"好学不倦，每日休暇时间至少须读有用之书一小时余，以文学、书画、音乐等为消遣，不作无益之游戏"。① 又成立教育协会，提高乡民的知识水平，使乡民接受公民训练。卫生事业方面，如发展乡村卫生，救济鳏寡孤独，调查个别落后社会状况拟定具体改善措施。

总之，对于青岛广大乡村的发展，沈鸿烈在经济、基础设施及教育等各方面，均有可观的成绩。这在本书其他章节也有相关的叙述，可与本节相互参看。

因地制宜的建设方式。在乡区建设方面，沈鸿烈充分正视青岛乡村地域广大、发展极不均衡的事实，采取了分步骤、分层次，因地制宜，多样灵活的建设方式，而不是靠一纸行政命令一刀切，其中有两点值得我们注意。

一是确立典型。如在李村区、沧口区等乡区筹建模范新村，作为改良村治、复兴农村之急务。模范村的设立，各区没有统一标准，乃是先派相关人员亲自到各村勘查情况之后，依据各区情况进行选择，如李村区在李村、张村、中韩哥庄三村设立模范村。因为李村为四通之区，且人口繁

---

① 青岛市勤俭会：《青岛市勤俭进修会章程》，青岛市档案馆图片资料。1932年12月17日。

盛，商业初具规模，自来水、电灯等也早已配置，均可以进一步扩充；张村虽然商业缺乏，但交通位置便利，与李村相似；中韩哥庄虽然交通不便，但街道整齐而户口繁盛，人民也相对富庶。所以，李村区便以此三村为该社模范村。对于具体的模范村建设，则既包括硬件设施的建设，也包括乡俗、文化等方面的建设。以李村区模范村建设为例，《行政纪要》所记应进行的事项达27条之多，其中如翻修李村河南街东西马路及河西南北马路，修筑李村医院前东西马路，修理路旁排水沟，取缔不良建筑整理市容等属于硬件基础建设。而扩充李村医院设备、筹建公共运动场、李村公园，补植各街行道树，修理公众厕所，筹设李村工务支局等公共设施，则为进一步便利人民生活；规定各街每日扫除办法，规定饲犬识别办法及搜捕野犬、病犬，是对乡村文明建设的进一步提升；至于督催学龄儿童入学，施行义务教育便属于教育措施。还有取缔妇女缠足、组织劝禁妇女缠足委员会，彻底肃清毒品，设立乡村调解委员会等，则是改良乡风乡俗。可见，筹建模范新村的措施，是将乡村建设和改良乡俗融合在一起的整体乡村改良计划。模范村的建设，使沈鸿烈理想中的乡村更加具体化，也为其他乡村做出了示范，在乡村建设中有重要的借鉴意义。

二是因地制宜。根据各区情况不同拟定不同的发展措施，如李村区设置有三个模范新村，沧口区则因无相宜地点，又无相应财力，只能把交通相对便利，物产相对丰富的仙家寨村作为试办区域。其他几个财力、物力更不足的乡区，则暂无施行模范新村计划。而各村具体的发展重点，也是不同的。1933年《行政纪要》"乡区建设"编在社会设施事项一节便是分李沧区、沧口区、九水区等不同区域，分别制定建设事项。如李村区建设事项有：筹建模范新村，成立消费合作社，设立农工银行办事处，推广新制度量衡，调查农村经济概况，调查台东渔业状况，调查工厂及手工业，设立各村息讼会，调查农产品收获及销售概况，调查村民糊制火柴盒情形。沧口区建设事项有：取缔丧事纸扎人物，筹设毒品戒毒所，取缔寺庙扶乩抽签治病，组织劝禁妇女缠足委员会；收集贞孝节烈清册，组织各村调解委员会；协助农业银行筹办沧口办事处，查报四沧区工业情形；调查滥发钱票；请设沧口仙家寨分医院，整理四方小菜场，调查农村社会经济概括，提倡种植薄荷，拟建范模新村。九水区建设事项有：禁止庆贺废历年节，限制社会筹酢，提倡乡村正常娱乐，查禁寺庙设置药签，筹办劝禁妇女缠足委员会，抽查各村清洁，设立九水诊疗所，筹办卫生常识训练班，提倡家庭工业，调查商业状况，提倡家庭妇女织布，提行新制度量衡，救济鳏寡孤独，成立乡村调解委员会。阴岛区建设事项有：成立卫生常识训练班，检查未领执照药店，举行巡回治疗，成立劝禁妇女缠足委员会，筹设农村消费合作社，整顿各村民众阅报牌，筹设民生工厂，调查塔埠头红石崖社会状况，勘查毛岛地质，调查本区最新经济状况。薛家岛建设事项有：劝禁妇女缠足，筹设农工银行办事处，办理农民借款手续，查禁商店私发钱票，宣传合作事业，指导合作社采办国货，筹设邮寄代办所，规定舢板渡客方法，筹建北安子码头，调查本区农村社会经济状况。调查农民购买肥料数量及价值；调查本区工厂情况。水灵山岛建设事项有：办理售卖石子，救济鳏寡孤独，酌给修筑港湾民夫工资，调查本岛产鱼数量，调查喂养牲畜调查杂粮供给状况，劝戒不良嗜好，提倡与岛外结婚。①

从以上所述可以看出，各区的建设内容，有较大的不同，基本能够结合各乡区实际情况，实事求是，因地制宜，分别轻重缓急进行规划。这对于乡村建设高效与良性发展，无疑是有意义的。

总之，沈鸿烈主政的六年中，青岛的乡村得到了巨大的发展，乡区办事处的成立很好地实现了地方自治和统筹管理的融合，以多种手段发展乡区经济，使乡村经济获得了长足的发展，乡区合作社、农商银行的成立，很好地稳定了乡区金融体系，乡区基础设施建设、乡村教育都得到了切实的提高，民风民俗也有显著的改进。这些成绩的取得，与沈鸿烈的重视和有效领导是分不开的。

第五节　发展教育，输入文明

沈鸿烈主政期间大力发展教育，为青岛市教育事业做过诸多贡献，对青岛教育事业及其他方面，均产生了深远的影响。

一　规划蓝图，优先发展

沈鸿烈在其主政的六年内，先后三次制定重要纲领规划，使得青岛整

---

① 青岛市政府：《青岛市政府行政纪要》第十编《乡区建设》，1933年，第35页。

体发展能够目标明确，条理分明。而教育则是这三次纲领规划中的重中之重。

在1931年宣布的十大施政要纲中，第五条"普及教育，以求实用"指出了教育的重要性，也明确了普及和实用两个大的建设方向。其他的几条纲领虽重点不在教育，但具体细则中却都与教育改革有密切的联系。如第三条"禁绝恶习，改良风俗"便需借助于推广培训班等诸多教育措施来实现；第四条"建设乡村，施惠贫民"中建立各级乡村小学、中学是其中非常重要的方面；第十条"力图建设，输入文明"中，教育建设和教育资源的输入，则是文化建设和输入的重要内容。

1933年《政府行政纪要》中，第六编《教育》便细致记录"十大纲领"之后沈鸿烈为发展教育所实施的各项措施。如成立教育研究会加强教育管理，以多样化措施发展学校教育和社会教育等。《社会》《乡区建设》等编中，教育也是重要事项。

1935年1月，在十大施政要纲实施四年以后，沈鸿烈又主持制定了《青岛市施行都市计划方案初稿》，对青岛市发展规划做了进一步的调整。具体施行计划比"十大纲领"更为详细。值得注意的是，此计划十分具有前瞻性。它将所要建设的小学的目标数量定为400所，是以100万人口记，而当时青岛实际人口仅仅20多万。例如《都市计划方案初稿》第十一章"学校、研究所学会"条具体规定如下：

> 学校。大别可分大中小三等。小学教育为国民必受之教育，其校数视人口多寡而定。按普通情形，约每五千人需小学二所，青岛将来人口以一百万计，则需有四百多所。此项学校之位置，视居住人数之稀密而定，商业区大都为营业之用，其家庭大半均在住宅区，工业区亦然。故小学校之位置，大半以分布于住宅区为宜。以为数过多，不遑列举。惟选择地点，以安静无器声、车辆稀少、空气新鲜、且邻近园林空地者为佳。
>
> 中等学校之数目，视社会经济情形而定。普通约每十所小学需有中等学校一所。以全市四百所小学计，则共需中等学校约四十所，亦以平均分配于居住之地为宜。大学及专门学校为一国培植高等人材及研究专门学问之所。实居于全国最崇高之地位，故其成就，绝非短时期及少数人力财力所能济事。世界著名大学之历史，大都在百年以

上，且为数亦至有限，可见其成功之不易。青岛现已有山东大学一所，本计划尚拟市办渔业专门学校一所于燕儿岛路附近，农业专门学校一所于李村，所以应本市之需要也。有此二校，苟办理完善，已足敷用。至私人或团体有意来青创设大学或专门者，固未尝不可。其地点以浮山一带为宜。①

从《都市计划方案初稿》文字可以看出，沈鸿烈当时对教育政策的大方向仍然是普及和实用。一方面，在中小学普及教育已经取得初步效果的基础上，对其进行进一步的强化和完善；另一方面，深化完善教育体系，在初级教育基础上进一步发展中级和高等教育，对中学、大学都做了考虑。再就是突出实用性，如渔业专门学校和农村专门学校的规划，都是从实用目的出发考虑的。

二 普及教育，大力兴学

教育在开发民智、改良风俗、提高劳动者素质等诸多方面，均具有极为重要的意义。沈鸿烈对此有着高度的认同感，因此，在他主政期间，教育始终被置于优先发展的地位。但根据青岛市当时的实际情况，他的教育建设又主要是从普及中小学教育、重视师范教育、兴办职业教育、推行全民教育等几个方面来展开的。

普及中小学教育。"普及教育"在十大"施政要纲"中已有强调，1933年《政府行政纪要》明确记载当时学校添加中小学班次、增建校舍、增加教育经费、改进校务等实绩。1935年《都市计划方案初稿》中再次申明："小学教育为国民必受之教育"，所以，沈鸿烈主政期间，普及小学教育一直是其教育工作的重点之一。

一方面，重视教育基础设施建设。沈鸿烈拨款在市内增建中小学、添加班次并扩建校舍。增建中小学方面，如1932年新建黄台路小学，当时新建成的黄台路小学除有教学楼两栋，还另外配备了一个很大的操场，中间有足球场、田径场，按当年建设标准已是一流。②添加班次方面，1933年《政府行政纪要》记："教育局为谋教育逐渐普及起见，自二十二年秋

---

① 青岛市工务局：《青岛市施行都市计划方案初稿》，1935年，第60页。

② 1959年市教育局将黄台路小学迁移至安东路（今丹东路），更名安东路小学，而黄台路小学旧址改建为今青岛第十三中学。

季起，凡供应不能相称之处，设法增添新校。原有学校之学生发达者，酌予添班。计市区新添新校者三处，乡区小学共添四十班，中等学校、市私立各校共添九班。"① 依据《纪要》所统计1933年的添班情况，市立太平路小学、市立黄岛初级小学、市立邵哥庄初级小学均在当年九月建成。而市立黄台路小学、市立台东镇小学以及乡区市立河西村小学、市立女子中学和市立李村等共计四十余所学校都有不同程度的添班。扩建校舍方面，1933年《纪要》指出："扩充班次，首须筹建校舍，方可容纳学生。而本市乡区各小学校舍，原多借用祠宇或民房，本于教学不便，亦有改建之必要，故一年来积极改建添建者颇多。"② 如原有的台东镇小学、沧口小学、以及河西小学（云南路小学）等一批有一定历史的小学及市立中学、乡区李村中学等都得到不同程度的扩建。

另一方面，除了市区中心的小学建设外，沈鸿烈非常重视乡村教育和乡民知识水平的提高。为了改变青岛乡村教育落后的现状，在乡村建设运动中制订了专门的乡村教育计划，使得青岛的乡村教育得到了极大的改观。他在青岛各乡村进一步设立小学。虽然此前的胶澳商埠督办公署也曾设立多所初级小学和完全小学（指设有初级和高级两部的小学），但远低于实际需求。沈鸿烈采取点面结合的形式，在每一个大村设立一所完全小学，又在其下各小村设初级小学，如崂山区沙子口街道董家埠小学、段家埠小学，城阳惜福镇傅家埠小学，王哥庄的华严寺学校、朱家洼小学等，从而使得村里的儿童可以就近入学，大大提高了郊区乡村儿童的入学率。而这些学校旧址，至今仍为不少青岛人所提及，因为这既是历史，也是青岛山区教育发展的见证。沈鸿烈之举措，对于当时青岛的民智开化和人才的培养，是有重要意义的。

地处崂山北麓山下的城阳区惜福镇傅家埠小学（现傅家埠幼儿园），便是当时沈鸿烈所修诸多山区小学中的一所。当时的惜福镇全镇基本没有小学，除了零星的私塾教育之外，国民教育几乎是空白。1936年前后，沈鸿烈对当时崂山山区学校布局情况进行了普查后，选择在山区和平原之间、人口多、离城镇较远的傅家埠建立小学。小学由政府筹集部分资金，另外由傅家埠本村乡绅富户捐资，一般平民也有不少捐助，当时曾专门刻

---

① 青岛市政府：《青岛市政府行政纪要》第六编《教育》，1933年，第30页。

② 同上书，第34页。

碑记录此事。学校选址于傅家埠村东地势较高的开阔地带，校舍结构与沈鸿烈在崂山地区新建的其他农村学校模式基本一样，且为公办学校。傅家埠小学的建立使得傅家埠村及周边超然、宫家庄、青峰等村的孩子有学可上。如1991年改建中学时所刻石碑碑文所说："历代强国富民，教育莫不兴盛，广厦宏开，树人富国，是兴国之本。学校1937年沈鸿烈集资创建，原面积1400多平方米，……学校之建成将尊师重教这一兴国之道成为民众高贵风尚。学子如愿而来，全新而去，青峦郁秀，人文造起，蔚为大观……"①

除了硬件建设，沈鸿烈也很重视小学教学质量的提高，为了适应小学教育的发展，采取应急措施，在江苏路小学、市立中学设小学教师培训班。② 每年举办小学教师暑期学校，提高在职小学教师的教学水平。如为了提高小学的入学率，推行强制入学政策。1932年由青岛市教育局制定《青岛市教育局乡区小学充实学额暂行办法》，规定每学年开学后一周内调查各小学学生人数，缺额者辄就学龄儿童中年龄较大、家境较富裕者劝其入学，拒不入学者处以一到十元的罚款。③ 1933年更颁布了《青岛市实施义务教育强迫入学办法》，规定"凡学龄儿童中途无故退学或缺席连续至两周以上后，经督促而不入学者，由督学处查明后以一元以上五元以下罚金并仍令复学"，"被罚人如抗不交款由公安分局予以拘押处分"④。以上种种措施，无疑都对小学教育的普及起到了重要的推动作用。

重视师范教育。在普及小学教育的同时，沈鸿烈对小学阶段教育目标达成之后的中高等教育也有相应的规划和推动。如创办乡村中学、师范学校及职业学校，使小学毕业者有升学之所。曾有"南有南京晓庄师范，北有青岛李村师范"之称的青岛李村师范，正是在此种大环境下产生的。位于李沧区九水路的青岛师范学校始建于1930年，最早是李村中学。

---

① 详见《傅家埠原名叫埠上，据说村小学是沈鸿烈建的》，《城市信报》2014年6月19日。
② 松青：《沈鸿烈主青施政见闻》，载《沈鸿烈生平轶事》，新华出版社1999年版，第97页。
③ 青岛市教育局编：《青岛教育》（第二卷第1期），1934年，转引自刘文华、葛兆富《沈鸿烈与民国时期的青岛教育》，《枣庄学院院报》2011年第1期。
④ 青岛市教育局编：《青岛教育》（第三卷第1期），1935年，转引自刘文华、葛兆富《沈鸿烈与民国时期的青岛教育》，《枣庄学院院报》2011年第1期。

1934年6月所立的建校纪念碑载:"溯自青岛设市,教育勃兴,市属乡村小学林立。每年由高级毕业之学生无虑数百人,近处无相当之学校供其升学,远道负笈寒酸,又力有未逮,以故地方人士有创立李村中学之建议……"① 1930年10月,由当时市政府拨款及当地工商团体筹款资助,在李村镇李村河之南开办青岛市立李村初级中学。但后因款项不足而辍工。

1932年,沈鸿烈主政后,青岛市政府重建中学,采取政府拨款加地方开明人士捐资的方式,又建成两座四合院的平房校舍。同年,市教育局任命赵枚为校长,学校正式定名为"李村中学",并开始招生。这是当时郊区唯一一所中等学校。李村中学成立当年,即招收初中一、二年级学生。但除此之外,还附设乡村师范班一个,速成师范班一个。1933年,又将速成师范班增至两个,另开设农业专修班一个。1934年,市教育局将市立中学(今青岛一中)附设的一个师范班划归李村中学,但李村毕竟地处郊区,许多家在外埠和市区的学生因此闹起学潮。校长赵枚任其自主去留,空出名额重行补招。李村中学的正式师范班因此增至两个。1935年春季,学校原附设的农业专修班及初中班停止招生,转而招收简易师范班学生。至此,李村中学所招收的学生全变成师范学生,市政府遂将李村中学更名为"李村乡村简易师范"。中华人民共和国成立后,该校正式定名为"山东省青岛师范学校",至今已有八十余年的历史,为青岛地区中小学教育事业输送了大量的人才。②

兴办职业教育。鉴于青岛教育整体水平较低,培养实用人才尤为急需。沈鸿烈非常重视职业教育。如前文所述,李村中学在1933年开设的农业专修班便是专门学习农业技艺之所。虽然这个农业专修班于1934年停招,但这只是暂时停止以专修班形式招生而已。在1935年《都市计划方案初稿》中,特别提出要在李村和燕儿岛,分别设立农业专门学校和渔业专门学校。1936年青岛市农林事务所发布了《青岛市市立李村中学农科改组市立初级农业职业学校计划草案》,依照《草案》,计划中的市立初级农业职业学校隶属教育局,而其"立旨"一项指出:"本校教育立

---

① 《九水路176号的往事——还记得"李村师范学校"么?》(2016-10-12),青岛李沧旅游博客。山东省青岛市李沧区旅游局官方微博http://blog.sina.com.cn/u/3564355800。
② 《解放前的青岛师范学校》,海奥网(http://www.qingdaonews.com/)2010年2月26日,2017年6月8日访问。

旨在培养地方所需要之初级农业人才，改进本市农业，推广农事科学方法，使本校成为本市农业改造之中心。"具体而言，即"培养农业实地经营人才，乡村小学农事师资及农业推广合作指导人员等"。可惜的是，这一方案似未能得以实施。① 1935 年，青岛市政府教育局还发布过《关于高级助产职业学校课程标准》，只是未见到其他更详细资料。

除了正规教育，当时政府还在已有基础上继续开设并逐年完善各类工厂职工补习班。市政府制定《青岛市工厂职工补习学校实施办法》，责令青岛市区域内外一些较大规模的工厂限期开办职工补习学校，各工厂人员均须入校补习。政府还根据各工厂规模大小，详细规定了办班日期、办班规模等。各校经费全由工厂负担，有特殊情形时，政府予以帮助。工人们分初级和高级班，学习国语、珠算、工会法、合作法和其他技艺。这些补习学校要受到教育局、社会局的领导和监督，两局经常派专员督导考核。② 当时较大的工厂如华太木行、冀鲁针厂、华新纱厂等都开办过职工补习学校。

沈鸿烈主政期间还有一些其他政策，如兴办民生工厂，招收崂山区青年学生入厂习艺，为贫寒者供给膳宿。如开办女子职业补习学校。调查娼妓，强制性对当时青岛市有开业执照的妓院筹办女子补习学校。由政府出资聘请教师，提供校舍，且规定平康各里③要为妓女上课提供方便，一律穿制服，不得无故缺课……有平康四里因违令拖延，便限令督促，两月为限，如继续违令，即予以查封。④ 总之，在推行职业教育方面，也取得了可观的成果。

推行全民教育。沈鸿烈十分重视国民素质的提高和民风的改良，采取创办民众学校等措施，推广平民教育，扫除文盲。

民众学校主要由青岛市教育局负责，青岛市内各学校校长会同各办事处等协办。依据 1934 年青岛市教育局发布的《青岛市市立民众学校暂行规程修正案》："本局为救济失学民众，使能识字读书，并授以生计、组织自卫、各种知识起见，于市内外设立民众学校若干所。""民众学校除乡区各小学各附

---

① 1936 年青岛市农林事务所发布：《青岛市市立李村中学农科改组市立初级农业职业学校计划草案》，青岛市档案馆。
② 详见 1931 年青岛市政府发布《青岛市工厂职工补习学校实施办法》，青岛市档案馆，1931 年 10 月。
③ 当时青岛市领有开业执照的妓院，有平康一里、平康二里、平康三里、平康四里、平康五里、平康东里。
④ 松青：《沈鸿烈主青施政见闻》，载《沈鸿烈生平轶事》，新华出版社 1999 年版，第 97 页。

设一班外，就市内及四方、沧口各校暂分为五个民众教育区"，每区范围所有之学校及班次也在《规程修正案》中一一列明。如1934年《规程修正案》规定台东区内台东镇小学有九班（日三班晚六班）、顺兴路小学四班，信义小学四班，台东二路民众学校一班。招生对象则不分性别，以16岁以上40岁以下者为合格。民众学校也分初级高级班，在初级班毕业后，学生可进入高级班深造。① 沈鸿烈对民众学校还是十分重视的，除了对各民众学校的开班予以一定程度的经费支持，还以发布《关于协同执行民众学校暂行规定及强迫民众入学办法的训令》（1934）等手段督促民众入学。

三 行政保障，政策倾斜

除制定相关教育政策和大力开展教育工作外，沈鸿烈主政期间在经济、政策方面，也对教育多有扶植。

首先，增加教育经费。沈鸿烈主张在每年的经常费（即机关办事的常年经费）中拨出专款，用于发展教育事业。而除了正常教育经费划拨以外，教育经费还可以根据实绩需要进行追加。以1933年《政府行政纪要》所记为例："查教育事业发达，经费当随之增加。所以，除原定数额增加外，还会有视年度经济状况追加教育经费。"② 依据《行政纪要》，1933年度原定教育经费为669172元，后追加50131元。③ 而这些经费，被合理利用于教育各方面。除表中所列的常规项，用于改善教育环境、聘任教师全由政府出资，又如为培养中小学师资而规定师范学校全为公办。清末科举废除而新式学堂兴起后，代数、几何、物理、化学乃至生理卫生等课程任课教师十分缺乏。但当时因中、小学教师工资待遇低，大、中学毕业生不愿从事教师工作。所以教育当局决定，师范学校一律公办，不收学杂费，甚至免费提供食宿，从而吸引了大量贫苦人家子女就读。

其次，采取多种灵活政策建设新型学校。如1933年《政府行政纪要》所记，当时的扩建校舍正是采取这种办法："其工程费，在市区，全由市政府拨支出，在乡区者，由地方募捐四分之三，公家补助四分之一。"④ 鉴于当时经济大环境并不好，财政紧张。沈鸿烈在校舍的建设

---

① 1934年青岛市教育局发布：《青岛市市立民众学校暂行规程修正案》，青岛市档案馆。
② 青岛市政府：《青岛市政府行政纪要》第六编《教育》，1933年，第42页。
③ 同上书，第41—42页。
④ 同上书，第34页。

（尤其是乡区校舍和科室建设）因为经费有限而提倡官办民助，即以政府出钱，群众出工的官民合作方式营建。还有部分乡村学校，则可以由银行抵押贷款。或者政府部分出资，剩余则由各村联合乡绅富商集资建设。由学校所在村筹款购置设备教具。

再次，制定有利于推行教育的行政措施。如乡村小学能够得以推广，很大程度上得益于沈鸿烈注重乡区建设，推行地方自治的政策。具体到乡村教育的落实，便是教育局根据各乡区办事处对该乡区具体教育情况的调查和汇报，拟具乡村教育计划，之后再交由各乡区办事处依上级计划执行。从而实现对各大村的完全小学和各小村分校的有效建设和监管。

此外的一些条例规定，如将学校考核与经费发放挂钩，对各私立中学的管理和领导进行定期考核，按考核成绩的优劣核发补助费用，有效地加强了对私立学校的监管。又如社会局、教育局协同组织市立医院及各大医院为学生进行体检，检查结果统一由教育局查备，都是沈鸿烈主政期间为了提高教育质量做出的努力。

四 强健体魄，提振精神

除了文化教育，沈鸿烈还将体育教育、爱国教育、军事教育等多方面教育相结合，全方位提高民众素质。

以体育教育提振民族精神。沈鸿烈主政期间，大力发展体育运动。不仅严格要求各级学校重视体育课程，还积极提倡民众业余运动。目的即以体育强民体魄，进而振奋民族精神。其中1933年第十七届华北运动会在青岛的召开，是沈鸿烈对青岛体育事业产生重要影响的一件大事。[①]

华北运动会从1914年开始举办，是由华北各大学校及少数中等学校参加的运动会。1932年，第16届华北运动会在开封召开，当时情况是，因为"九一八"事变，国内局势动荡而人心大不安，体育赛事的举办也受到影响。而沈鸿烈则主动申请由青岛来承办下届的华北运动会。与沈鸿烈交好

---

① 1912年（民国元年），北京青年会及热心体育人士倡议创办华北运动会，参加者为华北各大学校及少数中等学校。1914年第一届华北运动大会在北京天坛举行。而由张伯苓亲自筹办的第10届华北运动会意义非凡，因为他主办第10届华北运动会时从筹备到举行，从裁判到一般人员，均由中国人承担，比赛用语亦不准说"洋话"，让中国人第一次举办了自己的运动会。详见瞬间收藏家《关于"华北运动会"》，2010年8月1日，https://www.douban.com/note/83412443/，2017年6月11日。

的张伯苓当时是华北体育联合会的会长,他果断批准了沈鸿烈的承办申请。

作为青岛第一次承办的大型运动会,沈鸿烈及整个青岛市都十分积极地准备这次大会。在得到华北体育联合会的批准后,沈鸿烈任大会会长,召集教育、工务各部门,齐心协力,建造体育场,开辟游泳场地,最终使得第十七届华北运动会顺利举行。在这届运动会开幕式上,沈鸿烈特别邀请到张伯苓在开幕式上做了讲话,张伯苓就发展体育事业的重要意义做了深刻的阐述。

这次运动会有很多值得铭记的特点。首先,沈鸿烈为本届运动会特地兴建了体育场馆——青岛体育场,它选址在汇泉跑马场之东,主体建筑定于文登路南,荣成路之西,北为太平山,南接大海。地理位置得天独厚,这就是今天青岛天泰体育场的前身。它从1933年2月16日开始动工,仅用5个月时间便建设完毕。而更重要的是,它参考了1932年参加美国洛杉矶第十届奥运会的国立山东大学体育系主任宋君复教练带回的洛杉矶体育场的图纸。从设施设备到施工质量均为30年代国内一流。

本届运动会还利用青岛地处海滨的天然优势,增加了游泳项目。比赛场地设在前海栈桥,回澜阁为官方看台,而普通观众则可以在栈桥和前海附近免费观看。在19世纪30年代初的中国,人们思想还很保守,当时也只有在广州、上海、青岛这样的比较开放的城市中,女子游泳运动才有根基。这次海中女子游泳比赛对国内游泳运动,特别是女子游泳项目的兴起和推动有着十分积极的促进作用。青岛的女游泳选手在比赛中技高一筹,遥遥领先。青岛有号称"何氏三杰"的三姐妹——何文静、何文雅、何文锦,包揽了华北运动会女子50米自由泳的前三名。

另外,这次华北运动会参加人数也是空前的,参加团体表演的青岛中小学生及国术选手不下3000人,四天中观众达十万余人,堪称盛会。1934年,第十八届华北运动会在天津举行,之后,1935年日军发动华北事变,华北运动会就此终止。还值得一提的是,在这一届华北运动会上,青岛率先用拍摄电影纪录片的方式宣传了这届运动会。当时中国最大的民营电影企业联华影业公司派出著名导演金擎宇将12支代表队1037名运动员摄入镜头。当时的青岛市政府还投资一万余元在朝城路7号市立民众教育馆内创办青岛无线广播电台,用来播报体育赛事。

光阴带走了当时青岛海岸震天的欢呼声,但今天,天泰体育场仍然耸立在天海相接的汇泉广场旁,青岛人被燃起的现代体育精神,依然回荡在青岛的海风中。沈鸿烈在体育场记里所讲："我士庶均得于此分曹角艺，己立立人，他时群英蔚起，一矫畴昔巽懦积习，行见国家桢干之材，不可胜用，泱泱乎表海雄风，何难复振！"①

爱国教育与体育强民结合。青岛于1891年开埠，但其后便先后被德、日侵占。1922年中国政府虽收回青岛，但到1931年沈鸿烈任青岛市市长之时，仍是华洋杂处、日寇猖狂的局面。日本凭借其军事优势，对青岛进行军事、政治和文化各方面的侵略。日本人的工厂是华工受奴役之所，鸦片妓馆成为一些国人逃避苦难现实之处。沈鸿烈深感于当时的民气不振，认为中国民众因当时积贫积弱、备受压迫而导致民智低下。故而十分重视市民的爱国教育，希望以爱国教育、军事训练等振奋民心，启发民智。

设立青岛国术馆，即是沈鸿烈爱国教育和体育强民的一个重要举措。早在1927年，国民政府便将通过习武强身、提高国民素质作为一项提案，明令各省市建立"国术馆"体系，其后不仅率先成立了"中央国术馆"，还举办了多次全国规模的"擂台赛"。青岛武术界也多次参赛并取得了良好的成绩。在沈鸿烈主政青岛之前，曾任青岛市市长的马福祥曾于1929年正式成立了"青岛国术馆"。1930年3月1日还创立《青岛特别市国术馆月刊》，提出"用国术的刀剑，斩断不平等条约的束缚；用国术的枪棍，打倒帝国主义侵略"的口号。

沈鸿烈担任市长后，则进一步将以武强身、习武御敌的国术馆在广大市民中推行开来。1931年，由沈鸿烈代表政府牵头，由社会各界捐助，在馆陶路6号重建功能更加齐备的青岛国术馆，沈鸿烈自任馆长。为扩大国术馆的影响力和规模，国术馆延请了当时著名的武林人士如杨明斋、高风岭等任教，并通过公开考试来招录人才。然后设班进行专业培训，这些培训者在领到国术教员合格证书后，便有单独设班的资质，可再自设练习所，招生训练，照章收费。在这种合理且极易于扩散的制度推动下，三年间，国术练习所遍布城乡村落，普及于工商渔农各界。

国术推行政策强健了人民的体魄，更大大提高了国人抗击外寇的战斗力。当时青岛有日商九大纱厂，是日本于1917—1935年的18年之间，先后在青岛建立的。厂里很多的华工也勤习国术，有专门的纱厂国术练习

---

① 李宏文：《沈鸿烈与十七届华北运动会》，《沈鸿烈生平轶事》，第103页。作者李宏文为中华人民共和国成立前在青岛任中学体育教师，中华人民共和国成立后曾任青岛市体育场场长。

所。1936年7月，国术救国队成立，纱厂国术练习所的成员均成为救国队队员，这被日本人夸大成纱厂工人欲举行联合大罢工。于是在11月底，派军舰10艘来青岛举行军事示威，还开除了参加国术队的500余名工人，酿成"国术馆事变"。此事通过政府严正交涉得以和平解决，但纱厂的国术练习所因此停办。其后，国术馆又在四方、沧口各小学附近设立摔跤班，纱厂工人得以到此学习。而这些进行国术学习的纱厂工人，在沈鸿烈撤离青岛市时，发挥了积极的作用。1937年"七七事变"后，沈鸿烈因为青岛抗日形势日益严峻被迫离开青岛。在撤退之前，沈鸿烈欲将日本纱厂全部炸毁，纱厂工人熟知各厂的机器、设备、重要设施、物资储备等，于是积极配合，于1937年12月18日夜，将市区的生产设备一举炸毁。九大纱厂化为灰烬，才使得后来日本人占领青岛后，无法迅速恢复生产。

爱国教育与军事训练相结合。沈鸿烈多次在公开讲话中强调爱国教育的重要性。如在儿童节庆祝大会训词中强调学校要注意学生"爱国教育之培植与高尚人格之养成"①，指出学生要明白有国才有家，国泰才家安的道理。又如在中学校长会议上，提出各学校要将军事训练与爱国运动相结合，目的是使学生"养成丰富之学识，坚忍之毅力"，"异日公而问世，则有勇有谋有献有为有守，实行救国工作"②。1933年4月，沈鸿烈亲临检阅中学生军训会操并发表讲话，表达了他对军训的重视和通过军训增强学生体质，启发学生爱国精神的殷切期望。③

强调实干的沈鸿烈，还出台一系列政策来辅助学生爱国教育。例如青岛市教育局依据南京国民政府教育部颁布的《三民主义教育实施原则》制定推行新的教育方针。以三民主义培养公民意识和消除奴化心理；将具体教育目标定为培养爱国思想、养成高尚人格、提倡生产教育、健全师生组织、普及军事训练和锻炼强健体格六方面，其中"培养爱国思想"为首要目标。在学科分科中均以爱国教育为中心原则，且拟定特定的补充教材。④ 对中等以上学校的学生施行普及军训，亲自进行军训检阅，鼓舞学

---

① 沈鸿烈：《沈市长对儿童节庆祝大会训词》，《青岛教育》1937年第2期。
② 沈鸿烈：《沈市长召集中学校长会议之演讲》，《青岛教育》1932年第5期。
③ 松青：《沈鸿烈主青施政见闻》，载《沈鸿烈生平轶事》，新华出版社1999年版，第97页。
④ 详见刘文华、葛兆富《沈鸿烈与民国时期的青岛教育》，《枣庄学院学报》2011年第1期。

生士气。结合地方特色进行训育工作。如青岛市各中等学校每年春秋两季都会推荐部分学生参加登军舰的活动。学生们随舰艇出海，体验海军生活，认识祖国的辽阔海域，了解国家的内忧外患，从而激发学生立志投身海军事业，保卫祖国边疆的热忱。除了青岛本市的学生，因沈鸿烈与张伯苓、雷法章关系密切，南开中学高中部暑期也送学生来青岛，随舰前往长岛、烟台、威海等地区参观。

沈鸿烈之所以能切实推动青岛教育发展，与张伯苓、雷法章两位教育家也有很大关系。沈鸿烈不仅在教育思想上深受张伯苓的影响，在发展青岛教育方面也得到了张伯苓的帮助，而雷法章更是受邀担任青岛市教育局局长，为青岛市教育的发展做出了直接的贡献。

沈鸿烈也注重活跃青岛的学术文化。20世纪80年代初，青岛著名文史专家鲁海先生曾听知名乡土文学作家骞先艾先生讲述早年在青岛与沈鸿烈见面的情形：沈鸿烈当时对来访的作家及学术界人士承诺，如果他们要来青岛开会，沈鸿烈会派军舰送到崂山游览，食宿均安排在青岛最豪华的迎宾馆。而条件只有一个，就是他们要给青岛人做一次讲座。另外，沈鸿烈采纳蔡元培提议，于1932年改组国立青岛大学为国立山东大学，除原国立青岛大学的梁实秋、沈从文等名人外，又增聘老舍、洪深、王淦昌、童第周等多位名家，使得青岛学术圈大家云集。而不少在北平、上海无法立足的左翼人士也纷纷来青，青岛学术文化兴盛一时。[①]

沈鸿烈重视教育，为青岛的教育事业做出了重要贡献。本章所述如规划教育蓝图、普及中小学教育、大力推广职业教育和全民教育等，仅是对沈鸿烈任职青岛期间诸多事迹的粗略描述。其实，在市区及乡区建设中，还有不少政策和做法都与教育有关。这既是沈鸿烈对青岛近代教育发展的贡献，也对青岛后来的发展产生了积极的影响。

[①] 《沈鸿烈执政青岛：解放前成八大城市之一》，载《中国经营报》2013年10月11日。凤凰网：2013年10月11日，http://qd.ifeng.com/special/hdjingqi/detail_ 2013_ 10/11/1318677_ 0.shtml，2017年7月1日。鲁海（1932— ），原名鲁约翰，生于青岛，北京大学图书馆学系毕业。曾任青岛市图书馆馆长、山东大学兼职教授，有《鲁海文集》《青岛思往录》等作品42部。鲁先生多年来致力于追溯青岛的历史、地理和文化，再现这座城市的历史文化变迁。

第六节 十万市民的挽留

1933年，沈鸿烈因东北海军三艘舰船南逃至广东而引咎辞职，并暂时隐退于威海。此举在青岛引起轩然大波，其后，诸多社会团体组织市民大会、发动挽留市长大游行等活动，同时向蒋介石政府及地方官员呼吁申请挽留沈市长，挽留活动持续近一个月，最终沈鸿烈自威海返回青岛，继续担任青岛市市长。这场十万民众挽留沈市长的事件背后，固然有多方面的政治角力，但如果不是因为沈鸿烈主政青岛两年间的作为，赢得了民众的信赖和爱戴，他们又如何会自愿响应号召，为之游行请命。从这一事件，足以见出沈鸿烈在市民心中的地位。

一 辞职缘起

沈鸿烈辞去市长一职，直接原因并非他在地方政务方面的失职，而是因为东北海军三艘舰艇南逃至广东。1931年的"崂山事变"后，沈鸿烈同时兼任东北海军副司令和青岛市市长。

1933年6月，由于军内各方利益冲突，海军发生叛乱。主谋者"海圻""海琛""肇和"三艘主力舰艇南逃，沈鸿烈作为领导负有难以推脱的责任，于是他便致电国民党中央说明事情经过，并请辞海军司令和青岛市市长的职务。所呈蒋介石、汪精卫电文如下：

> 鸿烈驭下无方，以致三舰叛逃于前；复以考察不周，各将领又有逾规之电，一再溺职，惭愧万分。鸿烈束发受书，粗知大义，若复靦颜，尸位素餐，实无以谢政府，无以对钩座。且鸿烈因此次事出意外，刺激太深，精神失常，百病俱发。医云非暂时静养，危险殊大。万不获已，拟即转地诊治，俾免有所贻误。务祈体谅苦衷，赐以原宥。至市长一职，并恳遴员接替，俾重职守。①

刘宗伟《攀辕挽留沈市长》一文认为："海圻""海琛""肇和"三

---

① 转引自刘宗伟《案卷里的青岛》，青岛出版社2016年版，第302—303页。

艘主力舰艇南逃事件发生后，沈鸿烈便将情况呈报南京政府，又派市政府秘书长胡家凤赴宁向蒋介石面陈详情，并请示善后办法。主要内容包括：将沈鸿烈统率之东北舰队，编为海军第三舰队，直属南京海军部统辖；海军第三舰队司令由沈鸿烈的参谋长谢刚哲担任，沈鸿烈专任市长。但在事件至此告一段落之后，沈鸿烈却在6月下旬突然致电蒋介石、汪精卫请辞市长职务。这一做法，是出于顾及面子故作姿态，还是因叛逃事件而心寒，抑或有其他政治图谋。坊间说法是，蒋介石早有换掉沈鸿烈的想法，三舰叛逃给了他下手的口实。颇有谋略的沈鸿烈害怕丢掉市长的位子，于是以退为进，先行请辞，然后暗中支持他的哥们、青岛商会会长宋雨亭操控媒体，巧用民意，掀起轰动一时的挽留事件，逼蒋介石就范。① 由于缺乏更翔实的历史资料，对于此事我们难以做更深入分析。但沈鸿烈主政青岛期间，对于青岛市市政建设的用心和成绩是有目共睹的。所以沈鸿烈请辞消息一经传出，举市哗然。尤其是与沈鸿烈平日公私方面都交往颇多的市商会组织及商会会长宋雨亭等人，他们积极组织起来，为沈鸿烈奔走。

二 挽留经过

据王第荣②、刘宗伟等人的研究及笔者所收集的相关档案资料，此次挽留行动的大致过程如下。

6月28日，市商会与各同业公会、律师公会、记者公会等召开会议，推选出代表赴市府请愿，希望劝说沈鸿烈打消请辞的打算，但没有成功。

29日下午2时，各团体代表又召开了紧急会议并制定了相应决策：首先是兵分几路进行挽留工作，一方面致电南京行政院、北平政务分会，将民意传达上听；同时，又预先推选出代表五人，如果回电内容未能达到预期，便由此五人分赴南京、北平当面陈情。另一方面，团体的全体代表赴市政府请愿，劝说沈鸿烈。其次，预备了其他几种挽留办法，相机实行。但沈鸿烈当时决意辞退，并未因此改变主意，反而又做出第二次电请辞职。

7月2日，各民众团体在浙江路青年会开会，成立了"青岛市各界挽

---

① 刘宗伟：《案卷里的青岛》，青岛出版社2016年版，第302页。
② 王第荣：《沈鸿烈辞职及青岛各届的挽留》，青岛市政协文史资料委员会：《沈鸿烈生平轶事》，新华出版社1999年版，第110—112页。王第荣，中华人民共和国成立前曾在青岛商会工作。

留沈市长联合会",公推代表20人,由他们于7月4日上午10时赴市政府晋谒沈鸿烈再次表达挽留之情。但沈鸿烈只是对各届代表的盛意表示了感谢,说明了引咎辞职的苦衷,但并未改变主意,请求各届谅解。

7月4日当天下午,联合会在挽留未果的情况下,决定进一步扩大行动规模。他们与青岛市商会进一步联系,由商会牵头,召集全市民众团体代表开会,进一步讨论挽留办法。当时的青岛市商会实力雄厚,组织庞大,有"二政府"之称。商会主席宋雨亭①曾先后担任青岛市救济院院长、青岛市物品证券交易所理事长等职务,有相当的影响力,并与沈鸿烈有较深的私交。宋雨亭与各团体代表开会讨论"挽留沈市长案",决定于5日、6日两次在市商会礼堂举行市民筹备会。

7月6日下午2时,市民大会筹备会继续举行,青岛市档案馆所存会议记录如下:

> 民国二十二年七月六日下午二时,假市商会续开市民大会筹备会会议记录:
>
> 主席:青岛市商会主席
>
> 如仪开会:
>
> 继续讨论召开市民大会挽留沈市长案
>
> 议决:由各团体具名通告,订于7月8日午后一时在齐燕会馆召开市民大会。
>
> 同日参加市民大会各市民,自八日正午十二点钟起至五点钟,休业半天……

---

① 宋雨亭1931年5月,兼任青岛市救济院院长,设育婴所、济良所等8个单位,兴办社会慈善事业,其经费部分由当地政府拨付外,其余概由他捐赠和募集。同年8月,他主持商会成立青岛市物品证券交易所,自任理事长。1934年1月,筹资成立普利股份有限公司,兼任经理。在中国银行的支持下,他以高价收购农民滞销的花生米,解决了农民和土产商的燃眉之急。1935年5月,他筹集资金,成立青岛渔业股份有限公司,组织并扶助渔民摆脱日本"水产组合"的挟制。同年兼任青岛红十字分会会长以后,在每年的"端午""中秋"节期间,皆在青岛各主要路口、街亭设饮水供水点,备行人和运输工人饮用。每年还调查登记市民中无力购买棉被、棉衣者,于农历十月分发。1937年"七七事变"后,他携眷匿居故里,将所带的小卧车献给胶东抗日游击第三支队。1938年1月青岛沦陷后,日军将他的财产全部查封,并派人说,让其出任青岛维持会长,他坚决拒绝。当日军派军队胁迫其就范时,他逃往上海做小买卖维持一家人的生活,终留一身清白。抗日战争胜利后,他又以病为由,拒绝了国民党的一切委任,1950年去世。

发起之各团体均为主席团公推主席团代表：

市商会宋雨亭君、律师公会牟子明君、中小学联合会刘横三君、银行公会王仰先君、新闻记者工会酆洗元君、区长代表苏勋臣君、工会代表朱子衡君、各同乡会傅炳昭君、慈善团体代表李涟溪君，以及各同学会、青年会代表郭金南君。

（……文化团体……）

开会演说人选由主席团代表遴选充任。①

另据王第荣文记载，会议还通过了另外几项决议：如议决以各团体名义用登报发公告召集市民；议决提出各团体原议草案八条，交市民大会讨论；议决各商会罢市一天。并以多数票通过。针对8日下午1时在馆陶路齐燕会馆召开的市民大会预定了开会办法，还印制召开挽留大会的传单1万张，《大会宣言》3万张。

青岛海员工会主动给市民大会筹委会发来公函，要求参加此次挽留行动：

东北舰队司令兼青岛市长沈公鸿烈者，次突被狙击及舰变后，态度消极，遽萌退意，叠电坚辞，求去心决。本会闻悉之余，不胜惶恐。伏思沈公莅临以来，对于边防之安谧，市政之刷新，有口皆碑。为此，本会率领青岛全体海员，急电京平当局予以挽留外，并经推派代表前往攀辕。兹查明，明日举行挽沈市民大会，拟派代表叶青参加讲演，聊附骥尾而表赤忱。……②

此次挽留行动除了不断在青岛发酵，更延伸到与青岛在贸易方面有紧密联系的省内其他市区团体，据记载，参加团体近114个。7月7日，日照县商会代表丁钧石、李育宸、贺人蘸等人也致电南京蒋介石及行政院长，为沈鸿烈求情，盛赞："青岛沈市长坐镇胶澳，整理海防，改良政治，二余年来，勋绩卓著。""顷闻辞职照准，无不愕然，伏肯收回成命，

---

① 青岛市商会：《关于继续讨论召开市民挽留沈鸿烈市长大会的会议记录》，青岛市档案馆，1933年7月6日。

② 青岛海员工会临时指导委员会：《关于派代表叶青参加演讲力挽留沈鸿烈市长的公函》，青岛市档案馆，1933年7月7日。

仍留原任。"①

7月8日中午，各商号一律按计划停业，人群涌向位于馆陶路的齐燕会馆广场（现址为大学路小学）。大会于下午1时如期举行。大会主席宋雨亭首先报告了大会筹备经过，其后各团体代表也相继演说。之后，大会根据主席提案，以青岛市民大会的名义，向牯岭蒋介石、南京行政院汪精卫、北平政务整理委员会黄郛、济南韩复榘、河北于学忠致电，请求予以慰留。文曰：

> 窃自我沈市长莅任以来，励精图治，廉洁从公，勤求民隐，百废俱兴。中外人民，同深爱戴，讵料忽蒙退意，迭电请辞。虽经迭奉电令慰留，惟辞意仍未打消。我青岛全市人民震骇无极。值兹国难严重时期，本市地居要冲，华洋杂处，尤不容贤明长官，洁身远引，谨由本市一百十四团体聚发起，于齐日在齐燕会馆开市民大会，公决无论如何，誓非达到沈市长留任目的不止。市长如有为难之处，由我市全市人民代为负责，我全市民众，本良心之主张，以地方为前提，发于至诚，出以决心，除同日由全体市民齐赴市府，陈情挽留外，谨掬诚电陈，伏乞始终慰留，以顺舆情。不胜叩谢之至。②

青岛市档案馆所存市民大会提议案：

一、无论如何非达到挽留沈市长目的不止。市长一切为难之处决由全体市民代为负责。并由各团体领袖负责以备分赴各方请愿。

二、全市市民齐赴市府当面陈情挽留，务请市长打消辞意。有必要时决由地方民选市长。③

三、分电中央北平，请始终立予慰留。

---

① 日照县商会石臼所分所事务所：《关于赞誉沈鸿烈整理防务等勋绩同心力挽留任的电报》，青岛市档案馆，1933年7月7日。

② 青岛市商会：《青岛市挽留沈鸿烈空前市民大会之盛况》，青岛市档案馆，1933年7月。

③ 青岛市商会：《青岛市挽留沈鸿烈空前市民大会之盛况》，青岛市档案馆，1933年7月记录，决议共三条，其中第三条为"全市市民齐赴市府当面陈情挽留，务请市长打消辞意。有必要时，援照中山县民选县长前例，请中央政府，准许地方民选市长"。

四、各团体领袖主持游行一切事物，会务主代表分赴各方请愿。①

会后，全体与会市民依照计划列队齐赴市政府请愿，游行队伍高举"青岛市挽留沈市长市民大会"的横幅，依次领导市商会、各同业公会、各区乡市民、学生等队伍游行到市政府前广场，依当时市民大会会议记录，此次市民大会"蒙沈市长鉴于民众爱戴之热炽，当众允打消辞意。至午后五点钟始散"。②但实际上沈鸿烈只是亲自接见了游行民众并发表了讲话，并未明确表态改变主意。

7月12—15日，第十七届华北运动会在青岛召开。此次运动会乃是沈鸿烈申请并大力承办的。为此次运动会，青岛方面已经准备良久，甚至用2月到6月5个月时间修建成了当时国内首屈一指的青岛市体育场。沈鸿烈还亲自撰写体育场记。此次运动会在全国影响很大，青岛运动员取得了良好的成绩。估计是因为其间沈鸿烈如常主持运动会大局，所以民众以为沈鸿烈已经打消辞职念头。

但是，7月17日凌晨3时，在华北运动会闭幕第二天，沈鸿烈便秘密离开青岛，乘汽车去了威海，且留下手谕，政务由秘书长胡家凤代理。

7月18日中午，青岛市商会接到了威海市商会"沈市长昨日午后太平抵威"的电报。市民大会主席团当即回电威海方面"务请就近挽留为祷"，并提出要派代表驰往挽留。同时，市民大会再次电请军政当局再予挽留。

7月18日下午，市民大会召开紧急会议，公推青岛市商会会长宋雨亭等20余人于19日分乘六辆小汽车前往烟台。烟台各界也派代表六人与青岛代表同乘新铭轮赴威请愿挽留。同时，市民大会向全市民众告知市民大会进一步的挽留行动。再次发起挽留沈鸿烈的号召。③

沈鸿烈抵达威海后，下榻于海军办公处。本拟18日再转乡间。但是威海专员徐祖善接青岛市民大会主席团挽留电报之后，将其留住。同时亦分电汪精卫和黄郛，为之请命。

7月19日上午10时，威海各界于商会礼堂召开挽留沈鸿烈大会，再

---

① 各工会联席会：《沈鸿烈辞职的联系会议》，青岛市档案馆，1937年7月记录
② 青岛市商会：《青岛市挽留沈鸿烈空前市民大会之盛况》，青岛市档案馆，1933年7月。
③ 《挽留沈市长之再接再厉》，青岛市商会：《青岛市挽留沈鸿烈空前市民大会之盛况》，青岛市档案馆，1933年7月图文资料。

次致电军委蒋介石和行政院汪精卫请予慰留。

19日晚8时，青岛、烟台代表乘新铭轮抵达威海，众人抵达后，未做停歇，直赴海军办公处谒见沈鸿烈，沈鸿烈立门前迎接一众代表，与代表握手寒暄，即在办公处举行了谈话会。

7月20日，沈鸿烈在威海东海饭店宴请了青、烟、威各地代表，代表们依旧恳请沈鸿烈打消辞意，但沈鸿烈再次以未奉中央指示为辞。当晚，各地代表又电请蒋、汪、黄请迅速予以慰留。

7月21日，蒋、汪、黄的慰留电报下达，沈鸿烈见到徐专员向他出示的军政当局电报，终于决定回青复职。

7月21日下午1时，沈鸿烈在青、烟代表陪同下，乘汽车离开威海，威海商民悬旗列队欢送。驻威海军更派陆战队20人护送。路过牟平城，牟平县长亦率该县商学各界到城外迎送。

7月21日下午6时，沈鸿烈一行抵达烟台。烟台军队旅长及各界代表欢迎。晚7时在大罗天饭店举行盛大宴会。

沈鸿烈本定于22日午后6时返青，但因为烟台"民众以沈市长历年维持海上治安不遗余力，实数泽被群生"，又"刘军变乱蒙俯允民请派军维持地方治安，尤为惠及该埠"，遂决定准备开市民大会以欢迎沈鸿烈。①所以，回青之日推迟至23日。7月22日上午，在丹桂茶园开欢迎大会，下午1时在烟台山顶举行"海军司令沈公成章纪念碑"揭幕典礼，沈鸿烈亲自揭幕。

同时，赴威海挽留沈鸿烈的主席团代表电告青岛市民大会及各团体，准备迎接沈鸿烈回青：

《青岛市民大会主席代表团欢迎沈市长通告》：

为通告事，顷接主席团代表来电，以市长抵烟后，因该埠筹备市民大会表示欢送，业蒙市长俯允，改于二十三日由潍县启节回青。除分别通知外，务望各处人士于是日下午六时齐集青岛车站恭迓，藉表欢迎为荷。

青岛市市民大会主席代表团启②

---

① 《沈市长回青改期》，青岛市商会：《青岛市挽留沈鸿烈空前市民大会之盛况》，青岛市档案馆，1933年7月。

② 青岛市商会：《青岛市挽留沈鸿烈空前市民大会之盛况》，青岛市档案馆，1933年7月。

7月23日晨4时，沈鸿烈乘汽车离开烟台，经龙口抵达潍县，两地军民都热烈迎送。而青岛方面则有市民大会推定的傅炳昭、丁敬臣、王寿臣、万子玉等六名代表，乘当日早车先赴潍代表迎迓，借致全体市民热烈欢迎之诚意。此外，胶济铁路方面特备了头等车厢两节，挂于济南开往青岛的列车之后。沈鸿烈在青岛代表陪同下，乘火车回青。在高密、胶县等站，均受到军政各界和民众代表的热烈迎送。

7月23日下午5时，提前接到赴威挽留沈市长主席代表团宋雨亭主席等来电报的青岛市各团体，早已由市商会聚齐，同往青岛车站恭候。各界代表五六万人手执小旗，在青岛火车站对沈鸿烈回青表示盛大欢迎。各国驻青领事及外侨也到站迎接。青岛市政府秘书长胡家凤更是率领各局局长及胶济铁路局委员崔士杰、陆梦熊及市商会委员等，迎于数站之外。

沈鸿烈下车后，数以万计的旗子迎着海风招展，民众欢迎之声沸腾，沈鸿烈对接站民众频频点头致意，并与群众一同步行至栈桥，之后登车返回寓所。

7月24日，沈鸿烈到市政府照常办公。

三　事件分析

历史留下的只是简单记录，我们从有限的资料实在难以对当时的情况再做出更多的评论。但是，有几点我们还是可以确信的。

首先，当时沈鸿烈辞职，半是形式所迫，半是真心暂时萌生了退意。一方面，前有崂山事变，后有三舰叛逃，两桩事情前后相距不到两年，蒋、汪方面肯定会责怪沈鸿烈工作不力，相应的惩戒肯定会有，这无疑让沈鸿烈难堪。而连连被亲信同僚友人扣押、刺杀和叛逃，可谓祸生肘腋，也令沈鸿烈寒心。沈鸿烈应该是权衡再三之后，才做出引咎辞职的决定的。而在市民大会之后的二次退隐威海，则可能是进一步的以退为进了。此次事件后，沈鸿烈统帅的东北舰队，改编为海军第三舰队，直属南京海军部统辖。而海军第三舰队司令由原参谋长谢刚哲担任，沈鸿烈专任市长。

其次，青岛各团体，尤其是青岛市商会宋雨亭等人的大力攀留，亦是出于真心。此次挽留沈鸿烈的行动中，青岛市商会和烟台威海各商会出力甚多。这首先得益于沈鸿烈主政后对于青岛经济的振兴所赢得的青岛绅商的好评。沈鸿烈主政后，斥巨资投入海港、码头、船坞等建设，大大提高了青岛港的海运能力。他又创建青岛市物品证券交易所,打破日商长期垄断局面,支持商会组织普利公司以救助青岛土产商。建立银行大楼支持地方金融事业等。这些举措,实实在在地利民利商,这是青岛商会等团体拥护沈鸿烈的主要原因。同时,沈鸿烈同青岛的工商巨子、地方士绅相处融洽,不以官僚身份轻贱商人,甚至与青岛市商会会长宋雨亭称兄道弟结成"金兰之谊",还是宋雨亭加入国民党的介绍人。所以,沈鸿烈辞职隐退威海时,青岛绅商联络各界头面人物,代表市民电请南京政府挽留沈鸿烈。而沈鸿烈兴建学校、安置退役保安队士兵等其他市政举措,也赢得学校、工人等团体的好感。所以,市民大会能组织到多达114个团体,绝非单方面营造声势可以实现。

再次,市民们虽是在市民大会组织下进行了各项挽留活动,但活动成行的根本原因,还是因为沈鸿烈在青岛有实实在在的政绩。如同市民大会上与会代表演说中所说,沈鸿烈作为市长"兴利除弊,不遗余力","为全市市民造福及解除痛苦之善政不胜列举"(齐燕会馆代表张玉田演说)。"对于青岛应兴应革的事物,处处煞费苦心去办",兴办工人、特殊职业甚至妓女改造的补习学校,大力兴建中小学校、师范学校;商业方面,在花生米、花生油落价,农民小商户赔累不堪时,沈鸿烈召集商会和银行及各大土产商会会议,通过请中央减免关税。各银行借贷通融等方法解决危机,这些都是实实在在铭记于百姓心中的政绩(团体代表丁敬臣演说)。市民们"开偌大的会来挽留沈市长,的确是沈市长平日的德政来感化的,这并不是偶然的一桩事。现在全国兵灾、水灾、旱灾,在全国之中,各处各地无不闹灾。唯青岛一市,鸡犬不惊,路不拾遗,夜不闭户,而无任何的灾,各行各业都安居乐业,这都是沈市长致力建设、勤求民隐的功效"(铁路中学校长崔景三演说)。①

历史的真相任由后人猜度评说。但沈鸿烈辞去市长之职,十万市民攀辕挽留这样一件大事,是真实发生过的。且无论宋雨亭等人如何从中推动,民意是做不得假的。据说南京政府最终同意青岛各界代表的请求,使沈鸿烈继续担任青岛市市长。但同时也认为地方民众挽留地方官之风不可助长,据说特下通令,而后不准地方民众挽留地方官。其实,南京政府多虑了。当时国民党政府腐败成风,沈鸿烈这样的市长实在不多。

---

① 青岛市商会:《青岛市挽留沈鸿烈空前市民大会之盛况》,青岛市档案馆,1933年7月。

第七节　焦土抗战与撤离青岛

1936—1937 年，虽然青岛在沈鸿烈治理之下暂时有稳定的局面。但是，由于日本帝国主义意欲再度占领青岛，日本人在青岛不断滋生事端。在 1936 年 10 月之前，沈鸿烈尚能凭借其灵活的外交手腕应对。但随着日本侵华战争的推进，加之"西安事变"等突发事件，沈鸿烈进退维谷，疲于周旋。"七七事变"后，青岛的局势也日益紧张，蒋介石认为青岛已成失去战略价值的孤岛，便一方面电令部署在青岛外围的五十一军调往皖北以防守淮河，同时电令沈鸿烈实行"焦土抗战"政策，并伺机撤离青岛。所谓"焦土抗战"（Scorched earth war）指的是放火烧掉任何可资敌用的财物、设备和房屋，达到以空间换时间的对敌政策。如 1812 年，拿破仑入侵俄国时，俄国人为抗击侵略而火烧莫斯科。1937 年 12 月底，沈鸿烈炸毁日本在青九大纱厂，并沉舰封港后，撤离青岛，结束了其主政青岛六年的政治生涯。

依据沈鸿烈《沈成章概要》中的叙述，当时形势大致如下。

日本自占领青岛后便不断进行侵略。即使在 1922 年北洋政府收回青岛主权后，日本在青势力仍然很大。沈鸿烈主政期间，日本人仍从政治、文化、经济各方面侵略青岛。在经济方面，尤其重视农产加工，"尤致力于纺织业之经营"，"有纱厂九家，纱锤四十五万锭"，还有工商会议所、纺织会社、商船会社、取引所（即交易所）、渔市场"等其他经济组织。又"办理日本中小学及商业学校，发行日文英文报刊以发展其文化"。日本浪人则"常以其驻青海军及驻济陆军武官为护符，在政治上多方捣乱"。在此情势下，沈鸿烈"以攘外必先安内，用是修明内政，发展经济，巩固治安，慎重邦交"，减少日本人滋事的机会。一方面在发生纠纷时"则本大事不让，小事不争之态度，宽猛互济，维我主权，养精蓄锐，待时而动"。在此情势下，沈鸿烈当政期间，"青岛虽屡生事端，尚未酿成大变"①。

---

① 详见沈鸿烈自撰《沈成章先生生平经历概要》之三《生平重要经历》："第三期自二十年十二月服务青岛起至廿六年十二月离青赴鲁止共月六年。"城市建设博物馆馆藏资料。

但自1936年10月至1937年8月底，形势转急。沈鸿烈称此11个月为"日本制造纠纷发难时期"。1936年10月，日本军部派陆军中佐谷荻那华雄来青筹设特务机关。谷荻氏筹设特务机关失败，之后便多方制造纠纷，发动事变。因当时日本驻青武力为海军舰队，谷荻氏多次利用海军滋事，较严重的有两次。一次是1936年12月，因日本纱厂在市立国术馆分设的国术所习武而被造谣罢工动乱，并借机派日本海军军舰十艘来青。12月2日夜，日本陆战队千余人借口日本纱厂工潮登陆，包围国术馆胶济路党部及平民保管（笔者按：疑为讹字），强取各机关文书，并将国术馆秘书向禹、九科长杨廷栋等捕去，割断市内电话线，以示备战。此为"国术馆事变"。另一次便是谷荻氏鼓动纱厂风潮失败后，雇用日本浪人于1937年8月14在青岛德县路枪杀日本海军士兵三人，嫁祸称中国人所为，以期激动海军公愤，进而派兵占领青岛。海军青年军官受谷荻氏煽惑，已将军舰靠岸准备登陆。后经沈鸿烈向日本海军司令下村氏说明经过并周旋后了结。① 加之期间1937年"七七事变"起，青岛形势愈加紧张。

沈鸿烈回忆，"自二十六年八月底至同年九月四日约一个月为我方采取严厉行动迫令日本屈服时期"。1937年"七七事变"后，沈鸿烈便鉴于当时情势紧张而驻青海军兵力单薄，特电准中央由驻海州之税警总团调拨了两个团到青协防，并于7月下旬移驻青岛胶州湾。"八一四海军事变"发生，沈鸿烈意识到情势急切，日军可能随时登陆，于是采取主动派兵入市区扼守要点。税警全团乃于14日当天的深夜开拔到达指定地区，据守四方、沧口外围高地要点，并在李村附近设团部以控制四沧接应市内，更增调税警第六团三千余人自海州驰援青岛。并宣布戒严。除了积极防御，沈鸿烈亦积极备战，以强硬态度回应英美海军总司令及其驻青总领事等劝和缓局势者，并对日本各大报社新闻记者二十余人表明守土有责，与青岛共存亡的决心。日军因沈鸿烈态度坚决，从8月底形势趋于缓和。8月30日，日本大樱总领事到市府与沈鸿烈达成协议，决定撤退全部侨民，驻青领事馆及海军亦同时撤退。经双方政府同意，日本官民乃于9月4日正式下旗归国，日本海军亦随同离厂，10月1日，蒋介石任命沈鸿烈为青岛

---

① 详见沈鸿烈自撰《沈成章先生生平经历概要》之三《生平重要经历》："第三期自二十年十二月服务青岛起至廿六年十二月离青赴鲁止共月六年。"城市建设博物馆馆藏资料。

陆海军总指挥。①

对于摧毁纱厂事件，据《沈成章概要》所述，自"七七事变"起，日本开始进兵津沪，我国纱厂悉被摧残，国内抗日之情激愤，民众中主张摧毁位于青岛的日本纱厂以为报复的呼声也很高。因而从1937年9月底开始，沈鸿烈便奉命对于破坏行动做准备，与相关执行人员进行了妥慎筹划。当时的青岛有日本九大纱厂，九大纱厂绵亘于四方沧口一带，长达二十余华里，厂地坚固，规模宏大，并且各厂均装有自动防火设备及蓄水池。简单的纵火破坏等活动并不能对其造成实质性的破坏。经过商量，最终决定准备用大量炸药，以电线、木柴、汽油及各该纱厂堆积如山的棉花、棉纱以为引火之具，将其机器和房屋分别爆炸烧毁。实施爆破的人员按九大纱厂需要分设爆炸队若干，其上又特设一总破坏队统一指挥。队员分三类：有电工、铁工、木工等人员以充实技术之用，各该纱厂工人作为参与爆破队人员，其中尤其以曾习国术者为主，因为他们更熟悉厂内机器防火装备、重要设施、物资储备等。此外还配以保安队千余人从事内部技术工作。12月16日，军事时机成熟。沈鸿烈电报蒋介石请示于17日奉命将敌产悉予破坏。18日，青岛宣布全市戒严，并于破坏前两小时分别通知各驻青欧美领馆本市各机关团体。午夜后8时开始破坏。九大纱厂同时起火。烟焰冲天。爆声震地。大火足足烧了6日。至25日沈鸿烈亲往视察。九大纱厂已成灰烬。随后，沈鸿烈又对散布各处的工厂一律进行焚烧。日本人多年经济的根基至此乃悉归毁灭。②

在《沈鸿烈生平轶事》一书中，时任国民党军委会防空处上校及青岛警察局局长的廖安邦和当时在爆破纱厂中起重要领导指挥作用的爆破队长马锡年对这段历史的叙述与沈鸿烈所述有一定差别。

依廖安邦所记，1937年5月，沈鸿烈鉴于情势需要，开始加强青岛市防务。他向蒋介石请求派三名高级军事知识人员到青岛协助防务，防务、工兵、炮兵各一员，且要求学历最低陆军大学毕业。廖安邦遂被蒋介石由南京派往青岛协助沈鸿烈布置青岛地区国防工事及防控措施。其间廖安邦不满于沈鸿烈事无巨细亲自过问的工作作风，曾产生龃龉，沈鸿烈之

---

① 详见沈鸿烈自撰《沈成章先生生平经历概要》之三《生平重要经历》："第三期自二十年十二月服务青岛起至廿六年十二月离青赴鲁止共月六年。"城市建设博物馆馆藏资料。

② 同上。

后将国防建设工事全权交予廖安邦负责。"七七事变"后，日军于 8 月进攻上海，位于黄海之滨的青岛作为国防前哨局势更加紧张。因当时青岛警察局局长王时泽辞去局长一职，沈鸿烈便让擅长国防计划工作和防空计划的廖安邦接任了警察局局长的职务。廖安邦当时并不愿就职，沈鸿烈为此颇费了一番心思。任命一名陆军大学毕业且抵抗态度坚决的军人担任警察局局长，又一度激起日本方面的骚动，日本的浪人、汉奸和间谍又借机在市内掀起一波事故。廖安邦将青岛市当时的五个警察分局共计两千余警察分编为五个大队，由原分局各局长任队长，各队编制完全按照陆军要求，各队集中训练。

依廖安邦所述，"七七事变"后，蒋介石即密电沈鸿烈，令其在必要时将纱厂全部销毁，但仅指示为"必要时"，并未具体规定时间。而对于沈鸿烈直至 12 月份才执行爆破纱厂计划，廖安邦认为是沈鸿烈抵抗态度不坚决。廖安邦对于沈鸿烈当时迟迟未肯爆破纱厂的举动是这样分析的，他认为当时中国政府估计到如果断然破坏纱厂而强迫撤侨，势必造成日本海军强势登陆而青岛难于防守，所以未指示具体时间；日本侨民方面因为在青人数众多，且拥有大量资产，并不愿日本海军登陆而危及其生命财产安全；而日本陆军虽想海军早日登陆以缩短战斗时间及战线距离，以及人力物力消耗，但是日军海军则可能想兼顾日侨的利益而选择适当时机再登陆。当时的日本海军司令又曾是沈鸿烈旧日同学，二者在暂缓登陆和破坏纱厂方面有默契。廖安邦认为以上这些原因造成沈鸿烈迟迟未破坏纱厂。后来廖安邦还劝沈鸿烈要认清青岛不能苟安一隅，应坚决抗战云云。①

但依据当时在爆破纱厂中起重要领导指挥作用的爆破队长马锡年叙述，沈鸿烈其实早在 1936 年初，便开始了对青岛工厂爆破活动的布局。只是活动安排过于秘密不为廖安邦等所知。据马锡年回忆，1936 年夏天，马锡年在北平南苑二十九军教育处任中校工兵教官时，便接到友人殷组誉书信，称沈鸿烈为了在必要时炸毁青岛工厂，有意邀请他到青岛培训爆破人员。但因书信延迟月余，其间改请他人。1936 年 10 月，马锡年再次被沈鸿烈请到青岛。当时沈鸿烈特意设宴欢迎，并表示"帝国主义欺我太

---

① 详见廖安邦《奉命协助沈鸿烈办防务纪略》，青岛市政协文史资料委员会：《沈鸿烈生平轶事》，新华出版社 1999 年版，第 116 页。

甚，必须予以打击，国耻必须洗雪，一切牺牲在所不计"。随后，沈鸿烈便将马锡年安排到登州路海军学校，令其培训爆破人员。只不过当时的青岛，秘密监察青岛市政府的日本特务及汉奸甚多，所以，当时对于爆破人员的培训在严格保密的状态下进行。当时的培训班对外称作"保安干部训练所"，内分通讯、兵工两个班，兵工班实际上就是爆破班。受训人员由保安队、公安局、清洁队班长以上的下级干部中抽调。沈鸿烈亲任保安干部训练所所长，马锡年做主任教官。秘密培训一直持续半年，于1937年春结束。受训人员基本掌握了基本通讯和爆破技术。其后，马锡年被调到青岛市保安处充任通讯股股长。这些发生在廖安邦调往青岛之前。"七七事变"后，沈鸿烈便命令马锡年负责爆破工作，8月中旬，更让马锡年携其致省长韩复榘的亲笔信，秘密前往济南请求韩复榘支援青岛TNT黄色炸药和雷管，最终从济南带回黄色炸药8吨，雷管1500个。从济南白马山弹药库几经波折秘密运回青岛，并由海军兵营运到指定地点藏储。9月，沈鸿烈正式向马锡年下达爆破日本工厂的任务。任命马锡年为通讯爆破队长，领导三个爆破队长，两个通讯中队，所有队员皆是曾接受干训所爆破培训的人员。其间，虽有些意外事件发生，但爆破计划准备工作秘密顺利进行。12月7日，沈鸿烈接到了南京中央政府决定爆破工厂的命令，于是命令马锡年及保安队大队长朱子铭等人进一步秘密商议爆破工作，并最终决定由此六人担任爆破指挥官指挥爆破。12月8日，炸药、雷管、木柴等爆破器材及相关人员被秘密用汽车依计划潜运入各工厂，继而秘密安置炸药，堆积木柴，关闭水门的工作。14日晚，马锡年等六人详细察看各厂进度，并作最后检查工作。18日下午4时，沈鸿烈下达执行命令：（一）当晚8时开始引爆点火；（二）爆破由各指挥官率有关队长亲至各厂复检；（三）不达预期目标，各指挥官以头授余；（四）对表，准备执行任务。5时，开始戒严，断绝行人。7点50分，各火手进入指定位置，8时，各厂同时引爆。日本九大纱厂尽付之一炬，而国人经营之华新纱厂则未遭破坏。①

除了纱厂爆破以外，沈鸿烈还指挥了封舰沉港的工作。12月19日，蒋介石复电令沈鸿烈炸毁日商纱厂及其重要企业，称："彻底爆破日本工

---

① 详见马锡年《爆破日本工厂经过》，青岛市政协文史资料委员会：《沈鸿烈生平轶事》，新华出版社1999年版，第122—129页。

厂，殊堪嘉许，今后行止可自行酌情决定。"① 12月25日，日本驻青总领事率员降旗回国。同日，沈鸿烈派海军第三舰队司令谢刚哲为正、袁方乔为副负责指挥并监督执行沉舰封港工作。将装满沙石、煤渣的镇海、永翔、楚豫、同安、江利等五艘军舰及港务局所属的飞鲸、土星等五只小火轮，驶到大港和小港附近航道上，打开舱底的海底门，放水入舱，将舰只沉到水下，完成封锁港口的工作。而沉舰之前，除各舰主力炮太重不能卸下之外，其余所有小钢炮、机关枪等都被先行卸下，随后连同各舰轻机关枪、步枪等轻武器，将各舰士兵300余人编为一个舰炮队，派谢刚哲率领开往鲁西南。但或许因撤离工作繁忙，时间紧急，沉舰封港工作做得并不彻底。其中因永翔舰舰长李信候执行不力，该舰沉水后桅杆尚露出于水面，所以在日军占领青岛后很快被打捞出，成为汪精卫伪海军基地司令鲍一民的旗舰。而港口各项重要措施未破坏彻底，各处灯塔也只是撤离人员，港内外灯塔及港湾浮标未拆，大港之外港湾仍可畅行，并未对日本占领青岛造成太大阻碍。②

12月26日，日本海军封锁了青岛海面。27日，"沈鸿烈下令撤退，机关、学校公教人员约千余人即日出发，经诸城、莒县到临沂集合，随后撤退"。③ 1937年12月30夜10时，沈鸿烈还将马锡年召到市政府下达将海西无线电高杆和啤酒厂破坏后立即撤退的命令，马锡年于31日完成任务后，集合队伍离青，经胶县往诸城与沈会合。④ 12月31日拂晓，沈鸿烈带队撤离青岛。

在国泰民安的今天回望那段动乱的历史，对比今夕青岛的繁华安定与当年的战火弥漫，不能不让人生出许多感慨。对于那段历史，我们大致是可以把握的，但对于细节的探究，就有些难了。正如从沈、廖、马三人的述说中，我们可以肯定沈鸿烈确然执行了"焦土抗战"政策，并在守土

---

① 芮麟：《沈鸿烈长青六载琐记》，青岛市政协文史资料委员会：《沈鸿烈生平轶事》，新华出版社1999年版，第88页。

② 详见袁方乔《沉舰封港的真相》，青岛市政协文史资料委员会：《沈鸿烈生平轶事》，新华出版社1999年版，第129页。

③ 芮麟：《沈鸿烈长青六载琐记》，青岛市政协文史资料委员会：《沈鸿烈生平轶事》，新华出版社1999年版，第88页。

④ 详见马锡年《爆破日本工厂经过》，青岛市政协文史资料委员会：《沈鸿烈生平轶事》，新华出版社1999年版，第128页。

无望的情况下撤离了青岛。但对于纱场爆破到底是预谋已久还是奉命最终不得已为之，我们只能猜测，沈鸿烈对当时日军侵华战火燎原，青岛不可能苟安一隅的情形，早就有清醒认识，并且早就有暗中之安排。这从他申请廖安邦到青岛做防务，且不顾廖安邦的主观意愿和日方压力，让他担任警察局局长等行为都可以看出来。若马锡年之说属实，则沈鸿烈对于不惜代价回击日本也是早有准备的。但沈鸿烈又确实如廖安邦所说，在接到蒋介石命令后没有立即执行破坏计划，一则可能是沈鸿烈需要寻找时机，一则从情感角度来讲，施行"焦土抗战"，对于沈鸿烈而言应该是个非常困难的决定，毕竟他为建设青岛倾注了太多的心血。

历史总有遗憾，因为当时日军侵华脚步日益紧迫，青岛岌岌可危。沈鸿烈各方面周旋应对，终于还是于1937年被迫撤离青岛。当时沈鸿烈在青岛实施的是一套长远的、整体的发展计划，在德占日据时代留下的现代化城市硬件基础上，启动了同样重要的软件基础建设，影响深远。若沈鸿烈当时于青岛建设的诸多宏伟规划能够完全实施，青岛的发展应该会是另外一番面貌。而无论其后来的政治作为或立场如何，沈鸿烈主政的几年间，为青岛做出的许多成绩，是应该给予充分肯定的。当然，历史又是善待青岛的，沈鸿烈之于青岛的遗憾，并没有成为青岛的遗憾。这个得山水之资的宝地，在中华人民共和国的建设下，发展日新月异，较之当年沈鸿烈所畅想之人口百万，融工商、旅游、工业于一体的国际大都市，发展得更美好。想来，这也是沈鸿烈所喜闻乐见的。

第四章

离开青岛后的政治生涯

1937年12月，沈鸿烈奉命撤离青岛。次年，山东省主席韩复榘因不战而逃，被处以死刑，沈鸿烈临危受命，成为继任者。但因山东沦陷，他任主席的四年间，省政府到处迁移，一直处于流动状态，工作开展得极为艰难。之后，他先后担任过国民政府农林部部长兼国家总动员会秘书长、国民党中央党政工作考核委员会秘书长、浙江省府主席、考试院铨叙部部长等职，其中，任期最长的农林部部长，也只有短短两年八个月。他主观上虽想有所作为，但因国民党内派系纷争，时局不稳，加之年事已高（任农林部部长时已60岁），因此他在后期的政治生涯中，已很难如主政青岛时那样，有可圈可点的业绩了。

第一节 任山东省主席

1937年"七七事变"以后，日本侵略者大举鲸吞中国，侵华战争逐步升级。当年12月，蒋介石认为青岛已成孤岛，已失去了战略价值，"将部署在青岛外围的五十一军调往皖北，防守淮河，同时电令青岛市长沈鸿烈撤离青岛。坐镇徐州的第五战区司令长官李宗仁，命令驻在临沂的山东省第三区专员张里元，接应沈鸿烈向鲁南撤退"①。沈鸿烈把日本人在青岛的九家纱厂爆炸破坏后，率领其海军陆战队及其他军政人员撤出青岛，迁至诸城、沂水一带。②

1938年春，日寇的铁蹄践踏到山东境内，当时山东省政府主席韩复

---

① 张希周：《沈鸿烈撤出青岛之后》，青岛市政协文史资料委员会：《沈鸿烈生平轶事》，新华出版社1999年版，第131页。

② 吕春晖：《沈鸿烈在沂源》，《齐鲁明珠》2012年第5期。

榘为保存实力，抗令不遵，不战而逃，被蒋介石诱捕后处以死刑。韩复榘被捕后，蒋介石有意让于学忠接任，于学忠考虑到韩复榘从济南撤到鲁西南后，山东省政已乱，情形极为复杂，自己不熟悉山东情况，对韩复榘的旧部亦难以指挥，表示最好只接任第三集团军总司令职务，不兼任山东省政府主席，并且向蒋介石推荐了沈鸿烈。沈鸿烈是旧东北军人，加上自1931年任青岛市市长后，一直在青岛及山东活动，对山东情况较为熟悉，而且他的海军陆战队也在省内，是山东省政府主席比较合适的人选。"蒋（介石）在开封召见了沈，面授机宜，希望沈公忠体于国，勉力以赴，勿负期许。沈欣然受命。不久行政院正式特任沈鸿烈为山东政府主席兼保安司令。"①

一 曹县时期

1938年1月24日，沈鸿烈赴当时的山东省政府所在地曹县就任。原青岛市的大批干部，都已作鸟兽散。由青岛退出的警察和海军陆战队，不到3000人，散驻在诸城、日照、临沂各地，人困马乏，疲惫不堪。沈鸿烈当即派专人去收容。沈鸿烈轻装简从到达曹县时，省政府也只是空架子，省政府高级人员除教育厅厅长、民政厅厅长外，其他各厅厅长多已不知去向。② 从省到县乡的行政机构，均已瘫痪。沈鸿烈感到事态严重，发动在职人员，通知离职人员迅速回省政府报到。这一时期，沈鸿烈的主要工作如下。

第一，组成新的省政府。当时在鲁西的省政府人事组织情况如下：民政厅厅长李树椿、财政厅厅长王向荣、教育厅厅长何思源，都是韩复榘主鲁时的原省政府成员。建设厅厅长张鸿烈在韩复榘被捕前就离职了，沈鸿烈电请国民党中央派人，国民党中央就任命游击第五纵队司令兼省党部常委秦启荣任建设厅厅长。秘书长由前青岛市教育局局长雷法章接任，李树椿被免职后，雷兼任民政厅厅长。③ 因教育厅厅长何思源在鲁北，建设厅厅长秦启荣主要搞军事，财政厅厅长王向荣后病死，所以这三个厅都由秘

---

① 谢云祥：《在沈鸿烈身边十一年》，青岛市政协文史资料委员会：《沈鸿烈生平轶事》，新华出版社1999年版，第23—24页。

② 王志民主编：《山东重要历史人物》第6卷，山东人民出版社2009年版，第106页。

③ 崔基成：《记国民党山东省政府主席沈鸿烈》，青岛市政协文史资料委员会：《沈鸿烈生平轶事》，新华出版社1999年版，第142页。

书主任代行厅长职务。教育厅的秘书主任为刘道元（后任教育厅厅长、民政厅厅长，王耀武任主席时任省政府秘书长，后去台湾），财政厅的秘书主任为孟石符，建设厅的秘书主任为赵公鲁，① 省政府委员有王仲裕等。军事方面，设全省保安司令部，以廖安邦为参谋长，以宁春霖为参谋处处长，副官处处长朱某（前海军陆战队副司令），经理处处长王心锦，军法处处长刘宪亭，政治部主任邓继禹，警察大队大队长肖洪顺等，这些人均系沈鸿烈之旧部。电务室主任谢云祥是沈鸿烈的外甥，电台八部总台长沈士祥是沈鸿烈的侄子。另有八人为分台台长，均为沈鸿烈之旧部。②

第二，重建各级政权。他通过巡视各县，迅速恢复了各级行政组织。为解决财政及军需供应问题，安定人心，推动抗日工作，起到了积极的作用。

第三，扩充军队。沈鸿烈到曹县之后，就将青岛保安队编入海军陆战队，调整了海军陆战队的人事，由杨焕彩代替张赫然任海军陆战队司令。整编游击部队，收编地方武装。这时山东各地游击部队多如牛毛，良莠不齐。沈鸿烈深入各地，召见各游击部队领导人，根据各部的人员数额、武器装备、训练状况，整编成保安旅、团，交由专区或县统一指挥。供应由专区、县统筹解决，严禁各部任意征收。③ 一时被编为保安团的，有安丘的李迎仙部，昌乐的张天佐部，蒙阴的郑小隐部，沂水的孔庆铭部等；被编为保安旅的有寿光的张景月部，莒县的许树声部，郯城的梁钟亭部，胶县的姜黎川部，章丘的翟毓蔚部等。除了保安团、保安旅，还有两个保安师。保安一师师长吴化文，是原韩复榘旧部的手枪旅，沈鸿烈电请国民党中央将其扩编为新四师，于怀安为副师长，由于沈鸿烈是鲁苏战区副司令，所以新编第四师归鲁苏战区统一指挥；保安二师师长张步云。此外，成立教导一、二两个团，一团团长沈尹，是沈鸿烈之同族；二团团长刘冠雄，是沈鸿烈的旧部。④

---

① 万永光：《任山东省政府主席时的沈鸿烈》，《春秋》1998年第2期。

② 崔基成：《记国民党山东省政府主席沈鸿烈》，青岛市政协文史资料委员会：《沈鸿烈生平轶事》，新华出版社1999年版，第143页。

③ 谢云祥：《在沈鸿烈身边十一年》，青岛市政协文史资料委员会：《沈鸿烈生平轶事》，新华出版社1999年版，第25页。

④ 张希周：《沈鸿烈撤出青岛之后》，青岛市政协文史资料委员会：《沈鸿烈生平轶事》，新华出版社1999年版，第133页。

在此期间，日军企图攻占台儿庄，打通津浦线，夺取徐州，由济南经高密、潍县、益都等县南下。沈鸿烈得悉这一情报后，立即电令海军陆战队、青岛市保安队配合当地民众，一起狙击日军。2月，陆战队在莒县的将军岭、青岛市保安队在沂水的穆陵关等地，先后伏击日军，予以沉重打击。4月，台儿庄大捷之后，敌军增援反扑，徐州危急。5月19日，徐州撤守，各路大军及地方机关、团体纷纷后撤，人心惶惶，秩序一片混乱。海军陆战队与青岛保安队经过将军岭、穆陵关两战役，减员很多，弹药消耗殆尽。曹县已成为前线，随时可能受敌。蒋介石电令沈鸿烈到敌后游击，沈鸿烈精简政府人员，准备挺进敌后。沈鸿烈先派省政府视察员胡学仁带少数人员和一部电台到鲁西、鲁北视察情况。沈鸿烈得到胡的调查报告后，"带秘书长雷法章、保安司令部参谋长廖安邦、参谋沈尹、电务主任沈仕祥、财务卢成璋、秘书邓楚雄、副官夏子清等及卫士20余人，保安队队员四五十人，由曹县经定陶、巨野、东平等县到达东阿县城"①。从此，省政府开始了长达半年多的鲁西、鲁北流动时期。流动过程中，省府职员大部疏散，只留少数人组成行动小组随沈鸿烈活动，不分厅处办公。②

二 鲁西、鲁北流动时期

从曹县出发后，3月分批北进，经郓城到达第一目的地东阿县城。转移到东阿后，沈鸿烈开始与地方联系，着手建立已经瓦解了的地方各级行政组织。同时做继续前行的准备，组织"省政府行政督导团"，先行联络。③ 在东阿县时期，设立鲁西行署，行署主任李树椿，李辞职后，由省府委员孙良诚兼任。行署作为省政府代表机关，领导辖区军政事务。这一时期，沈鸿烈在东阿一带招募新兵，借以补充他的嫡系部队教导一、二团。其中教导一团扩充到一千余人，二团只扩充到四五百人，并把吴化文部扩充到三千多人。

1938年5月，沈鸿烈在东阿县的文庙内组建了《山东公报》社，任命杨沛如为社长。《山东公报》为四开面、两版，出刊不到半年，由于日

---

① 沈尹：《随沈鸿烈敌后抗战四年》，青岛市政协文史资料委员会：《沈鸿烈生平轶事》，新华出版社1999年版，第188页。

② 王卫红：《沈鸿烈主鲁的是是非非》，《档案故事》2008年第7期。

③ 同上。

寇"扫荡",被迫多次迁移,人员物资损失严重,至 1938 年秋转移到蒙阴县的鲁村镇,由国民党莒县县长许笠夫协助,从莒县一家私人印刷厂购买了机器和铅字等,遂又恢复出版。《山东公报》的内容主要是沈鸿烈的抗日活动、政府的施政纲领、生产情况等,每期出版后,各行署县都派人来取,有的通过邮寄分发出去。沈鸿烈离开山东,牟中珩继任省主席后,《山东公报》仍然出版,直到 1946 年王耀武任国民党山东省政府主席后,将《山东公报》改为《新报》始告结束。①

在抗日宣传方面,沈鸿烈在东阿还成立了儿童宣传团,对团长吴倩予以鼓励,让她扩大组织,重视文娱活动,多排节目,到各专区、县演出,激发民众抗战情绪。② 为了在敌后恢复国民党政权,在东阿县派出政治视察团,从鲁西至鲁北转鲁南,任命团长刘道元,视察敌后国民党县政府工作情况。③ 此外,沈鸿烈还召集了十几个县的地方人士,包含国民党骨干分子、土豪劣绅及文教界的知识分子百余人,开了一次所谓"救亡工作讨论会"。表面上是号召各界动员人力物力财力抗日救亡,实际是发动和鼓励国民党骨干分子,联合土豪劣绅,组织部队,保护国民党政权,排斥八路军的发展。之后 10 月在惠民,11 月在博兴,也都同样召开了这种"救亡工作讨论会"。④

1938 年 6 月,沈鸿烈在东阿立足尚稳,日军就出兵进攻,沈鸿烈率领山东省政府人员由东阿转聊城,将省政府驻地迁至寿张县张秋镇。7 月中旬,日军向聊城进犯,沈鸿烈率领省政府再次转移,先至临清后移向鲁北,自禹城、平原间越过铁路,经临邑进入鲁北惠民。⑤ 沈鸿烈决定在鲁北设行署,鲁北行署设在沾化、利津的黄河口一带(今垦利县),任命何思源担任行署主任,刘景良的部队担任行署警卫。沈鸿烈将海军陆战队留给何思源,作为鲁北行署的基本部队。又派《山东公报》社长杨沛如去

---

① 吕春晖:《沈鸿烈在沂源》,《齐鲁明珠》2012 年第 5 期。
② 沈尹:《随沈鸿烈敌后抗战四年》,青岛市政协文史资料委员会:《沈鸿烈生平轶事》,新华出版社 1999 年版,第 191 页。
③ 李继曾:《我所知道的沈鸿烈》,青岛市政协文史资料委员会:《沈鸿烈生平轶事》,新华出版社 1999 年版,第 177 页。
④ 邓继禹:《我所了解的沈鸿烈》,青岛市政协文史资料委员会:《沈鸿烈生平轶事》,新华出版社 1999 年版,第 165 页。
⑤ 王卫红:《沈鸿烈主鲁的是是非非》,《档案故事》2008 年第 7 期。

胶东，设鲁东行署，鲁东行署设在莱阳，委卢斌为鲁东行署主任，后来卢斌被杀后，以李先良为行署主任。①

9月下旬时，河北省坚持抗日的共产党人为团结国民党共同抗日，与国民党河北省政府主席鹿钟麟商量，定于在河北省南宫举行河北、山东两省国共两党军政首脑会谈，交换互相配合抗日的意见。沈鸿烈率参谋处处长宁春霖，政治部主任邓继禹，专员范筑先、张雪山等，到达河北省政府及冀南特区所在地南宫，会晤河北省政府主席鹿钟麟和共产党冀南行署主任杨秀峰。在杨秀峰专员主持下，三方主要干部开了两天两夜的会。沈鸿烈回山东之后，宣布实行国难薪给制，不分等级，每人每月30元。随后沈鸿烈巡视到山东最北部的乐陵，在这里与八路军肖华、黎玉会晤，研究了对八路军的供应问题。②据称南宫会议时，沈鸿烈与鹿钟麟曾在会外举行密谈，"决定对八路军采取表面敷衍、实际限制的策略……自此之后，山东、河北两省出现了全面的反共局面"。会后，沈鸿烈来到鲁北惠民，宣布"八大政策"，"公开提出'一个党、一个领袖、一个主义、一个政府'的口号，要共产党服从国民党，要八路军接受国民党的统一指挥"③。从这些做法可以看出，沈鸿烈当时是反对和抑制共产党的。

沈鸿烈在鲁北布置完毕，于10月间由惠民东移至利津境内，在利津逗留月余。年底，利津失陷，鲁西北和鲁北的情况复杂，省政府机关南下移进鲁南山区，结束了在鲁西、鲁北的流动。④

总之，沈鸿烈主政山东后一年左右的时间里，率省政府转退为进，对已经溃乱的国民党地方军政产生了一定的维系作用。但省政府无固定驻地，处于流动之中。省政府的控制力量很弱，既不可能统一全省的军政系统，也不可能领导和指挥全省军政活动。沈鸿烈虽采取了一些措施，力图改变这种局面，但措施效果不明显，只是对其走过的地方产生了一定的影响。沈鸿烈为了重建省政，规划了专员区，但并未发挥应有的作用，地方

---

① 李继曾：《我所知道的沈鸿烈》，青岛市政协文史资料委员会：《沈鸿烈生平轶事》，新华出版社1999年版，第178页。

② 谢云祥：《在沈鸿烈身边十一年》，青岛市政协文史资料委员会：《沈鸿烈生平轶事》，新华出版社1999年版，第26页。

③ 邓继禹：《我所了解的沈鸿烈》，青岛市政协文史资料委员会：《沈鸿烈生平轶事》，新华出版社1999年版，第166页。

④ 王卫红：《沈鸿烈主鲁的是是非非》，《档案故事》2008年第7期。

行政亦如省政府一样，缺乏力量与号召力。

三 东里店时期

其实早在1938年秋，沈鸿烈就曾多次派人到沂源东里一带考察山川地势及交通情况，计划建设、安置省政府机关。10月间派后勤人员一部，选定东里文山南麓一片地盘，就地取石，大兴土木，很快建成了省政府办公室、住宅、礼堂及党、政、军、团体机关、学校房舍，绵延二三华里。[①]

1938年冬，沈鸿烈所属省政府机构、人员、部队、器械辎重陆续进驻东里店，因房舍不足，相当一部分住进了民房、商号。当时省政府机构主要有：国民党山东省党部（书记长牟希禹），外有四厅——民政厅（厅长雷法章）、财政厅（厅长王向荣）、建设厅（厅长秦启荣）、教育厅（厅长何思源）；还有几大处室和几个委员会：省政府秘书处（秘书长雷法章）、总务处（处长韩朴山）、军法处和公安处（处长董胡子），省政府办公室、电务室（主任谢云祥）、省动员委员会（主任委员刘旭初）、省政府计划委员会（主任委员沈鸿烈兼）。还有山东省民生银行、山东省公报社，以及各专区驻省办事处等，皆随政省政府入驻东里店。省政府的主要警卫兵力是教导一、二团，为沈鸿烈贴身护卫，其次是海军陆战队，他们装备齐全、弹药充足，机动战斗力强，新四师吴化文部驻于益都南面临朐蒋峪驻防。[②]省政府驻于东里店后，以东里店为中心，东至东安，西至苗庄，南至唐庄、薛家峪，北至黄崖子、墨牛官庄、绳庄，纵横约20华里内暂定为省会区。由于省政府的进驻，东里店人员骤增，各地工商业者、商贾摊贩纷至沓来，旅馆、饭店、澡堂、客栈、百货、糕点、五金、绸缎等店铺均开张营业，生意兴隆活跃。东里店俨然成了鲁中山区的政治、经济、文化中心，红火一时，煞是热闹。

沈鸿烈为经营鲁南主要做了以下准备。一是于1939年1月13日在沂水发表了整理军事、发展民运、调整财政的讲话。讲话反映了他试图立足鲁南、经营鲁南的决心，同时也反映了他力图控制地方军政的欲望。二是公布了山东省施政方针，即所谓"山东省政府之八大政策"。政策贯穿了

[①] 吕春晖：《沈鸿烈在沂源》，《齐鲁明珠》2012年第5期。

[②] 同上。

"抗战高于一切"的精神。这"八大政策"涉及国民党山东省政府全部军政活动，也可以说是沈鸿烈的施政纲领。沈鸿烈在"八大政策"中，只字未提与共产党的合作，说明他对国民党蒋介石集团的消极抗日、积极反共的政策是亦步亦趋的。三是宣布筹备成立民意机关——山东省临时参议会。四是于1939年2月召开了鲁南军政（联席）会议，这是沈鸿烈到鲁南后召开的一次重要会议。这次会议有其积极的一面，也有其反动的一面。积极的一面是：第一，整个会议贯穿着坚持抗战的精神；第二，会议虽然对于各抗日党派的合作问题还没有明确的纲领和具体的办法，但确定了"精诚团结、互信互让"的原则。沈鸿烈召开这次会议的根本目的是向各方面说明，作为山东省的唯一合法政府——国民党山东省政府已进入鲁南，要担负起指挥全省军政活动的任务，要把各方面的军政力量和活动统一于省政府的控制之下。所以，沈鸿烈在会上提出了"统一划分防线""统一指挥""统一行政""给养粮秣，统筹统支"等规定和要求，实际上是限制共产党和八路军的军政活动。① 鲁南军政会议后不久，省政府机关移驻沂水东里店，自此进入了近四个月的相对稳定期。

沈鸿烈在人员齐备的条件下，积极开展工作。主要有以下几项。

第一，建立健全省府各单位机构和党、团及地方（专区、县）行政机构。

第二，成立了山东省党政军干部学校，由蒋介石兼任校长，沈鸿烈兼任副校长。校内设总务、教务、军训、政训四处，各处负责人由蒋介石派来的国民党山东省党部委员陈惕庐、牟尚斋及军校学生担任。② 干校内分党务、军事、民政、教育、民运、无线电通讯等班，分别由各主管部门领导人员任班主任，如民政厅厅长雷法章任民政班班主任，参谋处处长宁春霖任军事班班主任等。学员主要是分期分批调训各区、县党政军工作干部，也招收一部分知识青年，除电讯班外，其他各班，每期两月，1/3的时间学政治，2/3的时间学业务，结业后派赴各专区、县工作。沈鸿烈对干校工作非常重视，常常亲自上大课（各班共同学习的课程称为"大课"，各班分别由主管部门讲授的课程称为业务课），并在训练过程中，接见一部分学员进行个别谈话，了解地方情况，沟通上下关系。通过干校

---

① 王卫红：《沈鸿烈主鲁的是是非非》，《档案故事》2008年第7期。
② 谢云祥：《在沈鸿烈身边十一年》，青岛市政协文史资料委员会：《沈鸿烈生平轶事》，新华出版社1999年版，第27页。

训练工作，使地方干部增强了对省政府的向心力，提高了沈鸿烈的威信，这对于维持他在山东的统治起到了一定的作用。① 沈鸿烈离任后，省干校按照国民党政府的统一规定，改称"山东省训练团"。因局势变化，不久就停办了。

第三，收编地方武装，抓紧培植个人军事势力。沈鸿烈深知战乱时代兵戎的重要，他收编地方上的草头王、地头蛇及拥兵自重的土匪武装，凡是顺从他者，予以封官晋爵，付给相当数量的薪俸，并给番号，使其成为合法武装。如寿光县的张景月，有三个团的武装力量，沈鸿烈即委任他为十四专区专员兼寿光县长、保安第十六旅旅长等职；昌乐县的张天佐，原是韩复榘时代的昌乐县公安局局长，日寇侵占山东后，到昌乐县南部山区搞所谓游击活动，实则骚扰地方，敛财害民，亦被沈鸿烈委为昌乐县长；还有惠民的刘景良、高密的张步云、莒县的许立夫、历城的岳伯芬等等，有的封县长，有的封县保安队长。刘桂堂大惯匪，被编为山东省保安第十三旅；临朐的窦来庚被编为保安第十七旅；鲁南的王洪九也被改编为保安旅；此外还编了许多保安团、大队、支队、分队等。在此期间，沈鸿烈共收编了3个保安师、16个保安旅、数十个保安团、几百个保安大队等。②

第四，开办各种工厂，供应急需。如办印刷厂，出版《山东公报》，印刷军用地图及民生银行钞票；设皮纸厂、毛线厂、被服厂，发动商人组织消费合作社，生产采购日用物品，支援抗战等。③

第五，重视教育。沈鸿烈督促教育厅采取措施使各地中小学校复课，又创办了几所联中，吸收外地流亡来的学生、社会青年、机关子弟，凡具有高小水平的均可入学。其教材大都是自编的。另设有军训课，政治上贯彻国民党"三民主义""五权宪法""党意浅说"等教育思想。毕业后从事县、区地方军政工作。这样的学校共有八处，都在省会区内。由于形势所迫，校址经常转移，所以也叫"游击学校"，另外也办了一些农民夜校。④

---

① 万永光：《沈鸿烈主鲁见闻》，青岛市政协文史资料委员会：《沈鸿烈生平轶事》，新华出版社1999年版，第184页。

② 吕春晖：《沈鸿烈在沂源》，《齐鲁明珠》2012年第5期。

③ 谢云祥：《在沈鸿烈身边十一年》，青岛市政协文史资料委员会：《沈鸿烈生平轶事》，新华出版社1999年版，第27页。

④ 吕春晖：《沈鸿烈在沂源》，《齐鲁明珠》2012年第5期。

第六，为了减去飞机投递经费的困难和人员输送的危险，从上海购买了一部印刷钞票的机器，到山区设厂，自行印刷山东省民生银行票，面值为五角、贰角的角票，流通省内各山区。但当时经费并不宽裕，沈鸿烈之前规定实行的国难薪给制依然不变，每人月生活费30元。①

在东里店，山东省动员委员会成立，沈鸿烈兼任省动员委员会主任委员，书记长刘旭初。同时也建立了省党部，沈鸿烈兼任党部主任委员，书记长是牟希禹。又成立了省府计划委员会，主任委员由沈鸿烈兼任。②

四 唐家沙沟时期

1939年6月间，日军调集大批日伪军"扫荡"鲁南山区。日寇精心策划，由青岛派出十五架轰炸机，由东北向西南对沈鸿烈的省政府机关及东里店大肆狂轰滥炸，东里店顿时成了一片火海。同时，日伪军北路从益都向南，西路由博山向东，南路由沂水向北，东路由莒县向西，四面向东里店进攻，并对以东里店为中心的周围村庄进行惨无人道的抢掠烧杀，老百姓四处逃亡。省政府警卫部队教导一团根本没有战斗力，不战而散，省政府各机关工作人员手无寸铁，更无力抵抗。沈鸿烈下令撤退后，众人东奔西逃，分散潜伏。沈鸿烈在敌人扫荡东里店期间，和护卫他的部队多次被敌人冲散，后来仅剩几个随从跟在身边。最危险的时候，他们在一个小山坳的石屋下隐藏起来才保住性命。③这次敌人扫荡，山东省政府遭受沉重打击，人员伤亡惨重，被俘者众多，物资损失殆尽。日伪在这里设置了据点，长期盘踞，残害人民。沈鸿烈努力建立起来的政权大多瓦解、溃散，省政府被迫退出东里店，再次陷入漂泊、移动当中。

7月上旬，沈鸿烈到达茶峪，开始收容被冲散的省政府人员，后移驻临朐八区东廖子村，继续收容逃散人员。1939年11月，省政府又移到蒙阴八区鲁村附近的唐家沙沟。他吸取东里店被"扫荡"虎口逃生的教训，

---

① 沈尹：《随沈鸿烈敌后抗战四年》，青岛市政协文史资料委员会：《沈鸿烈生平轶事》，新华出版社1999年版，第191—192页。

② 崔基成：《记国民党山东省政府主席沈鸿烈》，青岛市政协文史资料委员会：《沈鸿烈生平轶事》，新华出版社1999年版，第144页。

③ 李继曾：《我所知道的沈鸿烈》，青岛市政协文史资料委员会：《沈鸿烈生平轶事》，新华出版社1999年版，第179页。

采取了如下措施。（1）命令党政军机关及各地、县留守处、办事机构人员等均驻于鲁村、唐家沙沟、曹家庄、泉子官庄、崮山、三个石沟、西坡等十来个村内。（2）精锐的教导一团驻守鲁村、唐家沙沟和北官庄，教导二团驻守北官庄、芦芽店、陈家山、松仙岭，警戒博山敌人，吴化文部驻守埠村、张家庄一带，作为东、北面的屏障，秦启荣率二十一梯队驻守王家石沟、仁里一带，作南面和东南面的屏障。（3）沈鸿烈盘踞在上头庄。该村地处唐家沙沟北面三里路山坳里，紧靠山根，东、西、北三面是巨崖深涧，林密隐蔽，只有南面遥对鲁村洼，在庄西的磨石上俯瞰唐家沙沟东西南北十多里一览无余。沈鸿烈的警卫一部设岗于村外二三里路以外的周围地段，其次一部守卫在庄边、街头、巷里、门口和沈鸿烈住屋的四邻，在村西、北、东三面的岭上高处有军队和部分雇用的群众值哨瞭望飞机。另外还有20多名精悍护卫，侍从左右，他们与沈鸿烈装束一样，身着灰色军衣，武器精良，对外皆称副官，沈鸿烈在其间，难以辨认。所有内外警卫均昼夜值班巡逻，盘查出入人等，戒备森严。此外，吴化文部驻在沂水张庄一带，海军陆战队转移到安邱县泥沟村，作为省政府和胶东各县来往办公人员的联络地点。

这次敌人"扫荡"后，返回到山东省政府的工作人员大都牢骚满腹，怨言百出，情绪低落，工作消极。沈鸿烈为了稳定部下情绪，在山东大量发展国民党员。凡不是国民党的山东省政府工作人员，一律吸收入党，发"鲁临字"的党证。从此国民党的军事干部和政府工作人员是清一色的国民党员。①

在唐家沙沟时期，各县地方武装和专员公署，有的在省政府设立了办事处，作为与省政府的联络机构，由省政府补助经费。沈鸿烈还把盘踞在高密一带的张步云部改编为保安二师，师长由张步云担任，之后沈鸿烈又将韩复榘时代的莒县县长许立夫委为保安一旅旅长兼莒县县长。② 在这时期，沈鸿烈除了扩编地方武力以外，还在王家石沟开办了一个干训班，主要课程是"新县制"，强化保甲制度，巩固农村基层政权，向学员灌输"一个主义（三民主义），一个党（国民党），一个政府（国民政府），一

---

① 李继曾：《我所知道的沈鸿烈》，青岛市政协文史资料委员会：《沈鸿烈生平轶事》，新华出版社1999年版，第180页。

② 崔基成：《记国民党山东省政府主席沈鸿烈》，青岛市政协文史资料委员会：《沈鸿烈生平轶事》，新华出版社1999年版，第148页。

个领袖（蒋介石）"的思想。①

1940年春，蒋介石颁布《限制异党活动条例》，沈鸿烈坚决执行。经过一番策划，他命一部分海军陆战队和教导团进攻驻在鲁村的八路军，制造了"鲁村事件"。沈鸿烈以"鲁村事件"为借口，对驻在蒙阴县的八路军发动大规模进犯。由于师出无名，官兵不愿意打内战，士气涣散不堪，沈的部队被迫退出鲁村和沂水县的南麻，改以沂水的悦庄、吕匣店子为根据地。②

五 吕匣店子时期

1941年，是沈鸿烈在山东最后也是最难的一年。年初，他得悉日伪兵分四路进逼唐家沙沟。西路是莱芜之敌，西北一路是由博山经芦家店进攻鲁村，东北一路是由临朐三岔店出发进攻驻在张庄的吴化文师部，东路系沂水东里店的日伪军向西逼近。沈鸿烈得知这一情报，计划分两部分转移。③第一路，由沈鸿烈本人率领副官和警卫30多人，由教导一团两个营作保护，向西北方向转移。第二路，省政府各机关和保安司令部各处人员，编为一队，由秘书长雷法章率领，向东南方向撤退，该路由吴化文的一个连和教导团的第三营担任保卫，战斗力较弱。这一路一夜行军，拂晓到达四面环山的胡家庄。人困马乏，在此地休息了一天一夜，第二日拂晓，日伪兵直扑村北，向北山进攻，日伪兵占据有利地形，居高临下，控制全村，警卫连顽强抵抗，无奈地势不利，部队损失很大，全连溃不成军。乱作一团的省政府人员当晚狼狈逃回唐家沙沟。不几天后，沈鸿烈带着他的一营警卫也安然归来。他这一路，没有与敌遭遇，损失不大。日军撤退后，省政府撤离唐家沙沟，再次转移到东北80多里的临朐八区吕匣店子。④此时，沈鸿烈活动区域，东西不过百里，南北不过四五十里。省府各厅及保安司令部各处，分驻在吕匣店子附近各村，此时又成立了粮食

---

① 张希周：《沈鸿烈撤出青岛之后》，青岛市政协文史资料委员会：《沈鸿烈生平轶事》，新华出版社1999年版，第135页。
② 邓继禹：《我所了解的沈鸿烈》，青岛市政协文史资料委员会：《沈鸿烈生平轶事》，新华出版社1999年版，第167页。
③ 崔基成：《记国民党山东省政府主席沈鸿烈》，青岛市政协文史资料委员会：《沈鸿烈生平轶事》，新华出版社1999年版，第149页。
④ 吕春晖：《沈鸿烈在沂源》，《齐鲁明珠》2012年第5期。

管理处、田赋管理处及省动员委员会等机构。①

省政府在这一带稳定了较长一段时间，此即省政府的"吕匣店子"时期。这一时期是沈鸿烈大力推行其在主政山东之初提出的重建省政、整编地方部队两大中心任务的时期。省政府的各种活动基本上都是围绕这两大中心展开的。但是沈鸿烈的所谓省政重建只是重新制造了层层行政机构的空架子，不仅不能尽收省政、县政的实效，而且造就了一批横行地方的大小官吏。关于地方部队整编，沈鸿烈始终将其作为第一要务，在保安司令部建立整军机构，制定整军纲要，并设立了省、区、县给养统筹委员会，对某些地方部队甚至不惜采取收买、分化、瓦解等手段。②除过去改编的寿光张景月、昌乐张天佐、惠民刘景良、高密张步云、莒县许笠夫、历城岳伯芬以外，计有伪军赵保原部改编为暂编十二师驻莱阳，伪军刘桂堂部改编为新编三十六师驻费县，诸城张瑞亭编为保安十三旅，临朐窦来庚编为保安十七旅，广饶李焕秋编为保安十四旅，博兴周民芳编为保安旅，临淄的伪保安二团王砚田改编为保安第五团，桓台的伪保安四团金生改编为保安六团，章丘翟毓蔚、王连仲均编为保安旅，成尚亭部编为保安团。另外，蔡晋康、赵保原都委为专员，还有鲁南临沂一带王洪九部改编为保安旅等。总的来说，这一时期共扩编了16个保安旅，2个保安师，9个保安团。这些地方武装分散在省内各个角落，有的打着抗日的幌子，有的挂着两个招牌，如临淄王砚田在日军那边是建国保安二团，在暗地里又接受沈鸿烈的改编。因此，沈鸿烈给地方保安部队下达的番号仅是名义而已，各部队各行其是。直到最后，沈鸿烈也没有达到统一编制、统一指挥的目的，反而制造出许多矛盾。③

另外，沈鸿烈于1941年春，在吕匣店子办了一个政治干校，学员由各专署和县保送，内有科长、科员等职务的人员。教学方式是由沈鸿烈、雷法章及各厅处长、省动员委员会主任委员轮流讲话。关于国际形势及各战区作战情况，由沈鸿烈和雷法章分别负责传达；民政课程由雷法章讲授，教育课程由何思源和教育厅秘书主任刘道元分别讲授；各县建设课程

---

① 崔基成：《记国民党山东省政府主席沈鸿烈》，青岛市政协文史资料委员会：《沈鸿烈生平轶事》，新华出版社1999年版，第151页。
② 王卫红：《沈鸿烈主鲁的是是非非》，《档案故事》2008年第7期。
③ 沉度、应列等编：《国民党高级将领传略》（第二版），华文出版社2005年版，第246页。

由建设厅秘书主任赵公鲁讲授；财政税收课程由财政厅第三科科长王会南讲授；军事常识由保安司令部参谋处处长宁春霖讲授；对各专区、县所属武装的政治教育课，由政治部主任邓继禹担任；对沦陷区人民宣传抗战问题，由省动员委员会主任刘旭初担任。这个干校三个月一期，共办了两期。①

  沈鸿烈还自印民生五角券来补充经费的不足。省政府转移到吕匣店子后，政府的经费仍需到阜阳领运。由于交通不便，拨发不及时，造成经费困难，有时维持不下去，沈鸿烈即电请国民党中央，准予自印民生券，以补充经费的不足。申请批准后，即买通汉奸，将韩复榘时代的印刷机，由济南运至鲁南，开始印刷民生券，票面五角。但自1941年初至下半年，在省政府辖区内，都被迫使用民生票。在鲁苏战区于学忠辖区内，一律不准使用。②东至临朐寺头，西至蒙阴鲁村，东西百余里地区，受到民生券的影响，物价飞速上涨。这时新四师的经费，公务人员的薪金，以及各旅团的补助费也都发给民生券。但民生券在外地不流通，影响外地粮食的购运，公务人员吃粮产生了困难。沈鸿烈省政府辖区一天天缩小，吃用粮食的人多，1941年闹起了粮荒。③发行民生券不但没有解脱沈鸿烈的财政危机，反而给省会区造成了更大困难。

  1941年初，沈鸿烈的军政机关对公务人员在名义上都不同程度提高了薪金，但经费来源不及时，虽印制了民生券，物价上涨，经费也仅够维持单位的生活而已。原来机关人员的伙食是用现金向群众购买粮食，此时由于不能按时发薪，就由粮站征粮供应，人民生活到了吃糠菜的地步。④沈鸿烈在办公桌上写了这样几个字："点金乏术，空言抗战，奈何！奈何！"⑤

  这时沈鸿烈困难重重，首先是没有可靠的精锐部队保卫自己，海军陆

---

① 崔基成：《记国民党山东省政府主席沈鸿烈》，青岛市政协文史资料委员会：《沈鸿烈生平轶事》，新华出版社1999年版，第151页。

② 同上书，第152页。

③ 李继曾：《我所知道的沈鸿烈》，青岛市政协文史资料委员会：《沈鸿烈生平轶事》，新华出版社1999年版，第181页。

④ 崔基成：《记国民党山东省政府主席沈鸿烈》，青岛市政协文史资料委员会：《沈鸿烈生平轶事》，新华出版社1999年版，第153页。

⑤ 张希周：《沈鸿烈撤出青岛之后》，青岛市政协文史资料委员会：《沈鸿烈生平轶事》，新华出版社1999年版，第139页。

战队和沈尹领导的教导团虽然是自己培植的人马，但为数甚少，力量单薄，负担不了保卫工作。至于当时拼凑收编的一些杂牌队伍，多系地方势力，队伍素质极差，有的是土匪出身，战斗力不足，扰民有余。① 此时吴化文部对他貌合神离，与于学忠的关系日益恶化，由于种种矛盾，沈鸿烈陷入政令难为、军令难行的境地，遂生离鲁之意。

1941年9月，沈鸿烈将省政交由雷法章代理，离开鲁南。蒋介石以召回述职为名，调沈鸿烈回后方，公布为行政院水利委员会委员、农林部部长。1942年1月，沈鸿烈被免去山东省政府主席本兼各职，结束了他四年的山东主政时期。②

沈鸿烈行事严肃认真，多亲力亲为，他在鲁期间推行的大量措施，对整顿复杂混乱的山东形势取得了一定成效，后期层层矛盾恶化，亦是时局使然。但沈鸿烈在用人方面任人唯亲，秉承蒋介石的旨意，"假抗日，真反共"，搜刮民脂民膏，也给人民家国造成了巨大损失。

沈鸿烈在培植个人军事势力时往往不辨善恶，来者不拒。他收编地方上的草头王、地头蛇及拥兵自重的土匪武装，凡是顺从他者，予以封官晋爵，例如昌乐县的张天佐，原是韩复榘时代的昌乐县公安局局长，日寇侵占山东后，到昌乐县南部山区搞所谓游击活动，实则骚扰地方，敛财害民，亦被沈鸿烈委为昌乐县长；又如万恶不赦、死有余辜的刘桂堂大惯匪（外号刘黑七），也成为他的座上客，被编为山东省保安第十三旅。③ 另外，沈鸿烈为补给军用，肆意搜刮人民，制造"无人区"。1939年春，沈鸿烈的国民党省政府将蒙阴八区（今沂源鲁村一带）、沂水八区（今沂源悦庄、南麻一带）、临朐五区（今沂源三岔一带）划为山东省省会区，后又将临朐（包括三岔）划为"山东新县制试验县"，由吴化文的新四师全部、沈鸿烈的保安司令部一部及五十一军一部驻守。由于兵多于民，部队就地自筹自给。因长期无休止地搜刮民财，当地青壮年有的被抓，有的外逃，以致民尽财竭，村里十室九空，造成了纵横百余里、骇人听闻的"无人区"。④

---

① 高兴怀：《追忆沈鸿烈在鲁渝浙工作经过》，青岛市政协文史资料委员会：《沈鸿烈生平轶事》，新华出版社1999年版，第211页。

② 王卫红：《沈鸿烈主鲁的是是非非》，《档案故事》2008年第7期。

③ 吕春晖：《沈鸿烈在沂源》，《齐鲁明珠》2012年第5期。

④ 同上。

沈鸿烈秉承蒋介石旨意，"消极抗日，积极反共"，明里暗里与八路军搞摩擦，限制以至于破坏中国共产党的抗日力量。上文中提到的"救亡工作讨论会"、南宫会议、初到鲁南提出的"八大政策"等，都是对中国共产党阳奉阴违，反共限共是真，救国救民是假。据悉，1939年1月，在中共山东分局的建议下，决定省政府与五战区工会在鲁村召开工代会，统一全省工人运动，促进全民团结抗日。当一切准备就绪，人员到齐时，沈鸿烈突然变卦，推翻协议，不准开会。事后才知是国民党特派员刘謇乐到达传达了国民党中央消极抗日、积极反共的新方针，致使会议流产，省工会未能建成。① 1939年2月，沈鸿烈在鲁村召开的山东省军政会议上提出：（1）"统一划分防线"，将八路军山东部队的防区划在滕县、泗水、宁阳等日伪军密集的狭小地区，以限制和借敌力量消灭中共的抗日力量；（2）"枪不离人，人不离乡"，意图取消中共建立的地方武装和限制中共扩充军队；（3）"统一行政，军不干政"，意在阻止中共进行群众工作和建立民主政权；（4）"给养粮秣，统筹统支"，不准八路军筹集给养，意在困死八路军。这样的反共会议理所当然受到中共代表的严厉驳斥。此后，以沈鸿烈为代表的顽固派又提出了"宁伪化，不赤化"，"宁亡于日，不亡于共"，"日可以不抗，共不可不打"等反动口号，并组织"扫马（马克思主义）大队""扫列（列宁主义）大队"，在鲁南各县、区组织"民众运动督导团"来推行其反共措施。同年，国民党苏鲁战区总司令于学忠率五十一军、五十七军到达鲁南抗战，冬季时五十一军驻张家庄、埠村一带。沈鸿烈在鲁村、悦庄之间，亲自指挥新四师吴化文部，与日寇用蓝旗作联络信号，向鲁村以南的八路军猖狂进攻，日寇还出动了飞机，对八路军进行轰炸。沈鸿烈还亲自要求于学忠一同反共，于学忠未与其合流。②

1940年的"鲁村事件"也是沈鸿烈策划的，他指使驻鲁村以西小张庄的吴化文一部，主动向八路军进攻，结果接火不到半天，吴部被八路军团团围困于村内，最后八路军本着团结抗日精神，准其撤退了事。原来重庆有人告沈鸿烈和秦启荣没有反共，他们为了洗刷自己才主动向八路军进攻的。沈鸿烈为了对抗抗日武装，还专门成立了"沂蒙大队"，专事对抗

---

① 吕春晖：《沈鸿烈在沂源》，《齐鲁明珠》2012年第5期。
② 同上。

日军民家属、政权武装进行侦查捕杀和破坏勾当。1940 年 1—2 月，沈鸿烈下令逮捕十几名鲁村中共地下党员，使中共鲁村地下党组织遭受严重破坏。沈鸿烈还策动五十七军军长缪澂流和石友三投降日寇，后又两面三刀，嫁祸于人。①

1940 年 8 月、9 月间，沈鸿烈在临朐县吕匣店子召开了"全省军政会议"。大会上决定了利用日伪军打八路的方针，具体实施办法由各专区的保安师旅团灵活运用。在这次会议以前，日军是用"扫荡"来迫使国民党投降。自从"鲁村事件"之后，日军对山东省政府所属部队不再进行大规模扫荡了。及至这次省军政会议以后，山东省政府所属各专区、各保安师、旅、团，都纷纷派一部分队伍投降日军，少则一连，多至一团。如保安第三师（山东寿光县）师长张景月派其所属孟祝三团；第五区（山东惠民县）专员刘景良派所属李得功团；第十二区（山东泰安县）专员朱永宝派所属陈三坎团；第八区（山东潍县）专员厉文礼派所属秦冠三团等先后投降日军。其他各专区的保安师、旅、团，也有同样情形。其中还有领有国民党军和日军两方名义者，如驻诸城的保安第二师张步云部，广饶保安团成建基部，驻博兴的行政特派员周胜芳部，聊城专员王金祥部所属保安旅齐子修部、山东挺进军秦启荣所属驻章丘县的支队陈昌亭部，都是挂日本和国民党两面旗帜。②

第二节 任职重庆和主政浙江

1941 年 9 月，沈鸿烈将山东省省政交由雷法章代理，离开鲁南地区。经阜阳抵达重庆，蒋介石公布沈鸿烈为国民政府行政院水利委员会委员，12 月调任国民政府农林部部长。③ 1942 年，兼任国家总动员会议秘书长。1944 年 6 月，主持中央设计局东北委员会工作，9 月任国民党中央党政工作考核委员会秘书长。1945 年 5 月，当选国民党第六届中央执行委员，是年，辞去青岛市市长兼职，推荐李先良继任。1945 年 9 月 3 日，中、

---

① 吕春晖：《沈鸿烈在沂源》，《齐鲁明珠》2012 年第 5 期。
② 邓继禹：《我所了解的沈鸿烈》，青岛市政协文史资料委员会：《沈鸿烈生平轶事》，新华出版社 1999 年版，第 168—169 页。
③ 吕春晖：《沈鸿烈在沂源》，《齐鲁明珠》2012 年第 5 期。

美、英、苏四国代表在东京湾一艘美国军舰米苏里号上,正式接受日本签署的无条件投降书。中苏双边问题——苏军撤退,外蒙独立,边界及缴获处理等,亟待解决。当时,南京政府以行政院院长宋子文、外交部部长王世杰为首组成中国代表团,沈鸿烈以专门委员名义随团赴莫斯科参与谈判。① 1946 年 3 月至 1948 年,任浙江省政府主席。

一 任农林部部长、国家总动员会议秘书长

沈鸿烈就任农林部部长后,按照国民党政府惯例,新任部长可以更换掌管部务的政务次长一名,但原农林部部长陈济棠的原任班底坚决不肯离去,致使沈鸿烈单枪匹马,无法推动工作,后经多番周折,政务次长一职才由雷法章继任。据回忆,陆续跟随沈鸿烈到农林部工作的人有:原青岛社会局局长储镇任农林部总务司司长;原青岛海军军法处长徐国杰任农林部祁连山垦植局局长;原青岛海军高级官员董术曾任农林部总务司科长,此外尚有邢契莘、朱慕之等人。② 据说,沈鸿烈到任农林部部长之后没有多少天,就出发去西南各省,视察有关农林业务的实际情况,工作十分积极。当时后方的交通设施很差,长途旅行十分劳累,沈鸿烈十分严谨认真,在这种条件下奔波了一个多月。③ 据悉在他任职时,每省都设有农业繁殖站,精选小麦、水稻、玉米、高粱等良种,努力推广。在畜牧上,改良畜种,如产卵鸡、瘦肉猪、优良奶牛等,并派专人考虑改进。④

在陪都重庆任农林部部长的沈鸿烈还兼任青岛市市长,1943 年 4 月,沈鸿烈致信青岛市政府秘书长李先良,"教育部复电:青岛市政府恢复办公,准予拨经费两万元补助初等教育。对中学、师范经费,请先将设置班数及学生人数报教育部酌核补助"。现存于青岛市档案馆的该信还显示,

---

① 谢云祥:《在沈鸿烈身边十一年》,青岛市政协文史资料委员会:《沈鸿烈生平轶事》,新华出版社 1999 年版,第 32 页。

② 高兴怀:《追忆沈鸿烈在鲁渝浙工作经过》,青岛市政协文史资料委员会:《沈鸿烈生平轶事》,新华出版社 1999 年版,第 213 页。

③ 杨元忠:《"国士"沈鸿烈先生》,青岛市政协文史资料委员会:《沈鸿烈生平轶事》,新华出版社 1999 年版,第 77 页。

④ 马锡年:《沈鸿烈任职农林部部长记事》,青岛市政协文史资料委员会:《沈鸿烈生平轶事》,新华出版社 1999 年版,第 218 页。

这两万元经费由农林部转给了青岛市政府。①

由于沈鸿烈担任农林部部长时期档案资料缺乏,详情不得而知。

沈鸿烈担任农林部部长将近三年,其中1942年底还兼任国家总动员会议秘书长,该会议主席由蒋介石自兼。办公地点在曾家岩。随沈鸿烈到总动员会议工作的有原青岛海校四期毕业生宋长志等人。国家总动员会议的主要任务是:控制物资,平抑物价,打击囤积居奇、投机倒把、操纵垄断、偷税走私,制裁违反经济管制法的一切活动。②

总动员会议是战时体制,以秘书长权理日常工作。成员均为各院、部、会首脑人物,蒋介石也是委员之一。内部组织计有军事、运输、交通、物资等。水陆统一检查处,由戴笠派人掌握,在水陆要隘设有关卡。沈鸿烈主要是抓物资处。皮作琼为处长,张文发为副处长。物资处下设专员室,另有检查室,掌管经济警察,负责对囤积居奇、逃避物资的检查处理。专员的工作对象是各地物价行情、物资管制及限价等。③总动员会议组成人员相当复杂,大部分人员均以军统、中统为靠山,沈鸿烈看到国民政府大部分官员贪污腐化、置国家利益于不顾,深感痛心。④总动员会议后方最严重的问题是物价不能控制,通货膨胀,政府不掌握充足物资,只一味限价,问题得不到根本解决。另外,走私也十分猖獗。⑤当时沈鸿烈查到的较大案件几乎都与孔家有关,沈鸿烈无法避免与当时金融界的特权阶级发生冲突,限价政策难以推行。孔祥熙代理行政院院长,大权在握,在一次例会上,沈鸿烈痛斥孔祥熙家族对限价政策的阻碍作用,之后便与孔家结怨,不久沈鸿烈的国家总动员会议秘书长职务就被免除了。⑥

---

① 刘宗伟:《案卷里的青岛》,青岛出版社2016年版,第390页。

② 谢云祥:《在沈鸿烈身边十一年》,青岛市政协文史资料委员会:《沈鸿烈生平轶事》,新华出版社1999年版,第31页。

③ 马锡年:《沈鸿烈任职农林部部长记事》,青岛市政协文史资料委员会:《沈鸿烈生平轶事》,新华出版社1999年版,第215页。

④ 高兴怀:《追忆沈鸿烈在鲁渝浙工作经过》,青岛市政协文史资料委员会:《沈鸿烈生平轶事》,新华出版社1999年版,第214页。

⑤ 马锡年:《沈鸿烈任职农林部部长记事》,青岛市政协文史资料委员会:《沈鸿烈生平轶事》,新华出版社1999年版,第215页。

⑥ 谢云祥:《在沈鸿烈身边十一年》,青岛市政协文史资料委员会:《沈鸿烈生平轶事》,新华出版社1999年版,第31页。

二　任党政考核委员会秘书长

1944年9月，沈鸿烈任国民党中央党政工作考核委员会秘书长，① 主要职责是考察华北地区接受事宜。1945年12月12日，青岛市政府接到国民政府电令："特派沈鸿烈前往冀、鲁、热、察、平、津、青各省市考察接收（日伪资产）事宜。"②

（一）沈鸿烈视察华北之青岛行踪

对于沈鸿烈阔别八年之后要回来，这件事1945年年底就在青岛传开了。沈鸿烈于1946年2月8日到达阔别已久的青岛，受到青岛民众的热烈欢迎。次日，《民言报》在二版以《沈秘书长莅青》为题，作了长篇报道，既有民众的兴奋，也有对沈氏功绩的评说，更有对沈氏建言"平衡'中央集权'和'地方分权'"的期冀。③ 报道也对沈鸿烈寄望殷殷，称："沈公返渝后，必能建议政府，做合理之修订。"④

自2月9日起，沈秘书长对市区大致分别视察。13日，沈鸿烈走出市区，率众驱车前往视察李村、崂西、浮山等郊区，并对乡区民众深表慰问。是日上午9时，沈鸿烈在市长李先良、市警察局局长孙秉贤、市财政局局长孔福民、青岛保安总队队长高芳先、市政府人事处处长芮麟、督察长金蕴璋等政府要员陪同下，与时代社、《青岛公报》及《民言报》记者共计30余人，分乘吉普车三辆、大卡车两辆自迎宾馆出发，高芳先率员在前开路，青保一、二、六大队士兵沿途警卫。车队沿着台柳路直抵李村镇，当日逢大集，沈鸿烈便在集市广场上召集村民简单训话。大意谓：阔别八年，怀念青岛市同胞甚殷，而今抗战胜利，希望各位同胞再接再厉，共谋建国大业。同上，勉励大家协助教育复员、普及教育，保护林木，爱护公路等。之后，沈鸿烈又赴下河村、北九水村、段家埠、大河东、小河东、沙子口等地。每到一处，沈鸿烈都要召集村民训话，指示百姓如何发展农业渔业，并鼓励村民发展果园栽培、豢养牛羊家畜等副业。沈鸿烈一贯重视乡村教育，一路走来，不停地叮嘱家长们督促学龄儿童入学，使他们受到充分教育。沈鸿烈还参观了崂山抗战遗址，"下河、大劳（今为大

---

① 吕春晖：《沈鸿烈在沂源》，《齐鲁明珠》2012年第5期。
② 刘宗伟：《案卷里的青岛》，青岛出版社2016年版，第382页。
③ 同上书，第383页。
④ 同上书，第384页。

崂，下同)、沙子口等战役，尤建殊勋。下河、大劳敌伪惨毁的堡垒，以及沙子口战役击毙敌人的残留骸体、岩石上喷溅的血迹犹存"，① 在李先良、高芳先的引导和详细报告下，沈鸿烈一一视察。离开沙子口返回市区途中，沈鸿烈又前往位于湛山的陆军病院进行视察慰问。下午6时，回到下榻的迎宾馆。陪同沈鸿烈视察崂山的市政府人事处处长芮麟，晚年曾写有《胜利后重游崂山小记》，文中还记录了沈鸿烈重访大崂观等细节：

> ……更前进，便到了大崂观，门口"大崂观"三字匾额，是沈鸿烈题写，还参观石屋檐战迹；12时半到北九水，在天主堂进午餐，下午2时，离北九水，向柳树台前进，过柳树台，车向下行，经韩河、于哥庄、段家埠，沿途均有民众结队欢迎，沈先生也都下车殷切慰问。②

14日，有媒体刊发沈鸿烈当日视察的行程：上午9时，视察市警察局及青岛保安总队，完毕后，在警察局后院内对警员及青保官兵训话；正午12时，在迎宾馆招待山东抗战部队首长；下午2时，视察宪军司令部及海军教导队并假第三公园对海军等训话；下午4时，出席李先良市长举办的鸡尾酒会。15日，鲁青抗战旧属们在李村路电化教育馆召开欢迎沈公游艺大会筹备会议，参政员张乐古、青岛保安总队高芳先、局长张衍学等人出席，讨论决定16日元宵节晚7时，在电化教育馆举办欢迎沈鸿烈游艺大会，并邀请中央各驻青机关及本市党政军代表参加。16日，沈鸿烈做出"关于恢复李村师范学校请教育局办理"的批文。③ 19日，《大公报》报道，沈鸿烈在青岛考察完毕，于18日乘机飞往济南。行前，沈鸿烈接受记者采访，表示"考察完毕，来青久住休息"，并巧妙回答了自己的新职等敏感问题：

> 考察青市，印象颇佳。关于在青因抗战牺牲者之家属，已商定救济办法，并设立抗属工厂、抗属学校，以资救济。至于本人新职，尚

---

① 刘宗伟：《案卷里的青岛》，青岛出版社2016年版，第386页。
② 同上书，第385—386页。
③ 同上书，第389页。

无所闻，拟定于考察完毕后，来青久住休息。中央准否尚不可知。①

沈鸿烈在短短的几天时间里，除了参加各种必要的应酬外，重游崂山，督促恢复李村师范学校，尤其是与平民百姓的广泛接触，既表现出他对青岛的特殊情怀，也再次展示了他主政青岛时的行事作风。他"来青久住休息"的愿望未能实现，这次视察也成了他最后的一次青岛之行。

（二）沈鸿烈视察华北之济南行踪

1946年2月20日，《民言报》以《沈鸿烈在济备受欢迎》②为题，开始报道沈鸿烈济南之行。

18日下午3时15分，沈鸿烈偕随员二人飞抵济南，各机关首长、学生代表数百人到机场迎接，济南市名媛董静如、张秋蕙代表市民向沈鸿烈献花。下午5时，沈鸿烈一行赴省政府参加何思源组织的欢迎宴会；晚8时，沈鸿烈在交通银行接见新闻记者。19日上午9时，山东各界欢迎沈鸿烈秘书长及新生活运动12周年纪念大会在城市皇亭体育场联合举行，各机关首长、军警学生及民众团体共计两万余人参加。何思源主持并致开会词，沈鸿烈致训词。12时散会后，沈鸿烈出席支团部举行的欢迎宴会；下午2时，沈鸿烈视察济南市区；5时，在省政府会议室召集中央政府派驻济南机构负责人谈话；6时30分，出席在省政府大礼堂举行的各界公演及游艺会。22日，《民言报》以《沈鸿烈在济视察忙》为题，继续跟踪沈鸿烈匆匆的步伐。21日上午9时，沈鸿烈在山东建设厅厅长丁基实陪同下，视察济南仁丰纱厂、成立面粉厂及山柴第博雨纸厂。视察中，他对各厂原料及生产情形"垂询甚详"。下午2时，沈鸿烈对济南市中等以上学校学生代表训话，何思源、省教育厅厅长刘道元作陪。5时，在省政府主席办公室，沈鸿烈召集省政府处长委员等十余人谈话，并对各行政工作有所指示。22日下午2时，沈鸿烈在省府大礼堂召集旧属训话，曾追随他抗战的同志及省干校毕业生千余人出席。时隔数年，与旧属重新晤面，沈鸿烈很高兴，并对各同志工作成绩多所嘉勉。对失业人员日益增多这一棘手问题，表示"已与何主席商讨出安置办法，希望大家安心"。下

---

① 刘宗伟：《案卷里的青岛》，青岛出版社2016年版，第387页。
② 刘宗伟：《案卷里的青岛》，青岛出版社2016年版，第387页原文为"沈鸿烈在济受欢迎"，笔者根据1946年2月20日《民言报》报道予以纠正。

午4时，沈鸿烈又前往驻济南第十二军司令部，对干部代表进行了一番训话。中央社济南23日电："沈在济南视察公毕，廿三日上午飞平，二十八日飞返渝。"①

(三) 落实处理民众诉求

从所存的档案史料可以看出，沈鸿烈勤勉务实，对视察青岛中发现的问题、民众的诉求及时落实处理。

3月4日，沈鸿烈致信李先良，提出"将东平路23号等地拨归平民学校建校舍之用"。抄录如下：

> 东平路二十三号、观城路二十号公地一段原为建筑平民学校之用，青岛沦陷后，该段空地曾被敌人作为家禽市场，去年十月十一日经两次请市政府发还，尚未落实，恳请予以发还，以资建筑而惠学童。

3月5日，沈鸿烈"为王洪九拟救济难民意见附请参酌"给李先良发电。同日，沈鸿烈就"四沧区长徐玉泉等陈村田被敌筑为机场，请指定公地建立新村"写信给李先良。

3月7日，青岛市政府下达"沈秘书长为慈幼托儿所请拨校舍及基金请核办"的涵。依据该函，市教育局将接收的敌属学校暂行拨借给慈幼托儿所作校舍，并处理汉奸财产拨充慈幼教育基金。

3月下旬，沈鸿烈给李先良"关于豁免1945年营业税及过分利得税核减等情的函"，抄录如下：

> 先良仁弟勋鉴：倾接青岛市商会整理委员会代理主席李代芳来文，以青市沦陷八年，商民饱受敌伪摧残，恳请转呈政府准予豁免三十四年营业税及过分利得税，核减三十五年过分利得税半，并准免税增加资本在未核准以前恳暂稽征等情，酌办为盼。

8月30日，市长李先良"关于王博桂香补发恤金已转请国防部查案补发"复函沈鸿烈，标志着此事了结。实际上，在视察接收青岛之前和之后，视青岛为第二故乡，对这座城市有着深厚感情的沈鸿烈，也在为民

---

① 刘宗伟：《案卷里的青岛》，青岛出版社2016年版，第388—389页。

众的利益积极擘划奔走。①

三　任浙江省政府主席

1946年3月下旬，国民政府任命沈鸿烈为浙江省政府委，兼浙江省政府主席。浙江是蒋介石的故乡，地方势力根深蒂固，原省政府人员多为蒋介石之嫡系，都有政治背景。沈鸿烈主浙后只能安排雷法章为省政府秘书长，皮作琼为建设厅厅长，其他人员均难调动。1947年始先后发表沈尹为内河水上警察局局长，徐国杰为外海水上警察局局长，朱慕之为定海县长，曾昭常为桐乡县长等。②

1946年4月10日中央社电文："新任浙省主席沈鸿烈暨随从人员，于今午专车自沪抵杭，黄前主席绍竑亲至车站欢迎。沈氏下车后，趋车赴官邸休息，午后黄前主席欢宴暨拜会地方士绅，四时出席茶会，定于十一日接事。"11日上午，"浙省府新旧主席交接仪式在省府举行，由黄主席绍竑将印册逐一交出，沈主席鸿烈接收，黄前主席当日下午2时由杭抵沪"。自此，沈鸿烈开始了主政浙江的两年光阴。③

1946年8月，浙江省政府主席沈鸿烈深入浙江省各县进行巡视，随身只带了很少几个随从，此行风尘仆仆，谆谆垂询民生疾苦。1946年10月沈鸿烈书面发表浙政八大问题：（1）三个绥靖区的组建情形；（2）裁撤专员公署问题；（3）田赋征实减为五成征收问题；（4）省发公务员待遇问题；（5）本省财政如何求得平衡；（6）省参会建议暂缓征兵一年问题；（7）本省水利工程之进行计划；（8）本省重要公路之修复计划。

1946年11月，张之江④聘沈鸿烈为浙江国术馆馆长，10日下发聘

---

①　刘宗伟：《案卷里的青岛》，青岛出版社2016年版，第389—390页。

②　高兴怀：《追忆沈鸿烈在鲁渝浙工作经过》，青岛市政协文史资料委员会：《沈鸿烈生平轶事》，新华出版社1999年版，第214页。

③　刘宗伟：《案卷里的青岛》，青岛出版社2016年版，第391页。

④　张之江（1882—1969），字紫珉，号子茳，别号天行，教名保罗，河北盐山人，西北军著名将领，中国国术主要倡导人和奠基人。为人重德守义，办事雷厉风行，刚决果断，是西北军五虎将之首，军中尊称大主教。曾任察哈尔都统西北边防督办、代理国民军总司令、国民政府禁烟委员会主席。他在禁烟时的决心和作风让群众赞为"第二个林则徐"。后任中央国术馆馆长。1936年选拔武术队参加第十届奥运会，奥运会执行主席特命为表演队摄制纪录片。中华人民共和国成立后，任全国政协委员，1969年病逝。

书。① 11 月底，沈鸿烈再次外出巡视，先赴沪，然后搭轮船赴温州视察，再转赴各县，至 12 月底才结束巡视返回。

1947 年，沈鸿烈在浙江省第一届第二次省参议会上发表了施政报告，书面报告涉及行政区划的改定、建设事项、教育、保安、财政等方面，其中建设方面，又以水利、交通、农林、特产、渔业等为主分别进行总结报告，可见沈鸿烈对工程建设事业的重视。② 1947 年 7 月 30 日，行政院第二次行政座谈会讨论省政改革，沈鸿烈作口头报告。7 月 31 日《青报》也对此作了报道。

1947 年 10 月 29 日，《民言报》称"现任浙主席沈鸿烈将调赴东北任军事要职"，11 月 13 日，《大中报》也发表报道说：

> 此外，尚须一提的，就是浙省主席沈鸿烈的调任军职，沈为文武全才，亦熟娴军事，主浙之治绩亦为全国各省之冠……当局亦有意调他到东北担任军职。由于已往之历史关系，沈在东北名望颇高，如能调赴东北，与陈、罗二位主任合作，当然是一位理想的助手。据闻沈氏之职务可能为行辕参谋长，亦可能于楚氏内调后，继任其职务。③

但沈鸿烈调任东北担任军职一事并没有落实，其原因不得而知。1948 年 2 月，沈鸿烈为维护浙江省治安问题东奔西走，筹建地方武装，2 月 27 日《青岛晚报》报道"沈鸿烈去浦江""浙筹建八团武力"，现抄录如下：

> 沈鸿烈在衢主持之金严衢属治安会议已闭幕。晚沈主席欢宴余汉谋，夜九时离衢赴义乌……晚宿永康，对各县治安情形颇多垂询及指示。昨经武义抵金华……今日经郑家坞赴浦江，再赴严属诸县视察。
> 浙省扩充治安力量，原扩增加六个团，现经费筹划困难，已灭增二个团，连同原有之七个纵队，改编之五个团，浙省计划应八个团之地方武力。

---

① 聘书藏于浙江省档案馆，笔者于 2017 年 11 月底查阅。
② 《沈鸿烈关于浙江省水利工作报告》，藏于浙江省档案馆。笔者于 2017 年 11 月底查阅。
③ 《沈鸿烈将调军职，余汉谋或可继任》，《大中报》1947 年 11 月 13 日。

1948年春，上海各大专院校学生举行"反内战、反迫害、反饥饿"大游行示威。杭州各大专院校学生为声援上海，在杭州组织游行示威，沈鸿烈弹压学生运动，逮捕关押浙大学联负责人致于子三等三人死亡，这引发更大规模示威游行，要求惩凶驱沈。[①] 沈鸿烈萌生退意。媒体报道，沈鸿烈先后向总统蒋介石、行政院长翁文灏递交辞呈，"中央因界依方殷，由蒋总统亲电恳切慰留"。6月11日，沈鸿烈再度电请中央辞职，"近因身体衰弱，闻辞意颇坚"。6月22日，《青报》转发中央社消息：行政院昨二次会议通过重要人事任免，沈鸿烈辞职照准，陈仪继任。28日，中央社杭州电：沈鸿烈主席于28日晨8时离杭赴沪，到站欢送者达千余人，新任主席陈仪30日履新。7月15日，《军民晚报》以《沈鸿烈主政浙江两年》为题，历数沈鸿烈在浙江两年的功绩。

第三节　后期政治生涯

1948年7月12日，经挚友考试院院长张伯苓举荐，沈鸿烈正式出任考试院铨叙部部长。

铨叙部直属考试院，与考选部并立，对下直接管辖地方的考铨处和各省政府的人事处，以及中央驻地方各部门的人事机构，依法行驶任免公职人员的职权。另就文武体系而论，与国民政府军事委员会铨叙厅并立，各管其文武人员的任免铨叙事宜。[②] 该部的职责是主管全国文职人员的资格审查，评定官级，考核成绩等。

沈鸿烈侄子沈肇熙曾撰文说："叔对考试院铨叙部部长之职虽无兴趣，但考虑与张伯苓、雷法章等相处，欣然赴任。"此时，曾为张伯苓得力助手，后应沈鸿烈之邀自天津南开来青执掌教育、并一路追随沈鸿烈的湖北老乡雷法章已履职考试院秘书长。历经宦海沉浮，人情冷暖，能在已近古稀之年与故旧至交一起共事，对已处于政治边缘的沈鸿烈而言，应备

[①] 谢云祥：《在沈鸿烈身边十一年》，青岛市政协文史资料委员会：《沈鸿烈生平轶事》，新华出版社1999年版，第34页。

[②] 方北雁：《任铨叙部部长的沈鸿烈》，青岛市政协文史资料委员会：《沈鸿烈生平轶事》，新华出版社1999年版，第219页。

感欣慰。①

在本部人事安排方面，沈鸿烈任用浙江省建设厅原厅长皮作琼为政务次长，浙江省政府原秘书长卢成璋为主任秘书，浙江省田粮处原处长王心锦为总务司司长。此外，常务次长马洪焕，甄核司司长杨裕芬，考功司司长陈曼若，登记司司长罗万类，奖恤司司长彭永乐，典职司司长范炳文，参事刘庆苌、王惠中等，均是在铨叙部工作多年的旧人。至于一般中级干部，除了总务司文书、出纳、庶务三科科长为沈带来的旧属以外，其他各司科长、视察等均系在铨叙部工作有年。②

沈鸿烈初到任，治事严谨，条理分明。为了摸清情况，他对幕僚机构的参事、秘书，职能机构的甄核、考功、奖恤、登记、典职、总务等各司负责人，逐个召见，不厌其烦地垂询。了接了全面业务情况后，他在大小会议上强调要简化铨叙部的程序，改革制度。他认为，铨叙部的主要弊端在于层次多，手续繁杂，证件在部内首先要经证件审查室审查，如发现有可疑之点，还需向毕业学校及任职单位一一查询，以防弊端，因而一案送审，动辄经年，送审人员叫苦不迭，办事人员也深感头疼。沈鸿烈提出改革号召之后，震动很大，科员以上干部，纷纷议论探讨，经过一番酝酿，具体方案相继出笼，经沈鸿烈亲自审批，交由甄核、考功、登记、典职各个司司长负责研究，并责成甄核司牵头，负责综合整理。

经过缜密研究，权衡利害，终于制定出简化程序的具体方案，将12道程序简化为5道，称为"一条鞭政策。"将甄核、考功两司的业务进行调整，使原来分属两司的任用审查、叙级定俸两道程序，简化手续，合并办理，大大提高工作效率。③撤销了证件审查室的一道关卡，其他部门相应采取措施，以防漏洞，这样一来，送审人员证件，可直接交有关单位承办人审查，限期完案，不得积压。将原来定期开会审查的制度，改为不定期开会审查通过，以缩短期限，加快速度，这样被送审人员的级别可以早日得到铨定，经济效益也可以早到手，因而此新风口碑载道。倘若送审人员在证件上弄虚作假，其任职单位的人事机构也应该负责任，其本人也要按公务人员惩戒条例，依据情节轻重，予以记过、降级、撤职，撤职后永

---

① 刘宗伟：《案卷里的青岛》，青岛出版社2016年版，第392页。

② 燕明礼：《颠沛流离的铨叙部》，青岛市政协文史资料委员会：《沈鸿烈生平轶事》，新华出版社1999年版，第226页。

③ 同上书，第227页。

不录用等惩罚。公务人员因有戒惧之心及个人品德修养,所以绝少寡廉鲜耻、为非作歹者。在办事人员中,真正具有才干者,不拘泥于学历、经历,可以破格擢用。因此,士气大振,办事效率显著提高。①

1948年年底,国共战争已临决定性阶段,国民党中央机构决定南迁广州。广州虽然是个很大的城市,但是仓促之间要容纳整个国民政府及其人员眷属,何况还有衙舍住宅的安排,实在捉襟见肘,于是考试院决定迁到广西的梧州。率领考试院全体人员去梧州的任务落在沈鸿烈身上。1949年1月18日下午,沈鸿烈在礼堂召集全部职员,宣布搬迁决定。铨叙部员工600余人,所有家住京、沪一带,原籍江、浙、皖、赣及华北各省员工,纷纷申请遣散。除少数各自回原籍以外,多数留在南京等待解放。其余人员搬迁到广西梧州。考试院剩余人员包租了一艘商用汽船,供人员及档案搭乘。从西江水路西航,由于当时逆水而行,2月下旬到达广西梧州。②

到达梧州之后,考察院选择了市区对岸的广西大学为办公地址。③ 沈鸿烈在工作上仍旧认真负责,每天去梧州市外隔江相对的广西大学勘察借用的校舍,思考如何分配给各单位使用的办法。那时正是隆冬,天气较冷,阴雨连绵,江面水位又低。每天坐渡船过江,得在江坡的泥沼上下跋涉。沈鸿烈白天与考试院各单位负责人勘察校舍各建筑物的可用面积,回旅馆吃过晚饭就开会研讨分配办法。

1949年4月22日,南京解放。由于战局迅速恶化,国民党中央政府决定西迁重庆,考试院就与政府其他部门再度搬迁去重庆。此时,铨叙部原籍两广、两湖等员工又纷纷申请遣散,沈鸿烈偕同少数先遣人员于9月初前往台湾,做最后的迁台准备。其余人员西上柳州,分两路:一路由政务次长皮作琼率领,乘飞机于9月6日飞抵重庆;一路由总务司司长王心锦率领,乘汽车途经贵阳,于9月18日到达重庆,仍迁回抗日战争时期

---

① 方北雁:《任铨叙部部长的沈鸿烈》,青岛市政协文史资料委员会:《沈鸿烈生平轶事》,新华出版社1999年版,第221页。

② 燕明礼:《颠沛流离的铨叙部》,青岛市政协文史资料委员会:《沈鸿烈生平轶事》,新华出版社1999年版,第227页。

③ 方北雁:《任铨叙部部长的沈鸿烈》,青岛市政协文史资料委员会:《沈鸿烈生平轶事》,新华出版社1999年版,第223页。

铨叙部在歌乐山的旧址办公，全部职员只有 160 余人。① 在紧张局势下，沈鸿烈采取了如下措施：一是派先遣人员去台湾，做最后的归宿准备；二是重要档案送台湾，有必须应用者带重庆，其余可焚毁者则焚毁；三是资遣人员仍按旧规办理。留用人员去重庆者，由梧州至广州乘船，由广州去重庆乘飞机，每人限带衣物 15 公斤，超重一律抛弃，交通工具仍由行政院统筹办理。带家属者锅碗瓢盆非丢不可，还有部分人员和物品由陆路起运。对资遣人员采取自愿报名与领导决定相结合的方针，一般是汰弱留强，从工作需要出发对他们适当抚慰，不使发生意外，资遣费按公务人员的级别发三个月工资，路费按回原籍路程远近发给车船费。②

据说在淮海战役后，解放军渡江前，该部档案室保管的全国文职人员名册被人盗走，蒋介石要追查责任，后经张伯苓从中解释，始未予处分，这也是沈鸿烈后来辞去铨叙部部长一职的原因。③ 沈鸿烈已经对政局感到无能为力，已经向上级表明要离职，并且获得同意。但是鉴于局面正艰不应该即时引退，就决定在把考试院安排妥帖之后，再行辞职。一段时间之后，上级发表他做顾问，不再担任实际政治任务，他才携眷迁去台湾，在台中市郊定居。沈鸿烈于 1949 年 11 月 11 日由台湾飞抵重庆，他不顾重庆已成危城的风险，出席铨叙部部长新旧任的交接仪式。沈鸿烈辞去铨叙部部长职务，并推荐政务次长皮作琼升任部长，登记司司长罗万类升任政务次长。④ 11 月 13 日下午，沈鸿烈在歌乐山铨叙部任贤堂召集员工开会宣布上述决定，同时宣布行政院制定的《中央机关公务人员疏散办法》，凡不愿跟随政府撤退人员，可自愿申请疏散，发给一次疏散费。沈鸿烈旋于 1949 年 11 月 15 日上午，乘空军运输机飞往台湾。⑤

沈鸿烈在台湾时，还被聘为"总统府"国策顾问。1969 年 3 月病逝

---

① 燕明礼：《颠沛流离的铨叙部》，青岛市政协文史资料委员会：《沈鸿烈生平轶事》，新华出版社 1999 年版，第 227 页。

② 方北雁：《任铨叙部部长的沈鸿烈》，青岛市政协文史资料委员会：《沈鸿烈生平轶事》，新华出版社 1999 年版，第 224 页。

③ 谢云祥：《在沈鸿烈身边十一年》，青岛市政协文史资料委员会：《沈鸿烈生平轶事》，新华出版社 1999 年版，第 35 页。

④ 燕明礼：《颠沛流离的铨叙部》，青岛市政协文史资料委员会：《沈鸿烈生平轶事》，新华出版社 1999 年版，第 227 页。

⑤ 同上书，第 228 页。

于台中，终年 87 岁。①

  沈鸿烈离开青岛以后，他的政治生涯还远远没有结束，又先后在山东、重庆、浙江、广东、广西等地担任山东省政府主席、山东省保安司令、国民政府行政院水利委员会委员、国民政府农林部部长、国家总动员会议秘书长、国民党中央党政工作考核委员会秘书长、浙江省政府主席等要职。1949 年后，沈鸿烈前往台湾，被聘为"总统府"国策顾问。他一生游历宦海，经历跌宕起伏，颇不平坦，赴台以后，不任实职，只任顾问，从事著作来总结自己的一生。

---

① 吕春晖：《沈鸿烈在沂源》，《齐鲁明珠》2012 年第 5 期。

第五章

沈鸿烈的交游

沈鸿烈自幼俭朴勤学，以期求学报国。早岁赴日本留学，习海军，归国后随黎元洪工作，黎算是沈鸿烈的第一位伯乐。1920 年，沈鸿烈赴东北编练海军。在东北，沈鸿烈深受张作霖、张学良父子的赏识，二人视沈鸿烈为心腹，沈鸿烈也得以创立东北海军。在东北与张氏父子共事的这段时期，沈鸿烈与张氏父子缔结了深厚的情谊，张氏父子待沈鸿烈极为优厚，甚至对沈鸿烈是言听计从，而沈鸿烈一生都记挂着张氏父子的知遇之恩，直到晚年仍念念不忘。后经历"崂山事变""三舰叛逃"等事件，1931 年 12 月 16 日，沈鸿烈被任命为青岛代理市长（正式任命时间为次年 1 月 21 日），从此离开东北海军，开始了其长达六年（1931—1937）的主青生涯。当时青岛已"九易其长，地方政府已如传舍，遑谈建设"①，外侨势力猖獗、兴风作浪，百姓生活艰苦、市政经济残破，面对如此之青岛，沈鸿烈修明内政、普及文化教育、发展民族工商业，政绩卓著。主青六年可谓沈鸿烈一生当中最辉煌的时期，时至今日，青岛市民对这位曾经的老市长仍是怀念不已。这不仅仅因为他所取得的政绩，还在于他在青岛与各界名流留传的一段段佳话。离开青岛后的沈鸿烈颠沛流离，辗转于各个职位，但无论是在山东省政府主席任上还是在农林部部长任上沈鸿烈均不愉快，尤其是在重庆的四年时间中，沈鸿烈看透了国民党内腐败的生活，对蒋介石的迎合之心也渐渐淡下来。后经其一生挚友张伯苓的举荐，沈鸿烈任浙江省主席一职，在浙省主席任上，沈鸿烈结交了许多进步与反蒋人士；后来沈鸿烈因张伯苓、雷法章之故辗转到铨叙部。沈鸿烈热情好

---

① 李先良：《沈鸿烈长青岛庶政述略》，青岛市政协文史资料委员会编：《沈鸿烈生平轶事》，新华出版社 1999 年版，第 1 页。

客，在其漫长的政治生涯中，与各界名流均有着良好的关系，沈鸿烈尤其仰重文化教育界的学者，与这些文化名人的交游是沈鸿烈一生中不容忽视的一部分。

第一节　沈鸿烈与黎元洪

沈鸿烈的军政生涯以东北海军时期最为辉煌，他之所以能够出色地创建并壮大东北海军，除了与其过人的军事才能有关，还得益于其早年在湖北新军的经历，这段在湖北新军随营学校的经历是沈鸿烈从军报国之路的开始，并且在这里，沈鸿烈结识了时任湖北新军协统的黎元洪。作为山炮营随营学校最出众的学员之一，沈鸿烈不断展现出的过人才能为黎元洪所赏识，正是由于黎元洪的提携，沈鸿烈才得以在海军之路上愈走愈远。二人相识的契机还是源自沈鸿烈早年从军报国的梦想。

沈鸿烈自幼俭朴勤学，饱览经史文集且成绩优异，年少时曾入义学，在义学中，沈鸿烈接触到了与之前所读经史子集完全不同的报章杂志，这些报章杂志刊登的国内时事以及新思想极大地刺激了沈鸿烈，他日夜苦读，最终决定弃笔从戎、学习武事以求报国。一心报国的沈鸿烈奔赴湖北省垣，并报考了当时湖北省的一所山炮营的随营学校。在山炮营中，沈鸿烈很快就显现了其过人的才能，"操课之余，常为同营官兵写家书、讲故事，相处极得"①，营中官兵皆呼其为沈先生而不直呼其名，在与上级谈论军事问题时，沈鸿烈也能做到侃侃而谈，他的军事才能为上级所看重，于是炮兵营长乃在营中开办干部讲习所，"设置讲堂，购备书报，哨中军官20余人全部听讲，由叔担任讲师"②。这所炮兵营恰恰隶属于湖北新军，黎元洪为新军的协统，久而久之，沈鸿烈的大名便传到黎元洪的耳中。时清政府为培植人才，于各地选拔青年、赴日学习海军，湖北总督府饬本省将弁、随营各学校选送考生考试，沈鸿烈以其出众的才能得以入选应试。然而放榜时却未见沈鸿烈之名，"全体考生大哗，誓与当局力

---

① 沈肇熙：《沈鸿烈往事片断》，青岛市政协文史资料委员会编：《沈鸿烈生平轶事》，新华出版社1999年版，第13页。

② 同上书，第13页。

争"①。黎元洪听闻此消息后，亲自令哨官将沈鸿烈带至时湖广总督张之洞府上，听候面示。总督府调阅试卷重新阅卷之后，沈鸿烈于落卷中名列前茅，这才得以前往北京考试。如若没有黎元洪的帮助，沈鸿烈可能就失去了赴日留学的机会。现在回头来看，黎的惜才不仅成就了沈鸿烈，还为日后中国海军贡献了一位难得的将领。

在留日学习的这段时间内，沈鸿烈沉着练达、能说会写，在留日学生中具有较高的威信。学成之时，沈鸿烈及同届学生惊闻武昌起义的消息，为回国参加起义，沈鸿烈未进行毕业礼便匆忙踏上归程。据沈鸿烈侄子沈肇熙回忆，沈鸿烈"以国事紧迫，即典当衣物，请假先行。到武昌时，天寒未搞卧具，旅费亦罄，即往谒都督黎元洪"②。黎元洪喜沈鸿烈归国，嘱其"留鄂赞襄革命军务。时南京仍在敌手，长江有敌舰十余艘，如不归附，则沿江要隘断难控制，革命军亦未易渡江而北，直捣黄龙。叔愿只身前往各舰，劝令反正，以争取时间。请示黎。黎甚喜，旋即令叔以海军宣慰使名义，携带黎致长江水师提督公文前往伺机策动。叔前往陈说利害，克服疑虑，消除误会，几经波折，终于完成任务"③。沈鸿烈出色地完成了这次任务，受到黎元洪的嘉许。在这之后，沈鸿烈仍跟随黎元洪工作。1916年，黎元洪出任大总统，沈鸿烈也随黎赴北京海军参谋部工作。在这期间，沈鸿烈又出色地完成了黎元洪安排的一些工作，这使得黎元洪对沈鸿烈更是倍加赞许，沈鸿烈也得以选派为赴欧观战团海军武官，赴欧美观摩学习。

纵观沈鸿烈一生，其与黎元洪的交往并非最长，也并非最深，但与黎的结识为沈鸿烈实现自己从军报国的梦想提供了契机，如若没有黎元洪的赏识，沈鸿烈无法赴日留学海军，便也就没有了后来创建主持东北海军的一切，从这一角度看，黎元洪确实堪称沈鸿烈政治生涯中的贵人。

第二节　沈鸿烈与张作霖父子

在北京海军部工作之后，沈鸿烈远赴东北，东北海军时期是沈鸿烈政

---

① 沈肇熙：《沈鸿烈往事片断》，第14页。

② 沈肇熙：《沈鸿烈往事片断》，青岛市政协文史资料委员会编：《沈鸿烈生平轶事》，新华出版社1999年版，第15页。关于沈鸿烈回国事宜，一说其直接到上海参加上海舰队。

③ 沈肇熙：《沈鸿烈往事片断》，第15页。

治生涯的第一个高峰,在东北任职的这段时间里,沈鸿烈与张作霖父子建立了密切而又复杂的关系,从开始时工作上的上下级到关系越来越密切,直至后来,沈鸿烈成为张作霖与张学良最信任的属下。沈鸿烈对待张氏父子,也不同于之前的任何上司,他更多的是将自己看作张氏父子的家臣,对张作霖张学良父子二人感恩戴德,即使后来沈鸿烈于蒋介石麾下做事,仍然心念旧主,这段关系对双方来讲都是弥足珍贵的。

沈鸿烈与张作霖接触的契机源自双方共同的政治需求,一方面,沈鸿烈归国后一直郁郁不得志。在海军总部工作的这段时间内,虽然有黎元洪的赏识,但沈鸿烈过得并不如意,海军内部派系争斗激烈,闽派占据多数且大多为留英学派,时常排挤沈鸿烈所属的鄂派,常言道"木秀于林,风必摧之",沈鸿烈出众的才能为闽派所嫉妒,所遭压制更为严重,因此,沈鸿烈一直试图寻找机会离开海军总部,一展宏图。

东北方面,地区形势也一直不容乐观。东北地区区域内河网密集,与俄罗斯边界中很大一部分都是由河流组成,保卫边境安全水上力量显得至关重要。民国初期,奉天地方当局虽有安海、绥辽等小型警备艇担任缉盗护渔的任务,但"东北地区尚未建立一支近代化的水上力量"[1]。民国六年(1917)十月革命爆发,俄国远东地区局势混乱,影响到东北地区,松、黑二江及同江流域亦是一片混乱,各方武装交火频繁,在如此紧张混乱的形势下,民国北京政府与东北当局均感到十分不安,保证边界安全成为当务之急。

民国七年(1918),张作霖被任命为东三省巡阅使,成为奉系的首领,控制了整个东北地区。同年初,哈尔滨航商电请海军部于东北设立航权保护专责单位,当时黑龙江的航权一直被沙俄政府霸占,时值俄国内战,北京政府也希望借此时机将被沙俄政府夺占的黑龙江航行权一举夺回。5月,北京政府海军部派王崇文少将前往黑龙江,勘察松花江、黑龙江两地的情况,并且拟在该地区建立一支海军力量。"王在调查后向海军部上报了规划江防的提案,具体内容为:'建议在哈尔滨设立江防司令部,先派军舰数艘前往,以后视情再图发展。'同年12月,这一提案经国务会议通过并交由海军部筹办。"[2] 民国当局在经过人事、物质等一系

---

[1] 李牧晨:《民国时期东北地方海军建设考(1911—1931)》,《开封教育学院学报》2016年第3期。

[2] 罗世伟:《民国时期东北海军小史》,《中国海军》2007年第11期。

列准备后，于民国八年（1919）7月2日，设立吉黑江防筹办处，由王崇文担任处长。当年7月21日，由南方海军军舰"江亨"号、"利捷"号、"利绥"号、"利川"号拖船和"靖安"号练习舰组成的北上舰队，从上海吴淞口出发，开往松花江。然而舰队在北上期间发生了著名的庙街事件。有关庙街事件大致有两种说法："一说是北上舰队与缺乏重火器的苏维埃游击队私下达成默契（注：当时的该地政府远东共和国还未加入苏联），将"江亨"号上的一门3英寸炮（含炮弹6发）和"利川"号上的一门5管机关炮（含炮弹15发）借给对方，帮助其摧毁了坚固的日本领事馆阵地，打死百余名日本宪兵。另一种说法则称完全是日本人处心积虑搞的'一个流产了的九一八事件的早期版本'，当时日方蛮横地宣称苏维埃游击队炮轰日本领事馆的大炮出自北上舰队，借以挑起事端……并在民国九年（1920年）4月派出大批舰艇将北上舰队扣押达半年之久。"①

"庙街事件发生后，日本军舰引发了中日两国外交争端，民国北京政府外交部任命参事王鸿年同海军、参谋两部组织交涉团，与日本交涉团共同到现场会审"②，曾在日本留学、熟悉日军情况的沈鸿烈自请赴东北交涉。据曾在东北海军学校学习的国民党海军第四军区司令杨元忠回忆，在与日方人员交涉的过程中，日方代表土肥原贤二"想尽办法，软硬兼施，要从沈先生口中获得中国海军暗助俄人的证据。沈先生早就消除了痕迹，严密防备，并且守口如瓶，绝不上当"③，加之北上官兵也有所准备，最终日方因拿不出任何证据而不了了之。沈鸿烈在庙街事件中采取的措施以及应付日本人的手段受到了社会的重视，并因此得到张作霖的赏识，随后沈鸿烈便随舰一同北上，1920年，北派四舰到达同江，受到当地民众的热烈欢迎。

沈鸿烈当时与奉系人员关系不错，黎元洪第二次当选总统后，与奉系军阀时有往来。沈鸿烈作为黎元洪的老部下，虽官卑职小，仍能往来于总统府，并且常常以总统私人代表与奉系军阀们联系。沈鸿烈娴于辞令，颇为奉系人员欢迎，故沈鸿烈北上东北途经沈阳时，"经张厚琬、戢翼翘的

---

① 罗世伟：《民国时期东北海军小史》，《中国海军》2007年第11期。

② 同上。

③ 杨元忠：《"国士"沈鸿烈先生》，青岛市政协文史资料委员会编：《沈鸿烈生平轶事》，新华出版社1999年版，第69页。

介绍,张作霖在上将军公署接见了沈鸿烈"①,二人在此时便有了一些政治上的交流。②

民国九年(1920年),吉黑江防筹办处更名为吉黑江防舰队,"总部位于哈尔滨,舰队主力驻扎于黑龙江、松花江沿线,主要负责保护中国商船安全和防范河匪"③,王崇文中将为司令。舰队作为近代科技新式海军,需要有掌握近代海军科技的参谋协助司令王崇文进行管理指挥,随舰北上的这位曾在日本海军学校学习过新式海军的年轻人沈鸿烈恰恰是合适的人选,加之其于庙街事件中的出色表现,于是张作霖便任命沈鸿烈为江防舰队参谋,后沈鸿烈又升任吉黑江防舰队参谋长。

在吉黑江防司令公署担任上校参谋的这段时期,沈鸿烈充分发挥自己的才能,积极协助王崇文添置武装商轮,以增强舰队的实力。"当时,苏俄兵舰在三江口外的黑龙江北岸,常无理检查往来于乌苏里江、黑龙江的中国戊通公司的商轮。对此,沈提议派"江亨""利川"两舰常驻同江,不时出口游弋,阻止苏舰侵扰"④,由于中方舰队的阻拦,苏方最终与中方议定双方互不侵犯,保证了中国商轮的利益。与位于中俄两国交界的乌苏里江与黑龙江不同,松花江大部分在中国境内,且沿岸盛产粮食、煤炭、木材等,航运十分兴旺,因此经常有土匪抢劫来往商船,针对这种情况,沈鸿烈"以其所辖的利济、江平、江安、江通四舰,会同吉林、黑龙江两省陆军,包抄匪巢,历时余年,江面终告太平"⑤。沈鸿烈在东北地区整顿江防、维护地区安全的行动充分展示了他的才能,更加受张作霖的赏识。

1922年4月,第一次直奉战争爆发,在军饷、军械、士兵等各方面均占优的奉军仅在6天的时间内就被直军全线击败。当时,民国海军部部

---

① 张万里:《沈鸿烈及东北海军纪略》,青岛市政协文史资料委员会编:《沈鸿烈生平轶事》,新华出版社1999年版,第49页。

② 一说张作霖此时便对北上四舰有觊觎之心,只是因为闽派反对,一时不好下手,于是便把接管四艘军舰的意图暗示给了沈鸿烈,沈鸿烈也顺势答应下来。(见张万里《沈鸿烈及东北海军纪略》,青岛市政协文史资料委员会编:《沈鸿烈生平轶事》,新华出版社1999年版,第49页。)

③ 李牧晨:《民国时期东北地方海军建设考(1911—1931)》,《开封教育学院学报》2016年第3期。

④ 刘作忠:《沈鸿烈与张作霖》,《世纪行》1996年第4期。

⑤ 同上。

长萨镇冰站在直系一方,"亲率海容、海筹等军舰,北上秦皇岛,截击奉军归路,并于海面炮击山海关,几乎击中张作霖的专列"①,张作霖在退守关外的同时,迫于直军的追击,拟派一名代表赴北京谒见当时的大总统黎元洪,表达拥护热诚之意,以示靠拢。与黎元洪同为湖北籍人士,又曾担任黎元洪新军的司书、初级补习班教习并且深受黎元洪赏识的沈鸿烈是代表的不二人选,沈鸿烈奉命赴京,"代表张作霖向黎元洪、颜惠庆等表达其拥护中央、消弭战祸之主张,促使直军攻势缓和,东三省因此转危为安"②。这次任务的出色完成使得张作霖对沈鸿烈更加信任,此时的沈鸿烈已经向张大帅表明由中央海军部转入其麾下的愿望,期望在东北地区助力创建海军力量。深谙与上司交往之道的沈鸿烈为了消除张作霖的疑虑、取得其信任,除了出色完成张作霖交给他的任务之外,还将家眷接到东北,并在法库购置田产、就地落户,这成功地使张作霖对沈鸿烈信任有加。

第一次直奉战争失败的经历使张作霖认识到了海军的重要性,张退回关外后,即宣布脱离北京政府,成立东三省自治政府、组织东北保安总司令部,积极整军经武,并且下定决心组建一支海军,以加强在海上同直系相抗衡的力量,而当时在东北的吉黑江防舰队则是扩建海军力量的不二选择。与此同时,由于海军军费需求量很大,然而当时北京政府财政窘困,并且在以陆战为主的内陆战场上海军并不能起到太大的作用,根本无暇顾及远离中央的小舰队,故吉黑江防舰队虽刚成立不久,却并未受到北京当局的重视,"经费经常没有着落,只好时不时靠东北地方财政补贴才得以艰难地维持"③,于是在中央财政越发吃紧的情况下,北京政府将该舰队从海军部就近划归东北当局直辖,于是吉黑江防舰队便改属东三省自治政府。张作霖还"在总部内设立了军政合一的航警处……缘于当时的国际惯例,地方海军得不到各国的承认,故既为掩人耳目又为'同国际接轨',就借航警这个幌子成立了航警处"④,舰队司令仍为王崇文,沈鸿烈任少将处长,统辖东北海防、江防、水警、航务、渔业、港务、造船、商船学校、海军学校和海事编译局等机构,实际统管海军事务。1923年春,

---

① 李洋:《第二次直奉战前张作霖的"整军经武"》,《炎黄春秋》2016年第5期。
② 刘作忠:《东北海军创始人沈鸿烈逸事》,《世纪桥》2003年第5期。
③ 罗世伟:《民国时期东北海军小史》,《中国海军》2007年第11期。
④ 同上。

王崇文因军费报销不实被撤职，遗缺由毛钟才继任。年余，毛也去职，其司令职遂由沈鸿烈兼任，沈鸿烈从此成为东北地区海军的"掌门人"。至此，航警处的性质也发生了变化，由国家海上武装力量变为奉系军阀的地方海军。沈鸿烈上任后，建议张作霖打破地域观念、门户之见，先后从关内招揽其留日同学（如凌霄、方念祖、谢刚哲等）与同乡到东北与其共事。一切妥当之后，沈鸿烈便在东北地区显现出了出色的政治军事才能。

1923年，沈鸿烈为了培养东北的海军人才，创办东北航警学校（后迁青岛，改称青岛海军学校），由沈鸿烈的留日同学凌霄担任第一任校长，随后的几任校长和教职人员也均是留日派，这所海军学校一共培养了航海生约200人，轮机生100余人，多种水兵1000余人，为东北海军的建立储备了各式人才，此举深得奉系中东北籍人士的欢迎。1923年，沈鸿烈开始筹备组建东北海防舰队，"从大连政记轮船公司购买了1艘2500吨级的商船，经过改装后成为'镇海'号海防炮舰。到民国十三年（1924），又将从日本订购的2500吨级商船'佳代丸'号改装成为'威海'号海防炮舰"[1]。（取名为"镇海"与"威海"，是沈鸿烈为了取媚于张作霖，因为张作霖曾经被袁世凯封为"镇威将军"。）随后东北又先后购得"定海""飞鹏"等舰，海防舰队最终得以成立，并与由吉黑江防舰队改编成的东北江防舰队一同置于航警处管制下。沈鸿烈的这一系列举措极大地提升了奉系的实力，1924年第二次直奉战争爆发，战端一开始，沈鸿烈便向张作霖建议尽快建成海防舰队，第一次直奉战争失败的教训及对沈鸿烈的信任使张作霖立刻就同意了此建议，于是沈鸿烈及其航警处便雷厉风行地改装炮舰，抽调兵员，不到两个月便宣告建成海防舰队，海军学校校长凌霄为舰队长，沈鸿烈则"亲自指挥'镇海''威海''定海'等舰巡防于营口、葫芦岛、秦皇岛等沿海一线，以防止直军渤海舰队的侵扰"[2]。战争中，沈鸿烈指挥舰队以水雷封锁津沽海面，炮击山海关附近直军后路，再加上冯玉祥的倒戈，吴佩孚惨败。沈鸿烈为奉军赢得第二次直奉大战立下了汗马功劳，张作霖势力也得以扩展到热河、察哈尔、绥远、河北以及山东等地，这一系列的举动使沈鸿烈在奉系中的地位愈加巩固，张作霖对沈鸿烈也渐渐变得言听计从。

---

[1] 罗世伟：《民国时期东北海军小史》，《中国海军》2007年第11期。

[2] 同上。

虽然东北海军的实力大大提升，但在当时与渤海舰队相比，仍是逊色不少。当时的渤海舰队拥有"海圻、海琛、肇和、永翔、楚豫、同安、华甲等十余艘舰艇"①，实力雄厚，但官兵腐败，斗志消沉，沈鸿烈便思索将渤海舰队吞并到东北海军之中。他先是通过势挟利诱，终使"海圻"舰归顺东北当局。"沈鸿烈得到这艘舰，如虎添翼。为了配合奉军姜登选等进军浙江，沈率领海圻、镇海等舰多次炮击吴淞，进袭江阴，牵制了孙传芳五省联军的反扑，又两次奇袭虎门（广东珠江要塞），遏制了南洋舰队的北伐，于1925年又截获了南洋舰队的江利军舰，苤此声威大震，使当时入关的奉军的海防得到巩固，华北的水路交通得到了保障。"② 沈鸿烈本人也声名大振，张作霖更是放心地将有关东北海军的事宜交给沈鸿烈处理。

1926年，沈鸿烈率东北舰队进驻青岛；1927年，沈鸿烈又向张作霖献计，任命张宗昌为海军总司令，沈鸿烈为副总司令，在青岛设海军总司令公署，并利用计策使东北海军吞并了渤海舰队。不久，奉系成立东北海军总司令部，张作霖亲自兼任东北海军总司令，沈鸿烈为副总司令兼代总司令，将江防、海防、渤海三支舰队正式合并为东北联合舰队，计有大小舰艇26艘，总吨位18800余吨，不但拥有"海圻""海琛""肇和"等民国时期为数不多的大舰，还拥有中国海军历史上"镇海"号这艘唯一的水上飞机母舰，具有很强的战斗力。东北海军基本控制着中国的北部海域，与东南沿海的闽系海军形成了南北对峙之势。

1928年，张作霖在皇姑屯被炸身亡，少帅张学良继任统帅并宣布东北易帜，归顺南京政府，沈鸿烈仍一直于张学良麾下办事。张学良也十分重视东北海军的建设，对东北海军进行整编和扩充，将设置于青岛的海军总司令公署于当年7月移驻奉天，定名为东北海军总司令部，自兼司令，沈鸿烈任副司令。蒋介石为遏制中央海军中坐大的闽系势力，默许东北海军保留其自身的独立性，直至1930年9月，蒋介石将东北海军编为中华民国海军第三舰队，沈鸿烈被任命为第三舰队司令。

1931年"九一八"事变后，日军占领了东三省，"东北军丧失了地盘，供给无着，陆军退驻河北，沈鸿烈率领的海军此时亦无所托，经张学

---

① 张万里：《沈鸿烈及东北海军纪略》，青岛市政协文史资料委员会编：《沈鸿烈生平轶事》，新华出版社1999年版，第51页。

② 同上。

良转请蒋介石，蒋于庐山召见沈鸿烈。召见时对沈慰勉备至，并作了具体指示：东北海军全部开驻青岛，青岛市的税收直接拨充海军军饷，任命沈鸿烈为青岛市市长，并将提请国民党中央全会补选沈鸿烈为国民党中央委员。南京国民政府于1931年12月正式任命沈鸿烈为青岛市市长，沈鸿烈由海军将领兼任地方行政长官"[1]。后沈鸿烈被撤免东北海军司令一职，由其同学谢哲刚接任，沈鸿烈专任青岛市市长，结束了自己于东北海军的政治生涯。

在东北海军任职的这段时间是沈鸿烈真正开始其政治生活、施展满腔热血的时期，此前，沈鸿烈虽在中央海军部任职，其能力也受到黎元洪的赏识，但这并没能给沈带来太多的机会，张作霖父子给予沈鸿烈的正是他一直求而不得的施展抱负的机会，沈鸿烈也牢牢地把握住了这个机会，将东北海军建设成了一支具有强大战斗力的现代化海军，大大增加了奉系的实力。张氏父子视沈鸿烈为心腹，对他的话更是言听计从，双方在一起共事十年之久，彼此之间利益紧密相连，久而久之从政治上的亲密扩展到生活中的亲近，即使后来沈鸿烈为蒋介石所用，仍然心念旧主。

1936年12月，张学良、杨虎城发动了震惊中外的西安事变，扣押了蒋介石，张学良与蒋介石方面都希望沈鸿烈表态。这让沈鸿烈秦楚两难，一方面，张、杨是正义所在，不愿反对；另一方面，沈鸿烈又为蒋介石权威所慑，不敢反对。据沈鸿烈私人秘书谢云祥回忆，在这进退两难的境地下，沈鸿烈"一面致电何应钦、孔祥熙，敦促妥善处理事变，积极营救蒋介石；一面致电张学良（原文失记），大意是：鸿烈受张氏知遇，已历两世，感恩图报，时系吾衷，平日言行，无不出自忠诚。顷读通电，惊悉西京兵谏，骊宫幽蒋，殊失将道。在此内忧外患日急，千钧一发之时，委座一身，国家安危所系（以下举了六大理由）必须保证委座安全，以免亲痛仇快等语"[2]。西安事变和平解决后，蒋介石回到南京，"首先令陈布雷，把他在西安被扣期间，各方对他的态度查明汇报，沈的态度，赢得了蒋的嘉许"[3]。1937年初，蒋介石回溪口老家过春节休养，张学良也被带

---

[1] 芮麟：《沈鸿烈长青岛六载琐记》，青岛市政协文史资料委员会编：《沈鸿烈生平轶事》，新华出版社1999年版，第83页。

[2] 谢云祥：《在沈鸿烈身边十一年》，青岛市政协文史资料委员会编：《沈鸿烈生平轶事》，新华出版社1999年版，第22页。

[3] 同上。

到了溪口，张终日吵闹不休。蒋介石只好电请沈鸿烈到溪口，要沈鸿烈劝慰张学良，后来沈鸿烈女婿宫守义撰文回忆沈鸿烈晚年跟他讲过的这段往事："西安事变之后，汉公（张学良）陪同蒋委员长回到南京又偕往奉化溪口，我在青岛接奉蒋委员长电召以汉公心情颇为激动，嘱我前往溪口顺予劝慰。当我到达溪口官邸庭园时，见显要多人连同汉公均在庭园散步，我还没来得及向大家一一招呼，汉公见到我就一把拉住进入他所住的房舍，他自己关上门、窗之后即抱我放声痛哭，虽经我竭力劝慰，历时一个小时许仍不能止声，当时我很不安，因为我是奉诏前来，在尚未见蒋委员长之前，两人先关起门窗一二小时之久，论公论私均属欠妥。后来当谒见蒋委员长时承告：'听说你和汉卿已见过面了，他心情太激动，希望你在此多留几天，好好安慰安慰他。'于是原定二日之行程竟延长至十一日之久。"沈鸿烈还回忆道："我在东北服务时，张氏父子对我太厚。每当我遇事有所请示时，汉公几仅穿内衣延见。见面时，我还未开口，他一定先说：'老沈！老沈！你不要骂我，你知道我是没有办法。'因当时汉公身染恶疾随时均须注射，仅穿内衣求其捷便也。"① 宫守义所记沈鸿烈的这段回忆，乃是沈鸿烈晚年卧病时对他所言，张、沈二人在当时情形下相抱痛哭，其中的痛苦与无奈只有两人可知。而蒋介石单单电请沈鸿烈一人来安慰张学良，就凭这一点，就足以看出沈鸿烈与张学良不同于他人的深厚情谊。

后沈鸿烈于山东省政府任上难以为继，于1941年去重庆谒见蒋介石，蒋介石对沈鸿烈嘉慰备至，并且示意沈鸿烈稍事休息，将另有借重。随后沈鸿烈去西南一带考查，途中向重庆发电，表明想要去看望张学良的意愿并询问蒋介石的意见，然而这封电报并未得到复电，是否见到张学良我们也便可想而知，但沈鸿烈对其少帅的这份情谊着实让人感动。蒋介石因为此事对沈鸿烈不问不理达三个月之久，之后也只是任命沈鸿烈为农林部部长，在抗战时期根本谈不上农林业建设，此一官职可谓毫无政绩可言。从此事可看出，沈鸿烈即使在困顿时仍心念少帅，足以见其对张氏父子的情深义重。

沈鸿烈晚年寓居台湾，82岁高龄时因病入住台北近郊荣民总医院。

---

① 宫守义：《记先岳父沈鸿烈先生一段往事》，青岛市政协文史资料委员会编：《沈鸿烈生平轶事》，新华出版社版1999年版，第238—239页。

他山东、湖北的老友听说此事，纷纷到医院探望他，其中就有一位特殊的访客——张学良。沈鸿烈女婿宫守义于《记先岳父沈鸿烈先生一段往事》一文中详细地回忆了这段往事：这次见面二人都十分激动，沈鸿烈尤其叙述对汉公20余年处境无能为力的无奈与愧疚，而今年逾80又老病缠身，"身受张家两世重恩，今生恐已难报答，言下极为痛心"①。这时便换作张学良不断在安慰沈鸿烈，并叮嘱沈鸿烈安心养病，千万不要为他烦心。于出院时，沈鸿烈本拟向张学良叩别，但由于不知其寓所以及种种原因，最后只能向张学良写信告别。宫守义回忆到沈鸿烈的这封信主要有以下内容："（一）上款称汉公钧鉴，下款是旧属沈鸿烈谨叩，函内自称为仆。（二）对汉公来医院探望表示感激……（四）受张氏两世重恩，现在逾年80，又老病缠身，愧无以报，今生恐难再见，实死难瞑目。（五）请汉公善自珍重。"②

张氏父子是沈鸿烈一生最为仰重的上司，从以上的种种来看，彼此早已超越了上下级之间的关系，没有张氏父子，便没有沈鸿烈后来政治生涯的一切，而沈鸿烈也是在用一生来回报张氏父子的恩情。

第三节　沈鸿烈与蔡元培

沈鸿烈一生交游十分广泛，尤其是在主政青岛期间，他与各界名流尤其是文化教育界的名人交游甚广，这与沈鸿烈重视文化教育的政治思想是分不开的。上任之初，沈鸿烈就曾说过："青岛以向日之渔村，多年被外人管理，自无本国文化可言，故文化建设亦非常重要。"③因此沈鸿烈在青岛大力开展教育事业，增加教育经费、新建校舍、创办民众学校，并且兼顾市区与乡村两个方面。尤其是在乡区，沈鸿烈命令教育局制订了乡村教育计划，在各乡区办事处普设小学，甚至对适龄儿童实行强迫教育，这样的教育政策使青岛民众的教育水平普遍提高。同时他还积极邀请各路学者来青办学术讲座，并规定凡全国学术组织在青岛开会者，均由政府招待

---

① 宫守义：《记先岳父沈鸿烈先生一段往事》，青岛市政协文史资料委员会编：《沈鸿烈生平轶事》，新华出版社1999年版，第237—238页。
② 同上书，第239页。
③ 沈鸿烈：《青岛政治上的动态与静态》，《青岛画报》1935年第1期。

游览崂山。这种对待教育的态度也深深感染着每一位来青的文人学者，他们敬佩这位市长能够如此重视文化教育事业，而这位沈市长也欣赏他们的才能与人格，这才造就了沈鸿烈在青岛与文化名人交游的一段段佳话，其中以沈鸿烈与蔡元培的交游尤其为人所称道。

蔡元培作为我国教育界的先驱与泰斗，对青岛教育事业的发展也是极为重视，他一生多次来青，正是由于其不遗余力的推动，才有了国立青岛大学的成立与青岛水族馆的建立，这也恰恰是蔡元培与沈鸿烈交游的契机。

1930年，蔡元培来青出席中国科学社的年会，在青参加年会的这段时间里，蔡元培仔细地考察了青岛的环境，他认为青岛是国内少有的直接滨海城市，因此积极建议要建立一座"研究海洋、进行海洋知识宣传、推动海洋科学发展"[①]的机构，以促进青岛科技教育的发展并提高国家的海洋实力。在其建议下，青岛水族馆的建立受到社会各界的支持，东北海军司令部、中央研究院、青岛大学等部门和团体纷纷捐款，水族馆的一期建设虽然顺利进行，但场馆的建筑费仍然短缺[②]。这时沈鸿烈刚刚任职青岛市长，蔡元培便于1932年4月20日向新上任的沈鸿烈及其市政班子致函："宋春舫君于前日到此，水族馆闻将于五月一日开幕，过去一切，诸承赞助，并闻市府每月津贴经常费贰佰元，甚为感谢，惟该馆建筑费，尚短少五六千元。值此时局，实无法再筹……望成全其事。"[③] 二人虽没有见面，但这是沈蔡交游的开始，后由于沈鸿烈政府的拨款，使得水族馆的建设顺利进行，这位沈市长对青岛科技教育事业的重视就这样在蔡元培心中留下了深刻的印象。

1934年8月28日，蔡元培再赴青，这也是沈鸿烈任市长后蔡元培的第一次来青，沈鸿烈派人去码头迎接，在蔡元培安顿好住所后，沈率人亲自去拜访，蔡元培在其日记中写道："（二十九日）午后二时，船到青岛。来接者刘梅垞表兄……沈市长代表等。暂住观海一路十号刘宅。四时，沈成章市长偕叶玉甫君来……市政府秘书长胡秀峰来。教育局长雷法章来。梅垞表兄晚宴。"[④] 蔡元培刚到青岛沈鸿烈就登门拜访，足以见得沈鸿烈

---

① 崔广顺：《蔡元培在青岛活动述略》，《青岛职业技术学院学报》2008年第4期。
② 同上。
③ 高平叔编：《蔡元培全集》（第六卷），中华书局1989年版，第186页。
④ 王世儒编：《蔡元培日记》（下），北京大学出版社2011年版，第384页。

对蔡元培的敬重以及他对文化教育事业的重视。二人的第一次见面就在这晚宴上，一方面人员众多，又蔡元培刚到青岛、舟车劳顿，不方便展开交流，故二人当晚并无太多的交谈，然而第二天，蔡元培就去答访沈鸿烈，二人进行了"久谈"，蔡元培在其日记中提到沈鸿烈"渠对于教育普及甚努力"，这样一位极其重视教育的成章市长给蔡元培留下了深刻的印象，作为一名教育家，青岛市有这样一名重视教育的市长，蔡元培备感欣慰。蔡元培此次在青岛，应沈鸿烈、教育局局长雷法章及各中小学校长之邀，于青岛各中小学进行演讲，向青岛市各校校长、教职员、学生甚至青岛市民传播先进的教育理念，宣传教育的重要性。其间，沈鸿烈一直与蔡元培保持联系，二人常互相拜访、招饮进餐：

（九月五日）晴。午，沈成章市长招饮。
（九月八日）晚，胶济铁路管理局葛光庭……五委员招饮于太平路二十八号彭宅，座有颜骏人大使、沈成章市长。
（九月十三日）晚，胡秘书长家凤、雷局长法章招饮于青岛俱乐部。
（十一月五日）偕养浩访成章夫妇，均不晤。
（十一月六日）成章夫妇来访。
（十一月七日）沈市长夫妇招饮迎宾馆，我与养浩偕三儿去，见沈世兄及一位沈小姐（正夫人出）。①

从蔡元培日记的记载中可见蔡在这次来青的两个月的时间里，与沈鸿烈或是见面交谈，或是与其亲信交流，二人往来十分密切。二人的交情不同于政客之间的利益往来，而是趣味相投、志同道合，沈鸿烈敬重作为教育家的蔡元培，蔡元培也为沈鸿烈对青岛教育事业的尽心投入而感动，故蔡元培此次来青，与沈鸿烈培养了深厚的友谊，蔡离青时，沈鸿烈仍是亲自去码头送行，可见二人情真意浓。

1935年4月，太平洋科学协会中国分会在京成立，这是一个专门研究渔业及海洋生物的国际学术团体。该团体决定在厦门、定海、青岛、烟

---

① 王世儒编：《蔡元培日记》（下），北京大学出版社2011年版，第385、386、387、396页。

台四处，设立海洋生物研究室，青岛方面的研究室托青岛观象台与山东大学会同筹备，但同青岛水族馆的建立相似，研究室的经费仍难以凑齐。在研究室的建立难以为继之时，蔡元培又想起了他在青岛的老朋友沈鸿烈，于是致函沈鸿烈："……夙仰执事关怀要政，拟请贵市府担任设备费二千五百元，又请每年担任经常费七百元，庶几青岛海产生物研究室得以早日成立，于中国之海产及渔业前途，所关甚巨……还希惠予助成，不胜企盼。"① 如此真挚的恳请，沈鸿烈自然是不敢怠慢，马上向研究室拨款。但青岛海产生物研究室建筑经费仍然短缺，蔡元培于 1936 年 2 月再次致函沈鸿烈："因念执事关怀教育，该研究所又素蒙提倡，此项建筑费，拟请设法维持，量予补助，俾竟全功。"② 沈鸿烈随即又拨款 1000 元，蔡元培也立刻向沈鸿烈致函表示感谢"具征关怀学术，终始垂护，曷胜铭感"③，正是由于沈蔡二人相互配合，这才促成了海产生物研究室的建成。

在筹备建设海洋生物研究室的当年（1935），蔡元培再次访青，这也是蔡元培一生中最后一次访青。与上次相同，沈鸿烈在蔡元培来青之初，即去其寓所探望，二人共同制定了蔡在青期间的行程安排。后蔡元培因主持中央研究院评议会成立会，不得不离青赴南京，沈鸿烈又是偕胡家凤、雷法章等去车站送别，足见沈氏对蔡元培的情深义重。二人之后的交际就是上文提到的蔡元培于 1936 年给沈鸿烈的两封致函，1937 年，沈鸿烈撤离青岛，蔡元培也于 1940 年去世。正是由于他们两人的携手合作，才成就了青岛 20 世纪 30 年代的学术辉煌，所留下的青岛水族馆等一众建筑，都是二人真挚情谊的证明。

第四节　沈鸿烈与熊希龄

如同前文所讲，沈鸿烈对于文化教育事业极为重视，这种执政理念使其对文化教育界的学者非常仰重，沈鸿烈乐于与他们交流，以此来推进青岛文化教育事业的发展，熊希龄就是其中之一。

熊希龄（1870—1937），字秉三，是民国时期著名的教育家与慈善

---

① 高平叔编：《蔡元培全集》（第六卷），中华书局 1989 年版，第 535 页。
② 高平叔编：《蔡元培全集》（第七卷），中华书局 1989 年版，第 23 页。
③ 同上书，第 29 页。

家,他在退出政坛之后,便将自己全部的精力投入社会福利与教育事业当中,创办了著名的香山慈幼院。但熊希龄与沈鸿烈、与青岛,也有一份不浅的缘分。

熊希龄与青岛结缘于1936年8月在青岛举行的第二届全国慈幼领袖会议。熊希龄虽任该会议的副主席,但由于身为大会主席的孔祥熙未能到会,故这届全国慈幼领袖会议实际上是由他主持的。时沈鸿烈任青岛市市长,在青岛举行会议的这段时间,沈竭尽地主之谊,会议结束后,出于对熊希龄的仰慕,沈鸿烈极力挽留熊希龄于青避暑,由于沈鸿烈的盛情难却,熊希龄直至回北平主持慈幼院每逢农历七月七的"回家节"时才离开青岛。沈市长对于自己所仰重的人,从来都是如此厚待,更何况熊希龄与其都是两湖人士,熊希龄长沈鸿烈一轮,沈鸿烈对他更是仰慕至极。熊与沈早年都曾经服务于张之洞麾下,"都有十年寒窗、投笔从戎、负笈东瀛以及参加辛亥革命的经历"①,两人还有共同的好友张伯苓,故二人的缘分更是不浅。沈鸿烈对教育事业的热忱尤让熊希龄感慨,张伯苓此前就曾向他赞赏过沈鸿烈,如今所见确是如此。沈的这份热情使熊希龄产生了香山慈幼院与青岛合作、共同发展慈幼教育事业的念头,故在熊离开青岛时,便与沈鸿烈约定,"待熊赴爪哇参加国际禁贩妇孺会议之后便着手实施在青岛的慈幼计划"②。

1936年9月,熊希龄在香山慈幼院全体教职员会议上发言,称青岛市近年来发展迅速,"市长为沈鸿烈,建设非常努力,成绩良好……我以前原拟在上海推动幼稚教育,最近以沈市长对于青岛慈幼事业,有许多地方欲与本院合作,因此我又打算在青岛试办托儿所婴儿园等"③。1937年5月,熊希龄便来青岛,着手筹商青岛市与香山慈幼院合办婴儿园等相关事宜。为了办好于青岛的慈幼事业,熊希龄打算常住青岛。同年6月底,熊希龄料理完上海寓所的家务后,便偕夫人乘船抵达青岛,但不料天突降大雨,但在如此恶劣的天气情况下,沈鸿烈仍是"率市政府的一班高级官员冒雨到码头迎接熊希龄,并且在青岛迎宾馆召开欢迎会"④,这份尊敬使熊希龄倍加感动,更加坚定了其于青岛展开慈幼教育事业的决心,所

---

① 崔广顺:《熊希龄的教育思想及1937年青岛慈幼教育企划》,《青岛职业技术学院学报》2008年第2期。

② 同上。

③ 同上。

④ 同上。

以熊虽然因冒雨等原因染上肠胃性感冒，但仍然抱病坚持开办青岛市婴儿园的各项筹备工作。沈鸿烈虽然十分期望彼此对于慈幼教育的热血能够推进青岛市整体教育水平尤其是婴幼儿教育水平的提高，但他深谙当时的政治环境，不得不为熊希龄夫妇的安危感到担忧。当时的青岛正处于山雨欲来风满楼之际，日本自1914年至1922年占领青岛长达八年之久，我国虽于1922年收回青岛，但日军始终凭其军事优势，对青岛进行军事、政治、文化侵略。日本在青岛有九大纱厂，是其在青工业精华所在，在当时华北地区战事紧张、青岛市亦风声鹤唳的情形下，沈鸿烈有意在必要时，炸毁青岛所有日本人的工厂。实际上早在1936年时，沈鸿烈就邀请时任通讯爆破大队大队长的马锡年来青培训爆破人员，1937年"七七事变"发生之后，青岛地区局势更为紧张，战事一触即发。在这样的政治环境下，沈鸿烈十分担心正在青岛主持筹办慈幼事业的熊希龄的安危。经过再三考虑，沈鸿烈决定尽快劝说熊希龄撤离青岛，于是便择日亲自到熊希龄夫妇寓所劝说。适值熊希龄午睡，他便对其夫人毛彦文说明情况："熊夫人，请你转告秉公，你们最好早点离去，青岛随时可能发生战事，到那时我怕保护不周。"① 于是1937年7月底，熊希龄夫妇只好无奈地离开青岛。

虽然熊、沈二人齐心谋划的青岛慈幼教育计划最终未能实现，但有这一计划总归是促进了青岛乃至全国范围内慈幼教育事业的发展。在当时之危急时刻，沈鸿烈有太多要紧事需要处理，但他仍能够抽空亲自去劝说熊希龄夫妇，可见沈鸿烈待人之情深义重。可惜的是熊希龄离开青岛后不久，便因病去世，当时沈鸿烈也已经撤离青岛，二人于青岛流传的这段佳话便也未能叙写下去。

第五节 沈鸿烈与张伯苓

若是提到沈鸿烈一生的挚友，那非张伯苓莫属。早在沈鸿烈刚从日本留学回国、在北京民国政府参谋本部海军局工作时，二人就已认识。当时张伯苓与北京海军界人物多有往来，故沈、张得以相识并交谈相投。沈鸿

---

① 崔广顺：《熊希龄的教育思想及1937年青岛慈幼教育企划》，《青岛职业技术学院学报》2008年第2期。

烈之侄沈肇熙回忆起二人相识时就曾说："当张得知叔胸怀建设海军、报效祖国之意,且具灼见卓识时,十分敬重。叔对张伯苓的道德学问、艰苦兴学的精神,也推崇备至。彼此敬仰。友谊日笃。"① 这种精神上的相互欣赏,才成就了二人深厚的情谊,后沈鸿烈虽远赴东北,但与张伯苓的往来并未间断,沈鸿烈之子报考大学,沈就力主其报张伯苓所在的南开大学,其侄沈肇熙升高中,沈鸿烈亦是力主其报考南开中学,足以见得沈鸿烈对张伯苓的敬重与信任。

二人之间的相互信任最明显地体现在雷法章的任用上。雷法章原为南开中学的教务主任,1932年,沈肇熙正在天津的南开中学读书,沈鸿烈因公事去天津,便去拜访张伯苓并看望其侄,但恰逢张伯苓因事外出,便由雷法章出面接待并陪同参观南开中学。这次会见使雷法章给沈鸿烈留下了深刻的印象,沈鸿烈见雷法章稳重有为,将南开的各种事务打理得井然有序,而自己也正着力发展青岛市的中小学教育,便有"挖才"之意,沈为此特意滞留天津,以等候张伯苓返校。待张返校,沈鸿烈"与其畅谈其发展青岛教育事业的计划,并且恳请张伯苓大力支援,继而提出了拟请雷法章任青岛教育局长的愿望。张伯苓深受感动,当面即允。未几,雷法章到青岛就任"②。沈鸿烈能够如此直接地向张伯苓"要人",可见二人关系十分亲近,而二人对于教育共同的热忱为青岛送来了一位优秀的教育局长,从此,在沈鸿烈与雷法章等人的努力下,青岛的教育改头换面。张伯苓曾经感叹道:"当今之世,像沈鸿烈这样为国为民的市长,能有几人?!"③ 足见张伯苓对沈鸿烈的钦佩与欣赏。后据沈肇熙回忆:"雷法章任青岛市教育局长后,叔时时勉励其发扬'南开精神',并放手让雷法章大胆展开工作。雷法章扩建第二中学,增设郊区小学,计百余处。叔及时进行视察,对已取得的成绩,予以嘉奖,未竟的计划,督促实现。雷法章在写给南开一位校友的信中说:'沈公治事待人,善于指导,勤于检查,知人善用,确有伯乐之识。'"④ 雷法章从一位中学的主任成为青岛一市的教育局局长,故他对沈鸿烈与张伯苓二人始终抱有知遇之恩,沈鸿烈离

---

① 沈肇熙:《沈鸿烈往事片断》,青岛市政协文史资料委员会编:《沈鸿烈生平轶事》,新华出版社1999年版,第15页。

② 同上书,第16页。

③ 同上。

④ 同上书,第16—17页。

开青岛后在山东省政府任上颠沛流转,后又辗转于重庆、浙江,雷法章均一路陪伴在沈身边,既是沈鸿烈不可或缺的左膀右臂,又是与其患难与共的挚友。沈鸿烈八十大寿时,已近花甲的雷法章仍是西装革履地出席了宴会活动,二人留下了珍贵的合影。雷法章后为沈鸿烈八十寿庆纪念集整理并作序,序中对沈氏为人的谦逊节约以及施政的严明仁爱等方面进行了高度的评价。时光荏苒、岁月蹉跎,二人身边亲故零散逝去,唯有彼此依然相守这份情谊,可谓感人至深。

沈鸿烈天津之行返青后,9月便邀请张伯苓去青岛游览,当时张伯苓正代表上海废止内战同盟会由天津赴济南,调解山东国民党省主席韩复榘与"胶东王"刘珍年的摩擦冲突,事情处理完后,便赴青参观。沈鸿烈此番邀请,主要仍是为了发展青岛的教育,加之二人关系密切,故张伯苓此次青岛之行,沈鸿烈与雷法章多次陪同。先是一同参观了青岛市立女中、青岛圣功女中和青岛市立中学,后沈又陪同张伯苓一同参观国立山东大学并做演讲。张伯苓此次来青短短几天的时间内,基本上都是在沈、雷二人的陪同下参观各处学校机构,这种亲密的往来不仅使沈、雷及时掌握了张伯苓对青岛教育事业所指出的问题,又进一步加深了彼此之间的情谊。

作为我国奥运第一人,张伯苓对我国体育事业的发展一直极为重视。1932年,第十六届华北运动会在开封举行,沈鸿烈主政青岛以来,"深感于我国国民体格之衰弱,欲提倡体育以补救之"①,故当即邀请下届华北运动会移师青岛,作为华北体育联合会会长,张伯苓大力支持青岛申办第十七届华北运动会。因此一年之后,张伯苓再次来青,出席第十七届华北运动会。7月11日晚,刚到青岛的张伯苓就受到沈鸿烈的宴请,由于张的威望及其对于此次运动会的大力支持,大会推举他做裁判长。此次运动会,张沈二人还达成了一个重要约定:此后每年暑假由南开中学高中部选送一些学生来青岛,随舰到长山岛、烟台、威海等地参观,促使青年学生熟悉海上生活,教育青年学生热爱大海、热爱祖国,激励学生立志投身海军建设事业,保卫祖国海疆。可以看出,沈张二人的志同道合,不仅造福了青岛市民以及当时的青少年学生,还为祖国输送了一批批人才,这种情

---

① 李宏文:《沈鸿烈与十七届华北运动会》,青岛市政协文史资料委员会编:《沈鸿烈生平轶事》,新华出版社1999年版,第101页。

谊，在战火燃烧的年代尤为可贵。

第十七届华北运动会几天后顺利闭幕，此次运动会规模较历届为大，项目也最为齐全，参赛人数破纪录，观众人数也高达 10 万余人，可谓一项盛举。然而在此盛举举行的一个月前（1933 年 6 月），青岛却发生了一件大事，那就是东北海军"海圻"等三主力舰叛逃的风波，此次军变对沈鸿烈影响巨大，沈鸿烈因此决意辞去青岛市长一职，他在呈蒋介石、汪精卫的电文中曾说自己"刺激太深，精神失常，百病俱发"①，可见沈鸿烈此次是辞意坚决。在运动会举行前，青岛市民就举行过几次大规模挽留沈鸿烈的集会，但沈鸿烈未为所动，故在华北运动会结束的第二天，青岛市记者工会宴请各埠记者，特请沈鸿烈与张伯苓作陪，人们知道二人情谊深重，希望借助张伯苓来挽留沈鸿烈。"席间，众人请张伯苓做个证明，挽留沈鸿烈实为青岛的民意"，张伯苓半开玩笑地说："昨天，我在大会主席台上，忽然间来了二十余人，我以为又因裁判不公起了争执……才知是青岛人民请我代为挽留沈市长……大家环请不已，我才答应必力加挽留，并向各方证明青岛民意。"② 后一名记者又请沈鸿烈当面向大家声明打消辞意，沈鸿烈笑而不语，张则起身为沈鸿烈解围："不管他打消不打消辞意，只要我们意旨坚决，誓非达到挽留之目的不止，那时还看他辞不辞！"③ 张以半开玩笑的方式为沈鸿烈解围，一方面缓解了社会各界的挽留给沈鸿烈带来的压力；另一方面，又表明了自己的观点，这是真心的劝说而不是强制的逼迫，可见沈张之间情谊之真。据说，在此次行前张伯苓就与沈鸿烈进行了一次长谈，加之各界的挽留，这才使沈鸿烈放弃了辞职的念头。由此事可见张伯苓在沈鸿烈心中地位之重。

1935 年 7 月 27 日晚，为出席 7 月 29 日至 8 月 2 日在青岛山东大学举行的由中华全国体育协进会主办的体育讨论会，张伯苓再次来到青岛，除了参加讨论会外，张伯苓还参观了青岛的乡村建设。青岛过去执政者的建设，均着重市区而忽略乡区，而沈鸿烈则鉴于青岛市乡区多、占土地之广，人口之多，大力发展乡村建设，从教育、经济等各方面入手，使青岛农村逐渐摆脱原来贫穷落后的面貌。1936 年，为准备当年 8 月在德国柏

---

① 王第荣：《沈鸿烈辞职与青岛各界的挽留》，青岛市政协文史资料委员会编：《沈鸿烈生平轶事》，新华出版社 1999 年版，第 110 页。

② 孙海麟主编：《中国奥运第一人——张伯苓的故事》，人民出版社 2008 年版，第 88 页。

③ 同上。

林举办的第 11 届奥运会,作为中国奥运会代表团领队的张伯苓为做好准备工作,在青岛主持开办了"暑期训练会",专事培训出席奥运会的中国运动员。在繁忙的会务间隙,张伯苓先生在沈鸿烈、雷法章二人的陪同下,再次参观了李村等乡村建设,张对青岛乡村建设中乡区小学教育取得的成绩赞不绝口,并表示返回天津后,要派有关管理人员和学校学生来青岛学习取经。为答谢青岛市政当局对"暑期训练会"的大力支持,张伯苓还特意宴请了沈鸿烈、雷法章以及青岛体育界人士。

后沈鸿烈离开青岛,赴山东省政府任,在山东省政府任上的沈鸿烈可谓颠沛流离,不得不于 1941 年去重庆述职,却并未得到蒋介石的重用,先后担任农林部长、国家总动员会议秘书长、党政工作考核委员会秘书长等职,这些职位既不能使沈鸿烈发挥自己的才能,又有种种无法克服的困难(如威胁到权贵的利益等),因此沈鸿烈在工作中处处受到掣肘,加之沈一向不善聚财、家中生活开支较大,故虽然沈鸿烈勤俭持家,但生活仍然十分惨淡。在这段时期内,沈鸿烈还为蒋介石拉拢人心,到处奔波,终于 1946 年,沈鸿烈被蒋介石任命为浙江省主席。之所以能获得此官职,一方面因为蒋介石心中已有此意,另一方面张伯苓于其中起着重要的作用。"张伯苓在华北、东北是一位极有影响的人物,蒋为了强化其摇摇欲坠的反动政府,请张伯苓出任教育部长,先去美国考察教育。张出国前夕,蒋在官邸设宴饯行,邀张的挚友沈鸿烈作陪。为了表示对张的尊重,蒋介石请张举荐浙江省政府主席的人选,条件是不要从中央选择,要作风正派,有一定的政治才干。酒过数巡,张伯苓考虑成熟后对蒋介石说:'方才委员长所提浙江主席人选问题,您认为成章兄如何?'边说边注视蒋介石的表情,蒋介石当即瞥了沈鸿烈一眼,连忙点头说:'可以,很好,就这样决定。'令身旁的速记人员记录下来,随后即正式宣布沈鸿烈为浙江省政府主席……事后张伯苓对沈鸿烈说:'我之所以当着你的面向蒋推荐你,目的是迫使蒋当场拍板。'"[①] 虽然后来沈鸿烈获悉蒋介石早有任命其为浙主席之意,但张伯苓对沈鸿烈的这份深厚情谊,却是难得且让人感动的。

"1948 年春,上海各大专院校学生举行了'反内战、反迫害、反饥

---

① 谢云祥:《在沈鸿烈身边十一年》,青岛市政协文史资料委员会编:《沈鸿烈生平轶事》,新华出版社 1999 年版,第 33 页。

饿'大游行示威。杭州各大专院校学生为声援上海,在杭州组织游行示威,沈、竺经请示,奉令弹压,逮捕浙大学联负责人于子三等。在押期间,于子三等三人死亡,激起了学生的愤怒,举行了更大规模的游行示威,要求惩凶驱沈。"① 这次学生运动结束不久后,沈鸿烈就被免去浙省主席之职。时张伯苓正任考试院院长,沈鸿烈被去职后何去何从,蒋介石又是与张伯苓进行商量,最后决定任命沈鸿烈为铨叙部部长。沈鸿烈虽然对此职位毫无兴致,但是能够与张伯苓、雷法章再次相处(时雷法章任考试院秘书长),于是"便欣然赴任"②。铨叙部的职责是主管全国文职人员的资格审查,评定官级,考核成绩等,虽说工作较为清闲,时常被外人称为"养老院",但是沈鸿烈还是差点受处分,沈私人秘书谢云祥曾撰文回忆到:"据说在淮海战役后,解放军渡江前,该部档案室保管的全国文职人员名册被人盗走,蒋要追查责任"③,后来又是张伯苓从中调解,沈鸿烈才免于处分,但最终,沈鸿烈还是辞去了铨叙部部长的职位。

在沈鸿烈政治生涯的后半段也是其低谷时期,其身边的一些下属都早已离他而去,而张伯苓对待沈鸿烈仍是如初,在困难之中给予沈最需要的帮助,沈鸿烈对张伯苓从来都是极为仰重。张伯苓曾感叹:"当今之世,像沈鸿烈这样为国为民的市长,能有几人!"而在当时乱世之中,能像张这样保持这份情谊如初的,又能有几人。

第六节 沈鸿烈与其他名人

沈鸿烈在其政治生涯中,与各界名人尤其是文化教育界名人都有一定的往来,虽然这种交游并非旷日持久,也不见得有多么深厚,却是沈鸿烈作为一个政客于政治生涯中的灿烂点缀,这些交游体现出沈鸿烈不同时期

---

① 按:其时,沈鸿烈任浙江省政府主席兼省保安司令,竺鸣涛任副司令,但竺以浙江省本地人、黄埔军校学生及蒋氏世戚之关系,掌握实权。谢云祥:《在沈鸿烈身边十一年》,青岛市政协文史资料委员会编:《沈鸿烈生平轶事》,新华出版社1999年版,第34页。

② 沈肇熙:《沈鸿烈往事片断》,青岛市政协文史资料委员会编:《沈鸿烈生平轶事》,新华出版社1999年版,第16页。

③ 谢云祥:《在沈鸿烈身边十一年》,青岛市政协文史资料委员会编:《沈鸿烈生平轶事》,新华出版社1999年版,第35页。

的政治观念与心境,是全面了解其为人必不可少的一个部分。

主青六年是沈鸿烈政治生涯中最辉煌的时期之一,"青岛有山有水,自然风光优美,夏无酷暑,冬无严寒,气候宜人"①,是中外游客经常观光游览的旅游胜地。沈鸿烈也着力发展青岛的旅游事业,出台了一系列政策希望给中外游客留下美好的印象。青岛同样也是军政名流经常光顾之地,但凡遇有军政要人来青,沈鸿烈总是要去亲自招待,例如"宋美龄、宋子文来青避暑,下榻东海饭店,沈鸿烈每天都去东海饭店看望,在迎宾馆盛宴接风饯行,叫他自己的西餐厨师前去烧菜。宴会中宋美龄屡屡称赞西餐可口。宋美龄离青返京后,沈鸿烈写了一封信,交给他的厨师,令其乘飞机去南京,持函到蒋委员长官邸报到"②。可见沈为了让政要对青岛留下好印象可谓费尽心思。山东省主席韩复榘常因事来青,沈鸿烈均"热情招待,请韩下榻迎宾馆,投其所好"③,故当时第三路军的师长、旅长知沈鸿烈为人好客,都借故来青,沈鸿烈一律热情接待。

"上海杜月笙、王晓籁率领上海工商界代表团来青岛参观游览,沈鸿烈先在迎宾馆设宴款待,继之亲自陪同杜月笙、王晓籁参观市区,游览崂山,盛情款待。杜月笙、王晓籁感激之余,出资在崂山胜境华严寺海滨山崖上建筑了一座亭子,以表示谢意,并且取名'斐然亭',寓意双关。'斐然'原出于'斐然成章'之句,沈鸿烈字成章,寓颂沈鸿烈在青岛政绩斐然。"④

除了寓意双关的"斐然亭",青岛还有一条以人名命名的"芝泉路"。芝泉路乃中国最年轻的佛教名刹——湛山寺门前的一条路,何以佛寺前的路会以人名命名,而这又是谁的名字呢?大多数人可能不知道,芝泉乃"北洋之虎"段祺瑞的字,之所以以其字命名此路,与段祺瑞、沈鸿烈与湛山寺之间的一段往事有关。

1931年,国民政府交通部部长叶恭绰和佛学家周叔迦等在青避暑,见青岛道教盛行而佛寺罕见,便商议在青岛建一座寺庙。叶恭绰信佛,因此把这件事当作大事来办,一年之后的1932年,叶就在上海请倓虚法师

---

① 芮麟:《沈鸿烈长青岛六载琐记》,青岛市政协文史资料委员会编:《沈鸿烈生平轶事》,新华出版社1999年版,第84页。

② 同上书,第85页。

③ 同上。

④ 同上。

到青岛主持建寺事宜。为建造佛寺，叶恭绰、周叔迦等人都捐了款，沈鸿烈为支持建造佛寺，亦无偿拨给了土地，于此同时，倓虚法师还向段祺瑞和靳云鹏（曾任民国总理）募化。段祺瑞是出了名的一心向佛，直皖战败后，他搬到天津，每日吃斋念佛，从未间断，并且还留有一段"只吃母鸡下的素鸡蛋"的趣事，收到倓虚法师的邀请后，段祺瑞立即向佛寺捐了1000元。佛寺建成后，沈鸿烈为了纪念段祺瑞等人的善举，便将湛山寺前的路命名为芝泉路，此路此名一直保留至今。

20世纪30年代，南京国民政府推行"文化围剿"的政策，但沈鸿烈对此政策并不积极奉行，反而是推行了一系列促进青岛文化教育发展的措施。一方面，他积极推进青岛基础教育的普及。例如，被誉为"中国最后一位大儒家"的梁漱溟就曾应沈鸿烈之邀来青进行乡村教育建设。梁漱溟为了探索救国救民之路，曾在多地进行"乡村建设"研究，其中以他在山东邹平创办的"山东乡村建设研究院"最为出名，当时他在邹平的乡村建设办得有声有色，引来无数关注，时任青岛市教育局局长的雷法章曾专门带人到邹平进行考察，回来之后大受启发。沈鸿烈一向重视乡村建设并且对文化教育界人士十分敬重，故1933年，专门邀请梁漱溟、马寅初等人到青岛对当地的乡村建设提出指导意见。梁漱溟十分高兴，借机在青岛宣传他的乡村教育理论，并且在青岛成立了李村、九水、崂山、夏庄、沧口、阴岛（今红岛）、薛家岛等七个乡村建设办事处以及灵山岛分处，并和青岛市教育局拟定了乡村教育规划，督同各乡区办事处普设小学，使每一大村有一完全小学，每一小村有一分校，儿童可以就近入学，免远道奔走之劳。新建校舍由官民合作之方式建成，即政府出钱，群众出工。学校既立，还对儿童实行强迫教育，以此来提高乡村的教育水平。若是没有沈鸿烈对乡村、对教育的重视，没有其对教育学者的仰重，便不会有像梁漱溟、熊希龄、马寅初这样的大家来青指导文化教育建设，青岛当时的教育水平也不会达到全国领先的水准。

另一方面，沈鸿烈还制定了一系列特殊的政策，吸引全国的文化精英来青。例如，凡是来青办学术讲座的学者，沈鸿烈都承诺请他们免费游览崂山。老一辈作家蹇先艾回忆其早年在青岛与沈鸿烈见面的情形时，就曾提及这一点，沈鸿烈对来访的作家及学术界人士承诺：如果你们要来青岛开会，我沈某人派军舰送到崂山游览，食宿在青岛最豪华的迎宾馆，只有一个条件，就是你们要给青岛人做一次讲座。这一政策体现的是沈鸿烈对文化学者的尊敬，也说明在当时国民政府围剿文化的大环境下，沈鸿烈所管辖的青岛为这些学者提供了一个相对宽松的言论环境，因此这吸引了当时国内众多学术大家前来青岛讲演。30年代青岛的文化界可谓星光熠熠，云集了各路人才，1930年，杨振声就任国立青岛大学校长，1932年6月，国立青岛大学改为国立山东大学，赵太侔出任国立山东大学校长。国立山东大学的建立为文化界精英提供了集中的大本营，赵太侔、闻一多、梁实秋、沈从文等大家均聚集于此，杨振声和赵太侔还以自己的师承和声望，定期邀请蔡元培、冯友兰、胡适、顾颉刚、竺可桢等学术大师来青讲学，这些举措都大大提升了青岛的文化水平，从胡适1931年来青为北京大学网罗人才即可看出当时青岛人才济济的盛况。1935年，胡适第三次也是其最后一次来青，当时沈鸿烈已任青岛市长，故胡适此次青岛之行也是受到了沈鸿烈的宴请。沈鸿烈任青岛市长期间与这些文化界名人的交游，都成为一段段佳话，流传至今。

1937年，青岛乃至整个中国都到了最危急的时刻，为了保证青岛的安全，沈鸿烈向蒋介石请求选派三名具有高级军事知识的人员到青岛协助筹划青岛市的防务，时任国民党军事委员会防空处上校参谋的廖安邦便被派遣到了青岛。廖安邦与沈鸿烈之前并没有交集，在见到沈鸿烈之后，沈鸿烈对廖极为亲切，安排食宿均予以优待，这使廖十分感动。虽然在生活上沈鸿烈对廖照顾有加，但双方都属于对待工作相当认真、事无巨细之人，故在青岛工作的这段时间中，廖与沈鸿烈相处的并不是特别融洽，甚至时常发生抵触。廖安邦性子较急，有一次甚至要回南京复命、自请处分，沈鸿烈听闻消息后，"一面命令青岛站长，推延开车时间，一面派人开着他的汽车到车站将我接回"①，在接回廖与其见面时，沈鸿烈更是满面笑容地迎接，表明一切工作由廖全权负责，并给廖派去一辆专车。沈鸿烈对廖表示出极大的尊重，希望他能够继续留青工作，面对沈的诚恳，廖只好决定暂时留下，继续工作。沈鸿烈与廖安邦虽然只是在工作上有所交集，但通过这一事件也显现出沈鸿烈为人处世的特点，对待真朋友，沈鸿烈以真心相待；对待工作伙伴，沈鸿烈虽然稍显圆滑，但仍能给予对方以极大的尊重，这也体现出沈鸿烈十几年官场生活之道。

---

① 廖安邦：《奉命协助沈鸿烈办防务纪略》，青岛市政协文史资料委员会编：《沈鸿烈生平轶事》，新华出版社1999年版，第117—118页。

在山东省主席任上，沈鸿烈与一位国际友人——埃文思·福·卡尔逊（1896—1947）有一段交游的佳话。卡尔逊是抗战时期美国海军陆战队上尉、美国驻华使馆助理海军武官，他于1937—1939年任中国军事观察员。作为第一个亲赴延安和敌后根据地考察的西方国家军官，卡尔逊有将近一年的时间和敌后游击队生活在一起，是一位对中国人民有着真挚情感的美国友人。

卡尔逊特别仰慕八路军的抗战精神，为此，他决定到八路军的游击区亲眼看一看八路军的风采。在美国著名作家艾德加·斯诺的帮助下，他偷偷地越过日军封锁线，到达革命圣地延安，受到毛泽东的亲切接见。为了使卡尔逊更好地了解中国人民的抗日斗争，毛泽东建议他访问华北敌后各抗日根据地，并派作家刘白羽与欧阳山尊、汪洋、金肇野、林山五人随行。卡尔逊一行从从延安出发，一路访问了晋绥、晋察冀、太岳、冀中、冀南，7月20日下午，到达鲁西北的临清，这里有驻军八路军一个团，时任山东省主席的沈鸿烈恰好也在这里。

听说卡尔逊要来，刚带部队开到临清一带的八路军第一二九师三八五旅的孔庆德团长率一队骑兵，早早等候在城外。城区内街道两旁站满了欢迎的民众，他们手里拿着小彩旗，一边唱歌，一边高呼欢迎的口号。沈鸿烈所派的雷法章以及第四区专员兼保安司令韩多峰等站在欢迎队伍的前面。卡尔逊和雷法章、韩多峰等一一握手后，穿过欢迎的人群，走进下榻的华美医院。稍事休息后，卡尔逊即跟随雷法章前去拜访沈鸿烈。二人见面后，卡尔逊问临清是不是沈主席的永久性司令部所在地，沈鸿烈说："不是。"并告诉他："这些天来，我把司令部装在了口袋里。山东省一百零七个县，分成十个专区，我到处走，从这个专区走到那个专区，组织军队，恢复交通，设法使民众增强信心，努力提高他们抗战的效力。"沈鸿烈问了一些美国海军将官的情况，他告诉卡尔逊，他过去是海军上将，当过东北军海军舰队总司令。他风趣地对卡尔逊说："一个海军上将在内地指挥作战，是多么不协调啊！"

21日早晨，临清城内1万多军民在广场上举行欢迎大会，沈鸿烈和八路军的领导人及各民众团体的代表出席了欢迎会。23日中午，卡尔逊和刘白羽、欧阳山尊、汪洋等人来到八路军第一二九师七六九团团部，参加八路军为他们举行的欢迎宴会，沈鸿烈和雷法章应邀出席作陪。

第五章 沈鸿烈的交游

在临清期间,卡尔逊和沈鸿烈多次进行谈话,有一次,沈鸿烈主动约请卡尔逊,询问他关于共产党八路军的看法,谈话结束后,沈鸿烈还赠送给卡尔逊一本《山东省施政纲领》的小册子。7月25日上午,卡尔逊一行离开临清城,思虑周全的沈鸿烈为其配了翻译一名,以确保他能在山东各地考察顺利。

卡尔逊对共产党军队极为仰慕敬重,但作为国民党省政府主席的沈鸿烈并没有因此就拒绝与他往来,仍然热情接待对方,各种招待欢迎会都出席作陪,可谓给足了这位国际友人面子,这也正是沈鸿烈交友广泛的体现。①

1946年,沈鸿烈任浙江省主席,在浙江主席任上,为了迎合蒋介石,反共仍然是他的主要工作,但已经远不如在山东省政府主席任上那样狂热了。据沈鸿烈私人秘书谢云祥回忆,沈鸿烈在山东时,"身兼四职,集党政军大权于一身"②,故唯我独尊,所接触的多为下属,听到的都是颂赞之词,这使得沈鸿烈与外界隔绝,既看不到后方社会的真实状况,也接触不到有影响的进步人士,对错综复杂的国内外政治形势,完全囿于无知状态,然而在重庆四年,国民党内"肮脏的社会现象和极端腐化的生活方式,使沈很受刺激"③,故沈鸿烈对于反共迎合蒋介石这件事越来越懈怠。在重庆与杭州的这段时间中,沈鸿烈有意接触了一些进步人士和反蒋人士,"诸如冯玉祥、李济深、陈铭枢、蔡廷锴、黄炎培、陶行知、潘光旦、李四光和爱国'七君子'等"④,这些进步人士对沈鸿烈产生了一定的影响。有一次李济深和蔡廷锴到杭州旅游,沈鸿烈举行欢宴,席间李济深介绍了两个人,请沈鸿烈安排工作,沈鸿烈爽快答应并且很快给二人安排了工作。李四光是一名著名的反蒋学者,"1947年李四光托沈代办一张出国护照,外交部奉令设卡,半年多没能办出来,在此期间,李一直住在沈家,沈每天凌晨起床后,教李打太极"⑤,二人还常约朋友欢宴。竺可

---

① 《卡乐逊鲁西北之行》,山东省情网,http://www.sdsqw.cn/articles/ch00953/200811/EF70B5D7-48CF-4E6C-A145-60CF8BE00D61.shtml.

② 谢云祥:《在沈鸿烈身边十一年》,青岛市政协文史资料委员会编:《沈鸿烈生平轶事》,新华出版社1999年版,第33页。

③ 同上书,第34页。

④ 同上。

⑤ 同上。

桢与李四光同为著名的地理学家、教育家,故二人时有往来,竺曾在日记中记载过沈鸿烈约其聚餐之事:

> ……上午十点前趋车至铁冶路一号晤仲揆(李四光)谢其于昨日来校送赠冰川时期遗留有 Striae 爪痕之石砾三块。余昨以开预算委员会,故不能招待。渠谓沈成章曾告以余前有约渠等来校聚餐之意,沈对于教育界人士颇思交结,故愿此事早日实现。余谓此事本应早请,因省参议会昨日方闭幕,此时必忙,故迟迟至今。拟打电话与沈,定一时间……回后即打一电话与沈成章,约星期四中午中膳,在罗苑。①

刚约好共进午餐的二人,于第二天中午又一同用餐:

> (12月17日,星期三)中午沈成章在大华约请仲揆夫妇中餐,并请侯苏民夫妇、庶为夫妇及余与允敏作陪。②
> (12月18日,星期四)十一点偕乔年、季梁、邦华等赴罗苑,约仲揆即沈主席中膳,即在平等阁,并到俶南、觉予等……仲揆夫妇又定二点赴沪,故未吃饭即动身。余与沈主席及仲揆之干女儿Lucy沈送行至车上,则仲揆太太、允敏、允仪、绪宝等均已先在,雷秘书长法章及侯苏民亦来送行。③

有研究者推测"仲揆之干女儿 Lucy 沈"可能为沈鸿烈的女儿,但此种说法还有待进一步的考证,若是,则可想见沈鸿烈与李四光交情之深。

以上种种均说明,到浙主席任上,思想发生转变后的沈鸿烈与一些进步学者有着密切的往来。政治生涯的后期与这些进步人士的交游,使沈鸿烈的生活渐渐摆脱了于重庆时期的烦闷,之后辗转到铨叙部,更是因为有张伯苓、雷法章等旧友与其相伴,沈鸿烈才愿意接受此职位。

民国时期的中国乃一大乱世,能于战乱中保全性命已是幸事,更何况

---

① 竺可桢:《竺可桢全集》(第十卷),上海科技教育出版社2006年版,第611页。
② 同上书,第612页。
③ 同上书,第613页。

能有一二知己相伴于旁！沈鸿烈一生中有像张伯苓那样的挚友与其携手同行，有像张氏父子那样的伯乐对其恩重如山，又有像蔡元培、熊希龄那样志同道合之人与其共谋事业，何其有幸！而对于他人而言，有沈鸿烈这样一位挚友又何尝不是一件幸事？

第六章

沈鸿烈对崂山开发的规划

如前所述，沈鸿烈任青岛市市长期间，对青岛市的发展曾做过详细的规划，这就是保存至今的《都市计划方案初稿》。此方案完成于1935年1月，距沈鸿烈任青岛市市长（1932年1月）正好三年。说明定稿前做了较为充分的准备，也集中体现了沈鸿烈对市政建设的基本思想。有关崂山的开发规划，在《都市计划方案初稿》重点提到了，但并未以文本形式出现。在《都市计划方案初稿》完成后直到沈鸿烈从青岛撤出的三年里，崂山开发做了不少实际工作，不过有关崂山开发的计划，则未见有规划文本存世。因此，我们今天考察沈鸿烈崂山开发基本思路和规划的主要依据约有三点：一是他任市长前后实施的多项开发举措（对此我们将在下一章集中讨论）；二是《都市计划方案初稿》中的相关内容；三是1934年沈鸿烈实地考察调研后完成的《崂山七天环游记》。从这些文献和历史事实中，大致可以看出崂山开发在沈鸿烈市政建设的总体思想中的地位。本章拟重点探讨沈鸿烈对崂山开发的基本思路和规划。

第一节 《青岛市施行都市计划方案》与崂山开发的指导思想

《都市计划方案初稿》虽未将崂山开发的具体规划纳入其中，但不仅对崂山在青岛市发展中的独特地位有充分的考虑，而且《都市计划方案初稿》的总体指导思想与崂山开发也有着高度的一致性。

首先，《都市计划方案初稿》非常重视对崂山的开发。《都市计划方案初稿》第二章"本计划之范围"中，首先分析了当时国内外都市建设的现状，"都市计划事业之范围，现今欧美学者，各执一词，其说不一。

尚未有统一之界说。在中国都市计划之施行尚少。从事于此者，亦各以所学为取舍。殊难得一精当之解释"。鉴于这样的现实，青岛市的建设计划只能"取欧美各派之长，衡以中国国情及青岛地方情形"，以此确定了十个方面为都市计划之范围，其第十为"另行设计事项"，主要包括"甲、劳山风景区；乙、塔埠头、红石崖等附属港；丙、郊外新村；丁、公用事业"等四项。其中，"劳山风景区"被列在首位。说明有关崂山的开发，在当时是准备"另行设计"，单独规划的。

从《都市计划方案初稿》后面引录的参考书目来看，既有中文书目13种，日文图书3种，英文图书5种，并有郑肇经译编《都市计划书概论》，其中涉及苏联、德国、法国、日本、美国等国家有关都市计划的文献。可见，《都市计划方案初稿》是在立足全国，放眼世界的背景下拟定的，其中的一些具体内容，即使在今天，仍然具有一定的超前性。由此可知，沈鸿烈有关崂山开发的规划肯定也有其独到之处。当时可能忙于《都市计划方案初稿》及崂山开发之具体工作的施行，未能完成崂山开发的规划文本。而因抗战的爆发，所有的建设计划都被强行中断，这是沈鸿烈始料未及，也是崂山和青岛历史的一大遗憾。

其次，《都市计划方案初稿》的总体指导思想与崂山开发具有高度的一致性。这从以下的若干论述，可以得到清楚的说明。

《都市计划方案初稿》对青岛城市性质的定位，充分考虑了崂山所具有的独特意义。其第三章"本市全盛时代之推测"开首即提出：

> 计划一都市之先，必详细考察其性质与希望，使该计划，逐步施行。适与其繁荣程度相吻合。所谓性质，指该市之主要活动为何种：工业欤？商业欤？居住欤？文化中心欤？抑为游览胜地欤？

《都市计划方案初稿》从实际出发，对青岛市城市性质做出了较为合理的认定：

> 以言工商，以青岛腹地面积之广，人口之众，矿产畜牧农业之盛，资以发展工商，自极易易。以言居住，其重要条件，地方安宁，交通便利，风景优美，气候适宜等等，青岛无不具备。以言游览，则青岛素为举世所称为乐园者。劳山风景及海水浴场，其尤著者耳。

这就是说，青岛是一座融工商业、宜居与旅游为一体的城市，而在举世闻名的旅游资源中，"劳山风景"与"海水浴场"又是居于前列、为世人普遍熟悉和关注的资源。在这样的城市定位中，对崂山风景的重视是显而易见的。

《都市计划方案初稿》对"美观"的强调，也充分体现了对崂山的重视。《都市计划方案初稿》第四章"本计划之原则"，把"实用与美观并重""新旧区域连成一气并尽量避免更动旧区""适合于将来扩充计划之连缀""保存古迹及名胜"四点作为制订都市计划的基本原则，其中第一、第二两点，对于"美观"都有独到的思考：

> 青岛市之特性，工商与居住、游览并重。提及青岛，莫不有美丽之印象存在于脑际。是青岛与美景，殆为不可分离之因素。为保持此优点，并发扬而光大之，则都市计划之目标，决不能重实用而轻美观也。

在把青岛与美景相提并论，"决不能重实用而轻美观"的大前提下，崂山的自然美肯定是其中最重要的资源之一，无疑会得到特别的重视。不仅如此，《都市计划方案初稿》对美景、名胜在"美观"之外，润泽心灵、导人向善的精神价值，也有独特的见解：

> 都市计划之价值，即在善能鉴别古物名胜而利用之。以点缀市街。古迹名胜之保存，虽不过为求都市之美观，然其真实价值，乃在给予市民以精神上之安慰。吾人所住之都市，若毫无美观，则市民之生活，必干燥而无味。世人恐怖之危险思想，将胚胎于其间。古迹名胜对于缓和人心之功效，比之高深之学理与亲切之劝诱所收之功效尤大。青岛本一穷僻渔乡，文化既浅，历史又短，有价值之古迹名胜，本不甚多。亟宜广事搜罗，藉资点缀。

并认为这种"缓和人心"的价值，"比之高深之学理与亲切之劝诱所收之功效尤大"。尤其是因为青岛"文化既浅，历史又短，有价值之古迹名胜，本不甚多"，崂山则不仅自然景物优美，在青岛范围内，人文历史也最悠久，所以其地位自然居于诸名胜之首。

从以上两个方面可知,崂山开发规划本应属于《都市计划方案初稿》的有机组成部分,在"另行设计事项"中排在首位。虽然因国事艰难,天不假时,沈鸿烈未能从容地主持完成一份崂山开发的规划文本。可喜的是,他在《崂山环游记》中,结合实地考察为我们零星地透露了他对崂山开发的一些具体想法。这不仅与《都市计划方案初稿》重视"美观",强调"美观"之审美价值与间接教化价值的思想完全一致,对于20世纪30年代付诸实施的崂山开发来说,体现于游记中的开发建议,也可看作开发规划另一种方式的呈现。

第二节 《崂山环游记》与崂山规划及开发

从1931年12月沈鸿烈主政青岛,[①] 到《都市计划方案初稿》出台的三年间,既是《都市计划方案初稿》的酝酿期,也是崂山开发继续深入开展的准备期。其间,沈鸿烈写了《崂山环游记》,这是他为了制定崂山开发方案进行实地考察调研的文学记录。由于崂山开发未能形成正式的规划文本,这篇游记就成了我们今天了解沈鸿烈崂山开发基本思路最重要的第一手文献。从中可窥见沈氏当年对崂山开发的良苦用心。

诚如游记开头的《环游宗旨》中所言,沈鸿烈用七天时间环游崂山,"重在考察山川形势,规划整理方针,交通如何布置,名胜如何保存,俾后来者得以恣情山水,获登临之便宜,供身心之修养"。从游记内容来看,他在游览过程中,固然不排除对山川之美的欣赏,但面对实际的"山川形势"、宫观庙宇及馆舍道路等,他都是以管理者和游客的双重身份,来做出相应的评判,提出适当的措施和要求。他当时重点关注的问题,依《环游宗旨》中的说明,主要包括即"培植林木,以增自然之美;保存古迹,以著历史之光;修治道路整饬馆舍,以供旅宿之便"等三个方面。其中,关于第一方面,大约因为植树并不复杂,只要在树木稀缺、适宜生长的地方栽培即可,不需要考虑太多细节,故游记中基本没有提及。七日之游,沈鸿烈重点考虑的主要是如下几个方面的问题,这也是当

[①] 沈鸿烈在晚年自撰的《沈成章先生生平经历概要》中也说:"迨廿年冬,予兼绾青岛市政。"

时崂山发开规划的重点所在。

一是游览道路修治。关于崂山道路之艰险，前人多有描述。顾炎武说："其山高大深阻，磅礴二三百里，以其僻在海隅，故人迹罕至。……夫劳山，皆乱石巉岩，下临大海，逼仄难度，其险处土人犹罕至焉。"①近人黄公渚也说："自祖龙除道东归后，游者惮于登陟之劳，罕涉其境。"②周至元则在《游崂二险记》中，详细记载了两次崂山游览遇险之事，一次是游八仙墩而迷路，"但见峻崖倚天，崖无石及草木，砾砾砂石，攀援无从，屡跻而屡坠"。一次是游慈光洞，"由岩踊而东上，失足而坠，身嵌两岩之隙，愈用力，愈下沉，辗转奋斗，不能自拔。而引首视隙，则直下千仞"③。由此数端，不难想见崂山道路之险。德国租借青岛之后，"为游赏计，修通衢直达山下，二崂洪荒为之创开。日人占领，山中复化榛荆"④。因此，沈鸿烈主政时期，进山道路的修治乃是第一要务。他在七日游山考察的过程中，对此有切身的体会，故游览第一日，即在晚餐后，"与僚属计议"，确定了"日后整理山林方案，拟从筑路入手"的基本方针。因而，游记中提到最多的就是修路。实际上，崂山道路建设，在这次考察之前即已开始。游记所载沈鸿烈对道路的关注，大致又可分为三个方面。

其一，勘察已完工及在建路段。当时，部分道路的新修工作已经完成，还有的路段正在施工。所以，对新筑路段和施工现场的考察，是沈鸿烈此行的任务之一，《游记》中多处提到了这一点。

> 神清宫与大劳观、大劳村作三角点之鼎足式。今以路连之，均经新修，展宽夷平，较昔日之崎岖山阿者为便利矣。（第一日）

> 由关帝庙赴白云洞，本以取道楼门为捷，惟余尚需勘察雕龙咀一带新修路工，出庙仍东行，就大道，由雕龙咀西上，比达白云洞，已

---

① 顾炎武：《崂山志序》，苑秀丽、刘怀荣：《崂山志校注》，人民出版社2015年版，第13、15页。
② 黄公渚：《劳山集自序》，刘怀荣、苑秀丽：《劳山集校注》，人民出版社2015年版，第1页。
③ 周至元：《崂山志》，齐鲁书社1993年版，第289页。
④ 周至元：《崂山志自序》，周至元：《崂山志》，齐鲁书社1993年版，第5页。

近五点矣。(第三日)

> 十月卅日，是为环游之第五日。早六点，乘汽车赴登窑，视察市立登窑小学校新建校舍及沿路工程。回经大河东，循流清河过聚仙宫，降车一览，即赴流清河，改乘山轿赴梯子石，勘察路工。……九点，自流清河乘山轿，循海滨岭上行，勘视梯子石一带路工。(第五日)

以上前一条，是有了实地考察，才有新旧道路的对比。后两条，都是因为要进行实地勘察，才放弃近路，不辞辛苦，绕道而行。由此也可看出沈鸿烈对道路建设的认真态度。勘察之后，对于比较满意的新建道路，他都加以明确的肯定：

> 余等留连久之，十二点乃辞巨峰南下。折而东，循第二路线，此道为自巨峰赴明霞洞之路。近经修过，崎岖处迭经斧凿。障者，去之使通；高者，夷之使平；滑不留足者，剉之使滞。差可容足。(第四日)

> 五点，自上清宫沿宫后小冈，径上明霞洞。此本崎岖樵径，近经辟治，乃成坦途。(第五日)

这样的评价，应当也必然会直接讲给筑路的负责人乃至工人，这对于崂山道路的建设，无疑是具有重要的指导意义的。

其二，调整原有道路修治方案。沈鸿烈是一个典型的实干家，在实地考察之后，他还会根据地形、游览者的需求及崂山总体发展等，就下一步的建设提出建议。这也是当时崂山开发规划的指导思想。作为一市之长，在时局动荡，青岛又百废待兴的1934年，这确实是非常难得的。

> (棋盘石东小峰上)观日毕，……即下复入观(按：明道观)中，巡视新修道路，并商榷应行改善之处。由此，赴滑溜口及赴白云洞之道，均经工务局新近修过，但余意仍需展宽耳。(第四日)

> (梯子石一带)就旧道展宽为二公尺六，山坡概以条石作成阶

段，总计二千数百级。昔之蛇行蚁附者，今得阔步其间矣。然山势起伏甚多，自流清河至太清宫，需二小时有半。今后拟延长汽车路，东逾流清河达太平闸，以期缩短游程。（第五日）

游览即竟，乃辞明霞洞，乘舆向青山行。时方延长海滨之汽车路，由雕龙咀延至青山，于此辟一停车场，改道于村外，遵海滨而行，藉免穿村而过，妨碍民居。昔之坡度过昂者，今已一再夷平，并易土道为石道，预防坡道之冲毁，兹正在工作，不日即可通车。今后由青岛市内乘汽车赴太清宫，三小时余可达，游人益称便矣。（第六日）

自青山循东海之滨，经过黄山口、黄山、长岭、小黄山、范岭后、范岭前诸村。沿途车道正在分段修治，高者夷之使平，不可夷者则环之使曲，道之幅度，视前增广，二车并行，绰有余裕，日后更拟推广，越青山口以至太清宫，则更便矣。（第六日）

此庵（按：指蔚竹庵）当巨峰北道之冲，余前已修治山道，自北九水经双石屋、蔚竹庵以达巨峰及棋盘石，今后并拟再行展宽。（第七日）

以上五条都是从实地考察出发，对崂山道路建设提出了具体建议。或"需展宽"，使"二车并行"；或"拟延长"，以"缩短游程"。甚至连何处建停车场，新建道路"改道于村外，遵海滨而行，藉免穿村而过，妨碍民居"这样的细节都考虑到了。如果不做实地调研，是很难有的放矢地提出这些意见和建议的。

其三，放弃部分道路修治计划。崂山地形复杂，道路开发所费人力物力财力均不是一件小事。沈鸿烈在实地考察的过程中，还根据景点的实际情况，对自己的想法加以否定。

（棋盘石东小峰）观日毕，复西趋棋盘石。初拟增修磴道，以便登临。继念此石危置悬崖，终有崩颓之虞，不欲奖励游人作逾分之涉险。且石亦无甚奇特，但高出群石一头地，而其四周额物，则登临近

小岩上亦得见之，何必多此一举哉？（第四日）

余初意由太清宫遵陆修一道以达八仙墩，至是悉其艰险，且为游人之所稀至者，纵有来者，仍以舟为便，此路可勿修也。（第五日）

放弃在棋盘石"增修磴道"一项，既是为避免游人"涉险"，也考虑到了"石亦无甚奇特"的实际情况。而太清宫至八仙墩一线，则是亲身体验其"艰险"，并了解到游人"稀至"的实情，才决定放弃。

因有"整理山林方案，拟从筑路入手"的总体认识，所以沈鸿烈在七日之游中，把道路修建作为首要关注对象。无论是考察新路，还是依照考察所见，调整或者放弃修路计划，都有最切实的考察依据。这也从具体细节充分印证了游记开头提到的，此行"为将来大多数游人设想，而非仅为吾辈三五人计一时之快乐也"，良非虚语。

二是人文古迹保护。道路之外，沈鸿烈对古迹的保护也非常重视。七日游览中，每到一处，他都会留意古迹的现状，对于佛道及书院建筑、摩崖石刻、经书佛像，尤其关注。显示出鲜明的文士品格。这在第一天的游览中表现得最为明显：

访慧炬院之遗址……明李太后所颁海印寺之旃檀佛像及藏经，初移于此，今不知流落何所矣！（第一日）

登黄石宫……仅存一洞。黄石公坐其间，或曰此老君之像也，洞前古藤一株，洞东残甃三座，悬崖上镌丘长春之《青天歌》，及"玉液崐清虚庵"六大字，差可辨识。偏西又有"採芝"二字，大俱盈尺。由洞前循原路而降，沿道岩石颇有摩勒。（第一日）

访蓝氏华阳书院遗迹，至则仅见残屋数椽，昔年之文昌阁旧圮，院前摩勒亦难句读。涧畔所题诸字，尚留陈迹耳。（第一日）

慧炬院相传建于隋代开皇年间（581—600），在崂山诸建筑中时代较早，又曾安置过明代慈圣皇太后颁赐的旃檀佛像和《大藏经》，受到关注理所当然。至于留心丘处机《青天歌》石刻、华阳书院等，与沈鸿烈主政后重视文化教育，可谓如出一辙。有关古迹的保护，沈鸿烈多次对随行下属提出了具体要求。

> 访普同塔遗址……塔分五级，建筑质朴，惜西北一角已颓其址，尚待修补，以存古迹。……塔门原镌"普同塔"三字，前属员司，已为拓取。（第一日）

> （华楼）宫中元明摩勒甚富，惜多漫泐，因属公务员司，润以绿油，藉资辨识，亦便保存。（第一日）

> 登狮子岩。此山，不高而近海，明清人多宾日于此，题识甚多，并有金朝明昌摩勒。因属工务员，妥为保存，漫漶者拟就原迹镌而深之；其原题未动者，概为加色，以资识别。今后之读碑者，不须以手代目矣。（第三日）

上述涉及古建筑题字和摩崖石刻的拓片、加色等工作，本为细小之事，沈鸿烈却对"工务员"再三叮嘱，一方面这些旅游资源确实非常珍贵，对游客有特殊的吸引力；另一方面则充分体现了沈鸿烈对保存和保护古迹的重视，如此用心，在当时的地方官员中大概是不多见的。

三是庙宇馆舍整饬。1934年的崂山，其自然美虽无可挑剔，但从宫观的整洁、景点周围环境的优美、食宿的便利等方面衡量，则与道路修治、古迹保护一样，都有着诸多不尽如人意之处。用今天的话来讲，旅游的配套设施跟不上来，甚至存在很多的缺陷。而驻观道士又多麻木不仁，缺少"美观"意识。沈鸿烈对此印象极深，因此，针对庙宇整洁美观等问题，对"庙祝"及公务人员的叮嘱，反复出现于《游记》中：

> （神清宫）宫中屋宇，历经谆属庙祝重修。面南新筑一树，焕然改观。……大劳观，在白沙河南岸。游九水峡谷之胜，必出此道，而赴王哥庄海滨各处者，亦可假此休息，诚所谓东道主人也。往年，屡属庙祝整理庙宇，并为借箸规划，助以资财，今已更新。（第一日）

> 此庙（按：指关帝庙）昔年已废，近经刘道人重修。院落不广，

而甚修洁。……门额空白待题，因许为写三字以奖之。（第三日）

这是经提建议，并予以资经费助，庙宇"焕然改观"的例子。其中，刘道人在美化庙宇方面成绩突出。因而沈鸿烈答应为关帝庙题写门额，以示褒奖和激励。但是，当时的实际情况是，更多的庙宇在这方面并无建树。故沈鸿烈更多的叮嘱，是期待"庙祝"及公务人员能像刘道士一样，能为崂山旅游尽一份力量。

（华楼宫）为明清士大夫习游之处，故后山道路，昔年颇称修治整齐，近年数为匪窟，来者日稀，负此名山矣！因属公务人员助庙祝规划，拟就旧有屋宇略为整理，此为西北区憩息之所。（第一日）

（塘子观）今则俱无人居，仅存废宇而已。观属修真观所有，因属庙祝更行修葺，并允予资助。（第三日）

白龙洞中，神像与农具并栖，殊形复杂，……因属庙祝去污涤垢，以资清洁，并为增立石柱，以支待倾之洞壁而存胜迹。（第三日）

聚仙宫为胡元古刹，今已残毁不堪，极为可惜。余念此地当南路之冲，循南海滨游天门峰上下二宫，及由砖塔岭上陟巨峰者，俱以此为中心点。议就聚仙宫之旧屋稍为整理，扩客室二三间，俾供游人息足，并于流清河口增置公安局分驻所、工务局监工处，以保治安，且利交通。（第五日）

赴上清宫。宫之污秽不治，一如聚仙宫、华楼宫。蒲柳泉所志之绛雪久矣枯去，香玉亦憔悴可怜，其他花木多类是。……余切嘱庙祝将前院之马厩、磨坊、厨房移至旁院，以免污秽当阶，使来者望而生憎。大门，亦应恢复昔年坐北向南之原状，面向迎仙桥大道，以览取八水河方面之风景。（第五日）

经双石屋、愁不洞以至蔚竹庵。客室较前差形整洁，但入门处正

当马厩豕牢，秽不可状。余切嘱庙祝移于别院。（第七日）

上述诸例，都对庙祝反复叮嘱，或要求"就旧有屋宇略为整理"，或由政府出资"更行修葺"，或将"马厩、磨坊、厨房移至旁院"，"去污涤垢"，保持庙宇清洁，并为游人提供"息足"之所。但从沈鸿烈"历年以来，关于修庙事项，每苦苦言之谆谆，而听者藐藐，此又不仅一庵（按：指蔚竹庵）为然也"（第七日）的感叹中，不难看出，尽管市长苦口婆心、"言之谆谆"推行的开发规划，在"庙祝"诸人，多得过且过，不思进取，以致这些计划的落实并不理想。倒是部分饭店，影响市长的提议更为积极。如在第六日的游览中，就有一个细节，"四点，抵北九水。新筑北九水饭店，营业甚佳。店主人方议改建楼屋，余力赞之，并为计划院落之布局，隔离庖厨，点缀篱落，是亦建筑应有事也"。这大约因为饭店有赢利的目标吸引，所以比庙宇更愿意费心费力经营吧。

以上是沈鸿烈针对道路、古迹、庙宇三个方面，在《游记》中提出的崂山开发规划和设想，在外忧内患不断的1934年，这些设想有的已落实，有的正在进行，还有的正在筹划中。值得注意的是，见于《游记》中的崂山开发规划和设想，在"实用与美观并重"这一基本原则上，与《都市计划方案初稿》有着高度的一致性。二者以不同的方式，或直接，或间接地体现了沈鸿烈"实用与美观并重"的特点。

在对崂山自然景观的认识和改造中，沈鸿烈具有发现自然美的眼光，他的审美观与历代文士相比，一点也不逊色。

盖华楼之妙，不仅本身富有丘壑，自成格局，又可北眺王乔，南瞻巨峰，眼界开阔，陟降不劳，山中所稀有也。（第一日）

由此（按：指三岔）稍稍深入，山色愈佳，林木愈密，居民多植楸树，木乔而材直，堪供给船桅屋柱等用。因此时夕阳在山，万绿丛中，杂以红叶，点缀其间，愈形自然之美。（第四日）

晨兴即见旭日方升，雾色倍朗，而宿雨沾途，尤未干也，乃于寺内纵览一周。登山访玄真洞胜迹，洞额十四字，尚有三分之二可识，趺坐洞中，南望沧溟，倍觉清朗。（第六日）

沈鸿烈对山水的这种认识，已远在一般的游览者之上，堪称崂山的知己。更重要的是，他还深谙借助人工修饰美化自然之道。

（神清宫）又于十亩竹园中，筑小亭，寓坐其中，恣眺河渚风物之美。晚霞来自重嶂之外，光彩照人，此观盖有起色矣。（第一日）

白云观高居山肩，望海为最。乃道人不达，辄以屋宇列最前线，大好岚光，乃为屋宇所蔽。仅余平岩，又为豕牢所占，实为可惜。因为庙祝借箸代筹，俾其改善，一反手间，可望清浊易位，化腐臭为神奇，亦非甚难事也。（第三日）

（巨峰）又南一岩更低，顶平，余拟建亭于上，藉供游人憩息。盖巨峰居崂之中心，又占最高处，乃附近六七里内，无一建筑，游人颇引为缺憾也。（第四日）

像这样美化自然的思路，在面对北九水的开发时，沈鸿烈表现得更为谨慎。"余因溪桥最易冲毁，故改修九水谷中之道。循岭上行，仅于一水作桥渡河而东。由此直达北九水庙，均辟山道，计越四小岭，尚以坡度倾斜太过，不克行车。因属工务员司别为规划，如其开凿过多，又虑有损自然之美。知就涧底旧道，则山洪时为冲刷，道工岁修过巨无已。仍辟山道，较为一劳永逸也。"（第六日）这其实已是在"美观"与"实用"之间在寻求平衡了。担心过度开发，"有损自然之美"，故选择"辟山道"，以求"一劳永逸"，则是讲求实用。此外，如他至即墨温泉，"取水一瓶，携归化验"，又深感鳌山卫"至汤上二十里大部未能通车，行程多出于徒步"，因而提出"日后拟修一路，俾通汽车。浴池及憩息之所，均须别为规划，庶几宾至如归，而不负此天然之疗养院也"（第二日）。又如对因水灾被"毁去三分之一，迄今数十年，犹未获恢复"（第一日）的华阴集东市街，也念念在心。这实际上已经不仅仅是在考虑"实用"的问题，也是在就旅游经济、社会民生做长远的谋划。

总之，因市政建设事务繁杂，加以时局艰难，沈鸿烈未能主持完成一份完整的崂山开发规划。但崂山开发是他都市计划方案的重要组成部分，这在现存的《都市计划方案初稿》中有明确说明，在他的《崂山环游记》

中更可看出，崂山开发并不是先有了完整的开发方案才开始启动，而是规划与开发同时进行，同时，又根据实际情况再做出修正调整。之所以采取这样的方式，一是因为崂山开发在当时面临的主要是道路、古迹及庙宇馆舍等基础设施新建和改造，这与都市计划相比，要简单得多。因此完全可以从相对成熟的地方先下手。而从《崂山环游记》可以看出，《都市计划方案初稿》所确立的"实用与美观并重"的基本原则，在崂山开发中得到了很好的贯彻，沈鸿烈在七天的实地考察中，不仅勘察已完成的道路，对原道路修治方案提出改进或否决的建议，而且还就人文古迹保护、庙宇馆舍整饬、温泉疗养院的规划等提出了具体的建议和意见。故《崂山环游记》不同于一般游记，从其中所载考察详情与细节，不仅可窥见沈鸿烈崂山开发规划的基本思路，也让后人对这位文士型官员的施政方案及实干风格有了更为全面和感性的认识。

第七章

沈鸿烈与崂山开发的实施

将沈鸿烈崂山开发规划与开发的具体实施分开讨论，主要是为论述的方便。其实沈鸿烈对崂山的关注和开发建设，早在1927年任东北海军副总司令，进驻崂山时就已经开始了。因此，崂山开发的规划与实施，并不是机械地先制定完整的规划再开始逐步实施，而是从道路建设入手，采取了边建设边规划，建设与规划交替进行的灵活方式。这既有客观条件的限制，如在沈鸿烈任市长之前，崂山开发原本不在他的管辖范围内，他不可能对此进行全面的考虑。此外，无论从方便游客，还是当地居民行走的角度，当时道路的修治确实都是当务之急，原本就不需要以出台一份规划方案为必要前提，只要具备一定的物质条件就可以进行。从实际情况来看，由沈鸿烈主导的崂山开发，是在他1931冬天任青岛市市长前后约十年的时间里，陆续进行的。其中，在他出任市长之后，崂山开发的具体负责人是当时的工务局局长邢契莘。因此，在崂山的开发方面，沈鸿烈与邢契莘都是值得我们铭记的人物，正是他们两人的默契配合，才完成了当年崂山开发的实际工作，奠定了崂山旅游的整体格局。

第一节 驻青前期的崂山开发

沈鸿烈于1931年12月16日担任青岛市市长。在此之前，他是以东北海军司令的身份驻守青岛。关于他在这一阶段所进行的崂山开发，论者说法不一，或不免信口无根之弊。如果想对此做出清晰的描述，认真梳理现有史料，从时间和空间两方面，弄清楚沈鸿烈进驻青岛的历史背景，并对他在崂山"兼理民政"、造福地方的举措进行分析，是非常必要的。

一　统领海军与驻泊崂山

沈鸿烈哪一年来到崂山？他对崂山的开发始于哪一年？这是首先需要辨明的问题。沈鸿烈之所以来到青岛，与东北海军接管驻泊青岛的渤海舰队密切相关。作为奉系的主要成员，沈鸿烈的任职情况及行踪，都与奉系的种种变化密切相关。1926年，对于奉系军阀首领张作霖来说，是非常重要的一年。沈鸿烈的命运也在这一年有了新的转折。

1926年5月17日，"东北边防督办张作霖成立奉北海军司令部，委沈鸿烈为奉北海军总司令，凌霄为海防舰队长，尹祖荫为江防舰队长"①。沈鸿烈在晚年所撰《沈成章先生生平经历概要》（题目当为访问者所拟，以下简称《沈成章概要》）中，也提到了筹建东北海军的基本情况，在1923年1月创办葫芦岛航警学校后，从1923年至1925年间，沈鸿烈先后配置了"镇海""威海""定海""飞鹏"四艘军舰，"是为初期之东北海防舰队，连同原有吉黑江防舰队，设东北海军司令部以统辖治之，余被委充司令"（《沈成章概要》）②。这是沈鸿烈执掌东北海军的开始。

到了1926年冬天，经过数年的征战，在当时的各路军阀中，奉系暂时占了上风。张作霖进驻天津，在各路军阀拥戴下，就任十五省联军盟主——安国军总司令。对此史家记载基本一致。来新夏《北洋军阀史》曰：

> （1926年）11月29日，经孙传芳、张宗昌两人带头"劝进"，以直、鲁、豫、苏、皖、赣、浙、闽、陕、晋、察、热、绥、吉、黑十五省区共同"推戴"的形式，推举张作霖为"安国军"总司令。12月1日，张作霖在天津蔡园就任"安国军"总司令，张宗昌任"安国军"副总司令兼直鲁联军总司令，孙传芳任"安国军"副总司令兼五省联军总司令。③

---

① 苏小东：《中华民国海军史事日志》（1912年1月至1949年9月），九洲图书出版社1999年版，第323页。

② 沈鸿烈晚年接受台湾中研院近代史研究所的访问时自撰的《沈成章先生生平经历概要》及访问人员笔录的《中研院近代史研究所访问沈成章先生记录》打印本，现藏青岛城市建设集团博物馆。本书所引用的这两份第一手材料，均来源于该博物馆。

③ 来新夏：《北洋军阀史》，南开大学出版社2001年版，第1017—1018页。

姜克夫《民国军事史略稿》（第一卷）也说：

> 为了集中北洋派的军事力量对付北伐军，（1926年11月）29日以孙传芳、吴俊升、张宗昌、阎锡山、商震、寇英杰、陈调元、张作相。卢香亭、韩麟春、高维岳、周荫人、陈仪、褚玉璞、汤玉麟、刘镇华等人名义拥戴张作霖为安国军总司令；孙传芳为"安国军"副司令兼浙、闽、苏、皖、赣五省联军总司令；张宗昌任"安国军"副司令兼直鲁联军总司令。至此，张作霖就成为北洋军阀最后一届北京政权的统治者。①

所谓安国军，按孙传芳的提议原拟称全国"讨赤军"，后经杨宇霆提议，改称安国军。无论名称如何，这个安国军总司令实际上就是北洋集团的头号人物。尽管张作霖是到了1927年6月16日，才正式组建"安国军政府"，6月18日，才在怀仁堂宣誓就任"中华民国陆海军大元帅"②，但在1926年12月1日，就任"安国军"总司令时，张作霖北洋政府首脑的地位已经确立了，所缺的只是一个正式的仪式而已。

奉系的这一变化，正是沈鸿烈进驻青岛的一个大前提。第二年即1927年3月19日，"安国军总司令张作霖任命张宗昌为安国军海军总司令，毕庶澄、沈鸿烈为副总司令，节制渤海、东北两舰队"③。毕庶澄本是张宗昌部下，曾任直鲁联军第八军军长，渤海舰队司令，驻守青岛。大约因为青岛为张宗昌的地盘，因此这次任命沈鸿烈排在毕庶澄之后。但毕庶澄因在驻守上海与国民革命军对峙期间，对蒋介石委任他为第四十一军军长之职态度暧昧，有通北伐军之嫌疑，被张宗昌于1927年4月4日在济南处决。这距任命发布的1927年3月19日，不过十几天。所以到了1927年7月12日，就有了重新任命。

> 张作霖电令济南第二方面军团长张宗昌、奉天海军司令部司令沈

---

① 姜克夫编：《中华民国史资料丛稿·民国军事史略稿》（第一卷），中华书局1987年版，第337页。
② 来新夏：《北洋军阀史》，南开大学出版社2001年版，第1039—1040页。
③ 苏小东：《中华民国海军史事日志》（1912年1月至1949年9月），九洲图书出版社1999年版，第336页。

鸿烈、青岛渤海舰队司令吴志馨：为统一海军军制，着将东北海防舰队改编为海军第一舰队，渤海舰队改编为海军第二舰队，所以东北、渤海暨海防、江防各舰队名称，均着一律取消，以一系统；特任张宗昌兼海军总司令，任命沈鸿烈为海军副司令兼海军第一舰队司令，吴志馨为海军第二舰队司令。①

正式的任命则在一周后下达："19日，北京军政府陆海军大元帅张作霖统一北方海军，正式任命张宗昌为海军总司令，沈鸿烈为副司令兼第一舰队（原东北海军改编）司令，吴志馨为海军第二舰队（原渤海舰队改编）司令。"②

对这一段历史，沈鸿烈在《沈成章概要》中有详细的说明：

> 十三年（1924）十月，第二次奉直战起，直军大败于山海关。吴佩孚下野，吴所统率之渤海舰队，因碇泊青岛改隶鲁督张宗昌，为东北舰队之一部，余以东北海军总指挥兼领之。十六年（1927）春，与东北舰队合并以巡洋舰海圻、海琛和驱逐舰同案飞机母舰镇海为第一舰队；炮舰永翔、楚豫、江利、定海及炮艇三艘为第二舰队；吉黑江防舰队为第三舰队。设海军总司令部于沈阳，由镇威上将军张作霖兼任海军总司令。余被任为副总司令兼代总司令，设总司令行营于青岛，就近统率一、二两舰队。

其中所谓"余以东北海军总指挥兼领之"，即指前述1926年5月17日，张作霖成立奉北海军司令部，委任沈鸿烈为奉北海军总司令一事。张作霖曾于1920年被北洋政府授予"镇威上将军"，沈鸿烈在此即用这一旧称。他所说张作霖兼任海军总司令，他自己被任为副总司令兼代总司令。从接下来提到的三个舰队来看，主要是就东北海军而言，并不包括渤舰队在内。所以与上述苏小东《中华民国海军史事日志》所载张宗昌为总司令，毕庶澄、沈鸿烈为副总司令的记载并不是一回事。

沈鸿烈的自述中，之所以不提张作霖任安国军总司令后的任命，显然

---

① 苏小东：《中华民国海军史事日志》（1912年1月至1949年9月），九洲图书出版社1999年版，第346页。

② 同上。

是有原因，或者说有所忌讳的。大约一是因为张作霖的安国军政府存在时间很短（从1926年12月到1928年6月），其间主要是在与蒋介石统帅的北伐军打仗，基本未能履行政府的职能。而民国政府成立后，张学良易帜，沈鸿烈也自然成为国民政府的一员。他晚年在台湾所撰的自述，不提安国军的任命原在情理之中。二是因为张宗昌虽兼海军总司令，在毕庶澄被处决后，沈鸿烈不仅是张作霖最信任的人，也是东北海军的实际负责人。所以"海军副司令兼海军第一舰队司令"与"海军副总司令兼代总司令"，说法虽异，实际并无本质性差异。

《沈成章概要》又说：

> 民国十六（1927）年五月，渤海舰队由东北海军接管。其同时接收者，有海军司令部海军修械所及营舍仓库煤栈等，不敷应用，乃将若鹤兵营改名海军兵营。调海军陆战队驻扎在团岛南端，建设水上飞机站，供海军航空队应用。商拨山东省第四兵工厂，增置厂房机器扩充为海军工厂。改建前海岸公有房屋成立海军养病所。青市周围海陆形势均令测量队测勘制图，以资应用，并就青岛对岸之薛家岛及港外之崂山开辟操场，令各舰常川驻泊训练与城市远离。

据此可知，东北海军接管渤海舰队的时间为1927年5月。此时毕庶澄已经被处决，沈鸿烈其实已是驻青海军事实上的司令。所谓若鹤兵营，原为德占时期莫尔特克（Moltke）兵营，日占后改称若鹤兵营，其地点在今青岛登州路56号。当时被沈鸿烈改作海军兵营。当然，这段话中最重要的信息，是东北海军在薛家岛和崂山开辟了训练场，舰队官兵常驻两处训练。结合其他一些材料，可以肯定地说，沈鸿烈对崂山的开发，与海军进驻崂山几乎是同步的。

二 "兼理民政"与开发崂山

由于当时时局不安，以致崂山成为"土匪蜂起""盗寇出没之所"，村民、寺庙方外之人皆无力自卫，只能"任其践踏"。1927年沈鸿烈率舰队到崂山太清宫前海驻泊之后，领导海军进行军事训练之余，剿匪成为他首先关注的大事。原立于崂山太清宫（现已不存）的《民国十七年崂山众庙纪念沈总监碑》，对此有详细的记载：

> 我国寓兵于农之制废驰已久，外不足以御侮，内不足以靖患。盗贼发生，而民不知兵，听其滋扰，束手待毙。现时局不靖，土匪蜂起，崂山层峦叠嶂，尤为盗寇出没之所。陆军既不暇兼顾，警察亦无力剿除，各庙主持，本世外人，不过听天由命，任其蹂躏。山内各村疃小民，又皆极贫之户，财力匮乏，不足自卫，以致扶老携幼，露宿涧壑，儿啼女呼，惨苦不堪言状。适值海军督练处沈总监鸿烈，凌别监霄，督同海圻舰长姜鸿滋、海琛舰长方念祖、肇和舰长冯涛、总教练官张楚材，率领所部来崂山训练巡防。海军本无陆地剿匪之责，而诸公哀怜民生，慨然以保护地方为己任，时遣军队跋山越岭，搜剿无遗。匪类因之敛迹，各村庙始克安枕。更兼将士用命，体恤民艰，纪律严明，秋毫无犯。仰见诸公训练有素，将以今之保障一方，作异日国家之干城也。同人等感激五中，谨刊列事实，以志不朽，非敢云报，聊作纪念云尔。①

碑文中侧重表彰的是沈鸿烈所部海军剿匪安民的功绩。并特意强调"海军本无陆地剿匪之责"，是沈鸿烈诸公"哀怜民生，慨然以保护地方为己任"，经过将士清剿，终于使"匪类敛迹""村庙安枕"。碑文对沈鸿烈所部"纪律严明，秋毫无犯"，堪作"国家之干城"的作风也给予了高度的赞扬。剿匪虽不在崂山开发的范围，却是开发必备的前提，因为匪类出没，安全没有保障，崂山开发根本无法进行，更重要的是在游客绝迹的前提下，开发的目的和动力也无从谈起。该碑立于1928年，剿匪当在1927年进驻崂山之初就已经开始了。如果说沈鸿烈的崂山开发始于1927年的剿匪，也未尝不可。

从现存史料看，沈鸿烈在剿匪的同时，对崂山的价值就已有了足够的认识。虽然这一时期他还没有崂山开发的职责和足够的权力，但他对于崂山开发的基本思想是非常明确的，也很清楚应该首先从哪些地方入手。周宗颐《太清宫志》卷十《名人游山记》说：

> 民国十六年（1927）五月，东北海军舰队司令沈公鸿烈，字成章，湖北景陵人，巡洋防到崂山前海登岸，参观各处山景，各殿行

---

① 周至元：《崂山志》卷六《金石志》，齐鲁书社1993年版，第232页。

礼。于民国十七年春，率舰队来劳山，在太清宫前海驻泊，训练军官兵士。纪律严明，兼理民政，治安地面，一方肃清，由本官至王哥庄道路、桥梁，按段划分应管监工，开辟修补，数日告竣。该各庙监院，召集附近乡村首事，同立沈公德政碑，位于太清宫前海崖。①

周至元在《游崂指南》"劳山之沿革"中也说：

> 民国十七年（1928），东北海军司令沈鸿烈驻防劳山湾，首仗义举，肃清匪徒。于山中古迹、树木，严禁摧残樵伐，而于道路之修治尤为关心。二劳山色，竟一旦焕然维新，每当春秋佳日，中外游人络绎于途，旅舍、别墅之建筑，亦且有一日千里之势矣！②

这里所谓"兼理民政，治安地面"，自然包括《纪念沈总监碑》中所记载的剿匪在内，但"山中古迹、树木"的保护，特别是道路的修治，都已经被作为重要事项开始实施了。由于沈鸿烈对于"道路之修治尤为关心"，所以，在主政青岛的1931年年底之前，他就充分调动各方面的力量，先后修建了东海路、崂即滨海路、崂北山路、大庄路等四条道路，在道路建设方面取得了可观的成绩。

东海路是这一时期沈鸿烈民国十七年（1928）主持修治的主要道路之一。周至元《崂山志》卷三《建置志·道路》曰：

> 东海路，起雕龙嘴终太清宫，南北延长三十五里，皆山海竞险，松石错绣。往时仅为樵径，而反岭后、窑货堤等处尤逼仄不受足。民国十七年，沈鸿烈倡众修平之，其狭处，劈崖填海，工颇不易。今已易崎岖为康庄。惟自华严寺以南，坡度倾斜太甚，汽车行之犹有颠覆之虞。但游人曳杖其间，翱翔容与，无复莘确之苦。③

周至元《游崂指南》"东海路胜迹"条也说：

---

① 寿杨宾：《崂山太清宫志校注》，中国海洋大学出版社2017年版，第218页。
② 苑秀丽、刘怀荣：《崂山志校注》，人民出版社2015年版，第178—179页。
③ 周至元：《崂山志》，齐鲁社1993年版，第138—139页。

> 由太清宫起至海云庵止，南北延长约四十里，皆山海竞险，松石错绣。昔时径颇险逼，民国十七年，沈公鸿烈倡率修治之，羊肠小道顿成康庄通衢。游者曳筇其间，翱翔容与，则岚光涛声，涤荡心目，如行山阴道中，有应接不暇势矣！①

这两段话都出自周至元之手，但有关道路起止、长度的记载并不完全相同。从二书付印的时间来看，《游崂指南》附在民国二十三年（1934）版黄宗昌《崂山志》之后，由即墨黄敦复堂出版、即墨新民书局印刷，②《崂山志》则晚至1993年，才由齐鲁书社出版。因此，有关沈鸿烈修治东海路的具体情况，当以《崂山志》所载为准。

关于这一路段的险峻崎岖，前人多有记载。明黄宗昌《崂山志》卷三《名胜》"窑货堤"条记载："山之东偏皆削壁，无可援手处。一径南北约数里，宽不及二尺，下既大海。人并行不得，樵者往来毫无惮焉。习其危者以为平故，艰苦中亦有得也。"③ 明崇祯年间进士张允抡也说："过乱石滩。滩中乱石磊砢，其状如瓮，或如斗，皆匀圆如摩拭。其上窑货堤，石壁千尺，下浸海，阻南北之路，凿壁开道，仅可通人。……至窑货堤，会东南风急，海涛大作，如马奔，如山倒，触石冲崖，雪飞雾洒，其声怒吼，霹雳万千。"④ 可见，这一段的修建，几乎是劈山开道，因此，周至元所谓"工颇不易"，良非虚语。

有关东海路的修治，周至元还写过一篇《崂东沈公修路颂》，赞扬沈鸿烈为民造福的功德：

> 二崂东侧，山海交错。而窑货堤、反岭后等处，路尤逼仄不受足。下临洪涛，上倚摩崖，游者多视为畏途。及癸酉之秋，余重过其地，则见昔之巉然险者阔矣，崖然高者平矣，羊肠小径顿然变为康庄通衢。土人告余曰："此为市长沈公所修筑，曷作词以颂焉？"因做

---

① 苑秀丽、刘怀荣：《崂山志校注》，人民出版社2015年版，第205页。
② 苑秀丽、刘怀荣：《崂山道教与〈崂山志〉研究》，中国社会科学出版社2011年版，第154页。
③ 苑秀丽、刘怀荣：《崂山志校注》，人民出版社2015年版，第53页。
④ 张允抡：《游崂东境记》，周至元：《崂山志》，齐鲁书社1993年版，第259—260页、第261页。

第七章 沈鸿烈与崂山开发的实施

颂曰："东海之滨，有山曰崂。峰既嵯峨，石尤确荦。南去一径，尤为峭险。人恐涛吞，身抱岩转。反岭前后，逾者心寒。海山虽胜，何暇细览。鸿烈沈公，来莅斯土。慨然兴叹，鸠工修筑。庶民效力，三月告成。羊肠仄径，阔然荡平。转危为安，化险作夷。山争呈秀，海亦献奇。从此游客，得以安步。容与翱翔，曳杖四顾。伊谁之力？沈子之功。泱泱东海，太公遗风。爰作颂词，勒之岩石。亿万斯年，永矢弗替。"①

癸酉之秋，即1933年秋天，距民国十七年（1928）东海路修治已有五年时间。前引《崂山志》称"反岭后、窑货堤等处尤逼仄不受足"，《颂》中则说"窑货堤、反岭后等处，路尤逼仄不受足"。又此颂中"羊肠小径顿然变为康庄通衢"的观感，在前二书中，一则曰："今已易崎岖为康庄"，再则曰："羊肠小道顿成康庄通衢。"可知颂中所写确为东海路无疑。土人所谓"此为市长沈公所修筑"，则是民国二十二年（1933）的说法，因为这时已是沈鸿烈任市长的第三年。

沈鸿烈当年所修还有崂即滨海路。周至元《崂山志》卷三《建置志·道路》又说：

> 至民国十七年，沈鸿烈又于崂东修崂即滨海路，由即墨至崂山南抵青山。②

这条路的修治为从即墨到青山的游客提供了便利，现有材料对此记载很少。周至元《崂山志》卷三《建置志》"桥梁"曰："自东镇至柳树台之路，共二百十七座。内洋灰拱桥五座，洋灰平桥七座，余皆涵洞。自下河至乌衣巷，凡六十七座，计石造平桥十座。自旱河至南宅科，中修桥二十三座，自宅科至登窑亦三十三座，皆石造平桥。自李村至沙子口，桥凡三十六座，计石造拱桥二座。以上皆在崂西至崂东之桥，皆沈鸿烈督修崂即路时所筑，多系石造平桥。"③ 可见崂即路修治时，还修了不少桥。

从民国十七年（1928）拉开崂山开发的序幕之后，这项工作似乎就

---

① 周至元：《崂山志》，齐鲁书社1993年版，第312—313页。
② 同上书，第136页。
③ 同上书，第133—134页。

没有停止过。崂北山路的修治,是沈鸿烈主持修治的第三条道路,约在民国十八年(1929)到十九年(1930)间完成。民国十九年,海润区百姓在华严寺所立《民国十九年华严寺沈鸿烈功德碑》对此有简要的记载:

> 东北海军总司令沈鸿烈,字成章,湖北竟陵人也。以军功隶籍奉天,铃韬素娴,渤海人龙。民国十七年夏间,率统海圻等舰驻泊崂山湾,与青岛、秦皇岛、葫芦诸岛相蒂应,为犄角之势,据形胜也。时值国家多事,民生日艰。公目睹心伤,不忍坐视。凡有关于地方治安者,靡不剀切晓示,极力维持。谨就其鸿猷伟烈,卓卓在人耳目者,略述之:
>
> 一,辟画路政。自崂以北,近百里,山径崎岖,往来实艰于行。公首捐巨款,分段沿修,一经提倡,民皆踊跃赴工,顿令羊肠小道,尽成坦途,行者称便。①
>
> 二,振兴学校。海润区僻处东鄙,学风闭塞,公于去夏招集各社村、各庙僧道,谕令择地创办公立、庙立、族立各小学十余处,贫寒子弟均得入校,嘉惠士林,诚非浅鲜。
>
> 三,保障渔业。崂山东临大海,港汊纷歧,海匪出没无常。各渔户日从荒骇,渔泛一误,生命攸关。公乃派军舰巡视,渔户因得安居而乐其业。
>
> 四,肃清盗穴。崂山毗连青山,久为匪徒逋逃薮,架票勒赎之案,层见迭出。公明察暗访,破获多起,并饬令陆战队择要出防,以遏其萌。以是声威远播,宵小远避,不敢入境。
>
> 此皆建设之荦荦大者。至于镇压杂军,蠲除苛政,清理庙规,整饬民俗,排难解纷,抑强扶弱,尤属不动声色而措置咸宜。以是濒海民众,歌功颂德,业已有口皆碑矣。民等仰托骈幪,何敢忘事铺张,但既已身受其赐,不禁欲有所言。昔卫青勒功燕然,表武功也;羊叔留芳岘山,志德政也。今公恩威兼施,则燕然之伟功,岘山之高风,更得见于今日。其造福于吾民者,讵有涯边哉!兹特就其已事,用作实录,以作纪念云尔。②

---

① 按原碑文中四个方面均以"一、"标注,现序号为笔者所加。
② 周至元:《崂山志》卷六《金石志》,齐鲁书社1993年版,第232—233页。

此碑也讲到了"肃清盗穴"，说明始于民国十七年（1928）的剿匪并非一蹴而就，而是经过长期努力，至此才由之前的"匪类敛迹"，终于达到了"宵小远避，不敢入境"的效果。但此碑与《纪念沈总监碑》不同，更多地讲了沈鸿烈在"肃清盗穴"之后，修治道路、振兴学校、保障渔业等"兼理民政"的几个方面。其中的道路修治，沿用了民国十七年的老办法，采取"分段沿修"的方式。由于1932年1月正式任市长之前，沈鸿烈只担任军职，无权动用地方财政来修路。关于东海路、崂即滨海路的修治资金如何解决，相关史料没有明确记载。但崂北道路的修治，据碑文记载，是由沈鸿烈带头"首捐巨款"，充分发动乡民参与来完成的。因此，工程进展顺利，近百里的山路终于"尽成坦途"。

这期间沈鸿烈修治的第四条道路是大庄路。该路段起大崂村，止王哥庄。修治过程详见于乌衣巷区村民所立《民国二十年大庄修路碑》：

> 崂山屹立海上，以雄秀闻。其东西两麓尤峭。自大崂村达王哥庄，为胶澳即墨往来孔道。径路奥曲，间不盈咫，仰倚峻坡，俯临绝壑，践其域者，恒蹢足屏息，有颠覆陨坠之虞。今东北海军司令沈公鸿烈来镇是邦，阅兹惴栗，尝思辟而治之，以需费钜未果。适值海贼得资五千余元，移书青岛市府，述以己意。市长胡公若愚览书慨然曰："平治道途，以御民患，此守土者之责也，宜速集事。"乃发币五千，供任斯举，不足又益二千有奇。
>
> 定议设工程办事处，会同勘修。市属工务局以王守政为工程员兼正主任、海军司令部以吴安甫为事务员。测量既定，分段修治。以民力日役二百余人，皆踊跃效命，各执畚以从，克勤厥事。凡隘者广之，崇者损之，卑者益之，顽石之碍道者，则烧破析之，超溪涧则架飞梁以通之，傍悬崖深谷，则筑涵洞甕壁以障之，辇致土石，积底坚完。又多拓平台，以供休息。树木表以防疏虞。自二十年三月始役，阅七月而工竣。由大崂村抵王哥庄，凡十八里，向之阻厄促近者，至是悉变夷途。往来行旅掉臂驰骋，以遨以嬉。
>
> 复恐岁久失修，堕前功而启后患也。爰饬工程处召集乌衣巷区村长等议决："后有倾圮，嘱村民以时葺补。如一村力难胜任者，由公家征调全区民夫协助。"于是村长等退而谋曰："兹道厄塞，为民患久矣。顾以僻在海隅，迄未能有修治之者，今沈胡两公毅力经营，去

险就夷，且深维暂费永宁之计，由明约恒久保固，泽我氓黎，若是优且渥，其可忘乎！"

昔汉武都太守李翕，开通郡西狭阁道，四方之壅可以夜涉。民怀其德，相与作颂刻石，即所称《西狭颂》是也。间尝读其颂辞："鐉山浚渎，路以安直，继禹之迹，亦世赖福"语，穆然想见古人之贤令牧守，实惠及民，宜其民之歌咏弗辍。今两公惠绩，视汉李翕遑多议，敢举斯辞，以为公颂，并镌镵岩。斯与兹山共垂不朽，用谂永之无极之世云。①

大庄路的修治，"适值海赃得资五千余元"，沈鸿烈以此为基础，求助于市长胡若愚，得到胡市长的大力支持，市财政分两次拨付7000元建设费。而筑路方式依然采取了"分段修治"的办法，"日役二百余人"，当地百姓皆"踊跃效命"，由于资金充足，全长18里的工程开工于1931年3月，到7月即全部竣工。碑文中将该路段的修治，与东汉武都郡太守李翕所修西狭道相提并论，赞誉沈鸿烈、胡若愚造福于民的"惠绩"。而此碑亦可与《西狭颂》碑媲美。

沈鸿烈以东北海军司令的身份进驻崂山，练兵之余，主动"兼理民政"，在剿匪，维护地方治安，保护渔业，兴办学校等方面，做了大量造福于民的工作。尤其是在资金缺乏的前提下，发动当地民众，并动员各方力量，甚至带头捐款，

五年间完成了东海路、崂即滨海路、崂北山路、大庄路等四条道路的修建。为此，当地士绅五年间连续三次立碑，以表达他们的感念之情。常言道，不在其位，不谋其政。以沈鸿烈当时的职务，上述工作，尤其是既耗费人力、物力和财力，又与自己政绩关系不大的道路修治工作，原本并不在他的职责范围之内，他完全不管没有任何问题，勉力去管倒有可能惹出麻烦。但沈鸿烈却毅然决然地圆满完成了这些工作。他所做的这一切，即使在今天看来，也仍然是值得肯定的。立足于更长远的发展背景，他以道路修治为核心，在崂山基础性开发方面所做的贡献，对崂山旅游发展的影响也是非常深远的。

---

① 周至元：《崂山志》卷六《金石志》，齐鲁书社1993年版，第233—234页。

第二节　崂山行政区划的调整

青岛管辖区域，沿自德国租借时期，日占时期基本无变化。按照北京政府1922年11月17日发布的《胶澳商埠章程》，"胶澳商埠即原德国胶澳租借地为中华民国政府自辟之商埠，沿袭德国租借时疆域，市定名为青岛市"，① "1929年4月，南京国民政府接管青岛，延续胶澳商埠时期的行政分区"。② 而从德国租借时期开始，崂山就分属于胶澳和即墨。这种行政格局，显然不利于从旅游风景区的角度对崂山进行开发和管理。沈鸿烈对此应早有深刻的体会。在他任市长之后，很快启用邢契莘任工务局局长，并责成他制订《都市计划方案初稿》。

邢契莘于1910年考取清华大学第一期官费生，是美国麻省理工学院造船造舰系高才生，1914年毕业后，继续选修造舰系，兼习航空机械。1916年获硕士学位后回国，曾任大沽造船所工程师，马尾福州船政局制船主任，北平航空署机械厅厅长，东北航空处技师、处长等职。1927—1932年，与沈鸿烈分别担任东北航务局及东北联合航务局董事长、总经理，并兼任航务局下设的东北造船所所长。两人配合默契，"（航务）局营业范围随之扩大。每年盈余多达千余万元，在滨江商界首屈一指"（《沈成章概要》）沈鸿烈就任青岛市市长后，于1932年1月，即将邢契莘调到青岛，③ 任青岛市工务局局长。随着都市计划的进一步明朗，针对崂山的行政区划调整，逐渐凸显出来，成为沈鸿烈当时必须面对的现实问题。

崂山行政区划的调整，是崂山发展历史上的重大事件，更是沈鸿烈崂山开发的大手笔。关于青岛市政府何时提出了区划调整的申请，就笔者目前所见材料，大多未作说明，只有蓝水《崂山古今谈》中提到："二十年春青岛市政府向山东省要求，将全山划归青岛以便建设，于九月正式划

---

① 青岛档案馆编著：《青岛城市历史读本（1891—1949）》，青岛出版社2013年版，第111页。

② 同上书，第10页。

③ 邢樟涛：《邢契莘传略》，嵊州新闻网，http://sznews.zjol.com.cn/sznews/system/2015/12/16/020023573.shtml，2015年12月16日。

界。东北起土寨河,迤西圣多河,再西仍以白沙河下游为界。自此全山俱在青岛市。"① 如此论属实,则崂山区划调整的申请早在胡若愚在任时即已上报。但就现有其他记载来看,蓝水的说法很不可靠。

其一,中华民国二十三年(1934)的《青岛市政府行政纪要》中,谈到了将崂山划归青岛市事宜,重点提了三点:

> 首先,青岛市现有的疆界,划劳山为东西二部,在德人划界时固有其特殊作用,殆我国接受以后,政治关系已与往昔不同,劳山为一南北狭长之地形,内则岗岭丛杂,外则港湾曲折,山水名胜不免为草窃啸聚之场,省方管理有鞭长莫及之虞,在市方面对于崂山东部犬牙相错关系甚切,故为就近管理起见,把劳山东半归即墨管辖的部分划归青岛市,化零为整,以便于行政上的管理。其二,青岛市自来水以劳山河流为水源,由于户口日增,水量需求渐感不足,拟于月子口筑坝蓄水,使用劳山山地,而涵养水源,培植全山林木,尤为当务之急。维持现有白沙河水源地,并发展将来月子口水源地以及流入白沙河的西界河,都以劳山划归市辖为宜。第三,将劳山全部之主要山脉划归市辖,其山脉附近平原务求尽量减少划入市辖。而以近接山脚之天然河流或其连接道路为界,将来河流如有变迁,仍以河流北岸为界,这样,很便于识别。②

前两点是从行政管理和民生用水需求,讲了调整区划的客观理由。简言之,即是化零为整,便于管理;涵养水源,满足市民生活用水。后一点则是提出了划界的基本建议,理由充分,也很有操作性。从民国二十三年《青岛市政府行政纪要》中的这一记载来看,区划调整的申请很有可能是在这一年上报省政府的。

其二,沈鸿烈《崂山环游记》中,也提到了区划调整一事。他在第一日的《游记》中说:"晚餐后,因与僚属计议,日后整理山林方案,拟从筑路入手。惟所经过白沙河岸北诸村落,均极贫困。县政府经费支绌,当然无力经营,日后如其划归青市,由市经费年支二三万元,补助各村,

---

① 蓝水:《崂山古今谈》(内部发行),青岛日报印刷厂,1985年8月,第5页。
② 青岛市政府秘书处编印、青岛市档案馆藏《青岛市政府行政纪要》未刊稿,中华民国二十三年第一编,第15页。

或尚得勉力为之耳。"沈鸿烈游崂山的第一天为民国二十三年（1934）10月26日，可见此时区划调整申请已经上报，但还没有得到最终批复。

其三，《平民月报》1935年第1期，以新闻报道的方式，在题为《劳山划归青岛市管辖事》的文章中，对区划调整进行了详细评述。

劳山系长白山之一脉，自辽宁渡海北来，在胶州湾之东岸，蔚为海拔三千七百余尺之名山。名胜古迹，遍山皆是。雄秀奇伟，自昔著称。清末，德人在劳山南部，从事造林。林箐蓊蔚，益称胜境。而青岛之所以风景佳丽，气候温和，闻于全国，亦半由劳山之名胜，有以助成之也。顷者，鲁省政府主席韩向方氏，以劳山密迩青岛，且市长沈鸿烈又能不分畛域，筹拨巨款，兴办劳山之各项建设工程，议以劳山全部，划归青岛市，俾劳山得沈市长之经营，山林胜迹，益以生色。青岛市得劳山之点缀，游者如归，繁荣进步，此诚两利之道，无损山东幅员之大，有补青岛市号称"东亚公园"之缺矣。

闻此次已经拟定尚待勘查劳山新界，其在市区近海之西部，仍系原界，自白沙河之刘家茔起，沿白沙河之北股，斜向东北，以迄于劳山湾，面积共计二百平方公里弱，人口三万，村镇八十余。其在山东，幅员辽阔，人口众多，去此区区，如九牛之亡一毛；其在青市，则得此名山，并增人口，于特别市之地位，增进不少。且鲁境名山甚多，均以限于财用，不能尽量经营建设。如其使劳山同此荒凉废弃，则何如划归青岛市，辟为游览区域，广造林园，修复名胜，以公诸山林同好，繁荣青岛市面。即在居民言，划归青岛之后，市府可以运用其比较山东为充足之财力，于交通、教育、公安诸端，与原来市区作同等之推进及设施，其幸福当必更有增益也。

吾人以为依照青市现有之面积及人口言，殊不称于直辖中央之特别市，且不足使为政者施展其抱负。盖今日之青市，局促于劳山与胶州湾之间，辖境既小，人口复少，实有扩大市区之必要。韩主席能见其大，不以土地为私有，慨然允划劳山归青岛市管辖，以增加青岛市之幅员及地位，以鼓励沈市长图治之热诚，并使劳山化无用为有用，诚可赞扬。惟吾人以为青岛市之面积，仍嫌逼仄，人口亦嫌太少，倘获更划胶、即两县之一部，使青岛市幅员人口，均有相当之满足，则青市之建设，将更见一日千里也。

平冀为划界事，彼此争持，各不相让。内政部召集双方，为之调处，亦未获解决。一若得失关系甚大，有不肯以一尺让人之势。其实，无论属省属市，仍系国家土地。除非授之外人，但利国家，何必争执。如此尤可见沈、韩之让德冲怀，可以风世也。①

此文与民国二十三年的《青岛市政府行政纪要》可谓枹鼓相应，配合得非常好。文中所谓韩向方氏，即指当时的山东省主席韩复榘，向方为韩复榘字。开头部分点出此次区划调整之所以能成功，关键在于沈鸿烈的争取和韩复榘的支持，而沈鸿烈数年来"能不分畛域，筹拨巨款，兴办劳山之各项建设工程"，则是其中非常重要的一大前提。作者还特别盛赞此举为"两利之道"，不仅"无损山东幅员之大，有补青岛市号称'东亚公园'之缺"，而且还能使崂山与青岛市相得益彰，各自因此而"益以生色"。据文中"闻此次已经拟定尚待勘查劳山新界"云云，此时包括如何划界、区划调整后青岛可增加多少土地和人口，都已经有了可预测的结论。说明官方对区划调整已有最终的定论，而青岛市之"幸福当必更有增益"，发展远景值得期待。但作者在称赞韩主席"能见其大"，肯定"沈、韩之让德冲怀，可以风世也"的同时，又以为青岛作为直辖中央之特别市，"局促于劳山与胶州湾之间，辖境既小，人口复少，实有扩大市区之必要"。并提出"更划胶、即两县之一部，使青岛市幅员人口，均有相当之满足，则青市之建设，将更见一日千里也"的建议和展望。虽有得陇望蜀之嫌，但从青岛近日之发展反观，我们对这位作者的远见，仍不禁有衷心的佩服。

这一期《平民月报》出版于 1935 年 2 月 1 日。因为是当年的第 1 期，其中的文章所讲述的也有上一年的事情。如同期还载有沈鸿烈的《三年来之青岛市政》，这是沈鸿烈纪念青岛回归 12 周年庆祝典礼上的讲话，该庆典时间为民国二十二年（1933）12 月 10 日。由于当时媒体的报道速度与现在无法相比，月刊又比不了日报，再加上中间还有春节。因此，第 1 期的《平民月报》实际履行了报道政府上一年工作的职责。这也从另一侧面说明，崂山区划调整一事，应该民国二十二年的大事之一，不然很难与市政讲话并列刊于同一期。另外，也说明，在沈鸿烈有崂山之后的三个

---

① 锣鼓：《劳山划归青岛市管辖事》，《平民月报》1935 年第 1 期。

月里，区划调整终于得以尘埃落地。

其四，多种史料对崂山区划调整的时间，都与蓝水的看法不同。如周至元在《崂山志》卷一《方舆志·沿革》中说："至二十四年（1935），又将崂东之地，全部划入青区，仅北偏鹤山尚属辖即墨。"① 鲁海在《话说青岛》中也说沈鸿烈"为将整个崂山划归青岛，呈请行政院将原来即墨县辖的惜福镇、夏庄、王哥庄三个乡于1935年划归青岛"②。青岛档案馆编著的《青岛城市历史读本（1891—1949）》一书中，两次提到了崂山区划调整：

> 1935年7月，为便于崂山行政管理和城市水源管理，原属即墨县的崂山东部山区划归青岛市，新增面积约195平方公里，人口约15000人。青岛区域在原德租借地的基础上首次扩大。③

> 1935年7月1日，崂山东部主要山脉划归青岛市，新划界域面积约为195平方公里，新增人口49841人。④

尽管该书对于调整后新增人口的数量出现了自相矛盾，但关于区划调整时间，则与周至元、鲁海的记载完全一致。

其五，民国政府内政部、山东省政府及青岛市政府的部分相关文件，是确定崂山区划调整最权威的证据。民国政府内政部转给山东省和青岛市的咨文（008886号），由当时的内政部代理部务的政务次长陶传谦签发，时间是民国二十四年（1935）6月4日。其全文如下：

内政部咨
民国廿四年六月四日发008886号

案查前准

贵市政府及山东省政府二十年五月九日第四二五六号会咨，会报

---

① 周至元：《崂山志》，齐鲁书社1993年版，第3页。
② 鲁海：《话说青岛》，青岛出版社2008年版，第229页。
③ 青岛档案馆：《青岛城市历史读本（1891—1949）》，青岛出版社2013年版，第10页。
④ 同上书，第207页。

划定青岛市与山东省即墨县界域经过情形，检送新界详图及界桩地点表，嘱转呈核定备案等由，当经本部核议转呈在案。

兹奉行政院二十四年五月二十九日第一八八号指令开："呈件均悉，按经提出本院第二一四次会议，决议通过，并呈请国民政府核定备案矣。令仰知照，此令。"

等因，奉此，除分咨山东省政府外，相应咨请查照！此咨
青岛市政府

政务次长代理部务 陶传谦
中华民国二十四年六月四日①

按此咨文，省、市双方在 1935 年 5 月 9 日，已完成并上报了地界勘察工作，行政院于 5 月 29 日会议通过。此咨文系经行政院转至内政部，由内政部同时下发山东省和青岛市。青岛市自收到咨文后，沈鸿烈于 6 月 25 日，发布《青岛市政府训令》（内字第 6161 号令财政局）：

查本市与即墨县重划界址一案，经省、市双方派员会同履勘后，报由内政部呈奉行政院院议通过。

过目政府准予备案。兹与山东省政府商定，以二十四年七月一日伪划区内一切事项之正式移交接管日期。除分另外，合行抄发省、市政府会咨一件，连同新界图及会勘纪实各一份，令仰该局知照。此令

市长　沈鸿烈
中华民国廿年六月廿五日②

在此之后，按省市约定，于 7 月 1 日，由韩复榘、沈鸿烈共同签发了《山东省政府 青岛市政府布告》（字第 9 号），其中有云："爰经各委专员会同履勘，将崂山全部主要山脉划归市辖，沿勘定新界主要地点，树立界标 26 处。其分划界线大都以接近山麓之天然河流北岸或其连接之道路北边为标准。"布告中对分界的具体位置，都做了详细界说，并称"当经制

---

① 青岛市史志办公室：《青岛市志·崂山志》，新华出版社 1999 年版，第 756 页。
② 同上书，第 759 页。

成界图，咨报内政部转奉行政院院议通过，并经国民政府准予备案。兹定于本年七月一日伪划区内户口田赋等一切事项之正式移交接管日期，除报属遵照分别交界外，合行布告周知"①。

综上五点，把崂山区划调整作为1934年青岛市政建设最重要的大事之一，不仅与沈鸿烈自1927年以来对崂山的特别关注及以军职身份"兼理民政"，想尽办法坚持崂山开发有密切关系，因而是他长期思考的结果。也是他就任市长后，在反复调研斟酌，制订《青岛市施行都市计划方案》的过程中，一定会面对的问题。他的这个想法起于何时？又于何时把申请报告递交给省政府？限于史料，已难以确切考察。但可以肯定，民国二十三年（1934）青岛市政府已经通过行政手段在具体落实这件事，到了1935年1月，省、部审批已有了初步的结果，并很快完成了划界的后续工作，正式的划界及交接，则要从7月1日算起。

已有学者指出："从崂山划归青岛市管辖这个历史事件，不难发现，在青岛这座城市成长历程之中，崂山具有举足轻重的重要意义。古往今来，这座海上名山就与黄海之滨的这座美丽城市相依而生，相伴发展。崂山，对于青岛来说，不仅是一个文化符号，更是一个安身立命的腹地与支撑。"② 我们在此想进一步指出的是，崂山区划的调整，是沈鸿烈持续十年的崂山开发总体计划中非常关键的一个环节，它为后期的崂山开发争取到了更广阔的空间，也使前后期的开发成果能完美结合，获得锦上添花、画龙点睛式的呈现。而青岛在当时能够跻身全国八大城市之列，崂山的历史人文底蕴在其间所发挥的作用，也值得我们深思。

第三节　主政青岛时期的崂山开发

1931年12月16日，沈鸿烈就任青岛市市长。③ 1932年1月21日，

---

① 青岛市史志办公室：《青岛市志·崂山志》，新华出版社1999年版，第757—758页。

② 陆安：《民国时代崂山划归青岛市管辖考略》，《青岛职业技术学院学报》2016年第4期。

③ 沈鸿烈：《三年来之青岛市政》，《平民月报》1935年第1期。

南京政府正式下达了任命状。① 从此开始直到1937年底撤离青岛的六年，因沈鸿烈身份的变化，崂山开发也面临着新的境况。一方面，因为他在崂山开发方面有了更多主导权和决定权，不仅可以把开发工作纳入财政预算中来通盘考虑，还可以责成有关部门去具体规划、实施，而不需要像以前一样采取捐款集资的方式来解决资金问题。这对开发而言，是前所未有的新机遇。但另一方面，他先是以海军司令兼任青岛市市长，1933年"薛家岛事件"之后，虽然不再任军职，但所要面对的市政工作依然比统领海军要复杂琐碎得多。在他主政期间，因青岛与日本纠葛较多，外交方面需要大费心力周旋应对的问题也屡有发生。尤其在后期阶段，与别的城市相比，青岛的烽烟气息更是近在眉睫。故这一时期崂山开发尽管依旧受到重视，不过也只是诸多市政建设中局部的一个小问题。与之相关的工作，不仅要服从市政工作的总目标，而且也不免受到其他各种事务的挤压，而有无暇顾及之遗憾。就实际情况来看，这六年间，沈鸿烈在崂山开发方面，仍以修治道路为重点，对培植林木、提升品牌也非常重视，这与市政建设基本同步。在保存古迹、整饬馆舍等方面，则因经费及时局变化等客观原因，尚未正式展开。

一　道路的修治

由于崂山的道路建设基础较差，沈鸿烈在驻青前期的崂山开发中，始终把道路修治作为重点。主政青岛时期，这一方针被延续了下来。这一方面是因为前期的道路修治仅仅解决了局部问题，更多的道路还没有来得及建设。特别是在崂山全部划归青岛市辖之后，客观上使道路建设的任务进一步加大了。另一方面，也与沈鸿烈的施政思想有关。沈鸿烈的继任者李先良曾说："盖沈氏以乡区经济之发达，学校之发展，治安之保障，无一不与道路有关。"② 因此，主政青岛时期，崂山开发用力最勤的仍是道路修治。这一时期新修的道路主要有：登流路、柳北路、庄太路、北大路等，重修的则有梯子石路、北九水路、内九水路及台柳公路等。兹据相关文献记载，以时代先后为次简述如下。

---

　① 苏小东：《中华民国海军史事日志》（1912年1月至1949年9月），九洲图书出版社1999年版，第476页。

　② 李先良：《沈鸿烈长青岛庶政述略》，青岛市政协文史资料委员会编：《沈鸿烈生平轶事》，新华出版社1999年版，第4页。

第七章 沈鸿烈与崂山开发的实施

周至元《崂山志》卷三《建置志》"道路"对沈鸿烈主政时期动力建设的记载最为详细：

> 及二十一年（1932），沈鸿烈兼市政，……惟南海梯子石路，以山甚险峻，难以平治，仅砌以石级，以通往来。……近又稍加修治，不复前次之悬崖深谷矣。①
>
> （梯子石）民国二十一年（1932）筑。上下山巅，皆以石级砌成，逾之者无复昔时攀缘之苦矣。②
>
> （北九水路）民国二十二年修。当白砂涧北麓，劈岩叠石，工甚艰巨，行人称便，风景却损矣。③
>
> （内九水路）民国初修，沈鸿烈又重治之。或步涧底，或登悬崖，纤曲盘旋，为诸路之最。④

这里提到了三条路，其中，梯子石重修于1932年⑤，北九水路重修于1933年，内九水路的重修年代，周至元失载，据《青岛市志·崂山志》，在1933年，为"自北九水疗养院东南行，溯流而上，经斩云峰、飞凤崖、锦帆嶂、冷翠峡、鱼鳞峡到潮音瀑，全长3公里"⑥。松青《沈鸿烈主青施政见闻》中，也提到当时青岛的财政预算，"六年来，一直在450万元至600万元之间浮动。一般说来经常费每年约350万元至360万元之谱，临时费每年约160万元左右，临时费主要用于开发性的市政工程建设及公用设施"。临时费也包括"展宽柳树台至靛缸湾的道路，加铺石阶，添筑凉亭，展宽沙子口至太清宫的道路，在崂山里修建盘道梯子石阶"。⑦ 松青讲的比较粗略，但他是沈鸿烈主政时期的新闻工作者，所述当有事实依据。

---

① 周至元：《崂山志》卷三《建置志》"道路"，齐鲁书社1993年版，第136页。
② 同上书，第140页。
③ 同上书，第141页。
④ 同上。
⑤ 据《青岛市志·崂山志》记载，重修时间为1934年，参见该书新华出版社1999年版，第404页。
⑥ 青岛市史志办公室：《青岛市志·崂山志》，新华出版社1999年版，第404页。
⑦ 松青：《沈鸿烈主青施政见闻》，青岛市政协文史资料委员会编：《沈鸿烈生平轶事》，新华出版社1999年版，第96页。

20世纪90年代编纂的《青岛市志·崂山志》对当时崂山道路修建有较为详细的记载：

> 30年代初，青岛市政府对崂山道路进行了系列改造、修缮工作。首先，新修和改建了以李村为中心的乡村道路，使崂山山脚下的道路有了明显改善。从1932年下半年至1934年上半年，在李村附近共新建道路36.85公里拓宽改造道路25.85公里，并制定了大量养护办法，保证道路能经常处于良好状态。而后，又对山区道路实行规划建设。于1931年修建了由大崂观至王哥庄的大庄路；1932年修建了由登窑至流清河的登流路；于1934年修建了由柳树台至北九水的柳北路和由王哥庄至太清宫的庄太路，特别是于1934年修建了从北九水至大崂观的北大路。北大路全长5.51公里的，沿线皆蛮山巨石、深沟险壑，在当时技术和设备都十分落后的情况下，施工十分困难。北大路的建成，不但使游人可直达大崂观，还可以与五大路（五里岗至大崂观）接通，免除了游人由柳树台至大崂观，或由五里岗至大崂观，都需要由原路返回的苦恼。可使游人作环形游览，节约了时间，提高了旅游质量。①

依此，1932—1934年，是崂山道路建设的高峰期。登流路、柳北路和庄太路、北大路，皆完成于这几年。对此，《崂山文化通览》的说法颇有不同：

> 30年代，崂山旅游道路建设进入又一个高潮期，起点是1934年，而交通网循环的中心则选在北九水。这年春天，市工务局修筑了柳树台至北九水之间的2公里多道路，又用石板铺成北九水至鱼鳞峡之间的步行道。之后，开始筹建北九水至大崂观之间的北大路，这是整个筑路工程的重头戏。北大路的全线要在山谷间通过，幽谷深涧，地脉复杂，施工难度甚巨，投入很大，加之当时崂山东部未划入青岛市辖，所以勘测完成后工程却迟迟未动工。②

---

① 青岛市史志办公室：《青岛市志·崂山志》，新华出版社1999年版，第397页。
② 郭德利主编：《崂山文化通览》，青岛出版社2013年版，第123—124页。

上述二书的记载，有两个重要的分歧。一是关于沈鸿烈主政期间道路建设的高峰期。《青岛市志·崂山志》以为主要集中在1932—1934年，《崂山文化通览》则认为这个高峰期，是以1934年为起点；二是关于北大路修建时间，前者主1934年，后者则主1935年。对此需要稍作辨析，先看第二个问题。因北大路的修建涉及当时归即墨县辖，或者说行政上由山东省管理的崂山东部地带。在崂山行政区划未做调整时，这条不可能完成。关于崂山划归青岛市的时间，我们在前文中已做了详细考辨。故北大路不可能开建并完成于1934年。《崂山文化通览》接着说：

> 1935年初，韩复榘和沈鸿烈联手签署的崂山东部山脉划归青岛市辖的布告贴上街头，青岛市增设崂东区和夏庄区，修建北大路的条件才臻于成熟。这一年4月，北大路掘土开基，每天投入石瓦工400余人，经过5个月的紧张施工，当年9月30日竣工。这条全长5.5公里的北大路，不仅将游人直接送到大崂观，还与五里岗至大崂观的五大路联成一道环行线，使两"回头路"成为历史。①

根据我们在上一节中的分析，这一段话中"1935年初，韩复榘和沈鸿烈联手签署的崂山东部山脉划归青岛市辖的布告贴上街头"，也是想当然的说法。因为这份布告正式发布的时间是1935年7月1日，在这一年年初，它无论如何，也不可能"贴上街头"，但是北大路在本年4月开工，还是可信的。因为2月出版的《平民月报》第1期，已经代表官方发布了"劳山划归青岛市管辖事"的消息。因此，北大路于4月开工，先修青岛市境内的路段，崂东部分路段，即使等到7月1日以后开建，到竣工尚有整整3个月的时间。这是完全可以在4月开工前预估出来的。何况在沈鸿烈签发《青岛市政府训令》的6月25日，甚至在内政部咨文下达的6月4日，也未必不可以合法开建。

北大路修建时间即已明确，前述两部著作的第一个分歧，已不辩自明。换言之，沈鸿烈主政期间道路建设集中于1932—1934年，或"起点是1934年"的说法，都是不妥当的。更接近历史实际的，应该是这一时期的道路建设主要集中于1932—1935年，即前四年。之所以如此，并不

---

① 郭德利主编：《崂山文化通览》，青岛出版社2013年版，第124页。

是沈鸿烈在主政的后两年不再关心崂山开发，而是形势所逼，力不从心了。当时任市政府人事处处长的芮麟曾说："沈鸿烈长青岛六载，前四年对各项市政有所建树，后二年则无暇顾及，集中全部精力与日本帝国主义周旋。"① 松青也说："1935年后日本帝国主义的干扰，日益严峻，沈鸿烈忙于与日本帝国主义周旋，已无力顾及市政建设。"②

综合以上论述，我们可以把沈鸿烈主政时期道路修治情况列为如下的简表。

表7-1　　　　　　　沈鸿烈主政青岛时期修治道路简表

序号	路名	起止	修建时间	修治方式	文献依据
1	登流路	登窑至流清河	1932	新建	市志《崂山志》《通览》
2	柳北路	柳树台至北九水	1934	新建	《通览》
3	庄太路	王哥庄至太清宫	1934	新建	《通览》
4	石板步行道	北九水至鱼鳞峡	1934	新建	《通览》
5	北大路	北九水至大崂观	1935	新建	《通览》
6	梯子石路	大平岚至青山口	1932（1934）	重修	周至元《崂山志》（《青岛市志·崂山志》）
7	北九水路		1933	重修	周至元《崂山志》
8	内九水路	北九水疗养院至潮音瀑	1933	重修	周至元《崂山志》
9		沙子口至太清宫	不详	拓宽	松青《沈鸿烈主青施政见闻》

从表7-1中可以看出，沈鸿烈主政前四年的崂山道路建设，远远超过了之前的五年，为崂山开发奠定了良好的基础。按照《崂山文化通览》中的说法，柳北路、北大路之外，"登瀛至流清河的登流路、大崂观王哥庄的大庄路和王哥庄至太清宫的庄太路也先后建成，纵横山区的五条旅游线路，总长达41.4公里。随着20多条山间小路的修建，干支相连的崂山旅游交通网络框架基本形成"③。这段话除关于"庄太路"的叙述未注意

---

① 芮麟：《沈鸿烈长青岛六载琐记》，青岛市政协文史资料委员会编：《沈鸿烈生平轶事》，新华出版社1999年版，第85页。

② 松青：《沈鸿烈主青施政见闻》，青岛市政协文史资料委员会编：《沈鸿烈生平轶事》，新华出版社1999年版，第100页。

③ 郭德利主编：《崂山文化通览》，青岛出版社2013年版，第124页。按：这五条路中，大庄路建成于1931年，在时间上是最早的。

时间，基本是符合实际的。

沈鸿烈的同事在评述他主政期间的成绩时，也往往会把道路修治作为重要的内容提出来。李先良在《沈鸿烈长青岛庶政述略》一文中说："沈氏长青六年，使乡区道路里程增加十倍。当时公家负担材料及工程经费，土方工程全由人力义务劳动。"① 芮麟也说："崂山风景区的道路也大加整修，公路深入山区，汽车直达山下，登山曲径，砌成石阶。这些市政建设，市民看得到，受其益，赞扬之声不绝于耳。"② 李先良所说的道路建设，是包括崂山在内青岛市全部道路而言。保存至今的《青岛市四沧、李村、劳西、劳东、夏庄、浮山六乡区道路图碑》，正可与他的话相互印证。此碑正面的上半部为六乡区道路图，下半部分是碑文：

> 我国接收青岛十有余载，历任主政者对于整齐市容、繁荣市场，莫不锐意经营，日新月异。民国二十一年（1932）春，海军司令沈公兼长市政，励精图治，举凡市区文化、工商、港务、自治各要政均已次第进行。尤注意于农村建设，创立乡区建设办事处，内分社会公安、教育、工务、农林诸项。关于一切养民、化民、利民、保民之政，罔不积极筹办。其属于工务者，如辟路以利交通，掘井以便民，用筑坝以防水患，力主官民合作，皆于农隙从事。材料则有公家负担，不以丝毫累民，故能用力省而收效巨。
>
> 契莘忝掌工务，窃秉斯旨，督率乡区建设办事处，以时招集民工，分段筑路。四年以来，计成新路一百九十六条，综长四百五十公里，材料石工暨修筑桥梁、涵洞，概由公款支给。所需畚锸之役，则由村民分任。无害农时，有裨路政。虽当事者负指导之责要，亦地方父老协助之力居多。是不可以不志，爰将各路名称、长度、段落及嗣后岁修办法，分别列表绘图泐石，以垂久远云。
>
> 民国二十五年十二月工务局
邢契莘敬识

---

① 李先良：《沈鸿烈长青岛庶政述略》，青岛市政协文史资料委员会编：《沈鸿烈生平轶事》，新华出版社1999年版，第4页。

② 芮麟：《沈鸿烈长青岛六载琐记》，青岛市政协文史资料委员会编：《沈鸿烈生平轶事》，新华出版社1999年版，第84页。

这一通碑文,为我们保留了珍贵的史实,196条新路是否把崂山的新建道路也计算在内,尚需进一步证实。但从中可以看出,沈鸿烈以道路为市政建设基础的思想确实得到了很好的贯彻。因碑文出自当时的工务局局长邢契莘之手,其史料价值更为突出。邢契莘所谓"窃秉斯旨",正是指他自己以沈鸿烈市政建设思想为指导,完成工务局道路建设工程。他是一位勤政务实的高学历人才,邢樟涛在《邢契莘传略》说:

> 1932年1月至1937年4月,契莘先生任青岛市工务局局长。其间,在青岛市建设方面颇有建树。特别是修道路、建桥梁、盖学校、发展旅游业,留下了很多政绩。值得一提的是青岛的旅游业,由先生牵头编制了《青岛市施行都市计划方案初稿》,明确将青岛定位于"兼工商、居住、游览"城市。在崂山旅行设施建设方面,构思巧妙,狠抓质量,下了很大功夫。配合政府申请崂山新界成功外,还率领工务局及所辖部门开辟进崂山的道路。比如1934年新修的柳树台到北九水的公路,使游客直接可到北九水。另外还新修了北大路(北九水至大崂观),并与五大路(五里岗至北大观)连接,可使游人作环行游览,免走回头路。修筑的崂山景区梯子石至今还在发挥作用。此期间,投资重修青岛名胜栈桥,又在入海端加建半圆形防坡堤,始成现时景观。还主持建造2000吨级船坞一座,大港内增建八号煤炭专用码头,扩建自来水厂及规模壮观的大礼堂和体育场等,市政建设,业绩颇丰。①

这一段评价,高度概括了邢契莘在青岛建设方面的主要贡献,言简意赅,非常客观。邢契莘于1937年4月,调任国民政府航空委员会机械处处长,比沈鸿烈早8个月离开了青岛。正是这位麻省理工学院的高才生,以其超群的智慧完美地将沈鸿烈的市政建设理想做了最大限度的落实,他们两人的默契配合,对于崂山开发,乃至青岛总体的市政建设来说,可以说是缺一不可的。

---

① 邢樟涛:《邢契莘传略》,嵊州新闻网,http://sznews.zjol.com.cn/sznews/system/2015/12/16/020023573.shtml,2015年12月16日。

二　其他开发

在《崂山环游记》中，沈鸿烈曾谈到过他对崂山开发的三个重点，即"培植林木，以增自然之美；保存古迹，以著历史之光；修治道路整饬馆舍，以供旅宿之便"，但在具体实施时，又始终以道路建设为重点。关于其他方面，拟就有限的材料简述如下。

培植林木，是沈鸿烈主政后非常重视的大事之一。以民国二十二年（1933）为例，据当年的《青岛市政府行政纪要》第九编"农林·乙 关于林务事项"记载："计就太平山炮台旧址、卧狼齿、老鸦岭、蔚儿铺、九水庵、团岛、薛家岛、封山等处，依植树造林，栽植黑松、赤松、扁柏、花柏、白杨、椰榆、青朴、青杨等二年至四年生苗木707580株，完成面积1867.70亩。其土层瘠薄处，复依播种造林以黑松、赤松、栎槲等种子，播种268521穴，完成面积692.63亩，以资水源之涵养，及风景之点缀。"① 合计面积2560.33亩。其中卧狼齿、老鸦岭、蔚儿铺、九水庵几处，都在崂山范围。其树种和面积如表7-2所示。

表7-2　卧狼齿、老鸦岭、蔚儿铺、九水庵民国二十二年植树表②

序号	地点	树种	株数或穴数	面积（亩）	成活率（%）	备考
1	卧狼齿	黑松、侧柏等	64350株	171.59	80	该处为水源林
		赤松	39600穴	82.20	80	该项为播种造林
2	老鸦岭	黑松	7000株	18.68	90	该处为水源林
3	蔚儿铺	黑松、赤松、扁柏	37500株	100.00	79	该处为水源林
		栎槲等	104850穴	279.18	85	该项为播种造林
4	九水庵	黑松、赤松、扁柏、花柏、美国白杨、五角枫等	110639株	275.46	88	该处为美景林
		黑松、赤松、栎槲等	119810穴	319.49	75	该项为播种造林

---

① 青岛市政府秘书处编印、青岛市档案馆藏《青岛市政府行政纪要》未刊稿，中华民国二十二年"第九编　农林"，第18页。

② 数据来源于青岛市政府秘书处编印、青岛市档案馆藏《青岛市政府行政纪要》未刊稿，中华民国二十二年"第九编　农林"，第19页。

这只是民国二十二年一年有记录的林木培植情况，其中崂山四处已有 219489 株，面积 565.73 亩；264260 穴，面积 680.87 亩，合计面积 1246.6 亩。为了解决植树苗种问题，市政府还建了很多苗圃，用来培育各类树种。据《民国二十二年青岛市市长纪要》记载，东镇、李村、崂山、薛家岛四大苗圃，在民国二十一年、二十二年两年中，培植的黑松、赤松、扁柏、花柏、柳杉、榉、青朴、白桐、椰、榆、槐、美国白杨、青杨、无刺槐、悬木、银杏、圆柏、梓、五角枫、垂柳、侧柏、刺槐、黄连木等各类树苗就达到 5156227 株（见表 7-3）。

表 7-3　　民国二十一年、二十二年四大苗圃育苗情况数量简表

苗圃名称	年份	播种株数	杆插株数	移植株数
东镇苗圃	二十一年	1043585	15952	229045
	二十二年	1028510	22494	448643
李村苗圃	二十一年	436585	7790	137010
	二十二年	540610	8380	272020
崂山苗圃	二十一年	203800	0	58454
	二十二年	118600	0	144315
薛家岛苗圃	二十一年	169456	0	42273
	二十二年	172476	1033	55196
合计	二十一年	1853426	23742	466782
	二十二年	1860196	31907	920174
两年合计		3713622	55649	1386956
三项总计		5156227		

以上两个表格所列举，只是民国二十二年崂山局部植树株数，及二十一年、二十二两年里四大苗圃的育苗株数。从这一局部的数字，足可以想见当时在林木培育方面用力之勤与收效之伟。

松青关于沈鸿烈施政的回忆中，也有一段讲到青岛市区和崂山的植树情况：

植树造林，美化市容。沈鸿烈上任伊始，将若愚公园改名为海滨公园（今鲁迅公园），展宽了园内台阶，增添设施，如在水族馆下方修建了一个月亮门的小院，从外面看去，曲径通幽，别有洞天，实际

却是一个机器房，专为馆内鱼池更换海水之用。1932年春，在中山公园干路两侧种植花木，在中山公园第七果园后部营造总理纪念林八公亩。将市中心区胶州路、禹城路、聊城路、黄岛路、芝罘路、易州路、博山路、潍县路、海泊路、平原路、四方路、武定路、临清路、绥远路、黄台路、长山路的树木，整修补栽，使之间距均等，绿树成行。1933年，在九水庙植黑松一万余株，播种5万余穴；开办薛家岛苗圃，在薛家岛上官庵植树3000余株；扩大太平角黑松林，是年植树9万余株，播种5万余穴。督导登瀛、丹山各村发展果林，在全市城乡建立测量林木生长纪录。①

与行政纪要相比，个人回忆的准确性当然要弱得多。但松青"1933年，在九水庙植黑松一万余株，播种5万余穴"的说法，与上表中多树种合计株（穴）数相比照，大致还是可信的。如按1932—1935年四年计算，崂山在植树造林、美化环境方面的成绩，应是相当可观的了。

沈鸿烈也很重视崂山旅游品牌的提升。青岛作为旅游胜地，每年前来观光的显贵名人不在少数。"市政府在文登路拨出公房一处，设立招待所，指派市府科员杨吉孚为招待所主任，配有干事数人。他们负责为游客安排食宿，提供游览专用的大小汽车，按游客身份高低，分等招待。普通游客，供常备膳宿，有干事陪同参观游览；较为显贵的游客，食宿招待从优，由招待所主任杨吉孚陪同参观游览。参观游览时，陪同人员详细介绍沈的市政建设成绩，诸如公共设施、文化教育、主要建筑等，走到哪里说到哪里，看到什么讲什么，力求使游客留下美好的印象。遇有军政要人鼎鼎名流来青，沈鸿烈亲自招待。"② 这些外来的游客中，既然军政要员，也不乏文化名人。历史悠久、盛名独具的崂山，多半会成为游客游览必选的景点。这些名人游览之后，往往有诗文游记之作，这在无形中为崂山及青岛起到了不胫而走的宣传效果。沈鸿烈之所以重视对游客的招待，提升崂山和青岛的旅游品牌，应是其重要的意图之一。

---

① 松青：《沈鸿烈主青施政见闻》，青岛市政协文史资料委员会编：《沈鸿烈生平轶事》，新华出版社1999年版，第98页。

② 芮麟：《沈鸿烈长青岛六载琐记》，青岛市政协文史资料委员会编：《沈鸿烈生平轶事》，新华出版社1999年版，第84—85页。

如 1934 年，沈鸿烈就亲自接待过蔡元培、柳亚子、叶恭绰等文化名人。蔡元培（1868—1940）曾多次来青岛，据《蔡元培日记》记载，他 1934 年 8 月 28 日来青岛后，曾与夫人周养浩在青居住两月有余。①其间，除公务宴请往还外，沈鸿烈夫妇与蔡元培夫妇也有比较频繁的私人交往。周养浩长于绘画，在请居住期间曾将青岛美景绘为丹青，蔡元培有两首诗即是为夫人题画之作。一为《题青岛海滨油画》（1935 年 1 月 1 日）："水族馆中窗窈窕，海滨园外岛参差。惊涛怪石互吞吐，正是渔舟稳渡时。"自注："二十三年十月，养浩在青岛市海滨公园水族馆楼上小窗中窥见此景，因绘之。"一为《为养友题前两年所绘青岛风景并志缘起》（1937 年 3 月 29 日）："晚晴阅眺海之偎，霞影波光面面开。莫为渔舟愁日暮，塔中尚有夜珠来。"前一幅画作于 1934 年寓居时，后一幅画虽未注明作画时间，从诗题及题画诗写作时间看，也当为此次青岛之行或 1935 年的作品。蔡元培作为国内文化教育界名流，对青岛一直非常关注，国立青岛大学、水族馆的成立，都与团队支持分不开。他们夫妇的诗、画，对于提升青岛及崂山的影响力，肯定是很有意义的。

沈鸿烈与叶恭绰也有较深的交谊，1934 年 8 月 28 日蔡元培到达青岛的当晚，沈鸿烈就是与叶恭绰一起去拜访他的。叶恭绰（1881—1968），字裕甫（玉甫、玉虎、玉父），又字誉虎，号遐庵。曾任北洋政府交通总长、孙中山广州国民政府财政部部长、南京国民政府铁道部部长。1927 年出任北京大学国学馆馆长。1934 年 5 月，他与沈鸿烈市长共同发起并创办湛山寺，"居青岛两月，穷山水之胜。北九水有大瀑布无名，先生名之曰'潮音瀑'"②，他对崂山品牌的提升更为直接。

1934 年，沈鸿烈还亲自接待了来青岛旅游的著名诗人柳亚子（1887—1958），柳亚子为蔡元培、章太炎弟子，同盟会会员。是南社发

---

① 《太清宫志》记载，1934 年 4 月，蔡元培（1868—1940）在山东省主席韩复榘、青岛市市长沈鸿烈的陪同下游览崂山，参观了各处景点，并阅览了太清宫珍藏的明版《道藏》。见寿杨宾《崂山太清宫志校注》，中国海洋大学出版社 2017 年版，第 218 页。据《蔡元培日记》，本年 8 月蔡元培来青岛，系沈鸿烈任市长后二人首次见面，详细情况参加本书第五章相关内容。《太清宫志》所记时间或有误。

② 俞诚之编：《遐庵汇稿》，沈云龙主编《近代中国史料丛刊》第十六辑，文海出版社 1966 年版，第 358—359 页。

起人,曾任孙中山总统府秘书,中国国民党中央监察委员、上海通志馆馆长。据柳亚子《自撰年谱》,他在民国二十三年(1934)4月1日北游,先后游览北平、天津、济南、青岛,"至月杪始南返"。① 在山东游览时曾作有《鲁游杂诗》百余首,其中有多首写崂山,并写到沈鸿烈。据诗中所写,到达青岛时间当在4月20日。在青期间,住在今太平角一路和湛山二路交叉处的石砌小楼,② 从以下选录的几首诗中,沈鸿烈之盛情款待可见一斑。

      厚重虚怀见葛翁,沈侯气度足雍容。金樽银烛开筵宴,更喜如花隔座逢。
      静岑招饮青岛咖啡,晤沈成章。(作者自注,下同)

      海上神仙事渺茫,崂山金碧尽辉煌。燕齐迂怪君休诮,谡谡松风夹道凉。
      二十一日游崂山。

      响彻云霄匹练开,乱流危石足低徊。潮音马尾纷纭甚,输与题名小墼雷。
      靛缸湾瀑布,叶遐庵题"潮音",傅藏园为易"马尾",抗白云:不如"小墼雷"三字为佳。

      吴生兀傲宿山巅,潘谢同归一抚然。无分太清宫里去,苍茫横海失楼船。
      遐庵、藏园游太清宫,咸以兵舰,今不可得矣。

      征轺又复指崂山,促膝播唐足解颜。仰瞰峰峦俯沧海,上方宝刹是华严。
      二十二日偕佩宜、公展、冠玉重游崂山华严庵。

---

  ① 柳亚子文集编辑委员会主编,柳无忌、柳无非合编:《柳亚子文集》(自传·年谱·日记),上海人民出版社1986年版,第28页。
  ② 诗人柳亚子及科学家李四光曾居此楼,现为"地质之光展览馆"。

> 争春杂卉睹华严，郁李辛夷取次看。开到荼蘼花未尽，珠梅蓓蕾耐冬残。
>
> 华严庵中百卉争放，前所未见也。
>
> 嘉会难忘提督楼，沈侯风度美无俦。红莲幕下饶人物，尹谢纵横压九州。
>
> 沈成章招饮迎宾馆，俗称提督楼。即席赠尹肖波、谢抗白。
>
> 一梦蘧然日已高，安排归计定今宵。传笺郑重为留别，诉尽新知更旧交。
>
> 二十三日晨起，坐新民饭店作。
>
> 重与张灯宴画堂，主人情重客能狂。储生端厚雷生俊，更见王郎铁裲裆。
>
> 储、雷、王三君招饮青岛俱乐部

葛光庭（1880—1962），字静岑，别字觐宸，安徽蒙城人。先后就读于安徽陆军武备学堂、日本陆军振武学校、日本陆军士官学校。在日读书期间，加入兴中会、同盟会。曾任南京国民政府军事委员会委员，东北边防军司令长官公署参议、顾问，代表张学良派驻北平办事处主任。铁道部陇海铁路管理局局长、平汉铁路管理局局长、正太铁路管理局局长。1931年1月，任胶济铁路管理委员会委员长。从上引诗歌可知，柳亚子4月20日到青岛后，葛光庭邀请他品咖啡，由沈鸿烈作陪。沈鸿烈、葛光庭都比柳亚子年长，柳诗中对葛翁、沈侯的赞誉，非常切合二人才干、经历，虽不免客套，但也是诗人真情的流露。

柳亚子游崂山，主要在21日、22日两天。与他同来的还有他的夫人郑瑛（1888—1962），佩宜是她的字。及潘公展（1894—1975）、唐冠玉（1894—1979）夫妇。潘公展原名有猷，字干卿，号公展，吴兴（今浙江湖州）人。曾任中国公学校长、《晨报》社长、《申报》董事长等。擅长诗词、书法。唐冠玉（1894—1979），浙江吴兴人，师从冯超然学画，是民国期间著名国画家，是女子书画会发起人之一。从诗中看，青岛市政府则有谢抗白陪同。谢祖元，字抗白，号康伯，江苏省武进人。清末曾留学日本，为春柳社成员。奉系时期，曾任抚顺县知事、青岛市市政府交涉科科长，当时或已任青岛市公署总务局局长。谢抗白长于诗词书画，著有《东游杂咏》、《九秋词》（铅印本）、《清史连珠》等。柳亚子一行先后游览了北九水、太清宫等景点，并两次游览华严寺。第四首提到潘公展、谢抗白因事同归，故未能同游太清宫。

沈鸿烈招饮迎宾馆，当在22日返回后。诗人在此称赞"沈侯风度"，并盛夸其属下尹肖波、谢抗白。"红莲幕"本指南朝齐王俭府第。王俭于齐高帝时为卫将军，领朝政，才名之士云集幕下，后多以"红莲幕"为幕府的美称。尹肖波亦当为青岛市官员，生平不详。从"尹谢纵横压九州"的诗句看，尹肖波也当有不俗的修养。迎宾馆原为德国总督官邸，始建于1905年，位于龙山路26号、信号山半山腰上，最初称为"提督楼"。这里依山面海，环境十分幽雅。沈鸿烈任市长后，市政府多在此招待贵宾，1934年正式改称"迎宾馆"。23日是柳亚子返回的日期，临时的送别宴会，订在青岛俱乐部（即青岛国际俱乐部），这里原为德国上层人士的社交场所，建于1910年。在20世纪30年代也是政府宴请贵宾的地方，如1935年，沈鸿烈就曾在此宴请过蔡元培。送别宴由沈鸿烈甚为倚重的储镇、雷法章和王时泽三位局长作陪。

储镇（1887—1957），字铁生，江苏省宜兴人。1926年哈尔滨特别市成立，任哈尔滨特别市市政局局长（特别市市长），1928年，任东北水道局局长。时任青岛市社会局局长。雷法章（1903—1986），湖北汉川人，曾任天津南开中学教务主任。1932年应沈鸿烈之邀，任青岛教育局局长。王时泽（1886—1962），湖南省长沙人。早年留学日本，是三合会及同盟会会员。沈鸿烈任东北航警处处长时，聘任王时泽为东北航务局局长兼东北商船学校校长。沈鸿烈就任青岛市市长后，任命王时泽以东北海军驻南京办公处处长，加强与南京政府的联络。1934年4月，出任青岛市公安局局长。"铁裲裆"本指铁制马甲。形似背心，前幅护胸，后幅护背。在此代指戎装。因公安局长穿制服，故柳亚子诗有"更见王郎铁裲裆"之语。

柳亚子诗名虽盛，但在政界的影响则略逊于蔡元培、叶恭绰等人，其年龄则比沈鸿烈还小。尽管其他文化名人很少有人像柳亚子这样，以诗文记录主人宴客的细节，但我们从沈鸿烈对柳亚子的盛情款待，仍然可以看出，当时市政府对文化名流们的接待规格和敬重程度。这样的待客之道，无疑为文化名人宣传崂山、传播崂山之美名提供了更多的机会。

当然，更多为崂山所吸引，前来游览的文人学者，同样留下了诗文游记。如傅增湘（1872—1949）曾多次游览崂山，1932年农历8月来游时，撰有《劳山游记》，并在太清宫纪念册上留言："以中秋宿此，海天月色，万里空明，使人有遗世之想。良辰佳会，毕世难逢。"苏雪林（1897—1999）曾于1935年夏，来青岛避暑，遍游青岛和崂山，作有游记《岛居漫兴》和《崂山二日游》。郁达夫（1896—1945）于1934年7月，应朋友邀请来游崂山，题诗歌咏蔚竹庵："柳台石屋接澄潭，云雾深藏蔚竹庵。十里清溪千尺瀑，果然风景似江南。"罗章龙（1896—1995）1936年游崂山后，作有《崂山吟》："崂山峻千仞，东向沧溟开。天风吹万里，仿佛见蓬莱。怪石耸霄汉，飞瀑喷云雷。长松列海隅，山海频相偎。清溪白十道，危峰何崔嵬。客来自吴楚，茫然心低徊。游泳飞泉下，濯足乱流堆。夜谈华严寺，访胜白云隈。凌晨观日出，薄暮听潮回。忆昔登华岳，春愁几万重。孤游惜奇险，慷慨与谁问。折柬寄君诗，憔悴月明中。万方多今难，俯仰瞩苍穹。艰难曾百战，万里逐征鸿。颇思汗漫游，西向揽崆峒。相思在远道，奋发方为雄。"

像这样在沈鸿烈主政期间来崂山游览的著名文人，远不止我们随意列举的这几位。他们也未必都有被沈鸿烈接待的殊荣，但他们既是被崂山的美名吸引而来，又以生花妙笔对崂山之美做了生动的描摹，从而对崂山的声名远扬起到了积极的传播宣传作用。这也正是沈鸿烈特别重视游客接待的初衷之一。

在借助名人效应提升崂山品牌之外，对崂山的文化包装也被提到了议事日程。"崂山十二佳景"的评选即是其中具有代表性的一个举措：

> 1936年，在现场踏勘的基础上，荟集历代记山诗文之精华，并借鉴历代游山名人的权威性点评，经反复论证，推出由崂山十二大著名景观组成的"崂山十二佳景"，其中包括"明霞散绮""蔚竹鸣泉""云洞蟠松""华楼叠石""巨峰旭照""九水明漪""岩瀑潮音""太清水月""那罗佛窟""海峤仙墩""狮岭横云""龙潭喷雨"等，以富于想象力的排比式短语，赋予崂山山水景胜一幅人文化的新面孔。从此，崂山十二佳景进入崂山旅游推介的官方文本，成

为涵盖山之大观、海之胜景的最具典型化与影响力的表达形式。①

类似这样的宣传工作,虽未必是由沈鸿烈直接推动,却与他重视文化、强调审美的市政建设思想有着高度的一致。

关于古迹的保存,相关的记载甚少。《太清宫志》卷十《名人游山记》曰:

> 民国二十三年(1934年)四月,山东主席韩复榘,同翰林蔡元培到青岛,约沈市长来劳山太清宫。该庙住持道人欢迎参观各处山景。韩主席请阅《道藏经·太清部》第一册,阅迄,嘱曰:"《道藏经》乃为国家之古迹,藏之于名山庙宇宫观,可为镇山之宝,当建筑阁楼安放供奉,专人守护。"道人答曰:"敝庙现在穷困,经济缺少,无力建筑。"沈鸿烈云:"回青岛由官府设法筹备,实行建筑。或本庙住持去青岛各商号捐写布施。"当日午后同侍卫乘轮船回青岛。后因时局有变,未见实施。②

在崂山各宫观中,太清宫首屈一指,地位最尊。其所藏明正统《道藏》也堪称崂山最重要的古迹之一。沈鸿烈当时当着蔡元培、韩复榘的面,答应市政府"设法筹备",筹建藏经阁,却因"时局有变,未见实施"。其他古迹的保护情况,可想而知。按本节前引松青的回忆,当时青岛市每年的常规经费350万—360万元,临时经费160万元左右。前者用于常规支出,后者用于"开发性的市政工程建设及公用设施"。当年在青岛市商会工作的王第荣也说:"青岛市的财政收入,当时仅敷开支。沈鸿烈当选国民党中央委员后,又屡向南京行政院力争拨款补助。最后经行政院批准,将在青岛的中央直属税收机关所收税款每月拨给五万元,以作市政建设之用。1937年卢沟桥事变发生,他的计划未能全部实现。"③ 可见,经费的短缺和时局的变化,是沈鸿烈市政计划未能全部实现的主要原因,在这一遗憾里,恐怕也应包括对崂山古迹的保护在内。

---

① 郭德利主编:《崂山文化通览》,青岛出版社2013年版,第124页。
② 寿杨宾:《崂山太清宫志校注》,中国海洋大学出版社2017年版,第218页。
③ 王第荣:《沈鸿烈的市政建设规划》,青岛市政协文史资料委员会编:《沈鸿烈生平轶事》,新华出版社1999年版,第95页。

至于"整饬馆舍,以供旅宿之便",在沈鸿烈主政的六年间,就崂山范围而言,似乎并未能很好地落实。"30年代,北九水筑有大别墅3座,称'公鸡楼''母鸡楼'和'宋子文别墅'。上述别墅、饭店皆不接待一般游山客人,故当时的游客大都当日往返,自备饮食。"① 所以真正与崂山旅游相互配合、用于食宿的"馆舍",实际是在市区。② 据魏镜《青岛指南》记载,当时青岛的旅社分为西式旅社与华式客栈两种。前者有青岛大饭店、新民饭店、中央旅社、第一旅社等,房间布置有西式器具,清洁雅致,可与上海一、二等旅社相媲美。后者以三义栈、中华栈等为最大。房间陈设以中国器具为多,也有的房间有诸如铁床、梳妆台之类的西式器具。但单客房间,仍用坑床。③ 正如古迹保护面临的问题一样,"整饬馆舍"不仅先需考虑市内,而且也同样遇到了财力和时局的双重困境,历史留给沈鸿烈的时间太短了,他毕竟已经尽力了。

　　沈鸿烈心系崂山开发,据不完全统计,从民国十七年(1928),以东北海军司令的身份主持修治东海路开始,至民国二十六年(1937)撤离青岛的十年间,他悉心筹划,先后在崂山新修或重建道路13条,使崂山交通得到了重大改观,为崂山旅游奠定了坚实的基础。他还放眼未来,全力运筹协调,终于获得了国民政府及山东省的大力支持,圆满完成了崂山重新划界工作。这是崂山开发的关键环节,也是崂山发展的历史性转折。同时,他还在林木培植、品牌提升方面做了很多有益的工作。虽然因为财政不足和时局所限,他的计划中诸如保存古迹、整饬馆舍等工作,未能全面展开,但在已完成的崂山开发与青岛市区建设相互配合的前提下,"1922—1937年,青岛城市建设和旅游业稳步发展,至抗日战争前达到繁荣期。这一阶段,杭州、苏州、北戴河、青岛、庐山和莫干山等地成为著名的旅游胜地,青岛旅游在全国遥遥领先"④。青岛旅游在当时的这一领先地位,显然是与沈鸿烈多年的开发密不可分的。

---

① 青岛市史志办公室:《青岛市志·崂山志》,新华出版社1999年版,第414页。
② 有关沈鸿烈主政时期青岛市内旅行社、饭店建设情况,可参考高玉玲、王萍《1922—1937年青岛城市建设与旅游现代化》(《旅游学刊》2014年第9期)一文的相关论述。
③ 魏镜:《青岛指南》,平原书店1933年版,第1—4页。
④ 高玉玲、王萍:《1922—1937年青岛城市建设与旅游现代化》,《旅游学刊》2014年第9期。

第八章

沈鸿烈与崂山景点

1931年底，沈鸿烈出任青岛市长后，随即颁布了十项施政要纲。其中，对于青岛城市形象的提升与旅游资源的开发，是其施政的重点之一。如1934年市政府发布的《青岛市政府行政纪要》中，明确有整理与添设公园名胜的内容；又如1935年1月，青岛市工务局推出的《都市计划方案初稿》，明确将青岛定为"工商、居住、游览城市"，这一城市建设思想与崂山景点的开发和形成有着非常密切的关系。

青岛有山有水，旅游资源十分丰富，在众多的名胜中，又以崂山最为突出。就自然环境而言，它融汇山海之雄伟秀丽，素有"海上第一名山"的美誉；以人文而论，崂山自古便是道教仙山。优良的自然风光以及深厚的文化底蕴吸引着众多的游客来此观光游览，崂山也成为青岛地区最著名的名胜。在青岛开埠之前，除有军事目的提到胶澳之外，青岛地区基本湮没无闻，唯有崂山受人注目；1885年，德国著名地理学家李希霍芬出版了《中国地图册》，其中有关山东东部（胶东）的地图，与青岛相关的地名只标注了崂山和浮山所。[1] 因此，就发展旅游业、提升青岛在全国乃至世界范围内的名声而言，崂山无疑是知名度最高的一张名片。

德租时期，崂山旅游资源就已得到了初步的开发利用，崂山得以蜚声海外，由于交通相对便利和初步开发，柳树台风景区的疗养院和别墅不断增加，每年接待游客都在1000人以上[2]，并且逐渐形成了"不论南北东西，各地到青岛游览的客人很多。过去避暑远则去往庐山，近则渡海去日本，但是，现在已大多奔赴青岛，在这儿观赏崂山风光与青岛的海景"[3]

---

[1] 青岛市档案馆编：《青岛地图通鉴》，山东省地图出版社2002年版，第2页。

[2] 青岛市史志办公室编：《青岛市志·旅游志》，新华出版社1999年版，第317页。

[3] ［日］田原天南：《胶州湾》，赵凤英译，大连日日新闻社1913年出版。转引自刘善章、周荃主编《中德关系史译文集》，青岛出版社1992年版，第298页。

的盛况。

如前所述,沈鸿烈主政,首先将崂山全部划归青岛,并在之前开发的基础上,亲自进行实地考察,调整完善开发规划,进一步推进崂山景区景点的建设和发展,直至今天,崂山有不少景点仍保存着沈鸿烈的印迹。

第一节　斐然亭的由来

斐然亭位于崂山返岭村的临海岩石上,亭子全部由崂山大理石建成,崂山的石料世界闻名,这样不仅能够保证所造亭子坚硬不催、经受得住风吹雨打的考验,而且就地取材还能够省工省钱,是个一举两得的好办法。亭子造型典雅,精致坚固,呈四方形,高5米,宽4米,深6米,乃当时上海大亨杜月笙及王晓籁游览崂山时所建。

斐然亭建筑完成的第二年,亭旁曾立"斐然亭碑",即《民国二十二年斐然亭碑》。碑文出自奉化(今浙江宁波市)人王正廷[①]的手笔。此人曾任北洋政府外交总长、财政总长,国民党政府外交部部长等要职,他还是"鲁案"善后督办,曾负责与日本签订"鲁案协定",收回胶澳主权。因此,他与青岛有一份非常特殊的感情。碑文不仅对沈鸿烈开发崂山的功绩进行了高度赞誉,并且详细地记述了斐然亭的由来:

---

① 王正廷(1882—1961),原名正庭,字儒堂,号子白,浙江奉化人,同盟会员。曾在耶鲁大学法律系硕士研究生班攻读国际法,因病休学。辛亥革命后,任广东护法军政府外交总长和财政总长、陇海铁路总办。1919年为出席巴黎和会中国代表团全权代表之一,并拒绝在《凡尔赛和约》上签字。1922年3月,任"鲁案"善后督办,12月同日本签订"鲁案协定",是办理移交胶澳管理手续的主要负责人。后任北洋政府外交总长、财政总长、中俄交涉督办等职。1928年后曾任国民党政府外交部部长兼中央政治会议外交委员会主任、驻美大使、国民党中央执行委员、全国体育协进会理事长。1949年定居香港,任太平洋保险公司董事长。王正廷还在全国体育组织及筹备国内、国际重要赛事中担任要职。1922年,他被选为国际奥委会委员,成为中国第一位和远东第二位国际奥委会委员。1924年,被推选为新成立的"中华全国体育协进会"名誉会长,1933年任该会主席董事。1936年和1948年作为中国体育代表团总领队,率团先后参加第11届和第14届奥运会,为中国奥林匹克运动的开展做出了一定贡献。1949年初去香港,任太平洋保险公司董事长等职,1961年在香港病逝。著有《王正廷博士演讲集》。

岁壬申夏，市长沈成章治青之明年，政通人知，中外翕习。乃进而为繁荣之计，招沪上人士来观光其疆，四野沾，教化兴，道路荡平，工商辐辏，农村殷庶，自治有章，百业盛兴，万国来集，熙熙皞皞，世外桃源，市政修明，较租德人时，庶几过之。起①日招作崂山之游。计青自收复以来，力求治理，中经丧乱，暴力横侵，民生凋弊，伏莽丛滋，而崂山尤为盗窟，行者视为畏途，颇讶其招游之勇。迨晨光熹微，云车飙发，高邱峻壑间，轮辗如飞。盖周山均筑驰道矣。不半日而达华严寺。登山而观，大海泱泱，恍然如睹尚父、桓公之遗烈犹有存者。客有议建亭以观海者，同人因憬然曰："是地也，非即昔人之荆天棘地而荒墟也。渔庄樵舍，松槐掩映而交荫者，是昔日之深沟高岩而岩关也，山宁海谧，中外仕女，裙屐风流而游赏者，是昔日之瘴烟狐火，虎狼貙貄盘据而噑啸也。苟萑苻之不戢，胶人士且无以安旦夕，吾侪又何得优游于此！而况昔日之崎岖盘曲者，今一变而为砥直康庄。而东海波腾，岛夷窃窥，亦复敛之就范，帖匕无惊。是皆成章年来之毅力经营，大有造于此地，不负国人当年收回之夙志也。呜呼！观成章之勋烈，信夫尚父桓父之遗风未泯，又何观海为哉！斯亭之建，宜名曰'斐然'，以记成章之功。"佥曰："唯夫日月风云，天之章也；山川花鸟，地之章也；政治文章，人之章也；得其道皆斐然而成矣。"是日也，风清日丽，水秀山明，而成章之经营治理，历历在目。是天地与人，皆斐然而成章矣。是乌可以无记。他日者，成章出其余绪，以治青者广之于全国，则斯亭也，更可照耀于千秋万祀，而永垂不朽矣！是为记。②

壬申为 1932 年，文中所述"招沪上人士来观光其疆"，乃指 1933 年上海工商界人士来青考察一事。沈鸿烈任市长后，政绩卓越，1933 年，杜月笙、王晓籁率上海工商界代表团来青岛考察，时值沈鸿烈大力发展青岛旅游业之际，为了给上海工商人士留下好印象，代表团的衣食住行均受到了优待。譬如，他们居住在市政府为显贵游客特意设立的文登路招待所中，招待所配有工作人员专门负责"为游客安排食宿、提供游览专用的

---

① 起，疑为"期"之误。
② 周至元：《崂山志》卷六《金石志》，齐鲁书社 1993 年版，第 234—235 页。

大小汽车……较为显贵的游客,食宿招待从优,由招待所主任杨吉孚陪同参观游览"①。刚到青岛的第一天,代表团便到栈桥、小青岛、海滨公园等景点游览,游览途中会有陪同人员详细介绍沈鸿烈的市政建设成绩,"诸如公共设施、文化教育、主要建筑等等,走到哪里说到哪里,看到什么讲什么"②。为了提升青岛的知名度,凡有军政要人或名流来青,沈鸿烈都会亲自招待,上海工商界代表团自然也不例外,当天晚上,沈鸿烈便在青岛迎宾馆设宴招待杜月笙、王晓籁一行。

在参观过市区的风景后,沈鸿烈又择日陪同杜月笙一行游览崂山,此时的崂山在沈鸿烈的治理整顿之下,已由昔日的烟瘴荒芜之地,摇身一变而为山宁海谧的优游胜境,环山公路深入山区,汽车能够直达山下,极大地方便了游客游览以及崂山村民与外界的交流。周遭村落也因此从昔日的盗窟僻壤逐步变得富足安定。在游览过程中,从王哥庄、华严寺,一直到太清宫,杜月笙一行对崂山东麓的山海风光赞不绝口。面对如此美景,代表团中有人提议"建亭以观海",而众人由此又想到,"今吾辈得以优游于此……是皆成章年来之毅力经营,大有造于此地,不负国人当年收回之夙志也。呜呼! 观成章之勋烈,信夫尚父、桓父之遗风未泯,又何观海为哉! 斯亭之建,宜名曰'斐然',以记成章之功"。如此便道出了斐然亭的由来,乃是颂扬沈鸿烈开发崂山功绩之意。不仅如此,杜月笙与王晓籁对于沈鸿烈亲自陪同参观游览的盛情,也十分感激,本也想出资在崂山胜境华严寺迤东海滨山崖上建筑一座亭子以表谢意,于是便共同促成了斐然亭的建造。

可是颂扬政绩、表示谢意的成语俗语那么多,为何偏偏选取"斐然"二字呢? 这还要从沈鸿烈的字说起,众所周知,沈鸿烈字成章,取名"斐然",乃是取《论语》中"斐然成章"之句,所以斐然亭碑文后半段中才出现了大量"天地与人,皆斐然而成章"之语,这既暗合了沈鸿烈之字,又夸赞了其政绩,着实妙哉!

如此一来,一个简单的山中方亭,因这段典故而变得与众不同,凝结着世人对沈鸿烈的钦佩之情而长留在崂山之中。

---

① 芮麟:《沈鸿烈长青岛六载琐记》,青岛市政协文史资料委员会编:《沈鸿烈生平轶事》,新华出版社 1999 年版,第 84 页。

② 同上。

第二节　梯子石故道

　　交通对于旅游风景区而言是至关重要的，德占日据时期的崂山虽经外国人初步开发，但道路大多仍崎岖盘曲，山间小路则更是荒僻，严重制约着自身的发展，沈鸿烈治青前后，这种情形得到了改善，从众多的记载中我们可以看出，修筑道路无疑是沈鸿烈开发崂山最重要的功绩之一。如1934年《青岛市政府行政纪要》中记载："大河东至荆条涧一段，就原有道路加宽，修汽车路，北上至迷魂涧修人行道。"① 大河东村与巨峰游览区、崂山林场相连，旅游资源潜力巨大，政府将其原有的道路加宽、修筑汽车路，为旅游资源的开发奠定了基础。不仅通到崂山的公路多经修整拓宽，山中亦修筑了许多石阶、石桌、石凳供游客登山游览、观赏休憩，《青岛市政府行政纪要》中记载："小平岚至太清宫之人行道，应将沿途石崮开去，添修路面及台阶，并择风景最佳处，如梯子石、八水河东岸及山神庙等处，添置石凳石桌，以利游人观赏休息。"② 山中的石阶路，有的是从山石上直接开凿出来的，有的地方是人工铺设的，还有的地方用原木及石块砌成，这些各式各样的台阶路，初建成时供山民行走、游客登山游览，现在则多成为山中一景，供游客欣赏，譬如青山水库至明霞洞一段石阶路、大平岚至垭口之间的石阶路等。在这些石阶路中，最有名的要数崂山南线东起青山口西至大平岚的梯子石。

　　梯子石故道宽约2米，全长10公里，共有2700余级台阶，主体均在崂山的太清区。此段梯子石沿山峦起伏，山脉是从天门峰而来，其东南支余脉蜿蜒陡插入海，形成了一个险峻无比的高岭，必须越过此岭，方可到达上清宫、太清宫一带。因上下岭之路竖立如梯，故名"梯子石"，又称"天梯"，但这陡峭之路也有平缓处，相比惊险处环境较为清幽、路途更为盘旋曲折。在环海公路开通之前，梯子石是流清河至青山村、上清宫、太清宫的主要山路，是旧时崂山南部东西向的主要通道。

　　这段梯子石其实拥有着很长的历史，据史料记载，此路自明清年间已

---

　　① 青岛档案馆藏：青岛市政府秘书处编印《青岛市政府行政纪要》（第一编），第21页，1934年。

　　② 同上。

有雏形，当时的梯子石还是杂草丛生的山间小径，过去到太清宫只有水路和北路，而居住在崂山南麓麦窑村的太清宫佃户要想到太清宫，只有翻越梯子石所在的险峻高岭。攀登上竖立如梯的梯子石后到达岭顶，可见岭顶巨石，所余之路窄仅容足，人行此处，必须从石上爬行而过，俯视大海，惊险之极，故将此石名"阎王鼻子"，意为由此走过，其惊险如同摸阎王鼻子（后来此石被凿去）。清光绪五年（1879）举人林钟柱人所撰《梯子石记》，详尽地叙述了此地的凶险：

> 山不险不奇，游不恶不快，穷游者莫不知之。梯子石者，亦名天梯，在崂之东南，旧以险恶著。辛卯季春，余游九水毕，复转而游此。过麦窑，寻山麓而上。面危峰，临大海，虽称天险，然犹樵牧所历之径也。行数里，忽值山，乱石磊砢，荆榛满目，似洪荒以来，从无游屐践之者。折而下，复登两山，其势较前尤峻。再一山，石崩谷裂，虎狼所不穴，猿鹤所不到，山精木魅所不游。三岩横出，如蛟龙扬鬣，与霹雷角斗于空中，是为天门顶。举目周视，无足迹可寻，乃先悬带其下，而堕于石底。神情恍惚，几疑去天尺五。再半里，即至梯子石。上之无可登，下之则怪石齿齿，倒垂大海中。一侧足即随波叵去。其中一线直下，绝壁千仞。石莫能自立，鸟莫能自飞。即欲痛哭寄书，而天空地窄，四顾无人，思问一樵夫而不得。俯窥之，下有微光圆明如镜。侧身入，众石支一石，翱翔甫定，衔尾卧其上。人从隙中过，约略数十步，仰见青天，忽成异境。疾趋下，渡八水河，攀松杉而上，至其巅，海水如绿玉，则太清宫之西峰焉。一片空明，千山紫翠，仿佛更始余民重睹汉仪。既出险，神稍定，乃逐步回顾而望之。

这段石刻位于梯子石东端，长约3米，1980年春，由即墨人修德书，读完此记，便会对梯子石有一大致的了解。文中记载梯子石向以险峻难行著称，究竟险到何种程度呢？文中所谓"虎狼所不穴，猿鹤所不到，山精木魅所不游""上之无可登，下则怪石齿齿，倒垂大海中，一侧足即随波叵去。其中一线直下，绝壁千仞，石莫能自立，鸟莫能自飞"的描写，将梯子石的险恶渲染得淋漓尽致，读之令人生畏。然而虽为天险，梯子石仍是农户樵牧的必经之路。

沈鸿烈向来重视体育及民众的身体素质，鼓励市民登山，他曾在其《崂山环游记》中写道："游山与国民之修养有大关系。习于攀岩涉水、冒雨凌风，则体格日臻健康、而胆气自壮；习于云光离合、景物雄奇，则思想日臻美化而心境自超；登山须赖自力，故足以养成独立自尊之心；登山并须结伴，故足以养成爱群合作之习。"因此，他下令在崂山中修筑了许多石阶以供游客、市民登山。1934年，青岛市政府对崂山道路进行修整，决定以"以工换赈"的方式修建这条最为险峻的梯子石，以供游客游览崂山南线。施工期间恰逢沈鸿烈考察崂山，沈便专门抽出时间去勘视梯子石的施工，他于《崂山环游记》中提到："（十月卅日）……九点，自流清河乘山轿，循海滨岭上行，勘视梯子石一带路工。梯子石，为崂山著名险道，悬崖傍海，舍此无路可通；而坎坷崎岖，一再起伏，行者稍一不慎，即有下坠深渊之虞。就旧道展宽为二公尺六，山坡概以条石作成阶段，总计二千数百级；昔之蛇行蚁附者，今得阔步其间矣。"原来惊险的羊肠小道重修之后能够阔步其间，可见经过沈鸿烈的重修，不仅为游人，也为当地百姓带来了极大的便利。

梯子石虽然惊险，但其北面有层峦叠嶂的高山，南面是蔚蓝的大海，独特的地形，曲折蜿蜒的道路，尤其是其惊险处，对喜欢探险的游客仍不乏吸引力。站在《梯子石记》石刻处，可向南眺望见波涛汹涌的大海。自然美景与文化资源完美地融为一体，可谓风景独特，气象万千。后来随着环崂山公路的建成，今天这条当年崂山南线的主道已很少有人走了，但是，梯子石作为历史的见证，至今仍与沈鸿烈的名字紧紧联系在一起。

第三节　沈鸿烈小道

"沈鸿烈小道"是过去崂山山民及经常攀登崂山的山友对崂山中所修小路的敬称，从其命名便知这些小路与沈鸿烈有着千丝万缕的联系。

前文论述了沈鸿烈重新修筑崂山南麓的梯子石的事情，事实上，沈鸿烈对崂山所作的贡献远不止此。民国二十三年（1934）十月二十六日至十一月一日，沈鸿烈曾用一周的时间环游崂山，并写下了著名的《崂山环游记》，这篇特殊的游记中记载了沈鸿烈为规划崂山旅游资源、布置崂山道路交通所下的巨大功夫。沈鸿烈在游记开头便点明了此次游览的宗旨乃在"考察山川形势，规划整理方针，交通如何布置，名胜如何保存"，因考虑到以往游崂山者"以道路崎岖，时间仓促不获深入偏游，引为憾事。得其偏而失其全，睹其表而遗其里，使山灵与游旅交臂相失"，故此次考察，以规划布置崂山的各种道路交通，作为重要任务之一，以使游人能够深入体味到游览崂山的乐趣，最大限度地发掘崂山旅游资源的潜力。

在第一日大致游览观察过康公祠、华楼宫之后，沈鸿烈与僚属计议，认为整理山林之方案，应从筑路入手。接下来的几日，沈鸿烈考察了崂山的诸多景点，并根据实际情况逐步确立了一个个施工修路的方案。如在明道观，沈鸿烈巡视新修的道路并且同随行人员商榷应行改善之处，由明道观赴滑溜口及白云洞之路当时均经工务局新修过，沈鸿烈视察后仍不十分满意，认为应再加拓展；上清宫至明霞洞、青山之道之前也已经被工务人员修治过，沈鸿烈视察上清宫时，考虑到为方便游人游行，便要求此处再增加通至八水河的小路；在北九水视察时，沈鸿烈考虑到溪桥最易被冲毁，故改修九水谷中之道，循岭上行，仅于一水作桥渡河而东；由一水直达北九水庙，均辟山道，共计翻越过四座小山岭；北九水山水风景迷人，沈鸿烈还特意叮嘱工务员别为规划，担心修路时开凿过多有损自然之美；再如行至蔚竹庵，虽然此前已经修治过自北九水经双石屋、蔚竹庵以达巨峰及棋盘石的山道，但沈鸿烈认为此庵当巨峰北道之冲，拟再对道路进行展宽。

在崂山中修筑的一条条小道中，柳树台至黑风口段的道路较为著名，它又被称为"沈鸿烈古道"。柳树台位于竹窝村北，《胶澳志》载："柳树台为入山之孔道，南赴巨峰，东往北九水，于此分道"，是崂山重要关口之一；黑风口亦是崂山巨峰游览区的重要山口，长约100米，宽约80米，海拔高度780米。山口南近巨峰，地势高耸，风冲山口，势如狂飙，一年四季经常浓雾弥漫，风雾交加，黑气蔽日，故名曰黑风口。从黑风口南登巨峰有军用公路直达山顶，沿途可观赏虔女峰、邓颖超题字和天然天犬石等景观，是通往巨峰的重要通路。旧时青岛市民去崂山一般是沿台柳路（台东至柳树台）行，到达柳树台后再行至黑风口，通往巨峰，因此，由柳树台至黑风口的这段路就显得尤为重要。沈鸿烈于柳树台和黑风口之间修筑的石阶路极大地方便了市民的游览，人们或是步行或是坐轿，沿着其间的梯子石便可抵达黑风口，再行至巨峰山顶。为了纪念沈鸿烈给市民和游客带来的极大便利，这段路因此又被称为"沈鸿烈古道"。随着崂山旅游资源的进一步开发，这古道虽已不再是人们登览崂山的主要通路，但由于其所具有的历史文化内涵，仍然吸引着各地的游客，成为崂山中别样的一处风景。

难能可贵的是，沈鸿烈对崂山各种道路的修治，不是出于好大喜功的心态，而是其发自内心地想要为崂山、为游客、为青岛旅游业尽一份力，他虽然在崂山修筑了许多条道路，但是根据实际情况、考虑多方因素而为，并非胡乱修建。譬如沈鸿烈在视察的过程中本来想要在太清宫修一条道路以达八仙墩，但考虑到其间路途甚为艰险、游人稀至，且来者以舟行更为便，便放弃了修此路的念头。再如其在视察棋盘石时，初拟增修磴道，以便登临。反复思索之后，念及此石危置悬崖，终有崩颓之虞，便不欲奖励游人作逾分之涉险，正如他在游记中写的："……且石亦无甚奇特，但高出群石一头地，而其四周额物，则登临近小岩上亦得见之，何必多此一举哉？"

修筑了如此多的小道，游客在登山过程中难免会有眼花缭乱之感，因此，在筑路过程中，但凡是开辟了的山道，工务局皆沿途立标石，注明来踪去路以及路口和编号，游人在山中登览时，每至重要的路口，都会看到石刻标识甚至里程，这样，即使山中小道众多，却四通八达，极大地减少了游客在山中迷路的烦恼。

不仅这些山中小道，对于山上的汽车路，沈鸿烈也是十分重视。过去崂山坡度过陡的路，沈鸿烈命人一再夷平，以方便游客游览，正如游记中记载的："自青山循东海之滨，经过黄山口、黄山、长岭、小黄山、范岭后、范岭前诸村，沿途车道正在分段修治，高者夷之使平，不可夷者则环之使曲，道之幅度，视前增广，二车并行，绰有余裕，日后更拟推广，越青山口以至太清宫则更便矣"；民工们易土道为石道以预防坡道被冲毁，尽最大的努力修好以通车，这样由青岛市内乘汽车赴太清宫，三小时余便可到达。沈鸿烈对崂山中能修建车道的地方尽量地加以延长、拓宽，并在合适的地方修建用以停车的停车场，车道、停车场修建的过程中，沈还特意嘱咐改道于村外，遵海滨而行，避免穿村而过、妨碍民居。

沈鸿烈在思考规划这些小道、车道的过程中对村民的关心与维护，使村民十分感动，并且小道修成后，首先受益的便是崂山的山民。因此在施工过程中，村民们纷纷加入筑路大军之中，工程的材料由政府提供，劳动力则是百姓与工务人员一起，官民合力，最终将这些山道修筑而成。

崂山山民对沈鸿烈为崂山所作的贡献感恩戴德，所以行走在山中，我们会发现众多的沈鸿烈纪念碑、功德碑。民国十九年（1930），崂山海润区的山民为沈鸿烈立了一座功德碑，对于沈鸿烈对崂山所做的贡献，村民们将"辟画路政"放在首位，碑文中讲到："自崂以北，近百里，山径崎岖，往来实艰于行。公首捐巨款，分段沿修，一经提倡，民皆踊跃赴工，顿令羊肠小道，尽成坦途，行者称便。"正是由于沈鸿烈的规划，原来崎岖不堪的山中小道变为坦途，山民们上山下山从此不再艰难，将这些山道命名为"沈鸿烈小道"，便也是情理之中的事了。

沈鸿烈为修筑崂山中的各种小道多次前往崂山，亲自视察施工，可谓殚精竭虑，但是，这些小道的建成不仅仅是沈市长一人的功劳，据有关材料记载，当时负责崂山道路修整的工务局仅有34人，这34人中，博士留学生有7人，绝大多数都是大学生，当时的工务局局长邢契莘，是留美的清华高才生，为开辟崂山道路，在大山中"五载有余披荆斩棘"，而就这仅有的34人，在沈鸿烈的任期内，将青岛乡区的道路里程增加了10倍。还有施工的崂山山民，为了修筑这一条条"沈鸿烈小道"而团结在一起，这一切怎能不让人为之动容！

"沈鸿烈小道"因沈鸿烈而生，凝结着沈鸿烈系心崂山发展的心血，也汇聚着当时一批批的市政工作者和民众对崂山旅游、青岛城市发展的一腔热情，这是前人留给我们的宝贵财富，数十年来，有多少海内外游客从这些小道上走过，饱览崂山美景，感受山海奇观，沈鸿烈泽惠后人的功德，于此亦可见一斑。

第四节　沈鸿烈与崂山其他景点

崂山中与沈鸿烈有关的，还有两处沈鸿烈别墅。一栋是位于崂山华楼山顶的"鸿烈别墅"，建于1936年，为花岗岩构造，位于华楼宫西北侧，东临玉皇洞，南瞰南天门，西接"门人名记"摩崖石刻，北靠翠屏岩，占地约100平方米，是沈鸿烈游览华楼山休憩、会客之所。2015年，崂山风景区管理局华楼管理处组织专人查阅历史文献，收集有关鸿烈别墅的资料，对这栋别墅进行了再修缮，目前我们所能见到的鸿烈别墅的门窗均为木质结构，西侧有耳房，屋内陈列八仙桌一张，圈椅四把，香案一张，春凳两把，黑陶茶具一套，马灯一盏，墙上挂有沈鸿烈先生照片及生平简介[①]，修缮后的别墅最大程度地还原了民国时期鸿烈别墅的原貌，游客游览于此仿佛身处于风云变幻的民国时期，似乎能听到沈鸿烈与贵宾在此地谈笑风生，鸿烈别墅的再修复，为华楼景区增添了一份浓浓的文化气息。

另一栋则是位于北九水大崂观深处的"九水卧龙居别墅"，与华楼山顶的鸿烈别墅不同，北九水沈鸿烈别墅是一栋典型的欧式建筑。沈鸿烈在北九水修治公路之后，将德国人在此遗弃的营房改造成了这座别墅，主要用于接待贵宾。沈鸿烈生性热情好客，极为敬重学界人士与各界名流，在任青岛市长期间一心想要提升青岛的知名度与文化水平，便制定了一系列特殊的政策吸引全国的文化精英来青，其中一条便是凡国内学术组织在青岛开会者，均由政府招待游览崂山，不仅如此，沈鸿烈还亲自邀请全国文化学者来崂山观光。蔡元培、柳亚子、叶公绰等很多文化名人都曾享此殊荣。今天在北九水潮音瀑，我们看到的"潮音瀑"三个大字，便是当时任南京国民政府交通部部长的著名书法家叶恭绰应邀于崂山游玩时题写的。原来的"鱼鳞瀑"也因此更名为"潮音瀑"，且沿用至今。沈鸿烈的这项政策吸引了国内众多文化名人来青讲学游赏，北九水的这栋别墅，还接待过哪些名人，难以确考，但崂山的名声由此得到更好的传播，却是不容否认的事实。

沈鸿烈在崂山不仅留有两栋别墅，还留有多处题字。譬如鸿烈别墅所在的华楼游览区就有沈鸿烈所题"华楼山"三字，在其他一些著名景点，也能欣赏到沈鸿烈的字迹。

位于崂山王哥庄镇返岭后村西那罗延山上的华严寺（原称华严庵）是崂山中现存的唯一佛寺，该寺几经兴废，历史颇久。明万历十一年（1583），憨山大师在此居窟修禅两年；万历二十三年（1595），憨山大师以"私修"庙宇罪充军广东雷州，后死于曹溪。明崇祯十年（1637）即墨进士黄宗昌辞官还乡，隐居崂山，筹资兴建该庵，但庵未建成，即毁于兵灾。其子浦江令黄坦继父遗志，助即墨准提庵慈沾和尚重建该庵于现址，将它命名为"华严庵"，又名"华严禅院"。1931年，沈鸿烈为该庵题字赠匾，将其改名为"华严寺"，此名一直沿用至今。

北九水游览区潮音瀑的观瀑亭中亦有沈鸿烈题写的"澄观"二字，

[①] 钱卓：《近代文物恢复原貌鸿烈别墅开门纳客》，《青岛日报》2015年10月9日。

这是1933年修建此亭时，沈鸿烈所题。另附有一段小字为："鱼鳞口①为崂山泉水之瀑布，游人玩赏，每作勾留，特辟此亭，藉供休憩。沈鸿烈。"1934年的《青岛市政府行政纪要》中就记载了沈鸿烈为方便游人观赏休息于山中多地修建石凳石桌以及亭台的事情，沈鸿烈的《崂山环游记》中也写道："每一区风景所在，与一区之中心，均就原有道路，为之修治整齐，或另辟新道，或择建亭台，为之点缀名胜，以增益其自然之美"，此观瀑亭修建于鱼鳞口的瀑布之处，就是沈鸿烈为方便游人观赏瀑布、休憩游玩而建。

需要说明的是，这两个字，多被误读为"观澄"。其实"澄观"为"澄怀观道"的省称，据《南史》卷七十五《隐逸传·宗炳传》载，宗炳"好山水，爱远游，西涉荆巫，南登衡岳，因结宇衡山，欲怀尚平之志，有疾还江陵，叹曰：'老疾将至，名山恐难遍睹，唯澄怀观道，卧以游之。'"②宗炳在他著名的《画山水序》中也有"圣人含道映物，贤者澄怀味象"的名句，"澄怀观道"与"澄怀味象"意同，均指人如水澄清般静心息虑，从山水画中体悟大道。这与魏晋以来玄学"以山水喻道"的思维方式密切相关。

其中，《宗炳传》中所谓"尚平之志"，是指效法东汉向子平遨游名山、隐居不仕的志向。《后汉书》卷八十三《逸民传》载："向长，字子平，河内朝歌人也。隐居不仕，性尚中和，好通《老》《易》。贫无资食，好事者更馈焉，受之取足而反其余。王莽大司空王邑辟之，连年乃至，欲荐之于莽，固辞乃止。潜隐于家，读《易》至《损》《益》卦，喟然叹曰：'吾已知富不如贫，贵不如贱，但未知死何如生耳。'建武中，男女娶嫁既毕，敕断家事勿相关，当如我死也。于是遂肆意，与同好北海禽庆俱游五岳名山，竟不知所终。"③可见，"澄观"二字包含了丰富的传统文化内涵，既与宗炳生平事迹有关，也是中国古典山水画论和美学的重要命题。当然，最重要的是，"澄观"不仅与观瀑亭的景物特点密切相关，还寄托了沈鸿烈对崂山山水的深情雅趣，并充分显示了沈氏深厚的国学修

---

① 潮音瀑原名"鱼鳞瀑"，民国时期南京国民政府交通部部长叶恭绰应邀游崂山游玩时在旁题写"潮音瀑"三字，便由此更名。

② （唐）李延寿：《南史》卷七十五《隐逸传》，中华书局1975年版，第6册，第1861页。

③ （宋）范晔撰，（唐）李贤等注《后汉书》卷八十三《逸民传》，中华书局1965年版，第10册，第2758—2759页。

养。这与他的《崂山环游记》可谓相映成趣。

沈鸿烈不仅与崂山中多处景点有着千丝万缕的联系，他还在崂山留下了不少的佳话，至今为人所传颂。譬如崂山沙子口的竹窝村原名为"猪窝村"，是因西山上的一个野猪窝而得此名，1936年，沈鸿烈途经此地停脚歇息，探听得知该村名为猪窝村，觉得甚为不雅，而恰在此时，山上一片茂密的竹林映入他眼帘，沈鸿烈当即便将猪窝村改名竹窝村，虽然只有一字之差，却雅俗立现。

沈鸿烈还在崂山命名了一个书院村。书院村位于北宅、南天门山西麓，俗称龙虎地，明嘉靖五年（1526）辟为墓地，葬刑部侍郎即墨蓝章，次年蓝章迁葬即墨城北，此地始称南茔。明季，蓝氏十世孙、南京神威营左营都司蓝渂在南茔构筑茅庐三间隐居，娱于经书字画，故取名读书楼，崇祯十四年（1641）中进士后废。民国初年，蓝氏家族在此设立书院，附近不少村庄的子弟前来求学。1934年，沈鸿烈游此，见谷内山光灵秀，草木茂盛，得知此地原为蓝氏南茔并且曾建有读书楼，遂将此地一个小村庄更名为"书院村"。这些命名村落的趣事，现都成为崂山民众口耳相传的佳话。

众所周知，在市政的各个方面，沈鸿烈尤为重视教育，并且特别关注乡村教育的发展，在其任期内，政府制订了一系列的乡村教育计划，督同各乡区办事处普设小学，努力提升各乡区的文化教育水平。崂山地处偏僻，山民又多贫困，发展教育着实是件难事，沈鸿烈却偏偏在此下足了功夫，振兴崂山的学校教育。现华严寺所立《民国十九年沈鸿烈功德碑》中记载了沈鸿烈这一壮举："海润区僻处东陬，学风闭塞，公于去夏招集各社村、各庙僧道，谕令择地创办公立、庙立、族立各小学十余处，贫寒子弟均得入校，嘉惠士林，诚非浅鲜。"华严寺小学便是其中一处，难得的是，这座小学的旧址正是位于现在的崂山景区内。小学面朝大海，依山而建，孩子们在学习读书时，便可听到海浪的声音，在这样的环境中学习，该是多么的惬意！这样的功德，让崂山民众如何不对其感恩戴德！可惜的是华严寺小学的旧址已不复存在，游览于山中，再也无法感受这别样的学习氛围，如果华严寺小学还能留存于山中，想必更会为崂山增添浓浓的人文气息。

沈鸿烈对崂山的发展可谓尽心尽力，不仅千方百计地拓展崂山的旅游业，还努力地提升崂山整体的发展，道路交通、学校教育，包括治安经济，他都是竭心尽力，这些心力都被铭刻在崂山中所留存的大大小小的沈鸿烈功德碑中。了解了这些崂山景点与沈鸿烈的种种关联后，当我们游览崂山时，或许心中会浮现出当年那个身材略微矮小却又无比高大的沈市长的形象，或许会更加珍惜先辈为我们留下的宝贵遗产！

结　语

沈鸿烈自幼熟读经史古文，在诗文词及书法方面有扎实的功底，并受过新式教育，长于数学。后投笔从戎，以优异成绩获得赴日本留学的机会，专修海军。五年留日的专业学习与见闻，为他日后的行伍生涯奠定了良好的基础。在处理庙街事件，与土肥原的谈判中，沈鸿烈显露出过人的外交才干，受到张作霖的关注。民国九年（1920），沈鸿烈被张作霖委任为吉黑江防舰队司令公署参谋长。从此开始，他辞去北京海军参谋本部的工作，正式加入奉系，并在东北海军筹建中发挥了重要的作用。民国十五年（1926），被张作霖任命为东北海军司令。次年5月，东北舰队与渤海舰队合并，沈鸿烈以副总司令兼代总司令的身份，进驻青岛。这是沈鸿烈与青岛结缘的开始。

此后，沈鸿烈先以东北海军司令，继而兼任青岛市市长，接着于民国二十二年（1933）6月后，辞去海军司令，专任青岛市市长，直至1937年年底撤离，在青岛生活共10年有余。以后他虽然担任过山东省主席（四年）、浙江省主席（约两年零五个月），并在重庆任农林部部长（两年零八个月）兼国家总动员会议秘书长（约一年）、党政工作考核委员会秘书长（约一年半）、考试院铨叙部部长（一年零四个月）等职。其中任山东省主席的四年，正值抗战最艰难的时期，省政府一直处于流动状态，自难有所建树。在其他岗位任职，时间最长的也就两年多。他在晚年自撰的《沈成章先生生平经历概要》中，曾一再提到：

> 余滥竽本会（笔者按：指党政工作考核委员会）秘书长年余，见闻较多，而贡献毫无。与国家总动员会议任内之枉费精力，毫无二致。此殆机关建立制度与实情相左，不仅人事不臧为然也。
>
> 浙省文化较高，人才辈出。余时已六十有五，深愿以从政心得与

本省贤俊同谋地方福利，借答长官知遇之隆。奈时变靡常，未能尽符期望，深为可惜。

至同年（笔者按：1949年）十一月，始克摆脱部务，随政府迁台，年余岁月，等于虚度，大势所趋，莫可如何？虽曰天命，岂非人事哉！

他的这些说法，显然不全是谦辞，而是确有"枉费精力""未能尽符期望"的感慨和惋惜。可以说，沈鸿烈一生的功业主要还在筹建统领东北海军和主政青岛时期。但1933年发生的"薛家岛事件"，不仅沈鸿烈本人的海军司令被免，还直接导致国民政府将东北海军改编为国家海军第三舰队，其番号被取消。这一结局对沈鸿烈而言，也实在有些不堪回首。因此，从历史发展的实际来看，沈鸿烈的名字是与青岛紧密联系在一起的。

1946年2月间，沈鸿烈以国民党中央党政工作考核委员会秘书长的身份来青岛视察。其间曾对媒体流露过"考察完毕，来青久住休息"的想法。虽然这一愿望并未实现，但从中却可窥见他对青岛的一份深情，这与几代青岛人对他的追怀，恰好形成了穿越时空、遥相呼应的对望。本书从一座城与一个人的关系入手，以沈鸿烈主政青岛和开发崂山之业绩为重点，对沈鸿烈所做的研究，鉴于史料问题，还很粗疏。但倘能初步揭示出青岛因沈鸿烈而发生的种种令人惊喜的变化，以及沈鸿烈因青岛而被历史所铭记的缘由。我想对中国城市发展史和近代史的研究应有一定的意义，而对于当前中国城市发展和城镇化的探索，也不无助益。

附录

沈鸿烈《崂山环游记》校注

1934年10月,时任青岛市市长的沈鸿烈,有过一次崂山七日游,目的是为崂山开发进行实地考察。这次考察的详情,见于他的《崂山环游记》。这篇有明确实用目的的游记,对崂山重要景点、古迹、道路、历史人物、山川等,皆有生动细致的描述,是我们了解沈鸿烈崂山开发思想的第一手文献,可作为书中第六章、第七章的必要补充。《崂山环游记》叙事简洁,文字典雅,有很高的史料和文学价值。因写于80多年前,之后很少正式刊印,今天不易见到,而网络所传,颇多错漏。故本书以赵君豪《青岛导游》[①]所载为底本,附于卷末,对文中地名、历史人物及典故等予以简要注释,并订正原文中若干排版错讹,以飨读者。

崂山环游记

此次环游崂山,于民国二十三年(1934)十月廿六日出发,十一月一日回市,先后七日,环游崂山一周。又于大环行线之外,划多数小环形线。按照预定计划,循之以行,遂获表里兼收,游览殆遍。水陆合计,为程六七百里。论其时间之促,与游程之远,盖为前人所未觏[②]矣。兹举游览经过,分段述之如下。

[①] 赵君豪:《青岛导游》(增订再版),上海国光印书局1935年版,第123—138页。
[②] 觏(gòu):遇见。

一 环游宗旨

此次宗旨，与寻常游览不同。寻常游山，或寄情风物，或书写性灵，要以骋心悦目为主。此行宗旨，重在考察山川形势，规划整理方针，交通如何布置，名胜如何保存，俾后来者得以恣情山水，获登临之便宜，供身心之修养。所以为将来大多数游人设想，而非仅为吾辈三五人计一时之快乐也。

尝谓游山与国民之修养有大关系。习于攀岩涉水、冒雨凌风，则体格日臻健康而胆气自壮；习于云光离合、景物雄奇，则思想日臻美化而心境自超。登山须赖自力，故足以养成独立自尊之心；登山并须结伴，故足以养成爱群合作之习。至于借游览以广个人之见闻，借旅资以增地方之财富，又其余事也。故近代民族莫不奖励登山，彼习居平原者，欲求一登高处所，恢宏眼界而不可得，甚且不惜巨资筑为层楼高塔，以相号召。今有名山而不事登临，有胜景而不知领略，岂不负此自然之嘉惠耶？年来青市奖励游山，不遗余力。对于崂山部分，亦尝借箸代筹①，培植林木，以增自然之美；保存古迹，以著历史之光；修治道路，整饬馆舍，以供旅宿之便。顾来者犹以道路崎岖，时间仓猝不获深入遍游，引为憾事。得其偏而失其全，睹其表而遗其里，使山灵与游侣交臂相失，必非来者之初心也。今后方将推而广之，增益其所未能，发潜探险，以见人力所至，无所不达，是则斯游之微意也夫！

二 环游之路程

此行出发之先，预拟一行程次序。按其距离远近，行程难易，预为假定，照此进行。嗣以每日兼程并进，按照原拟程序，时间尚获有余。故每日辄于预定程序之外，就程途之便益，增益一二所。兹述七日行程经过如下。

十月廿六日，是为环游之第一日。早七点，自市府集合出发，乘汽车

---

① 借箸代筹：箸，筷子；筹，古人用以计算的工具。借箸代筹，典出《史记·留侯世家》张良对刘邦语曰："臣请藉前箸为大王筹之。"原意是借眼前的筷子来指画当前的形势，引申为出谋划策。

循李塔路①向北行，八点抵月子口②。换乘山桥③，沿白沙河④东行半里许，访普同塔⑤遗址，是明末自华上人⑥之塔墓也。原有莲台寺⑦，久废，仅存此塔。塔分五级，建筑质朴，惜西北一角已颓其址，尚待修补，以存古迹。往年因有匪人匿迹其间，警察为预防计，累石杜门，冀销萌于未然。塔门原镌"普同塔"三字，前属员司⑧，已为拓取。但塔中旧碑碣⑨是否犹存，尚待考耳。

由莲台下小冈，乃循毕塔路东行约半里，有渡口架石为梁。渡河而

---

① 李塔路：这是《都市计划方案初稿》中预拟的青岛市郊区路名。"本计划范围，北至沧口李村。东至麦岛，面积不为不大。惟若以全盛时代为目标，则此青岛青年时期之范围。实不过将来大青岛市之中心都市。再有发展，必须采卫生都市方式向四郊个别繁荣。其连络之道，端赖有适当之交通大道，故本计划对于将来发展所应尽之责任。为预排此项交通大道之位置，按本计划范围以外之地，山多而平原少，而平原则均为河道之冲积层。大别可分为五区……第四区源头河——此区沿源头河发展，以丹山村为中心。亦以居住为目的。其与中心都市之交通线为李塔路（李村至狗塔埠）。"狗塔埠，在即墨，"文革"中改为红埠。现为青岛市城阳区流亭街道红埠社区，在流亭机场附近。

② 月子口：位于华楼北侧，在夏庄东1公里处，是白沙河的发源地。崂山的最后一个山谷。四围环山，中成盆地，建有崂山水库。

③ 桥，当为"轿"之误。

④ 白沙河：发源于崂山巨峰海拔千米的天乙泉，是青岛地区水位最高的河流，号称"青岛天河"。全长32公里，跨崂山和城阳两区流入胶州湾。

⑤ 普同塔：自华和尚的塔墓，由其弟子18人共建，"文革"中被拆除。

⑥ 自华上人：据黄宗昌《崂山志》记载，自华上人是"四川夔州府奉节人，俗姓谭。……晚年入墨，欲于崂山作归宿。慈霑，其故知也，请坐腊于吾家后亭，先君子知其道力，余且深重之，颇相得。遂住静于崂山磨岭庵，后于西莲台建兰若，传戒六年。武定寺僧请受律，去而阐法示戒。一日，忽端坐说偈曰：'叵耐这个皮袋，终身惟作患害。撒手抛向尘沙，一轮明月西迈。'遂化去，弟子等扶柩东归，葬之莲台，建塔于墓。"苑秀丽、刘怀荣《崂山志校注》，人民出版社2015年版，第88—89页。

⑦ 台寺：又名西莲台。在华楼山西之华岩山西北麓，有佛寺西莲台遗址。明代末年自华和尚得即墨望族周氏施地，在此建寺，当时名为洪门寺，又名西莲台。据记载，寺内有木雕之丈八佛像，殿宇恢宏，庭院修洁，绘塑工丽。有普同塔及雍正年间圆寂的善公塔。清代乾隆末年该寺塌毁，道光年间拆除，只余石塔一座，埋藏着自华和尚的骨骸。近人蓝水有《西莲台》五言律诗："晚照空山里，万松护寺基。磬声依石静，幡影动云迟。花落春归日，鸟啼雨歇时。高峰僧对语，何处着尘思。"

⑧ 属（zhǔ）：古同"嘱"，嘱咐，托付；员司：旧指政府机构的低阶官员。

⑨ 碑碣（jié）：碑刻的统称。方者为碑，圆者为碣，后多混用。

北，经华阴之西，向西北行约一里余，抵凤凰峰①之南麓，访慧炬院②之遗址。相传寺建于隋开皇中，今久废，旧碑无存，仅余乾隆中叶重修短碣，语焉不详。旧殿何年倒坏，亦不可考，仅余石柱十余，枯立蓬蒿中，上镌施主姓名，殆明代遗物欤？茅屋三椽，或云清同治中修。昔有杨姓夫妇居此五十余年，据云自彼之来，既未见有僧。明李太后③所颁海印寺④之栴檀⑤佛像及藏经，初移于此，今不知流落何所矣！由慧炬院西登小山，上行可半里许，盖王乔崮⑥之西麓也。登高一望，白沙河横于其前，河北诸村历历在目，山势盖尽于此。由此而西，概属平原。故西麓之神堂口，为墨西入山之要道。由胶县、平度来者，必出此途也。

下山仍过慧炬院，前经华阴集⑦，北穿过楼里头村东行约三四里，遂

---

① 凤凰峰：即凤凰崮，位于慧炬院北面。

② 慧炬院：位于崂山水库北岸，凤凰崮南麓。据《慧光传》载，隋开皇十二年（592）佛教南派四分律始祖慧光的再传弟子道凭游东海牢山、法海寺，至华楼山之阴石竹涧（原楼底村，现原址已没入崂山水库）山谷中，见"石竹庵"虽已倾圮，但环境幽静，便出资重建；为纪念慧光祖师，定寺名"慧炬院"。道凭在此当持数十年，至炀帝大业末年圆寂。道凭的墓碑直到1958年尚完好，后修建崂山水库时淹没于水下。明代万历年间憨山和尚被谪后，海印寺所有佛经均移此处。该寺在民国前已圮，今只有遗址可寻。由慧炬院南下西去为神堂口，是明清两代由即墨入崂山游览的一条孔道。

③ 明李太后（1545—1614）：明穆宗隆庆皇帝朱载垕贵妃，明神宗万历帝朱翊钧生母。万历即位时，曾加尊号为慈圣皇太后。隆庆皇帝驾崩时，李贵妃只有28岁，其子朱翊钧登基时只有10岁。她罢司礼监掌印太监孟冲和内阁首辅高拱，以冯保、张居正接替。推行新政，使明王朝实现了"万历中兴"，死谥孝定皇太后。李太后信奉佛教，于多处建造庙宇。憨山建海印寺前，慈圣皇太后曾赐旃檀佛和《大藏经》。

④ 海印寺：位于太清宫前。明代高僧憨山于万历十三年（1585）起，在太清宫三清殿前修建该寺，万历十六年（1588）竣工。后魏道士耿义兰所控告，万历二十八年（1600），皇帝降旨毁寺复宫，现海印寺仅存遗址。

⑤ 栴檀（zhān tán）：又名檀香、白檀，一种古老而神秘的珍稀树种，香味醇和，被称为"香料之王"。憨山建海印寺前，慈圣皇太后曾赐栴檀佛和《大藏经》。这里的"栴檀佛像及藏经"即指此。

⑥ 王乔崮：位于华楼峰和高架崮之东。王乔即王子乔，《列仙传》："王子乔者，周灵王太子晋也，好吹笙，作凤凰鸣，游伊、洛之间。"相传王子乔曾在此崮顶吹笙遨游，故名。元代礼部尚书王思诚有《王乔崮》七言绝句："仙子吹笙何处游，碧天明月几千秋。谁知万叠崂峰顶，犹有遗址在上头。"崂山有两个王乔崮，另一个王乔崮在崂山水库北岸，位于惜福镇东南4.7公里处，属三标山支脉，据传明代永乐年间有王、乔二姓避战乱于该处，故名。

⑦ 华阴集：崂山西部最大的集市，历史上崂山出产的中药材等土特产品，都在这里集散。

登黄石宫①。昔人建道观于此，原分上中下三级，今宫圮已久。昔人所称巨岩当道，人由洞中过者，以及古柏参天云云，概不可见。仅存一洞，黄石公②坐其间，或曰此老君③之像也。洞前古藤一株，洞东残龛三座，悬崖上镌丘长春④之《青天歌》⑤，及"玉液嵓清虚庵"六大字，差可辨识。偏西又有"採芝"⑥二字，大俱盈尺。由洞前循原路而降，沿道岩石，颇有摩勒。距洞不足半里，殆即昔人所称之下黄石乎？若上黄石更在中黄石之上，以时促道险，未及往访矣。坐黄石宫洞口，南望华楼⑦、石门⑧诸

---

① 黄石宫：又名黄石洞。明万历版《即墨志》卷二称"在华楼迤北五里许"。建于元代，祀三清。明代崔道人成道于此，清代光绪年间倾圮。

② 黄石公，秦汉时人。据《史记·留侯世家》记载，张良因谋刺秦始皇不果，亡匿下邳。于下邳桥上遇到黄石公。黄石公三试张良后，授与《太公兵法》，临别时有言："十三年孺子见我济北，谷城山下黄石公即我矣。后十三年从高帝过济北，果见谷城山下黄石，取而葆祠之。留侯死，并葬黄石。"黄石公，是否真有其人，不可考，但后世流传有《黄石公素书》和《黄石公三略》。

③ 老君，即太上老君，中国道教对老子的神化称呼。

④ 丘长春：丘处机（1148—1227），字通密，号长春子，登州栖霞（今山东省栖霞）人。十九岁时，在宁海拜王重阳为师，是全真道"七真"之一。王重阳死后，他潜修于龙门山，形成龙门派。丘处机以74岁高龄赴蒙古大雪山（今兴都库什山）劝说成吉思汗止杀爱民，被成吉思汗尊为神仙。元世祖时，追赠"长春演道主教真人"，世号长春真人。著有《摄生消息论》《大丹直指》《磻溪集》和《鸣道集》等。

⑤ 《青天歌》：丘处机七言古诗，出自《磻溪集》。自问世以来，历来受到修道者的重视。元末混元子（王道渊）作《青天歌注释》，明代陆西星作《青天歌测疏》。《青天歌》高度概括了丹道修炼的原则与程序，是指导修炼的重要参考文献，被认为是丘处机关于修炼方面的代表性作品。

⑥ 採芝：採，同"采"，摘取。芝，灵芝。古人认为是仙草，服食后可驻颜不老、起死回生。

⑦ 华楼：即华楼山，位于崂山区北宅镇毕家村西，海拔350米，因山巅的"华楼石"而得名。华楼山是古代西进崂山的主道，土地富饶。隋唐时，华楼山建有玄元殿。至元代，刘志坚弃家入道，在碧落岩下结庐修行，留下了众多的道家心得及语录石刻。刘志坚死后，其门人于元泰定二年（1325）建起华楼宫，文人雅士趋之若鹜，元代礼部尚书王思诚，明朝蓝田、陈沂、邹善等，均在此皆留有题刻，使华楼山及黄石洞成为崂山摩崖石刻最密集的胜地。

⑧ 石门山：位于即墨县城南约40里，华楼山西南，海拔570米，山巅有两峰，对峙如门，故名。山势险峻，不易攀登，其最高峰为中心崮，卓立如椎，旁有那罗崮磐石相叠，从那罗崮的西北，转东再南，倚石方能登上形如平台的山顶。山上还有皇姑洞（又名黄崮洞）、仙姑坟、仙人桥、千花顶等名胜。山南麓为石门庵，后倚危峰，前临陡洞，极为幽静。清代即墨文人杨还吉有《雨中望石门》诗："微雨丝丝杨柳风，石门烟雾有无中。呼童急扫藤萝径，雨里山光更不同。"

峰，即在目前，白沙河介乎其间。又一涧自东北来入之，即墨涧①也。父老相传，往年涧水为灾，华阴集正当其冲，集东市街毁去三分之一，迄今数十年，犹未获恢复也。

自黄石宫南下里许，过黑涧，十二点达康公祠②。祠在山麓，平冈横出，上多松石，虽不如黄石宫之高伟，而秀则过之。祠祀康霖生③，清康熙间宰即墨，有惠政，殁于任所，邑民为建二祠，此其一也。祠西为市立杨家村小学，村距祠东里许，近村多附课于此，即墨境之楼里头村，间亦来此附课也。

在康公祠午餐后，一点卅分向华楼出发。南渡白沙河，西经响石村，由山阴大道上约三里，经松风口④、迎仙蚬⑤、十八盘⑥、梳洗楼⑦，而入华楼宫。此为明清士大夫习游之处，故后山道路，昔年颇称修治整齐，近年数为匪窟，来者日稀，负此名山矣！因属工务人员助庙祝规划，拟就旧有屋宇略为整理，以此为西北区憩息之所。盖华楼之妙，不仅本身富有丘

---

① 墨涧：当为"黑涧"之误。

② 康公祠：这里的康公祠在即墨县城东南四十里的华阴集东（今城阳区夏庄街道南坡社区一带），该祠于中华人民共和国成立前已被小学占用，1958年建崂山水库时被拆除。

③ 康霖生：河北磁州（今河北磁县）人，顺治十六年（1659年）进士，康熙九年（1670年）至十一年（1672）任即墨知县，多有惠政，卒于任所。即墨士民为纪念这位清正爱民的父母官，于即墨城北之北斗庵和县东南四十里的华阴集东建了两座康公祠。本文所述康公祠为后者，曾于清代康熙二十六年（1687）重修，立康公祠碑，碑文为即墨文人黄坦所撰。称赞康霖生"德既洽于民心，功亦溥于四境，民之思之，甘棠岘山，又奚以加哉！"

④ 松风口：在华楼山，元代王思诚品题的华楼十四景之一。位于南天门东三里许的一处峡口。因万松森列，两山夹峙，故名。明代即墨县县丞周瑶《松风口》诗曰："悬崖古树尽虬龙，行到仙坛别有风。一片涛声天上落，袭人犹觉翠蒙蒙。"

⑤ 迎仙蚬："蚬"当为"岘"之误。迎仙岘是华楼景区一处陡立似削的巨大石壁，高10米，宽10米，3条横向节理，上段呈锥形探出，形似亭子，原称"接官亭"。顾名思义，是接待官员时稍事休息的地方。明代山东提学邹善游览华楼时，以其名过俗，更名为"迎仙岘"，并即兴赋诗："相逢俨列仙，人吏谢凡缘。传呼仙子避，绝倒石崖巅。"迎仙岘石刻字迹至今仍清晰可辨。

⑥ 十八盘：从响石村到华楼松风口的废弃古道，是当年达官文士游玩崂山的必经之路。"迎仙岘"即在十八盘中段左侧。

⑦ 梳洗楼：华楼宫十四景之一，位于松风口东南，四壁陡直，远远望去仿佛是一座高楼，这就是著名的聚仙台。传说八仙过海前，何仙姑曾在峰上梳妆，所以又名"梳洗楼"。又因此峰直插蓝天，犹如华表，故亦名"华表峰"。这座山峰造型甚奇，在崂山十二景中名"华楼叠石"，古人称之为崂山第一奇峰。

壑，自成格局，又可北眺王乔，南瞻巨峰①，眼界开阔，陟降不劳，山中所稀有也。宫中元明摩勒甚富，惜多漫泐②，因属工务员司，润以绿油，借资辨识，亦便保存。余等登凌烟崮③，访仙岩④、天液泉⑤及南天门⑥诸胜，遂自山之西阿，经南天门前东去。越一涧，折而西行，访蓝氏华阳书院⑦遗迹，至则仅见残屋数椽，昔年之文昌阁旧圮⑧，院前摩勒亦难句读。涧畔所题诸字，尚留陈迹耳。由此沿涧东去毕家村，时已四点，因本日犹有余力，急乘汽车驰赴大劳村⑨，更换山桥⑩赴神清宫⑪。

---

① 巨峰：崂山主峰，又称崂顶，在崂山中部，海拔1133米。西南有虔女峰，东南为灵旗峰，其西五指峰，正北柱后高，东则为龙穿崮，巨峰居中，直插云霄，是观日出的胜地。

② 漫泐（lè）：漫漶坏裂。这里是指石刻文字因长期受风雨侵蚀，变得模糊不可辨认。

③ 凌烟崮：又称"灵烟崮"，位于华楼峰之西，华楼宫西北上方，与华表峰东西遥遥相对。大石垒迭在峰顶，像人工筑成的平台，四周陡峭，不易攀登。崮南侧有石洞，元代道士刘志坚葬于此。洞上镌"灵烟坚固，永丘之坟"，侧畔直刻四行字："云岩子，刘志坚，永丘门，三阳洞。"附近石刻多为元代遗迹。元代朱铎有《灵烟崮》七绝一首："峻巘怪石锁山烟，飞渡此间不老仙。传得祖师衣钵在，不知寒尽不知年。"

④ 仙岩：翠屏岩西的巨大石崮，其上镌有明代邹善书"仙岩"二字。石崮顶部有水泉，长年泉水充盈，被称为"天液泉"。

⑤ 天液泉：黄宗昌《崂山志》卷三《名胜》曰："天液泉，与玉女盆并列者也。石上出泉，大如盂，不溢亦不竭，好事者彻去水，夜复盈。"

⑥ 南天门：在华楼宫前，平石如掌，乔松错立于此。

⑦ 华阳书院：位于华楼山前华阳山的南麓，占地一亩余，背崖俯溪，曾建有两幢木砖结构平房，各3间，取名紫云阁、文昌阁。为明代即墨人蓝章所建，其子蓝田增修。蓝氏后人多就读于此，约在清道光年间始废。黄宗昌《崂山志》卷七《别墅》有专门介绍，读者可参看。

⑧ 圮（pǐ）：塌坏，倒塌。

⑨ 大劳村：周至元《游崂指南·大崂胜迹》"乌衣巷"条曰："乌衣巷，在华阴集东八里。山水清淑，林木葱蒨。明杨汇征先生始结庐居之，今成村落。南有小赤壁，东二里至大劳村。村故有大劳草堂，为邑人张铨所筑，今废。由此东南里许抵大劳观，观居芙蓉峰之阴，北与鲜家庄隔河相望，土地平旷，能收树石之胜。南有西人饭店，花木亭舍，布置尤雅。更东南而入九水，则山峻水急，风景陡变矣。"

⑩ 山桥，当为"山轿"之误。

⑪ 神清宫：位于崂山西麓大崂村南，建于宋代。为崂山古老道观之一，元、明两代均曾重修，至清代康熙中期和民国十二年又加修葺。宫中祀三清，后为玉皇阁，东厢为精舍，西厢为救苦殿，有长春洞、自然碑、摘星台、会仙台诸名胜，丘处机来崂山时曾居此。1939年被日军烧毁，1943年又被日军轰炸，庙舍全毁。

神清宫与大劳观①、大劳村作三角点之鼎足式。今以路联之,均经新修,展宽夷平,较昔日之崎岖山阿者为便利矣。宫中屋宇,历经谆属庙祝重修。面南新筑一树,焕然改观。此时,夕阳在山,光照林际,益觉相映增色矣。五点半下山,约二里抵大劳观宿。大劳观在白沙河南岸,游九水峡谷之胜,必出此道,而赴王哥庄海滨各处者,亦可假此休息,诚所谓东道主人也。往年屡属庙祝整理庙宇,并为借箸规划,助以资财,今已更新。昔之厩舍当门者,今已移于东偏别院,山门宏启,颇具规模,院宇整洁,与昔之人畜同栖者,迥然改观。又于十亩竹园中,筑小亭,寓坐其中,恣眺河渚风物之美。晚霞来自重嶂之外,光彩照人,此观盖有起色矣。

晚餐后,因与僚属计议,日后整理山林方案,拟从筑路入手。惟所经过白沙河岸北诸村落,均极贫困。县政府经费支绌,当然无力经营,日后如其划归青市,由市经费年支二三万元,补助各村,或尚得勉力为之耳。

十月廿七日,是为环游之第二日。早六时即起,早餐后,复循后殿纵览殿宇建筑及院中碑碣。七点乘汽车出发,循大庄路向东北行,经南北岭劈石口②及石人河诸村,南抵王哥庄③。折而北,循即墨汽车路,经王山口④、浦里峡口⑤。在峡口,庙僧出迎道左,因下车登小山巅,相其附近

---

① 大劳观:即"大崂观"。位于大崂村东,后环白沙河,前对芙蓉峰,土地平旷,竹木清幽。建于元代,又名真武庙,祀真武、老君。明代万历年间重修,正殿三间,院宇整洁,环境清幽。观左是一片竹林,林北河中有龙潭湾,湾中产仙胎鱼,味极鲜美。清代文人王卓如《宿大劳观》诗云:"斜阳下西岭,炊烟远弄景。道人知客来,伫立久延颈。山深天易暝,连床人尚醒。万籁寂无闻,冷然一声磬。""文化大革命"初期,观内神像、文物、庙碑全部被毁,后为工商总局青岛干校使用,现辟为观光游览场所。

② 劈石口:又称劈石岭,在今北宅镇东北。崂山有一条联系东西交通的古道,从西部的华阴集通往东部的王哥庄,在古道海拔 250 米处有一山口,口下有一块独立巨石,呈桃形,高 8 米,由中间自然分为两块,像是用利器从中劈开一般,故称"劈石",中间可行人走马。此处山口就叫"劈石口"。在劈石之西半刻有"劈石天开"四字,呈田字形排列,可倒读,亦可环读,均能成句,字径 1 米。

③ 王哥庄:位于崂山东麓,东面崂山湾,隔海与大管岛、狮子岛相望,周围有双台山、八毛岗等山峦和众多奇石景点。

④ 王山口:在今王山口社区一带。社区位于石人河东南侧的九桃山南麓,距青岛市崂山区王哥庄街道办事处驻地 2.5 公里,呈半岛状,是一个依山傍海的小渔村。

⑤ 浦里峡口:具体地点不详,当在今浦里社区附近。社区位于青岛市崂山区王哥庄街道的正北方,距王哥庄街道办事处驻地 4.5 公里。三面环山,一面靠海。

形势。峡口者，山脉南北，由此分行，与南北岭①相类。但此间冈陵卑下，不若南北岭之雄峻耳。南望三标②三峰，衔接其前，尚在数里外；西望则"不其"③为最高，峡北为烟台山④；东连豹山⑤，向东北走降为平冈矣。询之寺僧，庙盖墨城准提庵⑥之下院，是与华严寺⑦皆同一源也。

因辞寺僧，乘车而去。九点至大桥，欲访康成读书处⑧遗迹，沿途询

---

① 南北岭：坐落在北宅街道办事处驻地东北部约6公里处，北依卧佛山、劈石口，与东面的孙家社区，西面的大崂社区成品字形，遥相呼应。新修的南王公路顺山势盘旋而上，从社区东经劈石口达王哥庄。

② 三标：即三标山，位于崂山西麓，属崂山四大山系之一，山势挺拔，奇石林立，植被茂密，沟谷幽深，潭深流急，生态优良，是一处天然的山水画廊。山顶有三峰秀立，南、北、中一字并列，远望似3个梭标，矗立云天，故名。蓝田《三标山》曰："三峰海上接云平，洞里丹经不识名。东望仙舟悲汉武，西邻书舍忆康成。崎岖百转泉流绕，苍翠千重夜气生。多病年来忘百虑，独立林壑未忘情。"

③ 不其：指不其山，又称铁旗山，位于崂山西北部，在三标山之西。《汉书·武帝纪》中有"太始四年（前93），夏四月，幸不其"的记载，据已故近代考古学家王献唐考证，在原始社会末期，山周围聚居着"不族"和"其族"两个小部落，故名。因山巅岩石排列似城堞，又名石城山。此山虽不高大，亦无殊丽景色，但因东汉经学家郑康成曾在山中设帐授徒，并有百福庵和玉蕊楼等古遗址，知名度颇高。

④ 烟台山：当地人俗称围子山。位置险要，古代为沿海重要的军事要地。山顶至今尚存巨大石寨，寨墙高约二米，依山势围山而建。崂山有许多山头有这样的石寨。

⑤ 豹山：位于鳌山卫镇南部。山上杂花丛生，色彩斑斓如豹皮。较高的山峰有3个：主峰台子山，在山体中部；鹰嘴山，在山体东南部，岩石参差，形似鹰嘴；南天门，在山体西南部，山势陡险，难以攀登。

⑥ 准提庵：位于即墨城西北隅，俗称后庵庙，建于清初，也有记载称建于明朝，后由黄氏家族出资扩建。与崂山华严庵是姊妹庙宇。粉墙青砖，高阶朱门，从院外就能看到座座高脊挑檐的高大殿堂和从廊檐下冒出的缕缕青烟，平时善男信女人来人往，香火很旺，在清代非常有名。

⑦ 华严寺：本名华严庵，1931年青岛市代理市长沈鸿烈为华严庵赠匾，改名为华严寺。位于崂山东麓返岭后村西那罗延山半腰，为崂山规模最大、也是现存唯一的佛寺。几经兴废，历史悠久。清初重建后，整体建筑宏伟典雅，为崂山古代建筑艺术之最。占地面积4000米，建筑面积2500平方米，房屋120余间。整个庙宇依山势修建，为"阶梯式"院落，布局严谨，宏伟而典雅。正北为大殿，系斗拱单檐雕甍歇山式建筑。内尊释迦牟尼塑像；东西两廊为禅堂。由大殿侧门再拾级而上，又一院落，是为后殿，内尊观音；侧为祖堂，供本寺第一代住持慈沾师。东北角有西式小楼五间，小院内植桂花、牡丹，十分幽雅。抗日战争时期国民党青岛市政府就设在这里。

⑧ 康成读书处：指康成书院。郑玄于崂山讲学之所。郑玄（127—200），东汉经学家，字康成，北海高密人。据晋代古方志《三齐记》记载，"郑玄教授不其山"，明、清之际思想家、文学家顾炎武有《不其山》诗曰："深山书院有人耕，不记山名与县名。为问黄巾满天下，可能容得郑康成。"明正德七年（1512）即墨知县高允中在原郑玄筑庐授徒处，重建"康成书院"。至清初，由于无人经管，渐圮。

之村人，多瞠目不能答。询以黄家书院，闻有知者，但云书院不知在何处，仅闻此名耳。证以地图，尚列有黄家书院之名，因准此方向循不其山之南，向正西山口行去，道至此，歧为二。西北去墨城，而入山者须西南行。乃换乘山轿，经东葛家夼，循不其山（亦称铁旗山）南至崖里，是处道又有歧，询之村人云，南道棉花①，盖赴黄石宫、黑涧之小道也。西通百福庵②，则赴即墨西乡之道也。遂西行，就山口处登高远望，因间隔数峰，北望不其山正峰不得见；东望三标，益形雄峻峭拔，南北三峰相联，每一峰又各附有数十小峰，森立如剑戟。村人谓三标不可上，所言盖不虚也。南望王乔崮，则见大岩耸立巅上，距所立处，尚间三四岭。王乔崮殆偏踞岭之西麓（误作花），故在山阳眺之，远不如自山阴南望之为伟观也。由此西望墨西诸村（误作材），历历在目。盖崂山北脉，尽于不其，不其以西，无复有高岗大岭矣。

百福庵在不其之西阿，游人自山头已瞭见之。因即循崖西下，曲折入庵，寺宇宏敞，建筑视华楼、聚仙诸宫观转为富丽。庵中有萃光洞，庙碑乃清康熙五十六年邑人黄鸿中③所撰也。出庵西下，经庵后铁旗后诸村，环不其山之北麓，复抵西葛家夼村，时已十二点，因就场圃野餐。场供晒谷之所，经石辊压过，其平如砥，且甚洁净。并就村农购取地瓜萝葡，借以供餐，备尝田家风味矣。午餐毕，一点半，遥望不其山作别，循小涧东行。二时至大桥乘车，更由原路往王哥庄，赴鳌山卫。抵卫已三时半，稍息即赴汤上，访温泉。取水一瓶，携归化验。此间道路崎岖，由卫至汤上二十里大部未能通车，行程多出于徒步，比及回卫，已逾六钟，因就海军陆战队营舍宿焉。汤上温泉，温度颇适用，惟水中所含原质，尚待化验。

---

① 棉花：今城阳区棉花村，位于惜福镇街道办事处驻地东约 10 公里。因村处于山花绵延的山涧之中，故名"绵花"，后又讹作"棉花"。

② 百福庵：又名百佛庵，位于城阳区惜福镇院后村东。创建于宋代宣和年间（1119—1129），是崂山古老道观之一。初创时建筑简陋，内供菩萨，信奉佛教，故名百佛庵。清初改奉道教，属马山龙门派，又称外山派。前院建倒座殿，内祀菩萨，中殿祀三官，后院为玉皇殿。现为青岛市文物保护单位。

③ 黄鸿中（1659—1727）：字仲宣，号海群，即墨城人。清康熙五十七年（1718）进士。历任翰林院编修、国子监司业、翰林院侍讲侍读学士、提督湖南学政、都察院左副都御史。雍正元年（1723）任山西省正主考，次年为会试同考官。黄鸿中为政廉勤，治学严谨。著有《两朝恩荣录》《容堂文稿》《华萼馆诗稿》《燕游日记》及《湖南日记》等。

日后拟修一路，俾①通汽车。浴池及憩息之所，均须别为规划。庶几宾至如归，而不负此天然之疗养院也。

廿八日，是为环游之第三日。早六点起床早餐，即为海军陆战队训话，半小时毕。乘车出发，过王哥庄稍息，又为王哥庄之陆战队训话半小时，时已九点矣。乃发王哥庄，瞬息即达萧旺村②，改乘山轿，循萧旺河入山，约二三里，达塘子观③。观在山半，是为文笔峰④之西麓，昔郭华野⑤尝读书于此。

清末有道人吴介山重修，并延掖县名士林砥生⑥，设帐其中。相去卅年，今则倏无人居，仅存废宇而已。观属修真观⑦所有，因属庙祝更行修

---

① 俾（bǐ）：使。
② 萧旺村：即今晓望村，位于山东省青岛市崂山区王哥庄街道办事处驻地东南1.5公里处。
③ 塘子观：又名堂子观、餐霞观。位于王哥庄镇晓望村西南，文笔峰前麓。相传创建于宋代，明万历八年（1580）重修，清光绪年间（1875—1908）道人吴介山再次重修，更名为餐霞观，并延请林钟柱在此教课授徒。观中祀真武。1939年被日军焚烧，中华人民共和国成立后，渐圮。林钟柱有《塘子观》诗赞曰："极目西南望，山腰屋数弓。竹间高树出，石底暗流通。寂寞松阴绿，萧条寺壁红。遥看村叟过，策蹇小桥东。"周至元《塘子观》曰"仙宫高筑向岩根，石冷泉清净客魂。风扫闲庭无鸟迹，苔侵峭壁有云痕。千山翠色争窥户，数里松阴自到门。羡煞道人尘事少，只将钟鼓度晨昏。"
④ 文笔峰：位于崂山北九水景区，大台崮西面，海拔670米，因形状像一只巨型的毛笔，故名"文笔峰"。又因顶部尖锐，四周直上直下如锥子，巍峨直插苍穹，也被称为"锥子崮"。
⑤ 郭华野：郭琇（1638—1715），字瑞甫，号华野，山东即墨郭家巷（今青岛市即墨区）人。康熙九年（1670）进士。曾任吴江知县、佥都御史、湖广总督。为官廉洁清正，勤勉干练，善断疑案，任吴江知县期间，"治行为江南最"。胆气过人，敢于弹劾权奸，被称为"铁面御史"。
⑥ 林砥生：林钟柱，字砥生，掖县（今山东省莱州市）人。清光绪五年（1879）举人，有山水癖，在晓望塘子观教授十余年，暇辄出游，崂山秀色尽收笔下，写有《雕龙嘴望海》《文笔峰》《鹤山》《骆驼峰》等吟咏崂山的诗篇。光绪十七年（1891），游崂山梯子石时，写有《梯子石记》，该文现镌刻于崂山梯子石东端的登山南路，全文共395字。
⑦ 修真观：即修真庵，位于崂山王哥庄前。原为佛教古刹，创建年代现已无可考，明代天启二年（1622），道士李真立扩建改为道庵，取名"修真庵"。该庵前后两门，"地既宏阔，殿尤轮奂"，正殿祀三清，后为玉皇阁，东祀文昌君，西为王母殿，加上道舍、钟鼓亭等建筑共计100多间。清代康熙年间（1622—1722），杨绍慎复加修缮，殿宇宏伟，极一时之盛。尤其是每逢正月十六日庙会这天，更是人山人海，万户空巷。

茸，并允予以资助。此处幽邃，且萧旺河西通北九水①，西南通滑溜口②。由土浅岭③至此有小道，沿途处境甚幽，可取也。

　　出塘子观，循山北麓，东折就大道，经凤山之西，文笔峰之东，傍海南行五六里。由狮子宕④、白龙洞⑤后登小冈，过仙人桥⑥，登狮子岩。此山不高而近海，明清人多宾日于此，题识甚多，并有金源明昌五年⑦之摩勒。因属工务员司，妥为保存，漫漶者拟就原迹镌而深之；其原题未动者，概为加色，以资识别。今后之读碑者，不须以手代目矣。白龙洞中，神像与农具并栖，殊形复杂，此固不仅太平宫一处为然。顾以太平宫之名胜，尤非所宜。因属庙祝去污涤垢，以资清洁，并为增立石柱，以支待倾之洞壁而存胜迹。白龙洞之丘长春题诗廿一首，较其他摩勒，最称完整。宫中之华盖⑧先生碑记，则全文漫漶，仅辨为明昌年间所立耳。

　　自狮子岩北下，入太平宫午餐。餐后，更登狮子岩小憩。午后二时，

---

①　北九水：崂山著名景观，为崂山山泉汇流而成，源自崂山主峰巨峰顶的天乙泉，河水经山脚而折流，有九折；人行河畔小路，转折处须涉水而过，亦九涉；每涉一次为一水，故称"九水"。九水又分内九水、外九水（内九水和外九水合称"北九水"）和南九水三路，其中以北九水的景观最为著名。

②　滑溜口：是崂山的著名山口之一，又名牡牛岭。此处地势甚高，海拔1009.4米，因岭口皆为沙石且坡陡，光滑不易行走而得名。该口为一多岔路口，由此口北上约6公里可直上巨峰，西北去2.5公里可达蔚竹庵，东行则能抵棋盘石、明道观、刁龙嘴和返岭后。四周多植落叶松，郁郁葱葱，覆盖遍山。

③　土浅岭：即土埂岭。在滑溜口西北，向北可达王哥庄。

④　狮子宕："宕"当为"岩"之误。狮子岩，即狮子峰。在太平宫东北，危峰耸起，远望如一张口的雄狮，峰顶是观赏日出的胜地。

⑤　白龙洞：位于仰口西侧、太平宫北，是由一块长约18米、宽约12米的椭圆型巨石扣压在5块鼓型圆石上形成的一个天然石洞。洞外有一深潭，相传一条白鳝曾栖身此潭，因常年吸取日月之精华而成精，又在此洞苦修多年，终成正果，变成一条白龙挟风裹雨腾空而去，故得名白龙洞。

⑥　仙人桥：太平宫景点之一。白龙洞上有几方大石相接，平坦如桥，故名。相传张果老倒骑毛驴经过此桥时，毛驴见此地风景优美，遂萌生凡意，一不留神，蹄子踏进了桥边石头里，张果老鞭之。"蹄印"到现在还清晰可见。

⑦　明昌五年：明昌，金章宗年号，明昌五年为公元1194年。

⑧　华盖：即刘若拙，生于五代后唐同光二年（924），五代时自四川来到崂山，建驱虎庵，潜心修炼。宋建隆元年（960），他得到宋太祖的召见，被敕封为"华盖真人"。宋太宗淳化三年（992）逝于即墨。《即墨志》卷九《杂志·仙流》中有传。

乃别太平宫，赴关帝庙①。庙祝刘道人导从山径，曲折二三里乃达。庙在平冈上，西望庙后一峰，挺立岭上极秀。日光斜照其上，倍增光华。此庙昔年已废，近经刘道人重修，院落不广，而甚修洁。地灵仍在人杰，即此一端，可以为证。门额空白待题，因许为写三字以奖之。由关帝庙赴白云洞②，本以取道楼门为捷，惟余尚需勘察雕龙咀③一带新修路工，出庙仍东行，就大道，由雕龙咀西上，比达白云洞，已近五点矣。

白云观④高居山肩，望海为最。乃道人不达，辄以屋宇列最前线，大好岚光，乃为屋宇所蔽。仅余平岩，又为豕牢所占，实为可惜。因为庙祝

---

① 关帝庙：位于仰口湾西南，在上苑山东南猪头峰下，是一处景色清丽的道院。崂山地区自清初就习惯把关帝庙与土地庙并排而建，至清末遍及山区各村，而主祀关羽的道院，在崂山仅此一处。关帝庙奉全真道华山派。据明嘉靖年间重修碑载，该庙本是太平宫之下院（另一下院为东华宫），清光绪十二年（1886）从太平宫分出，1929年由道士刘太清、贾太成主持重修，始具规模。重修后有大殿3间、道舍26间，为二进式院落。进山门为前院，有中殿3间，穿堂，两旁彩塑关平、周仓立像，高2米多。后院为四合院，绕过照壁有大殿3间，内祀2米多高的彩塑关羽坐像，四周绘关羽生平壁画，如"桃园结义""刀挑红袍""华容挡曹""单刀赴会"等，画工细腻工整，比例匀称，是崂山壁画之上品。大殿两旁各有配房3间，东西厢房各4间，皆为砖木结构之硬山式建筑。庙内藏有《道德经》等经书4部、字画4轴，院内植芍药、耐冬、黄杨，皆百年之物。1948年该庙鼎盛时期，有庙产600亩。"文化大革命"中，该庙之塑像、供器均遭破坏，壁画用泥浆覆盖，房屋由崂山林场使用。1984年，被崂山县人民政府列为县级文物保护单位，1989年又被青岛市人民政府列为市级文物保护单位，2006年升级为省级文物保护单位。

② 白云洞：崂山白云洞有二，一是崂山区王哥庄街道办事处雕龙嘴社区西山的白云洞，位于太平宫南，华严寺西北，背山面海，风景秀丽，海拔380米，属崂山全真道教金山派庙宇。蓝水所著《崂山古今谈·白云洞》中说："清建，在海拔四百米楼门峰之阳。余脉东走南转结成大仙、二仙上。"周至元《崂山志》也说："（白云洞）在大仙山巅，背倚危岩，前临深涧，二仙山峙其东，望海门矗其西，东南俯视大海，气象万千。洞系三巨石结架所成，深广可丈许，供玉皇于其中。……游人多登此观日出。洞额镌'白云洞'三字，是日照尹琅若题。"二是位于崂山巨峰上的白云洞，明代蓝田称其"甲于巨峰"。周至元《崂山志》："（巨峰白云洞）在铁瓦殿东二里，俗名避牛石屋。势甚穹敞，有暗泉落石隙间，潺潺有声。"这里指的是前者。登白云洞之路，一从关帝庙南上，一从雕龙嘴西上，沈鸿烈此行走的是前一条路。

③ 雕龙咀：即雕龙嘴。是一块形似雕龙嘴的巨石，位于崂山东部沿海的王哥庄街道办事处驻地东南6.5公里处。只见海岸一岬角深入海中，悬崖下插大海，石岩颜色赤黄，遥望形似龙头。海水烘托一大圆石悬空探出，酷似骊龙颚下珠，此石即"钓龙矶"。危岩顶部有两棵（其中一棵1949年前被砍）古朴树，像两根龙须。每遇潮来，此处洪涛波荡摇摇欲飞，云雾缭绕，远看犹如巨龙在戏珠。故人们把此处称为"雕龙嘴"。雄居此石西的村庄也取名为雕龙嘴村。

④ 白云观：位于崂山东麓大仙山白云洞下，为清乾隆年间（1736—1795）道人田白云创建，洞中祀神像，道舍则依山势错落而建，分东西两院。

借箸代筹,俾其改善,一反手间,可望清浊易位,化腐臭为神奇,亦非甚难事也。时已近昏,乃匆匆就道,西望明道观①行。无奈白云洞附近,松岩最秀,坎坷亦最多,且须越没日岭②,过胡涂岭③,自明道观后南下,比达明道观已六钟过矣。晚餐后,复展阅地图,参酌明后日行程变动,及日后修路方针。

十月廿九日,是为环游之第四日。早四点半起,即赴棋盘石④东小峰上,候观日出。初因有云,光彩颇为减色。候至六钟,日轮乃现,因云气重,故光轮变化较少。又以微风闪烁不定,不似往日所见之变化复杂也。观日毕,复西趋棋盘石。初拟增修磴道⑤,以便登临,继念此石危置悬崖,终有崩颓之虞,不欲奖励游人作逾分之涉险,且石亦无甚奇特,但高出群石一头地,而其四周额物,则登临近小岩上亦得见之,何必多此一举哉?既下复入观中,巡视新修道路,并商榷应行改善之处。由此赴滑溜口及赴白云洞之道,均经工务局新近修过,但余意仍需展宽耳。

七点,别明道观径赴巨峰,就观观前唐天宝题字及画像。遂取西南向,行山阿中二三里,继则循岭脊上行,盖巨峰南北之正干也。将近巨峰,乃由岭脊之东侧,转至西侧,过龙泉崮,下有小泉,镌"原泉"二大字。又上行里许,十点遂达巨峰,计行三小时。登其上,纵眺四周山海,了如指掌,惟东北层峦叠嶂,局势迫促,不可纵眺中边,未若西南两方之尤为明晰也。察巨峰形劳⑥,岩盘之露于外者,周围可数千尺。岩上更起三峰,居北者最高且锐,突升其上,二人并立,懔

---

① 明道观:始建于唐代,清康熙五十三年(1714)道士宋天成重建。位于崂山东麓的招风岭前、海拔700米的高山上,是崂山现有宫、观、庙、庵中地势最高的一座道观。

② 没日岭:在白云洞西,一名毛儿岭。旧有庵,已圮。

③ 胡涂岭:当在白云洞西,没日岭与名道观附近。待考。

④ 棋盘石:明道观以南一座奇特的孤峰顶上,有一块巨大的岩石凌空高悬、向西探出,这就是崂山著名的棋盘石。高3米,宽8米,长15米,石面平坦,能坐几十个人,并刻有双线勾勒的"十"字,传说这就是南极仙翁、北极仙翁当年对弈留下的棋盘,故名。这里奇峰险峻、巨石嵯峨,是游山、观海、赏石的绝佳景地。石面上的"十"字一说是道家拜斗修行的方位图。这里也是著名的"崂山十二景"之一——"棋盘仙弈"。

⑤ 磴(dèng)道:登山的石阶路。

⑥ 劳,当为"势"字之误。

然①若不可久留。南一岩较低，下已崩颓，空其中成大罅隙。由隙中可下窥棋盘石、泉心河②之风物。又南一岩更低，顶平，余拟建亭于上，借供游人憩息。盖巨峰居崂之中心，又占最高处，乃附近六七里内，无一建筑，游人颇引为缺憾也。正徘徊间，忽见东海中有云气一缕，自水面上升，既升则化为片云。愈升高则体积愈扩大，片云飞舞，不刹那间，旋即消失。海上风云变化，为吾人所不经见者，不可殚③数，惜为时甚暂，急呼摄影者登高摄取，已不及矣。余等留连久之，十二点乃辞巨峰南下。

折而东，循第二路线，此道为自巨峰赴明霞洞④之路。近经修过，崎岖处迭经斧凿。障者去之使通，高者夷之使平，滑不留足者剉之使滞，差可容足。如此东南行里许，即就紫云崦、柳木沟之坦途。二三里乃抵束住岭⑤之崂山森林公司⑥午餐，已一点矣。束住岭者，两涧夹岭而流，汇于其前，束住此岭，故亦名曰夹岭河。实则山由一干⑦歧而为万，水由万源汇而为一。是知河之夹岭而流，岭之见束于水而住，乃其恒态。但此处两涧夹岭并流，成一锐角，斯为罕见耳。

饭后二钟，自森林公司向西南行。初傍涧行，继而涧旁起悬崖，乃趋

---

① 懔（lǐn）然：害怕、恐惧的样子。

② 泉心河：又名潋心河，位于王哥庄村南8.5公里。发源于巨峰的东麓和棋盘石山南和北坡，东流注入黄海，流程5.4公里，流域面积12.5平方公里。属季节性河流，水质甘洌，富含矿物质。河水在距入海口泉心湾1公里处的山谷里，为横排巨石所阻，形成天然水潭。潭水在急流冲击下，回旋不止，潭心潋起"斗"形旋涡，故涧得名"潋心涧"，河得名"潋心河"，潭得名"潋心潭"。因此河由三股泉水汇成一个中心水流，又称"泉心河"。

③ 殚（dān）：用尽，竭尽

④ 明霞洞：位于崂山南部玄武峰腰，系一天然石洞，为巨石崩落叠架而成，原为上清宫的一处别院。始建于金大定年间（1161—1189），起初巨石下面有一天然洞穴，当朝晖初露，夕阳欲坠时，霞光千变万化，有"明霞散绮"之称。洞额刻"明霞洞"三字，为清代书法家王垿所书，元代道士李志明曾于洞内修道。清康熙年间（1662—1772）遭天雷击，多半隐入地下，而成今形。洞前平崖如台，三峰环列，前对大海，周围松若虬龙，风光旖旎，是观景佳处。朝旭晚霞，在此眺望，变幻无穷。"明霞散绮"是崂山胜景之一。

⑤ 束住岭：周至元《崂山志》卷二《形胜志》："束住岭，为巨峰正脉。岭下有两道涧水，左右前来汇合，好像岭被涧水束住，故名。"

⑥ 森林公司：1906年，德国占领青岛期间，由赵锡伍发起成立了该公司，其对改善崂山的植被、绿化崂山做出了很大贡献。赵锡伍也成为青岛地区第一个民族资本家。1938年，日寇入侵青岛，该公司改由日本人经营。1945年，日寇投降，该公司也随之解体。

⑦ 一干："千"与"干"字形相似，故以"一干"代指"一千"，意为一群、一批。

岭上，是为风岸口，与紫云崦口遥遥相对。自风岸口下窥流清河①东岸，有所谓七十二磴台②者。巨石层叠而下，自数项公尺之高山下趋涧底，成天然之阶级。惜阶段少而距离过高，非凡人所克升降耳。乃昔人之取径，或循岭脊，或循涧畔，皆因势利导之也。过风岸口，仍向西南曲折行，约二里乃达砖塔岭③口。有居民十余户，据岭而居。回望风岸口，道益就卑，然下视西南烟云涧④，则砖塔岭犹在天半也。过岭，循烟云涧之西岸，仍曲折向西南下行，过朱家庵子，下抵烟云涧村，时才三点。入寿阳庵⑤匆匆一览，观所存铁瓦⑥，即赴大河东。

因为时尚早，乃于原拟游程外，增入迷魂涧⑦一程。自大河东村循凉水河⑧北上，至三岔，道甚平坦。河流成南北直线，颇少曲折。三岔者，东自迷魂涧来之路，东北自茶涧⑨来之路，北自黄花崦李家坡来之路合辙

---

① 流清河：发源于巨峰南坡，为长流河。流程5.8公里，流域面积10.88平方公里，河床平均宽15米，潭湾相连，流水深不足尺，水甘可饮，经流清河村入海。在河的下游有流清河水库（曾名东风水库），距离海边1公里左右。

② 七十二磴台：崂山著名景观。此处山体岩层呈叶片状横向排列，形似堆放整齐的古代竹木简经书，又称之为"老子藏经处"。石纹厚薄不等却排列有序，从底部到顶部连续平铺共72级，被称为"七十二磴台"。在崂山像这样横生平铺的山石纹理结构极少见。

③ 砖塔岭：位于流清河上游的蟹子夹山东南，由烟云涧沿涧底北上2公里即可到达。岭上旧有砖塔一座，此塔传说颇多。岭东有洞，大如屋，上镌"金壁洞"三字，因洞壁石呈黄色而得名。离此洞不远，还有"银壁洞"，洞上也有题刻，但字迹已漫漶不清。

④ 烟云涧：又称"烟游涧"。此处常有海雾弥漫，犹如云烟，故名。是旧时游巨峰的正南门户，两山相夹，岩石苍秀，山径曲折，绿树浓荫，涧水潺潺，景色怡人。清代雍正年间即墨文人范九皋有《烟云涧》诗："涧路何重重，烟云锁碧峰。黄精初煮夜，红蕊正凌冬。绝壁看栖鹤，深山数晓钟。不知尘世外，多少羽人踪。"

⑤ 寿阳庵：又名朝阳庵、寿阳宫，道教庙宇，在崂山烟霞涧内。据黄宗昌《崂山志》记载，寿阳庵"倚山傍涧，境颇幽静，中祀三官，清乾隆间（1736—1795）重修之"。

⑥ 铁瓦：指铁瓦殿之遗物。殿在崂山巨峰之下，束住岭上。始建时代不详。因殿顶覆铁瓦而得名。后脊青山，面临大海，是崂山地势最高的殿宇。清康熙年间（1661—1722）毁于大火。

⑦ 迷魂涧：位于崂山南麓，沙子口街道河东水库之上。这里山林茂密，秀峰奇石与峭涧流水交织，风景幽丽，地势复杂，易使游人迷失方向，故名。

⑧ 凉水河：位于崂山流清游览区大河东森林公园内。发源于崂山巨峰西侧石门涧，流经石屋涧和大庵子与发源于茶涧、迷魂涧的大河在下游交汇。

⑨ 茶涧：据周至元《游崂指南·南海路胜迹》"茶涧"条记载，"沿凉水河东北上为茶涧，夹涧峦峰秀削，竹石清幽，有奉祀三官，为胶西王姓所建。上有洞，相传，即其避兵之处。"黄公渚《茶涧》曰："凉水源头碧一涯，二山合处涧名茶。镜中倒景秋千岗，鼓吹林陬两部蛙。"

于此，故名。由此稍稍深入，山色愈佳，林木愈密，居民多植楸树，木乔而材直，堪供给船桅屋柱等用。因此时夕阳在山，万绿丛中，杂以红叶，点缀其间，愈形自然之美。用此东上，可通巨峰。折而东北可由茶涧通大圈子①，乃南道登山之捷径也。日后拟延长汽车道，自大河东村延至三岔，所费不多，而游程更形便捷矣。流连半小时，乃下山回大河河②，抵村已六点矣。宿于市立小学，时学生正休课归家，收获地瓜也。晚饭后，与九水办事处主任、登窑小学校长等议登校新建筑，约明晨往勘视。又接市府转来函电，分别议复。

十月卅日，是为环游之第五日。早六点，乘汽车赴登窑③，视察市立登窑小学校新建校舍，及沿路工程。回经大河东，循流清路过聚仙宫④，降车一览，即赴流清河，改乘山轿赴梯子石⑤，勘察路工。聚仙宫为胡元古刹，今已残毁不堪，极为可惜。余念此地当南路之冲，循南海滨游天门峰⑥上下

---

① 大圈子：据周至元《游崂指南·南海路胜迹》"茶涧"条记载，由茶涧"北上为大圈子，平地可数亩，树最密茂，昔时德人曾于此建别墅，今已圮毁矣！"这里的别墅即指伊伦娜旅馆。该旅馆建造于1899年，由德军退役上尉克罗帕尔设计建造，建成后在夏季开放，向过往的游客提供饭菜和饮料。旅馆有3间房子可以提供10个床位。1900年，伊伦娜旅馆毁于风暴，1902年，在青德人登山协会投资重建。1914年，日军攻青岛，德人退出，自焚其屋。今仅见颓垣残壁，淹没于荆棘之中。

② 大河河，当作"大河东"。

③ 登窑：即登窑村，位于青岛崂山区九水风景区南部，距崂山区九水村12公里处。沈鸿烈任青岛市长时，更名为登瀛。这里因相传为秦时徐福东渡求仙、登船出海之地，"瀛"即指海上三神山之"瀛洲"。周至元《游崂指南·南海路胜迹》"登窑"条载，登窑村"三面面山，南见海光。平畴数百亩，椒梨之属成林。每值花时雪天，玉蕊不足以喻。入其中者咸谓不减武陵桃源也"。故"登瀛梨雪"为青岛十大胜景之一。黄公渚《登窑》诗曰："登窑面海枕山陲，茅舍疏疏间竹篱。梦断春风千顷雪，梨花廿里忆芳时。"

④ 聚仙宫：又名寒寨观、韩寨观。位于崂山区沙子口镇幸福村东。创建于元代泰定三年（1326）。该宫由著名道士李志明、王志真创建，元代学士张起岩撰写《聚仙宫碑》碑文。该宫旧有玉皇、真武、三清诸殿，后来只存真武殿。1956年被拆除。

⑤ 梯子石：过去由崂山西麓通往太清宫一带的主要通道，因上下岭之路竖立如梯，故名。最危险处在太清宫西山巅，小路窄不容足，人行此处，须从石上爬行而过。头顶危岩摇摇欲坠，脚下大海惊涛拍岸，稍不留意即有坠海之虞，故名"阎王鼻子"。清代掖县举人林钟柱作有《梯子石记》，刻于太清宫北侧的山岩上。

⑥ 天门峰：一名云门峰，又称南天门。从流清河入海处，沿天门涧向东北攀登，约行5公里便到此处。山口两峰，拔地耸立，绝壁悬空，高数十丈，对峙如门，故名。崖石镌有"南天门"三个大字，是丘处机手书。明人陈沂有《南天门》诗："望入天门十二重，复然飞雾半虚空。千寻不假钩梯上，一窍惟容箭括通。风气荡摩鹏翮外，日光摇漾海波中。欲求闾阖无人问，但拟彤云是帝宫。"崂山南天门有三处，另两处一在华楼宫南，一在神清宫南，以天门峰的南天门最为高大。

二宫，及由砖塔岭上陟巨峰者，俱以此为中心地点。议就聚仙宫之旧屋稍为整理，扩客室二三间，俾供游人息足，并于流清河口，增置公安局分驻所、工务局监工处，以保治安，且利交通。

九点，自流清河乘山轿，循海滨岭上行，勘视梯子石一带路工。梯子石为崂山著名险道，悬崖傍海，舍此无路可通，而坎坷崎岖，一再起伏，行者稍一不慎，即有下坠深渊之虞。就旧道展宽为二公尺六，山坡概以条石作成阶段，总计二千数百级。昔之蛇行蚁附者，今得阔步其间矣。然山势起伏甚多，自流清河至太清宫①，需二小时有半。今后拟延长汽车路，东逾流清河达太平阐，以期缩短游程。此行原议过梯子石后，即循八水河②，北趋龙潭③，赴上清宫④。嗣以河畔小径，不利舆行，乃变计径赴太清宫，比至已十一点半矣。午餐后，黄山、青山两校学生来宫相迎，余慰劳之，并捐助每校百元，以供冬季煤火之需。

余以为时尚早，乃觅小舟二，往游八仙墩⑤。是日阴寒，西风甚烈，

---

① 太清宫：又称下清宫，位于崂山南麓老君峰下，三面环山，一面濒海，为崂山道教祖庭，有全真道"天下第二丛林"之称，地位仅次于北京的白云观。占地3万平方米，建筑面积约2500平方米，是崂山最大的道观。共有房舍150余间。宫内有三官殿、三清殿、三皇殿3座殿堂。太清宫曾以"太清水月"之誉列崂山十二景之一。三皇殿院子里有两株古柏，传说汉代所植。

② 八水河：又称"天河"，位于崂山南部。发源于天茶顶，天泉是其源头之一。八水河流经一条长长的山涧，因由八条涧水汇集而成，故名。河谷中有"贮月潭""大平潭""小平潭"等许多水潭，如明珠散落，风景迷人。

③ 龙潭：即龙潭瀑，又称玉龙瀑，在八水河中游，北距上清宫约1公里。周围岩壁峭立，八水河至此，沿20米高、10余米宽的绝壁悬空倒泻，喷珠飞雪，状如玉龙飞舞。瀑布落下十几米，与石壁相击，分数股跌入潭中。碧水凝寒，清澈见底，潭旁巨石上镌"龙潭瀑"三字。大雨过后，山洪暴注，飞腾叫啸，更为壮观，故有"龙潭喷雨"之称。

④ 上清宫：在崂山东南部、太清宫西北。此宫原在山上，名崂山庙，因与太清宫（俗称下宫）对称，又简称上宫，是崂山的主要道观。北宋建隆元年（960），宋太祖赐封刘若拙为"华盖真人"，并为他修建太清宫、上清宫和"上苑"（即今太平宫）。上清宫后毁于山洪，元代大德年间（1297—1307），道士李志明再次重建，后历代屡有修缮。分前后两进庭院，前院门内东西各植古银杏一棵，枝叶繁茂，后院为正殿和东西配殿及道舍。正殿祀玉皇大帝像，配殿奉全真七子塑像。宫西北岩上刻有丘处机及明人陈沂等人的诗词与题字，岩下石间有一清泉，名"圣水泉"。宫前石桥名"朝真"，宫西石桥曰"迎仙"。宫外不远处有丘处机的"衣冠冢"。

⑤ 八仙墩：位于崂山的东南角，离太清宫约六七公里。因相传八仙过海由此起步而得名。明代高弘图《崂山九游记》中说："墩插海水头，成万仞绝壁，豁可五七间，如堂悬而伸者，如重檐蔽地，如锦裀绣藉，中设石床，累累状如墩，故名八仙墩。"近人周至元《游崂指南》也说："有石坡广数亩，东下斜插入海，海水汹涌，山势若动。其北则峭壁千仞，崄崿逼天，下纳上覆，其势欲倾。石层层作五色，斑驳如绣。处其下者，仙墩也……洵山海奇险之极观也！"

波涛汹涌，既抵墩下，舟不得泊。乃环墩一匝，过张仙塔下，折而北，泊于晒钱石，乃得攀援而上。更越八仙墩之岭脊上，循径下行，乃达八仙墩之正面。墩与塔皆由崩崖而成，惟墩处崂山头之极端，崩处若瓜蒂切去一角，切角之平面平如砥，西昂而东卑，逐渐没入海中。其剖面悬崖，又逐层崩落，中虚若堂奥，深可数丈，高亦称是。颓石十余，错落陈列堂中，大者如屋，小者如几，是即所谓八仙墩也。崩崖之东面，自巅至趾，完全剥落，残崖矗立海中，俨然如城阙，高可十余丈。间有罅裂处，窈然而黝，深不可测，疑为蛇龙之窟宅也。城阙之上，有耐冬树数株，昂首天外，孤芳自赏，亦奇观也。

舟子为余言，晒钱石每岁必有仙人晒钱一度，游人往往于此拾得古钱。余等就石罅觅之，果捡得数枚，内有宋祥符铸。意者游人中于晒钱之说，乃亦追踪而至以效法仙家之所为欤？余初意由太清宫遵陆修一道以达八仙墩，至是悉其艰险，且为游人之所稀至者，纵有来者，仍以舟为便，此路可勿修也。游毕仍从晒钱石乘舟，北去青山湾登岸，赴青山小学参观新筑校舍，时已过三点矣。

由青山①复乘山轿，经麃子崮②北麓赴上清宫。宫之污秽不治，一如聚仙宫、华楼宫。蒲松泉③所志之绛雪④久矣枯去，香玉亦憔悴可怜，其他花木多类是。昔人谓世家必有乔木，乔木不仅表示世家之古朴，且足以表示其家风。惟其家风足则，故能世泽罔替；否则，世家且不获自保，又遑问乔木耶？余切嘱庙祝将前院之马厩、磨坊、厨房移至旁院，以免污秽当阶，使来者望而生憎。大门亦应恢复昔年坐北向南之原状，面向迎仙桥大道，以揽取八水河方面之风景。旧址原属如此，乃道人误信堪舆家言，以为门对八水河谷口，气泄财散，于宫不利，故改为东向。世外人仍有此

---

① 青山：村名。周至元《游崂指南·东海路胜迹》说，青山村"村民数百家，倚山势高下而结庐。自远望之，重叠若层楼复阁，野卉琪花点缀其间，幽丽宛如画图。东为青山口，两岬遥拱，大海中涵，风帆渔筏，时出没于烟波缥缈中，亦胜观也"。

② 麃子崮：即狍子崮，位于宝珠山上。崮上有瑶池，池内蓄水。池壁圆融，应非人工所为。

③ 蒲松泉：蒲松龄，号柳泉居士。"松泉"当为"柳泉"之误。

④ 绛雪：崂山太清宫三官殿前的山茶树，高8.5米，干围1.78米，树龄约700年。冬春之际，满树绿叶凝翠，红花芳艳，犹如落了一层绛雪。不远处原有一株白牡丹，高及屋檐。蒲松龄游崂山，作有《香玉》。在这篇小说中，香玉、绛雪为白牡丹、山茶树所化。小说写在太清宫读书的黄生与香玉、绛雪生死情缘。

类迷信，真可悯也！自上清宫至明霞洞、青山之道，近已饬①工务员司，代为修治，今后并将增治八水河之小路，以便游行。五点，自上清宫沿宫后小冈，径上明霞洞。此本崎岖樵径，近经辟治，乃成坦途。比至明霞洞，已昏黑不辨路径。是日天阴多云，故益形其暗也。晚饭后，大雨骤至，同人颇忧明日之游程，或为雨阻，灯下乃披图相与研究日后之规划。

十月卅一日，是为环游之第六日。晨兴即见旭日方升，霁色倍朗，而宿雨沾途，尤未干也。乃于寺内纵览一周，登山访玄真洞②胜迹，洞额十四字，尚有三分之二可识，趺坐洞中，南望沧溟，倍觉清朗。游览既竟，乃辞明霞洞，乘舆向青山行。时方延长海滨之汽车路，由雕龙咀延至青山，于此辟一停车场，改道于村外，遵海滨而行，借免穿村而过，妨碍民居。昔之坡度过昂者，今已一再夷平，并易土道为石道，预防坡道之冲毁，兹正在工作，不日即可通车。今后由青岛市内乘汽车赴太清宫，三小时余可达，游人益称便矣。

自青山循东海之滨，经过黄山口、黄山、长岭、小黄山、范岭③后、范岭前诸村。沿途车道正在分段修治，高者夷之使平，不可夷者则环之使曲，道之幅度，视前增广，二车并行，绰有余裕，日后更拟推广，越青山口以至太清宫，则更便矣。

是日沿途视察，徒步十余里，比达斐然亭下，乃乘车北去。是时阴云密布，骤雨随之而至，冒雨行二十余里，过石人河，则土干无雨痕。乃知雨从海上来，尚未达山中也。车过萧旺，王哥庄小学生及陆战队冒雨出迎，余亦降车慰劳之。

午后一点，抵大劳观午餐。饭后乘轿沿白沙河溯流而上，经一水、二水以至九水。余因溪桥最易冲毁，故改修九水谷中之道。循岭上行，仅于一水作桥渡河而东，由此直达北九水庙④，均辟山道，计越四小岭，尚以坡度倾斜太过，不克行车。因属工务员司别为规划，如其开凿过多，又虑

---

① 饬（chì）：同"敕"，告诫，命令。

② 玄真洞：位于明霞洞之上，洞口高1.7米，宽1.5米，深2米，里面渐大，成葫芦状，不可立，可盘腿坐其中。洞口上有"重建玄真吸将鸟兔口中吞"11个古朴劲遒的大字，相传为张三丰亲笔所题。

③ 范岭：即返岭，崂山村名。位于华严寺与泉心河之间绵长起伏的山岭上，东临崂山湾，西接崂山东麓，北邻雕龙嘴村，隔泉心河与长岭村相望，三面环山，一面临海，山上奇石林立，绿树成荫。海岸蜿蜒曲折、海面辽阔无际，景色十分迷人。

④ 北九水庙：又名"太和观""九水庵"。始建于明天顺二年（1458），一说为元天顺二年（1329），待考。原属丘处机所创的龙门派道观。是"外九水""内九水"的分界线，自大崂至九水庵为"外九水"，自九水庵至潮音瀑为"内九水"。

有损自然之美。知就涧底旧道，则山洪时为冲刷，道工岁修过巨，无已，仍辟山道，较为一劳永逸也。四点，抵北九水。新筑北九水饭店，营业甚佳。店主人方议改建楼屋，余力赞之，并为计划院落之布局，隔离庖厨，点缀篱落，是亦建筑应有事也。入暮，阴寒益甚，未昏即雨，夜半更起狂风，振撼山谷。

十一月一日，是为环游之第七日。晓起，狂风未息而雨已止，层云为西北风送还海下，飞驰空际，其速无比。初犹阴雨四布，灏漫六合，仅于云开处窥见日光。不出一小时而残云退尽，天空已显蔚蓝色，但风狂仍未稍缓，且气温锐减，行人皆有寒色。途中遇游侣三人，自云方从棋盘石来，山上冷不可当，力尼①余等勿前。余等弗顾，仍踏昨宵冰雪，冒风而进，经双石屋②、愁八涧③以至蔚竹庵④。客室较前差形整洁，但入门处正当马厩豕牢，秽不可状。余切嘱庙祝移于别院。此庵当巨峰北道之冲，余前已修治山道，自北九水经双石屋、蔚竹庵以达巨峰及棋盘石，今后并拟再行展宽。历年以来，关于修庙事项，每苦言之谆谆，而听者藐藐，此又不仅一庵为然也。出庵更向东南上行，风势亦随山势之高度而愈厉。比至滑溜口，岭上风过处，人几不能起立。昔人行沙漠中，遇大风辄伏地以避之。兹所遇之强风，速度甚大，扑面而来，呼吸为之缓滞，所幸无沙尘耳。由滑溜口向西南行，经长老崮⑤之下，循岭脊向南上陟行不远，岭西无道可通。又折而循岭东上行二三里，乃与棋盘石来路合二为一。仍循前日所经之路，直登巨峰。自滑溜口至巨峰，始终行岭脊上，路甚平坦，但

---

① 尼（nǐ）：阻止，阻拦。

② 双石屋：崂山村名。位于北九水景区内，在太和观东二里，傍崖俯涧，松竹荫翳。现由双石屋、丑蒲涧两个自然社区组成，山险水奇。1934 年，著名诗人郁达夫来此游览，有诗曰："柳名石屋接游潭，云雾深处蔚竹庵。千里清溪千尺瀑，果然风景似江南。"此诗今刻于社区前的平石上，已成为游览的人文景观之一。

③ 愁不涧：当为"愁八涧""丑蒲涧"之音讹。在蔚竹庵之西，双石屋之东。

④ 蔚竹庵：即今蔚竹观，位于崂山北麓凤凰崮之下。据石碑文献记载，明万历十七年（1589），道士宋冲云游至此，见此处山峦叠翠，怪石奇秀，松竹茂盛，泉水潺潺，环境极幽，遂建道观，并移载翠竹，环绕成林，故将道观命名为蔚竹庵。清嘉庆年间庵重修。庵有正殿三间，原祀檀木精雕真武和铜铸三官神像，均属珍贵文物，"文革"中被毁。殿后峭壁料岩，苍松吐翠。门前溪涧流水，叮咚悦耳。周围蔚竹环抱，曲径通幽。庵前涧溪悦耳，有"蔚竹鸣泉"之誉，也是"崂山十二景"之一。

⑤ 长老崮：即丈老崮，又名丹炉峰。在滑溜口南，由巨峰北来诸峰，以此峰最为巍峨。但

狂风吹人，每过岭口，辄三四人相拥至行。否则力不胜风，必致侧退，正如鼓棹于急湍之中，以力争上流也。

十点半，行抵巨峰。即循五指峰①向西北下行，经黄华顶②之西下趋，曲折至大圈子。德人所组登山会，昔尝建屋于此，以供游人下榻。日军攻青岛时，德人退出，自焚其屋。今仅见颓垣残壁，掩映于荆棘之中。其地前临一涧，西方座山有岩如屏，面东朝，山不高而秀，形如笔架。屋东有道作乂子形，北去柳树台③，东去玉鳞口④，南去巨峰，西去茶涧。相传昔德人登巨峰，恒自柳树台、玉鳞口入，而由大圈子、凉水河出。盖此地属白沙河、凉水河之分水岭，绾南北之中枢。且自此而来，多高峰峻岭。

自此而西，山势渐趋卑下。环柳树台、王子涧⑤、大圈子一带，在凉水河、王子涧两流之间，岔道分歧，四通八达。大圈子居高下两脉之间，其为中心，良有以也。余等稍息，即折而东南下行，曲折至茶涧，比达时方正午。自巨峰至此，需一小时有半。茶涧庙⑥，为胶县王氏⑦所筑。王

---

① 五指峰：属于崂山山脉西北支，是一组奇特的山峰，东西向排列，比较集中的5座山峰依次高低错落，纵向节理较多，最高的那座海拔1050米。远看，这5座山峰就像一只伸开了五指的手，直刺青天，故名。

② 黄花顶：海拔846米，位于巨峰西侧1里、黑风口东1公里处，因盛产黄花菜而得名。清末为崂山林场的植林地。由此攀越一段曲折山路，可登上巨峰。

③ 柳树台：崂山深处的小村庄，位于竹窝村北，在折崮顶西北，是青岛台柳路（台东至柳树台）的终点，南、北九水的分界线。旧时游山者多从南九水入山，经柳树台至北九水或巨峰。黄公渚《劳山纪游百咏》其七《柳树台》曰："葛场山北席山南，小憩奔车九水庵。楼馆参差台柳路，垂杨弥望碧毿毿。"

④ 玉鳞口：即鱼鳞口，是内九水的尽处。

⑤ 王子涧：在龙泉观东北1.5公里处，涧势屈曲，清流如练，危岩茂林，掩映左右。有一桥跨涧，长20米。涧两旁陡崖削立，林木茂密。该涧的东北有两条山岭，如卧在水面上的两条长龙，余脉一直伸延到以该涧命名的村庄前面，旧时认为此地风水很好，有"帝王之气"，故名。

⑥ 茶涧庙：又名三元宫、岔河庙。位于秋千崮下，崂山区沙子口镇大庵子村北。由胶县（今青岛胶州市）王氏创建于清初。庙内供奉"三元"圣帝，属徐复阳所创鹤山派道场。大殿内祀三官，故名三元宫。该宫于民国年间已倾圮，现仅存庙基，院内木兰花久负盛名。五六月间开放，花大如碗，洁白芬芳，是崂山地区唯一的一株木兰花。

⑦ 胶县王氏：明朝万历年间，胶县王氏先祖王才富举家迁至即墨县大枣园（今属青岛市李沧区）。清初避兵于崂山茶涧，其孙王柱今设立家塾，教育子弟。王柱今长子王如辰、三子王如云及孙王懿均中进士。

氏清初避兵于此，立庙及家塾。王懿①父子成进士，死后仍葬青岛，墓在李村苗圃后，今犹存也。庙则仅存三椽旧屋，有王姓居之，盖地已移主矣。王姓烤茶饷客，余等乃踞大石上，聚而野餐。且食且眺，眼福与口腹，同时并饱矣。

饭后一时半，辞茶涧庙。又西北越数小岭，经牛角石屋肘栏，沿肘栏河曲折以达板房，正三点。自茶涧至此，为时亦一小时有半。遂乘汽车回市。七日之行程，乃告结束。

三　整理之计划

吾国名山，多僻处内陆；欲求以崂山之三面斗入海中，兼擅山海之胜者，罕有其比。然而在吾国数千年之历史上，崂山声望，转不得与五岳名山比肩者，非自然之不美，实人事之未尽也。昔人视海滨为僻壤，与今之遵为通商要道者，正属相反；自本省士大夫而外，远方游侣，来者盖稀；山中本少居室，黄冠缁流，偶盛旋衰，寺观既不常存，古迹盖难寄托，游者因是裹足不前。故整理寺院，保存古迹，实今日之先务。

且崂山周围二百里，丘壑之美，层出不穷，非一二日内所能遍游。为游程便利计，固须分区分路，以次第先后之。即就自然形势言之，高山幽谷，风物有殊，而一区之中，又每每自成格局，有主有宾，别开生面。例如华楼一处，元代王思诚题有夕阳涧、虎啸峰、松风口、王乔崮、聚仙宫、金液泉、翠屏岩、高架崮、碧落岩、凌烟崮、玉女盆、清风岭，计十二景之多。可知凡属名胜处所，其附近实具有无量数之丘壑，待人领略，非仅一岩一洞见长而已也。今后为游人便利计，就山川之形势，交通之利钝，假定为若干区。每区更就现存寺观，略为布置，以供旅宿之便。凡附近名胜距离，均为写定，悬诸客座，以供游程指导。其游览指南一类书籍，以及崂山地图，亦由市府各为发给一份，俾供游人存览。此类寺观，须备相当之客舍，并庄严其庙貌，以壮观瞻。

庙产山林，则由政府按照现行法令，妥为保护，毋得私自隐匿，或被外人侵占。每一区风景所在，与一区之中心，均就原有道路，为之修治整

---

①　王懿：字文子，号巨峰，王如辰之子。康熙二十七年（1688）进士，初授翰林院庶吉士，先后任翰林院编修、大理寺少卿、顺天府尹等，官至工部右侍郎（正二品）。著有《奏疏》《竹里楼诗集》等。

齐，或另辟新道，或择建亭台，为之点缀名胜，以增益其自然之美。此区与别区之间，则更以较宽之道路联络其间。所有山道，分为汽车道、人行道。又将人行道分为三等，规定尺寸及建筑方式。沿途立标石，指出来踪去路，以及路口或号数。

其有摩崖碑碣，均须妥为保存。已磨灭者，酌量重刻。未磨灭者，为之芟其荆棘，剔其苔藓，颜朱或绿，以便别识。凡属名胜所在，均择要镌其名于崖上，庶免游人寻问不得，失之交臂。原有游具之山轿，亟须改良，仿照泰山之爬山虎形式，另行制作，以免危险。一方并与小艇连络，使沿海各胜，得以水陆并进。如此逐步改良，分年递进，不惟胜景名区，愈显其美，即荒山僻壤，亦将焕然改观。今后之远道来游者，必更倍蓰①于今日，庶几不负崂山矣。

---

① 倍蓰（xǐ）：亦作"倍屣""倍徙"。倍，一倍；蓰，五倍。倍蓰指由一倍至五倍，形容很多。

后　　记

　　2015年夏天，由我策划、主持完成的《崂山文化研究丛书》第一辑（七部）出版后，很快就引起了青岛市崂山风景区管理局领导的关注。他们在看过这七部著作后，感觉我们的研究与崂山风景区管理局的实际工作需求非常切近。先是购入数十套丛书作为用于崂山旅游宣传的礼品书，接着又与我们协商，能否继续开展这项研究？恰好我们在数年之前开始策划这个项目之初，就有过一个比较完整的计划。当时的初步设计是，《丛书》分四辑，共35—40部著作，在8—10年里分批完成。由于双方思路接近，在2016年年初大致达成了合作意向。虽然正式合作协议的签订稍晚，但因各子项目负责人以《丛书》第一辑作者为主，所以课题组的确定及相关研究工作的开始，也都比较早。

　　需要说明的是，崂山风景区管理局具体负责与我们接洽商谈的是文化处。经与栾绍刚处长和相石宝工程师协商，在确定第二辑书目的过程中，他们建议增加"沈鸿烈研究"，这是我原拟定书目中没有的。经认真考虑，我采纳了他们的建议，并亲自负责这一子项目。由于有关沈鸿烈研究的成果非常少，资料工作需要耗费更多的时间，而我自己教学和科研任务又比较繁重。因此，这个子项目又组建了单独的课题组。现将全书的分工简述如下。

　　刘怀荣（中国海洋大学文学与新闻传播学院），负责本书总体设计、大纲拟定、组织协调和统稿修改，撰写第六章、第七章、附录及前言、结语，对附录中的《崂山环游记》进行校注，对其他各章做详细的修改订正。

　　傅炜莉（青岛大学文学院），撰写第一章、第三章；梁云清（青岛大学文学院），撰写第五章、第八章；赵科（青岛大学文学院），撰写第四章；石飞飞（青岛市李沧区教体局）、朱绍雨（青岛大学文学院），共同撰写第二章，由石飞飞最后修改定稿。

  课题最大的难点，是在资料收集方面。大陆有关沈鸿烈的研究成果非常少见，我们也通过多种渠道尽可能对台湾地区及国外的相关资料进行了收集。其间，有幸得到了很多朋友的帮助。青岛市台联会林青会长，青岛大学图书馆房运琦馆长，均多次托人或利用到台湾高校访问的机会，代为了解台湾地区沈鸿烈研究资料及沈鸿烈晚年著述情况。在美国加州大学伯克利分校访学的赵伟教授，费心发来了《海军上将沈公鸿烈哀荣录》扫描件。我的女儿刘廷舒则从美国克莱蒙特研究生大学图书馆通过馆际借阅的方式，寄来了《沈成章先生八十寿庆纪念集》扫描件。最令我感到高兴的是，在课题即将完成时，一个偶然的机会，从青岛市城市建设集团张金喆主任那里获得了喜人的信息。我于丁酉年除夕前三天，即腊月二十七日（2018 年 2 月 12 日），在该集团博物馆得见从台湾地区收集到的《中研院近代史研究所访问沈成章先生记录》《沈成章先生生平经历概要》及沈鸿烈主政青岛时的《演讲汇存（二）》等三份打印稿，又得博物馆的负责人杨明海兄惠赐三份材料的速录电子版。这实在是春节前收获的莫大喜悦！我愿借此机会向以上各位师友，也包括我的女儿，表达发自内心的感谢！

  崂山风景区管理局及文化处领导，热心支持崂山文化研究工作，为本书的出版提供了部分经费。丛书启动不久，我即调入中国海洋大学工作。《丛书》第二辑的出版还得到了中国海洋大学文科处和学院领导的大力支持，并获得中国海洋大学科研启动经费的资助。在此表示真诚的感谢！

  责任编辑宫京蕾老师，严谨认真，严把质量关，为本书生色不少。课题组成员在三年来的紧张工作中，付出了辛劳。先有众善缘的合力，才有世间的美好，本书即是具体的例证之一。在此一并向同结善缘的诸位同好表示真诚的谢意！元宵佳节，惊蛰将至，春天的气息早已萌动，愿大家在未来的时光里，内心永远充满盎然的春意。

2018 年 3 月 2 日初稿
2018 年 5 月 22 日修订
2019 年 3 月再校
2020 年 3 月再校
刘怀荣